Zeitgeschichte

ÜBER DAS BUCH:

Klaus Scholder hatte längst die Grenzen seines Fachs gesprengt und war als führendes Mitglied der südwestdeutschen Liberalen zu einer der Gestalten geworden, die Kirche, Wissenschaft und Politik gleichermaßen prägten. In dem vorliegenden Band – er enthält aus dem Nachlaß auch bisher unpublizierte Arbeiten – fesselt Scholder noch einmal mit seiner Erzählkunst, seiner souveränen Beherrschung des historiographischen Materials, seinen kühnen Thesen. Der Leser erfährt beispielsweise, daß das Verhältnis von Staat und Kirchen in der Weimarer Republik ganz vom katholischen Kirchenverständnis geprägt war oder daß der Breslauer Kardinal Bertram nach Hitlers Selbstmord in der Reichskanzlei Anfang Mai 1945 ein feierliches Requiem anordnete. Scholder zeichnet nach, wie beide Kirchen in der Zeit der Diktatur zwischen dem Widerstand einzelner und der Anpassung als Institutionen schwankten. Dem Wunsch der Herausgeber, daß das Buch »sein Andenken ehren, seine Leser erfreuen und den Zunftgenossen Ansporn und Maßstab sein soll«, bleibt nichts hinzuzufügen.

DER AUTOR:

Klaus Scholder (1930–1985), Theologe und Historiker, war Professor für kirchliche Zeitgeschichte und Kirchenordnung an der Universität Tübingen. Scholder wirkte in zahlreichen Gremien seiner Kirche mit, darunter in der EKD-Synode und anderen Institutionen. Große Anerkennung fand er mit der Herausgabe der Gesprächsprotokolle der Berliner Wissenschaftlerrunde *Die Mittwochs-Gesellschaft. Protokolle aus dem geistigen Deutschland 1932–1944*. Als sein bedeutendstes Werk gilt *Die Kirchen und das Dritte Reich*.

Klaus Scholder

Die Kirchen zwischen Republik und Gewaltherrschaft

Gesammelte Aufsätze

Herausgegeben von Karl Otmar von Aretin
und Gerhard Besier

Zeitgeschichte

Zeitgeschichte
Ullstein Buch Nr. 33148
im Verlag Ullstein GmbH,
Frankfurt/M–Berlin

Ungekürzte, korrigierte Ausgabe

Umschlagentwurf:
Hansbernd Lindemann

Mit freundlicher Genehmigung der
Wolf Jobst Siedler Verlags GmbH, Berlin

Printed in Germany 1991
Druck und Verarbeitung:
Clausen & Bosse, Leck
ISBN 3 548 33148 3

August 1991

Vom selben Autor
in der Reihe
der Ullstein Bücher:

Die Kirchen und das Dritte Reich.
Band 1 (33073)
Die Kirchen und das Dritte Reich.
Band 2 (33091)

Die Deutsche Bibliothek –
CIP-Einheitsaufnahme

Scholder, Klaus:
Die Kirchen zwischen Republik und
Gewaltherrschaft: gesammelte
Aufsätze / Klaus Scholder. Hrsg. von
Karl Otmar von Aretin und
Gerhard Besier. – Ungekürzte,
korrigierte Ausg. – Frankfurt/M;
Berlin: Ullstein, 1991
(Ullstein-Buch; Nr. 33148:
Zeitgeschichte)
ISBN 3-548-33148-3
NE: GT

Inhalt

Einleitung

Es war Sommer 1977. Ebenso wie die Universität Tübingen feierte auch die Universität Uppsala ihr 500jähriges Bestehen und hatte aus diesem Anlaß unter anderem zu einem internationalen Kirchenhistoriker-Kongreß eingeladen. Klaus Scholder fiel die schwierige Aufgabe zu, in nur einer Mittagspause den zusammenfassenden Schlußbericht über fünfzehn heterogene Vorträge mit anschließender Diskussion zu formulieren und gleich anschließend vorzutragen. Ihm gelang auf eineinhalb Druckseiten, was viele für unmöglich gehalten hatten, und zwar so verblüffend einfach, daß es im nachhinein wie selbstverständlich erschien. Scholder spannte nämlich keinen philosophisch untermauerten, metahistorischen Horizont auf, sondern operierte allein mit dem Begriffspaar *das Allgemeine und das Besondere*[1]. Auf verschiedenen Ebenen und in unterschiedlicher Tiefenstruktur vermochte er so in vergleichender Geschichtsbetrachtung zu zeigen, was er für das Ziel des ganzen Unternehmens hielt: »genauer zu sehen und besser zu verstehen den Weg der vielen Kirchen und der einen Kirche Jesu Christi in dieser Welt«.[1a]

Diese kleine Episode ist in mehrfacher Hinsicht charakteristisch für das Werk und die Wirksamkeit Klaus Scholders – in der Fachwelt wie in der allgemeinen Öffentlichkeit: Er vergaß über dem Besonderen nie das Allgemeine, und sein Blick für das Allgemeine ließ ihn auch immer das Besondere gewahr werden. Was sich Kritiker, vornehmlich nach seinem Tode, zunehmend bemüßigt sahen, herauszustreichen,[2] war in Wahrheit seine Stärke: Nicht nur der ungeheure Fleiß und die Selbstdisziplin, der interdisziplinäre Forschungsansatz, die selbst vorgenommene Erschließung des Archivmaterials von Warschau bis Washington, oder der glänzende Schreibstil bildeten das eigentliche Geheimnis seines Erfolges, sondern eben gerade jener Blick für Specalia und Generalia sowie deren Aufeinanderzuordnung. Es waren seine kühnen Thesen, die Zusammenschau von Begebenheiten, die, für sich genommen oft bekannt, unter seiner Feder zu einem neuen Ganzen sich wie selbstverständlich fügten. Auf einmal schien alles in seiner Dynamik so klar und durchsichtig, was vorher als Wust von Fakten und Informationen in seiner Gesamtheit schier unfaßbar geblieben war.

Fragt man nach den Ursachen, die ihn mehr als viele seiner Zunftgenossen befähigten, aus den überlieferten Fragmenten vergangener Wirklichkeit ein lebendiges, synthetisches Bild zu entwerfen, so springen zwei Dinge ins Auge:

Scholder behielt zeit seines Lebens ein lebendiges Interesse für beinahe alles, was in der Welt um ihn her geschah; er verfolgte politische Diskussionen und Kontroversen, literarische und kulturelle Ereignisse, jedoch nicht nur wie irgendein sachverständiger Bürger, sondern er brachte die neu hinzugewonnenen Informationen und Erkenntnisse meist auch in Verbindung mit seiner Lehre und Forschung. So warf er beispielsweise nach dem Erscheinen von Solschenizyns »Archipel Gulag« sofort das Kapitel »Die orthodoxe Kirche und die Revolution« innerhalb seiner Vorlesung »Grundprobleme der Kirchengeschichte im 20. Jahrhundert« um, weil er meinte, aufgrund der Lektüre dieses Buches eine ganz neue Sichtweise der Ereignisse entdeckt zu haben. Ebenso schnell und bereitwillig konnte er sich aber auch wieder selbst korrigieren oder sich von anderen korrigieren lassen. So geschah es nicht selten, daß er aufgrund von Gesprächen oder Anregungen anderer Art zwei, drei Versionen eines Kapitels jeweils völlig unabhängig voneinander schrieb, bis er schließlich zu der Überzeugung gelangte, jetzt endlich die entscheidenden Aspekte angemessen dargestellt zu haben.

Die andere Auffälligkeit war Scholders Ideenreichtum. Man hatte gelegentlich den Eindruck, er werde von seinen eigenen Ideen nachgerade gejagt; ihm fiel weit mehr ein, als er realisieren konnte (beziehungsweise nach der Erwartung anderer dann stets auch sollte), und das Spektrum seiner Interessenfelder war dabei so weit, daß er die klassische Einteilung der Wissenschaftsdisziplinen mehr als einmal sprengte. Aber auch innerhalb seiner »eigenen« Disziplin, der Kirchengeschichte, eilten seine Gedanken und Projekte ihrer Realisierung weit voraus. So trug er sich, noch während er an dem zweiten Band *»Die Kirchen und das Dritte Reich«* schrieb, mit der Absicht, eine Geschichte der Orden zu schreiben.

Scholders Umgebung profitierte natürlich von diesem Einfallsreichtum und seiner ständigen geistigen Produktivität. Um Themen war er nie verlegen, und zu seinen besten Zeiten hat er ein gutes Dutzend Doktoranden gleichzeitig mit Anregungen und Vorschlägen inspirieren können. Anfang der siebziger Jahre, er selbst war gerade dabei, den ersten Band seiner Kirchengeschichte des Dritten Reiches zu schreiben, regte er bereits Dissertationen über die Nachkriegskirchengeschichte an – nicht nur, weil es sich um ein interessantes, historisch noch völlig unbeackertes Feld handelte, sondern auch, weil er sehr früh die heute unverkennbare Interessenverlagerung voraussah.

Scholder hatte Sinn für Öffentlichkeit. Aber in einer Weise, die ihn wiederum charakteristisch von vielen seiner Zeitgenossen abhob. Es war durchaus nicht persönliche Eitelkeit, die ihn zum Publikum zog, sondern die Überzeugung, er habe etwas zu sagen. Natürlich freute er sich im nachhinein des Erfolges seiner Argumente, aber er »genoß« öffentliche Auftritte – entgegen vielleicht dem äußeren Anschein – durchaus *nicht*. Dazu quälte, stimulierte ihn freilich auch »Lampenfieber« viel zu sehr – eine tiefe Erregung, die seiner Stimme zu Beginn der Reden stets einen etwas heiseren Tonfall verlieh.

Obwohl Scholders kirchenhistorisches Forschungsgebiet von der Aufklärung bis in die Gegenwart reichte, lag seine eigentliche Pionierleistung in der *Begründung der Kirchlichen Zeitgeschichte als einer eigenständigen Wissenschaftsdisziplin.* Dabei überwand er auf evangelischer Seite das Monopol der ihre eigene Geschichte schreibenden Kirchenkämpfer – er hätte aus liberaler Überzeugung wohl jedes Monopol in Frage gestellt!

Im Verlauf einer Auseinandersetzung mit katholischen Kollegen schrieb er 1978, »solche Monopole [tendierten] naturgemäß zu einer gewissen Einseitigkeit. Gefördert und gedruckt werden in der Regel nur solche Arbeiten, die in den vorgegebenen Rahmen passen; Außenseiter mit konträren Meinungen haben kaum eine Chance. Das ist im übrigen die Stärke und Schwäche aller wissenschaftlichen Schulen ...«[3] Deshalb stand er Schulbildungen stets mit tiefer Skepsis gegenüber und verfolgte mit Abneigung, ja Verachtung die Bemühungen anderer, »Seilschaften« zu bilden. Man kann wohl ohne Übertreibung sagen, Scholder selbst sei ein Außenseiter gewesen – einer freilich, den Originalität, Leistung und öffentlicher Erfolg unstreitig auf einen der vordersten Plätze brachten. Der überzeugte Individualist pflegte letztlich nur lose Kontakte zu seinen unmittelbaren Zunftgenossen; geselliges Beisammensein und akademischer Gedankenaustausch führten selten nur zu einer wirklich inhaltlichen Kooperation. Stets ging er eigene Wege – bis hin zur Wahl seines Verlages.

Scholder war auch der erste deutsche Kirchenhistoriker, der – ohne seine Konfession zu verleugnen – eine integrale Darstellung der *Geschichte beider Kirchen im Dritten Reich* begann, was nicht zuletzt einen erheblichen Erkenntnisgewinn für das Verständnis der Kirchenpolitik Hitlers brachte.

Der Tübinger Theologe, Historiker und Kulturpolitiker wollte unsere *Vergangenheit besser verstehen,* nicht entschuldigen und nicht verdammen. Sein Bemühen war getragen von dem Postulat des Historismus, »zu zeigen, wie es eigentlich gewesen«; das tat er mit einer Unbestechlichkeit, die große Nähe zu seiner Kirche nicht aus-, sondern gerade einschloß. »Die Wahrheit mag für die Kirche schmerzlich sein«, schrieb er im Vorwort seines Buches »Die Kirchen und das Dritte Reich«, »schmerzlicher noch ist die Unwahrheit.«[4] Geschichte zu treiben bedeutete für den überzeugten Liberalen auch, ohne moralisierende Zwischentöne zu *bilden* und damit die Urteilsfähigkeit für die Gegenwart zu befördern. In einer Rede »Über den Umgang mit unserer jüngsten Geschichte« sagte er 1979: »... mit Schlagworten wie faschistisch, neofaschistisch, kryptofaschistisch [ist] überhaupt noch nichts gewonnen. Vielmehr geht es darum, zu erkennen, nicht so sehr welche Ziele eine politische Bewegung verfolgt, sondern wie sie ihren Gegner beschreibt und wieviel Toleranz sie grundsätzlich einzuräumen bereit ist. Aus den Erfahrungen unserer Geschichte lassen sich heute keine unmittelbaren politischen und gesellschaftlichen Ziele gewinnen, wohl aber Maßstäbe, an denen sich alle Parteien, Gruppen, Bewegungen orientieren können.«[5]

In seinem letzten großen Aufsatz »Die theologische Grundlage des Kirchenkampfes. Zur Entstehung und Bedeutung der Barmer Erklärung« machte Scholder auch seinen eigenen theologischen Standpunkt zum politischen Handeln der Kirche in der Welt noch einmal deutlich: »Die Kirche ist auch dort, wo sie politisch gerufen ist, als Kirche gerufen und kennt keine anderen als kirchliche Mittel ..., « nämlich die Anrede der Verantwortlichen durch Predigt und Fürbitte. »Beides, der falsche politische Aktionismus der Kirche wie der falsche politische Verzicht entspringen nach Barmen der gleichen Wurzel, dem mangelnden Vertrauen in Gottes Verheißung.«[6]

Politisch ein Liberaler, blieb Scholder *theologisch* stets dem Denken der Dialektischen Theologie Karl Barths und seines Kreises verpflichtet. Dabei standen für ihn im Mittelpunkt seiner theologischen Urteilsbildung Barths »Theologische Existenz heute!« vom Juni 1933 und die »Barmer Theologische Erklärung« vom Mai 1934. In der Barmen-Interpretation wußte er sich völlig einig mit seinem Tübinger Kollegen Eberhard Jüngel; beide veranstalteten gemeinsam im Wintersemester 1983/84 ein Barmen-Seminar und trugen vor der Rheinischen Landessynode im Januar 1984 die Ergebnisse ihrer historisch-theologischen Überlegungen vor.[7] Fraglos prägte seine theologische Position Scholders historisches Urteil, aber das suchte er auch nirgends zu verbergen.

In den letzten Jahren hat sich Scholder immer wieder und mit zunehmender Eindringlichkeit zur Frage von *Verhängnis und Schuld* in der Geschichte geäußert. Mit dem Begriff des Verhängnisses bezeichnete er »die Tatsache, daß unsere Verfügungsmöglichkeiten über die Geschichte begrenzt sind. Auch bei angestrengtester und sorgsamster Wahrnehmung unserer Verantwortung sind die Folgen unserer Entscheidungen niemals ganz zu überblicken.«[8] Aber der »Glaube sieht auch im Verhängnis nicht blindes Walten, sondern Gottes Willen«.[9] Hier lagen die theologischen Gründe für seine Ablehnung von Moralismus und Pessimismus und für seine zuversichtliche, ja bisweilen optimistische Zukunftssicht.

Zwei Jahre vor seinem Tode versuchte Scholder zu beschreiben, was ein »protestantisches Profil« ausmache. Er schrieb damals: »Der selbständige Umgang mit der Heiligen Schrift, die unbedingte Geltung des Gewissens und ein oft genug mühsam erkämpfter Freimut – diese drei Eigentümlichkeiten ergeben über die Jahrhunderte hinweg das typisch ›protestantische Profil‹.«[10] Scholder hatte es.

Die hier vorgelegte Sammlung von Aufsätzen Klaus Scholders ist jedenfalls nicht in *der* Hinsicht repräsentativ, daß sie sein gesamtes Wirken widerspiegelte. Nachgelassenen Papieren zufolge hätte Scholder selbst gerne auch die Themenkreise »Kirchengeschichte des 18. und 19. Jahrhunderts«, »Geschichte des Liberalismus« und seine Beiträge zu Umweltfragen in einem Aufsatzband zusammengestellt gewußt. Da sich ein so umfangreiches Opus aber nicht hat realisieren lassen, beschränkten sich die Herausgeber auf den Komplex, dem Scholders Hauptarbeitskraft gegolten hat: *der Kirchlichen Zeitgeschichte.*

In den *I. Teil* wurden solche Beiträge aufgenommen, in denen sich Klaus Scholder grundsätzlich zu seinem Verständnis der Kirchlichen Zeitgeschichte äußerte.

Obwohl es sich dabei um grundsätzliche Überlegungen handelt, kann man doch nicht eigentlich von metahistorischen Abhandlungen sprechen; auch da, wo Scholder theoretisch denkt, bleibt er konkret, spricht in Exempeln und gestaltet mit dramaturgischer Brillanz. Es ist eine gegenständlich eingebundene, am Spezialfall illustrierte Historik, die diesen Anspruch streng genommen gar nicht macht und doch Maßstäbe setzt. Wie beiläufig erzählt Scholder über den Mißbrauch von Geschichte als Mittel für fremde Wünsche, Ziele und Absichten; er beharrt darauf, sich historischen Phänomenen »eher als Fragender denn als Entscheidender« zu nähern und erinnert daran, daß nicht der Historiker, sondern Gott das letzte Urteil sprechen wird. Als Historiograph einer besonders grausamen Epoche – den Zeitabschnitt zwischen 1914 und 1945 verstand er als »zweiten Dreißigjährigen Krieg« – beschäftigten ihn vor allem grundlegende Menschheitsfragen im Zusammenhang mit der Geschichtsschreibung: die Verführbarkeit von Menschen, ihre Verstrickung in Schuld und Verhängnis, die Faszination des Bösen, wie es in Rassenwahn und dem Willen zur Massenvernichtung Gewalt über ein ganzes Volk gewinnt. Die unvorstellbaren Leiden der Opfer, aber auch das Schicksal ihrer Henker lassen Scholder immer wieder an die Grenzen des historisch Deutbaren stoßen; die Systematik des Verbrechens lehrt ihn eine tiefe Skepsis gegenüber rationalen Geschichtstheorien: »Wo Geschichte auf Grund von Faschismustheorien geschrieben wird, und zwar Theorien gleich welcher Herkunft, da ist für die Moira offensichtlich kein Platz«[11]. Es war letztlich die bohrende Frage nach der Wahrheit, gerade im Gewahrwerden historischer Zufälligkeiten, die ihn angesichts einer unfaßbaren Dimension von Schuld immer häufiger innehalten, sein Geschäft als Historiker unterbrechen und über Geschichts*bilder* nachdenken ließ. »Wir wissen nicht, wie wir eine deutsche Geschichte der Neuzeit schreiben sollen;«[12] die überkommenen Bilder, falsch und hybride, sind uns zerbrochen, ein neues allenfalls erst schemenhaft in Sicht.

Scholders theologisch vermittelte Einsicht in die Begrenztheit unserer Gestaltungsmöglichkeiten geschichtlicher Abläufe war ein wichtiger Grund für sein mitunter leidenschaftliches Plädoyer, auf alle absoluten Ansprüche im Bereich des Politischen zu verzichten und auf konstruktive Kompromisse zu vertrauen. Diese Haltung erklärt zu einem guten Teil auch seine positive Beurteilung der Entwicklung des Verhältnisses von Staat und Kirche in Deutschland.

Für den *II. Teil – Die Kirchen in der Weimarer Republik* – wählten die Herausgeber zwei Beiträge aus, zwischen deren Entstehen nahezu zwanzig Jahre Forschungstätigkeit liegen. Scholders früher Aufsatz *»Neuere deutsche Geschichte und protestantische Theologie«* aus dem Jahr 1963 vertritt programmatisch die These eines engen Zusammenhangs zwischen theologischen Erkenntnissen und den historischen Umständen ihrer Entstehung. Als intellektueller Reflex auf das Krisengefühl der Frontgeneration sei insbesondere Gogartens theologische Standortbestimmung »zwischen den Zeiten« von 1920 zu verstehen; aber auch für Barths kirchlich-theologische Schwerpunktsetzungen habe »die Faszination der Krise eine Rolle gespielt«. Sodann geht der damals erst dreiunddreißigjährige Wissenschaftler dem deutschnationalen Geschichtsbild nach, das – unabhängig von den theologischen Zeitströmungen (Religiös-Soziale, Liberale, dialektische Theologen) – Kirchenleitungen, Pfarrer und Gemeinden nachhaltig bestimmt habe. Nach Scholders damaliger Überzeugung liegen die Wurzeln des nationalprotestantischen Konservatismus nicht bei Luther, sondern erst in der historischen Entwicklung am Ende des 18. Jahrhunderts. Im Versuch einer Besinnung, die deutsche Geschichte bis 1945 zu deuten, diskutiert Scholder schließlich den westlich-angelsächsischen Ansatz Hans Kohns und den historisch-materialistischen Georg Lukaćs'.

Dieser imponierende geistes- und theologiegeschichtliche Deutungsentwurf der Weimarer Republik ist noch ganz innerhalb einer rein protestantischen Kulturgeschichte gedacht. Das hat sich in Scholders Vortrag über *»Eugenio Pacelli und Karl Barth«* grundlegend geändert.

Obwohl es sich hier um ein gänzlich anderes Genre handelt – an dem noch fließenden, in der Formulierung nicht endgültig sicheren Redestil wurde nichts geändert – ist die historiographische Positionsänderung unverkennbar. Zwar steht wieder ein Zusammenhang – die gegenseitige Beeinflussung der beiden großen Konfessionen in Deutschland – im Mittelpunkt der Betrachtung. Aber aus dem protestantischen Weimar ist ein katholisches geworden – jedenfalls in *kirchen*historischer Perspektive. Die katholische Kirche ist es, die über das kanonische Recht und ihre Konkordatspolitik das Kirchenverständnis der Regierenden wie des innerlich zerrütteten Protestantismus prägt, indem sie zum Schrittmacher gegenüber dem paritätischen Staat wird. Den vermeintlichen kirchenpolitischen Erfordernissen – Gleichwertigkeit und Gleichzeitigkeit zwischen katholischer und evangelischer Staat/Kirche-Verhältnisbestimmung – mußte die evangelische Theologie zunächst weichen. Erst das Jahr 1933/34 veränderte die Situation: die Bekennende Kirche verließ sich nicht mehr auf staatskirchenrechtliche »Sicherungen«.

Der *III. Teil – die Kirchen im »Dritten Reich«* – nimmt, entsprechend der Schwerpunktbildung Scholders den meisten Raum ein.

In seinem noch einmal hier abgedruckten Aufsatz *»Die Krise der dreißiger*

Jahre als Fragen an Christentum und Kirche« vertrat Scholder u. a. die ungemein anregende These, erst der totalitäre NS-Staat und seine kirchlich-theologischen Folgen – nämlich die Erneuerung des deutschen Protestantismus auf der Grundlage der *Barmer Theologischen Erklärung* vom Mai 1934 – hätten das aus der Reformationszeit stammende sog. *Landesherrliche Kirchenregiment* als theologische Idee endgültig desavouiert und so nach 1945 ein neues Verhältnis von Staat und Kirche auf der Basis einer kritischen Solidarität ermöglicht; das genau umgekehrte Bestreben der »Deutschen Christen« aber, nämlich 1933/34 eine moderne Erneuerung des alten Landeskirchlichen Kirchenregimentes durch Übergabe der Kirchengewalt »circa sacra« an die Führung des Reiches zu bewirken, sei an der auf *theologischen Gründen* beruhenden Opposition der Bekennenden Kirche ebenso bleibend gescheitert.[13]

Scholders *Kirchenkampf-Artikel* aus dem Jahr 1975, für das Evangelische Staatslexikon verfaßt, gibt nicht nur das Grundkonzept des von ihm geplanten Gesamtwerkes »Die Kirchen und das Dritte Reich« wieder, sondern informiert auch nach wie vor zuverlässig über die Stationen und Personen dieser großen Auseinandersetzung zwischen Staat und Kirche in Deutschland. Wäre es Scholder noch vergönnt gewesen, die von ihm fest beabsichtigte Neubearbeitung für die 3. Auflage selbst vorzunehmen, hätte er aufgrund neuer Einsichten die nicht mehr so bezeichnete »Vorgeschichte« mit dem Ausbruch des Ersten Weltkrieges beginnen lassen, das katholische Kirchenkampfgeschehen integriert und bei der Darstellung des evangelischen von der 2. Reichsbekenntnissynode in Berlin-Dahlem (Oktober 1934) an wahrscheinlich etwas anders akzentuiert.[14]

Der Aufsatz *»Altes und Neues zur Vorgeschichte des Reichskonkordats«* markiert eine wichtige Phase in der Kontroverse Scholder–Repgen; diese wiederum bewirkte in der Folgezeit – ein wichtiges Nebenprodukt der integralen Kirchenkampf-Darstellung durch einen Protestanten – die Aufnahme des Dialogs zwischen protestantischen und katholischen Historiographen und führte zu gemeinsam verantworteten Symposien. Da der Aufsatz nur einen der Kontrahenten zu Wort kommen läßt und überdies in den größeren Zusammenhang der gesamten Kontroverse gehört, hat Karl Otmar von Aretin ihn mit einleitenden Vorbemerkungen versehen.

Im Juli 1984 nahm Scholder zum letzten Mal an einem internationalen Historikerkongreß teil. Aus Anlaß der 40. Wiederkehr des 20. Juli 1944 veranstaltete die Historische Kommission zu Berlin eine Konferenz über den Widerstand gegen den Nationalsozialismus. Scholder war gebeten worden, über *Politischen Widerstand oder Selbstbehauptung als Problem der Kirchenleitungen* zu sprechen. In seinen Überlegungen gelangte er zu dem Ergebnis, in beiden Kirchen habe es wohl ein Widerstandspotential gegeben; dieses sei aber von den katholischen wie von den evangelischen Kirchenleitungen nie in größerem Umfang aktiviert worden, um eine Konfrontation mit dem totalen Staat, die den Bestand der Kirchen hätte gefährden können, zu vermeiden. Widerstand sei nur von unten, von Pfarrern, Gemeinden und einzelnen Christen gekommen.[15]

Ein Jahr zuvor hatte Scholder in einem Aufsatz über *»Politik und Kirchenpolitik im Dritten Reich. Die kirchenpolitische Wende in Deutschland 1936/37«* paradigmatisch gezeigt, daß es mit einer interkonfessionellen Kirchengeschichtsschreibung allein nicht getan war. Vielmehr gehörten Hitlers kirchenpolitische Entscheidungen – wie Scholder ausführt – in den Kontext seiner gesamteuropäischen Politik, in deren Zentrum der Kampf gegen den Bolschewismus stand. Darum unterstützte der deutsche Reichskanzler Francos Militärrevolte und bot gleichzeitig beiden deutschen Kirchen ein Bündnis gegen »die außenpolitische Gefahr des Bolschewismus« an. Diesen, seinen »letzten Versuch«, sich mit den Kirchen zu arrangieren, betrachtete er als gescheitert, nachdem er wahrnehmen mußte, daß die tatsächlich aus Überzeugung geübte politische Loyalität der Kirchen stets mit der ebenso klaren Forderung nach innerkirchlicher Freiheit und Rechtssicherung verbunden blieb. Wer Scholders brillante Erzählkunst und seine überlegene Fähigkeit zur umfassenden historischen Rekonstruktion einmal an einem Beispiel studieren will, der sollte diesen Beitrag lesen!

Nicht zuletzt aufgrund der in Wroclaw aufgefundenen Korrespondenz zwischen Kardinal Bertram und Hitler skizzierte Scholder 1980 in einem FAZ-Artikel das sehr besondere Verhältnis zwischen dem Breslauer Kardinal und dem Diktator. Die hier abgedruckte, ausführliche und mit Anmerkungen versehene Fassung von *»Ein Requiem für Hitler. Kardinal Bertram, Hitler und der deutsche Episkopat im Dritten Reich«* beleuchtet darüber hinaus erstmals die Spannungen und Gegensätze im deutschen Episkopat nach 1937 und stellt damit eine wichtige Ergänzung zur katholischen Kirchenkampf-Historiographie dar.

Im Zusammenhang mit der Diskussion um Nachrüstung und Friedenssicherung in Kirche und Gesellschaft Anfang der 80er Jahre erinnerte Scholder in seinem FAZ-Artikel *»Die Demokratie fragt jetzt um Bewaffnung«* an historische Beispiele aus den 30er und 50er Jahren, um über vorliegende historische Erfahrungen für eine differenzierte Sichtweise und den »Geist des Abwägens« zu plädieren. Es handelt sich bei diesem Beitrag gewiß um keine wissenschaftliche Studie, sondern um einen historischen Einwurf mit der Absicht, das Niveau der aktuellen, politischen Auseinandersetzung etwas zu heben.

Für eine internationale Historikertagung in Israel 1982, an der er dann aus Krankheitsgründen doch nicht teilnehmen konnte, verfaßte Scholder den Aufsatz *»Judentum und Christentum in der Ideologie und Politik des Nationalsozialismus 1919–1945«*. Darin suchte der Tübinger Theologe zu zeigen, daß Hitlers Politik ganz seinem weltanschaulichen Ziel – der Vernichtung der jüdischen Rasse und, für ihn identisch, des Bolschewismus –

diente. Zunächst hielt Hitler die christlichen Kirchen für seine natürlichen Verbündeten in diesem Kampf. Als er aber feststellen mußte, daß sich beide große Religionsgemeinschaften seinem Konzept eines arischen Christentums und dessen Verschmelzung mit der NS-Ideologie zunehmend heftiger widersetzten, rückten sie für Hitler immer näher an das Judentum heran und sollten darum nach dem Kriege wie dieses verfolgt und schließlich vernichtet werden.

Die hier vorgelegte Sammlung von Aufsätzen ist keineswegs vollständig, gibt aber nach der Überzeugung der Herausgeber ein repräsentatives Bild von der Arbeitsweise, den Hypothesenbildungen und Beweisführungen sowie der Erzählkunst des kirchlichen Zeithistorikers Klaus Scholder. Das Buch soll sein Andenken ehren, seine Leser erfreuen und den Zunftgenossen Ansporn und Maßstab sein.[16]

Gerhard Besier

Teil I

Zum Verständnis der kirchlichen Zeitgeschichte

Geschichte und Hoffnung

Nürnberg und das 20. Jahrhundert

Wenn ich die Gespräche, die diesem Vortrag vorausgegangen sind, richtig deute, so sind hier im Augenblick sehr verschiedene Erwartungen versammelt. Es gibt Ältere unter uns, für die ist die Geschichte Nürnbergs im 20. Jahrhundert, die uns beschäftigen soll, noch lebendige Erinnerung; ein Teil, und vielfach ein schmerzlicher, ihres eigenen Lebens. Sie erwarten, wenn nicht Trost, so doch wenigstens Behutsamkeit; wenn nicht Entschuldigung, so doch wenigstens Verständnis im Umgang mit dem, was dieser Stadt und was ihnen in den zurückliegenden Jahrzehnten widerfahren ist. Und es gibt eine zweite große Gruppe, die mittlere Generation, die erwartet wohl vor allem Information; sie möchte wissen, was geschehen ist und wie es zu jenen Ereignissen kam, die Nürnberg und die deutsche Geschichte so furchtbar belastet haben und noch belasten. Und es gibt schließlich unter uns viele Jüngere, die sind leidenschaftlich bewegt von der Frage, was ihre Generation denn aus alledem lernen kann; was sie zu tun haben, um zu verhindern, daß sich Gleiches oder Ähnliches in Deutschland wiederholt.

Die Geschichtsschreibung, wir wissen es, kann dies alles leisten. Sie kann Erinnerungen verklären; sie kann Informationen liefern und Täter entlarven und sie kann nicht zuletzt in besonderem Maße für Handlungen und Entscheidungen mobilisiert werden. Aber sie kann dies doch nur um einen hohen Preis, um den Preis nämlich, daß Glück und Leiden ganzer Generationen zu einem Mittel und Zweck gemacht, daß sie eingesetzt werden für die eigenen Wünsche, Ziele und Absichten. Gewiß ist keine Geschichtsschreibung davon frei. Aber gerade das Schicksal dieser Stadt warnt ja wie kaum ein zweites davor, Geschichte dergestalt zum bloßen Mittel und Zweck für ein bestimmtes Ziel zu machen. Und so wollen wir denn heute versuchen, Nürnberg nicht als Beispiel darzustellen, was die Bewohner dieser Stadt und die Bewohner Deutschlands im 20. Jahrhundert hätten tun und lassen sollen; sondern wir wollen dem nachgehen, was sie getan und gelassen haben; eher als Fragende denn als Entscheidende; nicht ohne Urteil, gewiß nicht, aber wohl wissend, daß am Ende Gottes Gericht und Gottes Gnade uns allen gilt.

Das Thema, das diese Geschichte bestimmt, und von dem am Ende noch einmal ausdrücklich die Rede sein wird, ist die Verführbarkeit des Menschen. Nürnbergs Geschichte im 20. Jahrhundert ist eine Geschichte von Verführung und Verführbarkeit des Menschen. Und sie ist gerade darin auch unsere Geschichte.

1. Nürnberger Ansichten in den zwanziger Jahren

Wenn wir versuchen, uns ein Bild von Nürnberg in jenen Jahren zu machen, die dem Ersten Weltkrieg folgten und dem Dritten Reich voraufgingen, so stoßen wir auf drei ganz verschiedene Ansichten.

Die erste Ansicht ist die auch uns als erste geläufige: die von den Nürnbergern wie von den unzähligen Gästen dieser Stadt geliebte und bewunderte, die in Bildbänden festgehaltene und auf Prospekten verbreitete Ansicht von Alt-Nürnberg. Zwar ist nahezu die gesamte Altstadt im Krieg zerstört worden; aber was übrig blieb oder wieder aufgebaut wurde, genügt noch immer, um Glanz und Schönheit dieser unvergleichlichen Stadt deutlich zu machen. Diese Ansicht von Alt-Nürnberg ist kein Zufall. Vielmehr spiegelt sich in ihr die besondere Rolle, die die Stadt an der Pegnitz in der Geschichte des alten Deutschen Reiches, das den merkwürdigen Titel des Heiligen Römischen Reiches deutscher Nation trug, einst gespielt hat.

Einen Mittelpunkt dieses Reiches stellte Nürnberg seit dem 14. Jahrhundert dar. Man kann das ablesen an den besonders augenfälligen Vorrechten, die es genoß. So wurde hier auf einem Reichstag im Januar 1356 die berühmte »Goldene Bulle« festgestellt und angenommen, das Verfassungsgesetz des alten Reiches, das in seinen Grundzügen 450 Jahre, bis zum Ende des Reiches 1806, galt. Und die Nürnberger Stadtväter versäumten nicht, sich in diesem Verfassungsgesetz in Erinnerung zu bringen: jeder deutsche König sollte in Zukunft seinen ersten Reichstag in Nürnberg halten.

Gewiß dachte niemand an die Goldene Bulle, als die Nationalsozialistische Deutsche Arbeiterpartei im September 1923 ihr erstes auswärtiges Parteitreffen in Nürnberg veranstaltete. Aber mit dem wachsenden Selbstbewußtsein dieser Partei schien das immer mehr Sinn und Symbolik zu bekommen. Reichstag und Reichsparteitag, altes und neues Reich, schienen durch Nürnberg miteinander verbunden.

Rund einhundert Jahre später, 1424, erhielt die Stadt ein weiteres geschichtsträchtiges Vorrecht. Sie wurde für ewige Zeiten zum Aufbewahrungsort der Reichskleinodien bestimmt. So lagerten fortan in ihrer Schatzkammer die Insignien des Reiches: die deutsche Kaiserkrone, Reichsapfel, Szepter, Schwert und Mantel. 1806, nach dem Ende des Reiches, wanderten diese Insignien in die Hofburg nach Wien. 1938 aber, als Hitler mit dem Anschluß Österreichs das alte Reich im neuen wiedererstanden glaubte, ließ er die Reichskleinodien erneut nach Nürnberg zurückbringen: ein weiteres Zeichen für den geschichtlichen Zusammenhang, in dem er gesehen werden wollte.

Um 1500 stand die große und wohlhabende Reichsstadt auf dem Höhepunkt ihrer Macht und ihres Ansehens: politisch, wirtschaftlich und künstlerisch. Die Künstler und Handwerker dieser Zeit prägten in besonderem Maße die spätere Ansicht von Alt-Nürnberg. In dieser Zeit traf die Stadt auch eine Entscheidung von welthistorischer Bedeutung: ihr früher Beitritt zur Sache Luthers bedeutete eine wesentliche Stärkung der reformatorischen Bewegung und machte aus Nürnberg eines der Zentren des deutschen Protestantismus, das die Stadt bis zum Ende des Zweiten Weltkriegs geblieben ist.

Fast 150 Jahre trat Nürnberg in der deutschen Geschichte zurück, um mit dem Anfang des 19. Jahrhunderts ein neues Leben zu beginnen. Es war ein durch und durch romantisches Leben. Denn aus all diesen Elementen, aus Personen und Ereignissen, aus Stadtbild und Geschichte schuf das 19. Jahrhundert jene erste Ansicht von Nürnberg, die wir alle kennen: die Ansicht einer Stadt deutscher Reichsherrlichkeit, deutschen Kunstsinnes und deutscher Frömmigkeit; die Ansicht von Nürnberg als der »deutschesten Stadt«, wie Hitler 1931 erklärte.[1] Was diese Ansicht mit dem wirklichen Nürnberg des 15. und 16. Jahrhunderts zu tun hatte, kann hier ganz außer Betracht bleiben. Denn nicht die historische Wirklichkeit dieser Stadt wirkte im 20. Jahrhundert, sondern die Ansicht, die das 19. Jahrhundert ihr gab und die das 20. übernahm, nämlich eben der Inbegriff des Deutschen, »die deutscheste aller deutschen Städte« zu sein.[2]

Historische Traditionen sind für den, der damit umgehen kann, reale politische Macht. Hitler konnte damit umgehen. Ohne die Verführungskraft der alten Reichstradition, verkörpert in Nürnberg, wäre das Dritte Reich schwerlich geworden, was es dann wurde.

Daneben aber gab es in dieser Zeit noch eine zweite, ganz andere Ansicht von der Stadt. Nürnberg war im Zuge der sogenannten industriellen Revolution in der zweiten Hälfte des 19. und zu Beginn des 20. Jahrhunderts zu einer der bedeutendsten Industriestädte Deutschlands aufgestiegen. An der wahrhaft atemberaubenden Entwicklung der Einwohnerzahlen läßt sich diese neue Rolle der alten Reichsstadt am besten ablesen. 1806, bei der Eingliederung in das Königreich Bayern, zählte Nürnberg gerade 25 000 Einwohner; bis 1880 hatte sich diese Zahl vervierfacht und in den folgenden fünfzig Jahren vervierfachte sie sich noch einmal. Im Krisenjahr 1932 zählte die Stadt rund 416 000 Einwohner.[3] Neben traditionelle Gewerbe wie Spielzeug- und Bleistiftfabrikation waren große und moderne Industriewerke des Maschinen- und Fahrzeugbaus, der Elektroindustrie und des metallverarbeitenden Gewerbes getreten, die sich in den neuen Vorstädten im Süden und Westen angesiedelt hatten. Fast die Hälfte der Nürnberger Erwerbstätigen in den 20er Jahren waren Industriearbeiter, und entsprechend war auch die politische Einstellung der Stadt. Wie in allen evangelischen Industriestädten beherrschten auch in Nürnberg die Sozialdemokraten bis 1930 unangefochten das Feld. Zwar verloren sie die Mehrheit 1932 knapp an die Nationalsozialisten, aber noch vor den Märzwochen 1933 lag ihr Anteil mit rund 33 Prozent fast doppelt so hoch wie im Reichsdurchschnitt; während die Nationalsozialisten in der zukünftigen Stadt der Reichsparteitage sogar noch einige Punkte unter dem Reichsdurchschnitt blieben.[4]

Diese zweite Ansicht von Nürnberg ist von großer Bedeutung. Sie korrigiert die weit verbreitete Vorstellung, als sei Hitler vor allem deshalb nach Nürnberg gegangen, weil die Stadt in besonderem Maße nationalsozialistisch gewesen wäre. Bis 1933 war das, wie die Wahlergebnisse deutlich zeigen, keineswegs der Fall. Nürnberg war eine Industriestadt, und wie in allen Industriestädten hatte es die NSDAP schwer, sich gegen die organisierte Arbeiterschaft durchzusetzen. Nachdem der Durchbruch jedoch gelungen war, war es in Nürnberg wie anderswo im Reich auch. Schon der neugeschaffene Feiertag der Arbeit am 1. Mai zeigte, daß Hitler nun auch unter den Arbeitern Fuß zu fassen begann.

Neben der Ansicht der alten Reichsstadt und der modernen Industriestadt Nürnberg aber gab es seit den 20er Jahren noch eine dritte, die dunkelste. Nürnberg wurde zu einem Mittelpunkt des deutschen Antisemitismus. Dies war im wesentlichen das Werk eines Mannes, des selbsternannten Frankenführers und späteren Gauleiters Julius Streicher. Streicher war unter allen führenden Mitgliedern der Partei derjenige, dessen Antisemitismus dem Hitlers am ähnlichsten war. Nicht wenige Führer der Partei haben ja Hitlers Judenhaß nie ganz begriffen und haben sich mehr der allgemeinen Richtung angepaßt, als selbständig in dieser Frage aktiv zu werden. Bei Streicher lagen die Dinge anders. In seinen Erinnerungen, die er im Sommer 1945 in der Internierungshaft als sein »Bekenntnis« aufzeichnete, schilderte er die gleichen Erlebnisse und Erfahrungen, die auch Hitler prägten. Am Anfang stehen zunächst abstruse Dinge, Gerüchte, Geschwätz, ein erstes Ahnen des Katholiken bei der Erzählung der Leidensgeschichte im Religionsunterricht, daß das Wesen des Juden »ein absonderliches« sei.[5] Mehr ist da zunächst nicht im Vorkriegsdeutschland, als da und dort ein dumpfes Unbehagen, ein böses und dummes Gerede – und mehr wäre ohne den Ersten Weltkrieg auch wohl nicht daraus geworden.

Zur lodernden Fackel wurde der Antisemitismus in Deutschland erst, als völkische Kreise die Juden für die Niederlage des Deutschen Reiches verantwortlich machten. Das schlug ein wie ein Blitz und alles, was sich deutsche Ahnungslosigkeit, was sich nationale Beschränktheit und politische Dummheit nicht erklären konnten, das schien auf einmal klar und deutlich. Wer war schuld am Krieg, an der Niederlage, am Elend der Nachkriegszeit, am Versailler Vertrag, an der Fortdauer der deutschen Misere? Nicht etwa die ehemalige deutsche Führung, der Kaiser, die Militärs und die Deutschen insgesamt, die den Krieg zumindest mitverschuldet hatten, sondern – die Juden. Und darum mußten, wenn Deutschland gerettet werden sollte, vor allem und zuerst die Juden bekämpft werden, unerbittlich, gnadenlos, bis auf das letzte Glied. Man versteht den weiteren Gang der deutschen Geschichte nicht, wenn man sich nicht klar macht, daß dies Hitlers tiefste Überzeugung war, ebenso wie die Streichers; und daß beide an dieser Überzeugung festhielten von den ersten Tagen ihres politischen Auftretens an bis zu ihrem Ende. Der Nationalsozialismus hatte vielerlei Gesichter und Ansichten, aber dies war in Deutschland sein Kern: der Kampf gegen die Juden unter allen Umständen und mit allen Mitteln.[6]

Ideologien nehmen wenig Rücksicht auf die Wirklichkeit und totalitäre schon gar nicht. Tatsächlich hatte die Judenfrage mit den deutschen Problemen der Nachkriegszeit schlechterdings nichts zu tun. Aber das störte weder Hitler noch Streicher. Und es gibt Augenblicke in der Geschichte, da scheint den Menschen alles, auch das Absurdeste, glaubhaft. Wer etwa 1944 erzählte, der Führer habe die Invasion im Westen absichtlich gelingen lassen, um die Amerikaner in Frankreich desto sicherer vernichten zu können, der konnte selbst für solche Behauptungen noch gläubige Zuhörer bekommen. Und ein solcher Augenblick war auch die Nachkriegszeit.

Nürnberg hatte mit dem allem zunächst nicht mehr zu tun als andere Städte in Deutschland auch. Es gab hier vor dem Weltkrieg keinen besonderen Antisemitismus. Ein »Antisemitischer Verein für Nürnberg und Umgebung« löste sich 1901 auf[7]; die Nürnberger »Hammer-Gemeinde« des Antisemiten Theodor Fritsch zählte im Juni 1913 kümmerliche 23 Mitglieder mit einem Jahresetat von 94,64 Mark.[8]

Daß Julius Streicher in Nürnberg begann, lag also nicht etwa an einer besonderen Neigung dieser Stadt zum Antisemitismus, sondern ganz einfach daran, daß Streicher hier Volksschullehrer war. Als er, schon überzeugter Antisemit, sich im Herbst 1922 mit seiner Nürnberger Gruppe Hitler unterstellte, da ließ er keinen Zweifel daran, worum es ging: »Das Ziel des Nationalsozialismus ist die Umgestaltung Deutschlands von Grund auf, eine Revolution, nicht ein braver, frommstiller Aufbau. Uns geht der Kampf ums Letzte. Die Kernfrage dieses Kampfes aber ist und bleibt die Judenfrage.«[9]

Ein Jahr später, im August 1923, gründete Streicher jenes Wochenblatt, das dann sehr bald zum Inbegriff des nationalsozialistischen Antisemitismus werden sollte. Es hieß »Der Stürmer« und trug zunächst die Unterzeile »Nürnberger Wochenblatt zum Kampfe um die Wahrheit«. Erst mit dem »Stürmer« wurde Nürnberg zum Zentrum des Antisemitismus.

Es dürfte sich schwerlich ein Blatt denken lassen, das schamloser, gemeiner und niederträchtiger gemacht war als Streichers Wochenzeitung. Unterstützt von einem berüchtigten Karikaturisten, der das Bild des Juden mit allen denkbaren Widerwärtigkeiten ausstattete, verbreitete der »Stürmer« einen pornographischen Antisemitismus ohne Beispiel. Zunächst noch in Auflagen von wenigen Tausend erreichte er in seinen Blütezeiten 1938 nahezu eine halbe Million; in Sondernummern sogar Auflagen von mehreren Millionen.[10] Und wer das Blatt nicht einmal anfassen mochte, der begegnete ihm doch seit 1933 in unzähligen Schaukästen in Stadt und Land, die von fleißigen Amtswaltern jeweils mit der neuesten Ausgabe versorgt wurden.

Die Hetze blieb gerade in Nürnberg nicht ohne Folgen. Ende der zwanziger Jahre kam es – vor allem auch im Zusammenhang mit den Parteitagen – in wachsendem Maße zu antisemitischen Zwischenfällen und Ausschreitungen. Der »Stürmer« sorgte durch gezielte Denunziationen für ein Klima des Hasses und der Furcht, dem sich Geschäftsleute und Hausbesitzer, Vereine und bürgerliche Presse je länger desto schwerer entziehen konnten und wollten. Auch die evangelische Kirche setzte sich nicht zur Wehr. Zwar war man allgemein darin einig, daß die Rassenhetze zu verurteilen sei, aber ein Stück weit hielt man die Juden doch auch für schuldig und mochte sich nicht für sie einsetzen.[11]

Entscheidend für jene dritte Ansicht von Nürnberg aber wurde der »Stürmer«. Das Blatt wurde in den dreißiger Jahren weit über Deutschland hinaus bekannt und fand im weltweiten Antisemitismus viele Nachahmer. Mit ihm wurde der Name Nürnbergs verbreitet als einer Stadt, in der der Antisemitismus in seiner schlimmsten Form zu Hause war.

Schon 1921 schrieb Jacob Wassermann, ein damals sehr bekannter Schriftsteller, in seinem Buch »Mein Weg als Deutscher und Jude«: »Es ist vergeblich, das Gift zu entgiften. Sie brauen frisches. Es ist vergeblich, für sie zu leben und für sie zu sterben. Sie sagen: er ist ein Jude.«[12]

Was Streicher und seinen »Stürmer« betraf, so war dies buchstäblich die Wahrheit.

2. Die Stadt der Reichsparteitage

Diese drei Ansichten von Nürnberg, die Stadt der alten Reichsherrlichkeit und deutscheste aller deutschen Städte, die moderne Industriestadt und die Stadt des »Stürmers« bestimmten die Geschichte der Stadt in den 30er und 40er Jahren. Wenn je Geschichte zum Schicksal geworden ist, dann ist es hier geschehen.

Im Rückblick will es uns scheinen, als seien jene drei Ansichten unvereinbar, als müßten sie sich gegen jede Art von Integration sperren: die altfränkische Stadtromantik gegen die moderne Industriewelt und diese wieder gegen einen ganz rückschlägigen, irrationalen Judenhaß. Aber dieser Rückblick täuscht – jedenfalls zuerst. Denn diese drei Ansichten waren ja nicht nur Ansichten Nürnbergs, sie waren in gewisser Hinsicht die drei Ansichten des Dritten Reiches überhaupt. Daß man unter dem Begriff des »Dritten Reiches« antrat, verriet ja schon, daß man in der alten Reichstradition stehen wollte; zugleich beschleunigte Hitler mit seinem ausgeprägten Sinn für zukünftige technische Möglichkeiten die Entwicklung dieses Reiches zu einer hochindustrialisierten Gesellschaft, und dies beides, Tradition und Technik, diente dem Kampf gegen Juda, dem allgegenwärtigen, imaginären Weltfeind.

Wenn man wissen will, wie es gelang, diese Elemente wenigstens für einige Jahre zu jener Einheit zu verschmelzen, die sich nationalsozialistische Weltanschauung nannte, so kann man dies abermals in Nürnberg beobachten, an jenen sechs Reichsparteitagen, die zwischen 1933 und 1938 hier stattfanden.

Diese Parteitage waren weit mehr als bloße Parteitreffen; sie waren und wurden immer mehr grandiose Selbstdarstellungen des Regimes, in denen sich Jahr für Jahr für jeden Teilnehmer und für das ganze Volk wiederholen sollte, was Hitler als den Grund seiner Herrschaft empfand: die spontane und ekstatische Zustimmung der Masse zu ihm als ihrem einzigen, unbedingten und unumstrittenen Führer. In dieser Zustimmung bestand die Einheit des Dritten Reiches und seiner Weltanschauung; und wenn nicht alle Bilder, alle Berichte und Erinnerungen trügen, so ist dies in Nürnberg Jahr für Jahr bestätigt worden.

Leni Riefenstahl, die mit einer genialen Optik den Film über den Reichsparteitag 1934 gedreht hat, hat die Funktion der Parteitage überzeugend dargestellt. Der Film erhielt auf Hitlers Wunsch den Titel »Triumph des Willens«; und es war kein Zweifel, daß damit sein eigener Wille gemeint war.

»Über allem der Führer!«, so beschrieb sie später ihren Eindruck. »Über der ungeheuren Symphonie der Menschenmengen, der Marschkolonnen, der Tagungen, der Ehrungen, der Märsche und Kongresse – sein Wort über die Gegenwart – für die Zukunft.«[13] Und so hat es ja nicht nur diese Frau, so haben es offensichtlich Millionen empfunden, die bereit waren, diesem Mann zu folgen.

Ich will hier eine kurze theologische Erwägung einschalten. Im Juni 1931 hielt ein junger Pfarrer, der theologisch stark von Karl Barth geprägt war, einen Vortrag mit dem Titel »Politisches Messiastum«. Darin stellte er fest, daß Hitler heute für viele der Seinen zum eigentlichen »Mythos des 20. Jahrhunderts« geworden sei, und daß die Nationalsozialisten heute diejenigen seien, die die Ohren und Herzen der Menschen mit ihrer politischen Prophetie erreichten. »Die Prophetie der Kirche aber«, fuhr er fort, »ist so völlig erloschen, daß selbst protestantische Pfarrer die säkularisierte Eschatologie der völkischen Bewegung mit der legitimen Eschatologie kirchlicher Verkündigung verwechseln und mit Begeisterung in das Lager des Nationalsozialismus einschwenken.« Der politischen Prophetie von rechts und links aber, so schloß dieser Gedankengang, sei weder »ein individualistisches Seligkeitschristentum« gewachsen noch irgendein »religiössittlicher Aktivismus«, sondern allein »die legitime Prophetie kirchlicher Verkündigung«.[14]

»Über allem der Führer!« ... »– sein Wort über die Gegenwart – für die Zukunft.« Warum ist das Wort der Kirche so schwach und ohnmächtig gewesen, daß Millionen Menschen, getaufte Christen durchweg, dem politischen Messias folgten?

Zurück zu den Reichsparteitagen. Wer sie über die Jahre hinweg verfolgt, gewinnt den Eindruck eines grandiosen, bewußt geplanten Crescendos. Das läßt sich schon an den Teilnehmerzahlen ablesen. Der erste Parteitag nach der Machtergreifung, der »Parteitag des Sieges«, führte rund 400 000 Teilnehmer nach Nürnberg. Schon das war nicht nur für damalige Zeiten eine ungeheure organisatorische Leistung. Fünf Jahre später, 1938, auf dem Parteitag »Großdeutschland«, waren es bereits mehr als 1,6 Millionen Menschen, die in mehr als tausend Sonderzügen und Hunderttausenden von Autos und Omnibussen nach Nürnberg kamen.[15] Und mit der Zahl der Teilnehmer wuchsen selbstverständlich auch Zahl, Größe und Umfang der Parteitagsbauten, die Hitler befahl und die sein Baumeister Albert Speer plante und ausführte.[16] Alles strebte jetzt ins Gigantische: Tribünen und Paradestraßen, Kongreßhallen und Stadien sollten alles auf der Welt bisher Dagewesene übertreffen. Es gab nichts an den eindrucksvollsten und modernsten technischen Lösungen und Möglichkeiten, die hier nicht eingesetzt worden wären – bis hin zu dem berühmten Lichtdom, den Speer 1938 aus 150 Flak-Scheinwerfern über der abendlichen Kundgebung der Politischen Leiter errichtete, und der auch den Ausländern von unvergleichlicher, geradezu unirdischer Wirkung erschien.[17] Und Hitler selbst war es, der Baumeister und Bauten unablässig vorantrieb. Jahr für Jahr wollte er neue Grundsteine legen, Grundsteine freilich, die dann auf den städtischen Bauhof gebracht wurden, um auf ihre spätere Verwendung zu warten.[18]

Und dies alles hing durchaus mit Nürnberg und seiner Geschichte zusammen. Für alle Zukunft, so erklärte Hitler 1933, solle die Stadt »Ort unserer Reichsparteitage« sein[19]; und vier Jahre später, 1937, versicherte er im Nürnberger Rathaus: »So erhält, dem übrigen Deutschland vielleicht voraneilend, zunächst diese Stadt ihr künftiges und damit ewiges Gepräge.«[20]

»Künftiges und damit ewiges Gepräge«: wer der Entwicklung der Parteitage folgt, erkennt im Rückblick, daß dies tatsächlich das Ziel war, nicht nur der Bauten, sondern auch des Rituals, das von Jahr zu Jahr gewaltiger, strenger und unpersönlicher wurde. Steckte in den ersten Parteitagen noch viel Spontaneität und Improvisation, viel persönliche Hingabe und Begeisterung, so trat das später mehr und mehr zurück. Als Hitler nach dem Ende des Parteitages 1938 mit Speer noch einmal den ganzen Ablauf durchsprach, da machte er deutlich, was seines Erachtens eine endgültige Form angenommen habe und nun zum »unabänderlichen Ritus« werden sollte. »Lange hatte ich immer geglaubt«, so erinnerte sich Speer später, »daß alle diese Aufmärsche, Umzüge, Weihestunden Teil einer virtuosen propagandistischen Revue seien; jetzt wurde mir klar, daß es für Hitler fast um die Gründung einer Kirche ging.«[21]

Damit aber, und auch das läßt die Entwicklung der Parteitage deutlich erkennen, entrückte Hitler endgültig aller Kritik. Er verführte die Menschen, aber er wurde auch selbst von ihnen verführt. Die ekstatische Hingabe der Masse, gebannt in die strengen Formen eines grandiosen Rituals, bestärkte ihn von Jahr zu Jahr mehr in seinem Sendungs- und Erwählungsglauben, der schließlich jedes Augenmaß, jeden Sinn für die Wirklichkeit, jede Menschlichkeit und jede Vernunft verlor. Und da war niemand mehr, kein Gauleiter, kein Minister, kein General und kein Wirtschaftsführer, der ihm widersprach.

Was Nürnberg für diesen Prozeß der inneren Gleichschaltung bedeutet hat, wird man schwerlich überschätzen können.

Die Kleinodien des alten Reiches und die Militärmacht des neuen sollten in Nürnberg Vergangenheit, Gegenwart und Zukunft Deutschlands demonstrieren. Und bei alldem ließ Hitler vom ersten bis zum letzten Parteitag die Judenfrage keinen Augenblick aus den Augen. So hatte es durchaus seinen Sinn, daß er während des Parteitags 1935 dem Reichsinnenministerium überraschend befahl, binnen zwei Tagen ein Judengesetz vorzulegen, das der nach Nürnberg einberufene Reichstag am letzten Tag des Parteitags beschließen sollte. Auf diese Weise entstanden die berüchtigten Nürnberger Gesetze, das »Reichsbürgergesetz«, das die sogenannten Volljuden von wichtigen bürgerlichen Rechten ausschloß, und das »Gesetz zum Schutze des deutschen Blutes und der deutschen Ehre«, das in seiner wichtigsten Bestimmung die Eheschließung zwischen Deutschen und Juden verbot. Die Bedeutung dieser Nürnberger Gesetze ist keineswegs eindeutig zu bestimmen. Denn es gelang den verantwortlichen Beamten des Innenministeriums, die Gesetze so zu formulieren, daß der Personenkreis der Betroffenen möglichst klein blieb und damit gerade für Halbjuden in gewisser Hinsicht eine Rechtssicherheit eintrat. So ist das nach den vorausgegangenen wilden Hetzkampagnen der Partei von vielen Juden im Reich auch gesehen worden. Andererseits bildeten diese Gesetze und der Rahmen ihrer Verabschiedung und Verkündung doch ohne allen Zweifel einen weiteren Abschnitt in der wachsenden antisemitischen Kampagne des Dritten Reiches.[22]

Es war ein Zufall, daß die Nürnberger Gesetze in Nürnberg verabschiedet wurden. Streicher hatte, soweit wir wissen, keinen unmittelbaren Anteil daran. Auch besteht keine direkte Kausalität zwischen diesen Gesetzen und dem Holocaust, dem großen Judenmord. Aber der Rückblick gibt doch Zusammenhänge frei, die tiefer reichen als die unmittelbaren Kausalitäten. Wo man den Anfängen nicht wehrte, da mußte man später schon froh sein, wenn man auch nur ein wenig vom allergröbsten Unrecht abmildern konnte.

3. Das andere Nürnberg

Der Ort, an dem Jahr um Jahr die Partei in so überwältigender Weise in Erscheinung trat, muß die Frage nach einem anderen Nürnberg auslösen. Gab es nur die Stadt der Reichsparteitage und des »Stürmers«, die Stadt der wilden Arisierungen und einer üblen nationalsozialistischen Cliquenwirtschaft, über die zu Hitlers Schmerz schließlich selbst Streicher fallen sollte, oder gab es auch ein anderes Nürnberg? Wie stand es um die Nürnberger selbst, von denen noch im März 1933 mehr als 40 Prozent ihre Stimme für die linken Parteien abgegeben hatten? Die Frage ist schwer zu beantworten, aber ich will doch wenigstens auf zwei Aspekte dieses Problems hinweisen.

Es gab zunächst auch in Nürnberg Versuche sowohl der Kommunisten wie der Sozialdemokraten, aus dem Untergrund heraus die nationalsozialistische Herrschaft zu bekämpfen. Beide Gruppen freilich waren schon 1934 praktisch am Ende, und zwar aus zwei Gründen. Der eine war äußerer Natur. Es gelang der Politischen Polizei sehr schnell, in die Untergrundorganisationen einzubrechen und alle entscheidenden Leute zu verhaften. Mehr als 150 Sozialdemokraten wurden seit Anfang 1935 vor Gericht gebracht, zu kürzeren oder längeren Freiheitsstrafen verurteilt und später zum Teil ins KZ Dachau gebracht. Weder KPD noch SPD haben sich von diesem Schlag erholen können. Und dies hängt nun mit dem zweiten, wichtigeren Grund ihres Scheiterns zusammen. Die linken Gruppen generell erwarteten unter der faschistischen Herrschaft einen baldigen Aufstand der Arbeiterschaft oder doch wenigstens einen breiten Rückhalt ihrer politischen Arbeit. Das Gegenteil war der Fall. Die unbezweifelbaren wirtschaftlichen Erfolge des Regimes, insbesondere der seit Mitte 1933 spürbare Rückgang der Arbeitslosigkeit, entzogen der Linksopposition weithin ihre Basis. Die Ideologie der rechten Arbeiterpartei, Hitlers beharrliches und gezieltes Werben um die deutsche Arbeiterschaft taten ein übriges, um alle Hoffnungen auf einen wirkungsvollen Widerstand von links zunichte zu machen. Es gab in Nürnberg auch später noch einzelne, kleine Gruppen und Zirkel, die sich weiterhin trafen, aber es gab bis zum Kriegsende keinen organisierten politischen Widerstand mehr.[23]

Ganz anders sahen die Dinge auf der Seite der evangelischen Kirche aus. Schon die Ausgangslage war hier völlig verschieden. Denn es ging hier zu keiner Zeit um einen Widerstand aus dem Untergrund, sondern alles, was in der Kirche geschah, geschah öffentlich. Auch handelte es sich hier nicht um ein aktives politisches Vorgehen mit dem Ziel, die Herrschaft Hitlers zu beenden, sondern das, was die Kirche im besten Falle tun konnte und tun wollte, war die unverfälschte und unverkürzte Predigt des Evangeliums auch im Dritten Reich. Man kann darüber streiten, ob man dies überhaupt unter den Begriff des politischen Widerstandes fassen soll, obwohl das Dritte Reich in wachsendem Maße dazu überging, dies als Widerstand zu begreifen.

Immerhin ist es in Nürnberg gelungen, eine Art Massenbewegung gegen die Partei zu organisieren, unter deren Eindruck Streicher, die bayerische Regierung und schließlich auch Hitler tatsächlich nachgaben. Es ging um den Versuch, im Oktober 1934 den bayerischen Landesbischof Hans Meiser abzusetzen und die Landeskirche mit der deutschchristlich beherrschten Reichskirche gleichzuschalten. So zogen am 16. Oktober 1934 Tausende aus den Bekenntnisgottesdiensten in der Lorenz- und Sebalduskirche zum Hauptmarkt der Stadt, und auch in den folgenden Tagen wurde deutlich, daß die Nürnberger mit allem Nachdruck ihren Bischof stützen wollten.[24]

Diese Auseinandersetzungen sind dann freilich ohne weiterreichende Folgen geblieben. Protest und Widerspruch ist auch in Nürnberg in den folgenden Jahren nur vereinzelt laut geworden. Der 13. November 1938, als Wilhelm Geyer, Pfarrer an St. Lorenz, von der Kanzel gegen das Judenpogrom predigte und alle Pfarrer der Kirche gemeinsam ihre Gemeinde an die Zehn Gebote erinnerten, blieb ein Einzelfall.[25]

Es gab also ein anderes Nürnberg, aber seine Stimme, so weit wir sie heute noch vernehmen können, klang leise und schwach. Und je lauter das Crescendo der Parteitage wurde, um so leiser und schwächer wurde die Stimme des anderen Nürnberg. Um so mehr aber gilt, was Wilhelm v. Pechmann, einer der prominentesten evangelischen Laien und Präsident des Evangelischen Kirchentages, der 1930 in Nürnberg stattfand, im Dritten Reich an einen Freund schrieb: »Ich weiß mich von jeder Spur von Überhebung frei, wenn ich ausspreche: wie glücklich wird ein späterer Kirchengeschichtsschreiber über jeden einzelnen von denen sein, die auch vor dem Baal dieser Zeit ihre Knie nicht gebeugt haben.«[26]

4. Der Untergang des alten Nürnberg

Ist die Weltgeschichte das Weltgericht? Wir zögern, Schillers idealistischem Satz zu folgen. Wir haben zuviel ungesühntes Unrecht, zuviel triumphierende Gewalt gesehen. Aber sicher ist, daß es in Deutschland seit 1941, seit die Gerüchte von den deutschen Greueltaten im Osten bekannt wurden, nicht wenige gab, die davon überzeugt waren, daß wir diesen Krieg nicht gewinnen könnten – nicht aus militärischen Gründen, sondern aus Gründen einer höheren Gerechtigkeit, die das Böse nicht siegen lassen würde.

Dies ist auch da und dort im Krieg in den Trümmern unserer Städte gepredigt worden; nicht als ein historisches Gesetz, sondern als eine Einsicht und Erkenntnis des Glaubens: »Irrt euch nicht. Gott läßt sich nicht spotten. Denn was der Mensch sät, das wird er ernten« (Gal. 6,7).

Der letzte Reichsparteitag, der in Nürnberg geplant war, sollte vom 2.–11. September 1939 stattfinden. Er sollte, »Reichsparteitag des Friedens« heißen und damit einmal mehr verbergen und verschleiern, was Hitler doch von allem Anfang an gesucht und gewollt hatte: den Krieg. Am 26. August 1939, als bereits Tausende auf dem Weg nach Nürnberg waren, wurde der Parteitag des Friedens abgesagt.[27] Und genau fünf Tage später, am 1. September, morgens 4.45 Uhr, wurde bereits »zurückgeschossen«. Der Zweite Weltkrieg hatte begonnen.

Nürnberg erlebte die ersten Jahre dieses Krieges wie das übrige Deutschland auch: als eine Zeit des Triumphes der deutschen Waffen, die die letzten Zweifel an Hitlers Sendung beseitigten. Wahrscheinlich hat Hitler zu keiner Zeit die Deutschen geschlossener hinter sich gehabt als im Sommer 1940, nach dem kurzen, glänzenden Feldzug gegen Frankreich, der die Niederlage des Ersten Weltkriegs endgültig aufgehoben zu haben schien.

Aber dies war nur ein Vorspiel. Erst mit dem Beginn des deutschen Angriffs auf Rußland am 22. Juni 1941 wurde deutlich, daß Hitler diesen Krieg nicht nur als einen Eroberungskrieg, sondern als einen Vernichtungskrieg angelegt hatte, einen Krieg, der der Vernichtung des Nicht-Deutschen, Nicht-Arischen galt: der Juden vor allem, aber auch der Polen, der Russen und allen, die man in der Sprache des Regimes »Untermenschen« nannte.

Der Vernichtungskrieg blieb nicht einseitig. Es lag in der Logik der Dinge, daß der Gegner auf Vernichtung mit Vernichtung antwortete. Und so begann 1941 der Angriff auf die deutschen Städte, der einzige Zugriff auf die Deutschen selbst, den die Alliierten damals besaßen.

Am 20. Februar 1941 beschloß das britische Kriegskabinett die Einleitung einer »intensiven Luftoffensive« gegen Deutschland. Kurz darauf wurde Sir Arthur Harris zum Chef des Bomberkommandos ernannt. Er übernahm die Verantwortung für einen Luftkrieg, den es in dieser Form niemals zuvor gegeben hatte. Sein Ziel war die Zerstörung des deutschen Widerstandswillens durch die weiträumige Vernichtung der deutschen Städte und ihrer Bevölkerung.[28] Es war ein Konzept, das sich in seiner Absicht als Fehlschlag erwies und dessen terroristische Grundidee auch bei den Alliierten selbst umstritten war. Aber seine Wirkungen auf die deutschen Städte waren fürchterlich.

Nürnberg stand als bedeutende Industriestadt von Anfang an auf der Liste der alliierten Bomberziele. Daneben hielt eine Beurteilung des Bomberkommandos fest, daß es zugleich »auch ein politisches Ziel erster Ordnung und eine der heiligen Stätten des Naziglaubens« sei.[29] Aber die ersten großen Luftangriffe der neuen Offensive in den Jahren 1942 und 1943 hatten Innenstadt und Industrie Nürnbergs – wie übrigens auch die Parteitagsbauten – noch weithin intakt gelassen. Daraufhin beschloß Harris Ende März 1944, seine gesamte Bomberflotte, nahezu tausend viermotorige Maschinen, mit Spreng- und Brandbomben zum Großangriff und zur Totalzerstörung der Stadt einzusetzen.

Dieser Angriff wurde zu einer katastrophalen Niederlage des Bomberkommandos. In der größten nächtlichen Luftschlacht des Zweiten Weltkriegs wurden von der deutschen Abwehr fast 100 Viermotorige abgeschossen; die Stadt selbst blieb im Kern fast unbeschädigt.[30]

Ihr Schicksal erfüllte sich erst Anfang 1945. Ein Flächenangriff mit mehr als einer Million Brandbomben, tausenden von Sprengbomben und Luftminen zerstörte in einem Feuersturm das historische Alt-Nürnberg. Mit ihm starben fast 2 000 Menschen; 100 000 wurden obdachlos. Es war die schlimmste Katastrophe, die die Stadt in ihrer mehr als tausendjährigen Geschichte erlebt hat.

Der alliierte Bombenkrieg gegen Deutschland gehört bis heute zu den umstrittensten Kapiteln unserer Geschichte. Er ist, wenn es um die Diskussion von Schuld und Unschuld der Deutschen geht, noch immer das beliebteste Argument, um von uns weg auf andere zeigen zu können. Aber dazu ist es ganz ungeeignet. Denn was dieser erbarmungslose Rückschlag der alliierten Bomber lehrt, ist doch nur die furchtbare Wahrheit, daß das Böse Böses weckt und daß unser aller Gewissen diesem Bösen unterliegt. Sowenig den deutschen Soldaten die ethische Problematik des Krieges bewußt gewesen ist, den Hitler gewollt hatte, sowenig ist den englischen Piloten und Bombenschützen die Fragwürdigkeit der strategischen Bomberoffensive deutlich geworden.[31] Auch dies gehört zum Thema Verführung und Verführbarkeit. Und ich wünschte, es wäre niemand hier unter uns, der seines Gewissens so sicher wäre, daß ihm Ähnliches nicht auch widerfahren könnte.

5. Der Nürnberger Prozeß

Dem Krieg ohne Vergleich und den Verbrechen ohne Vergleich folgte ein Prozeß ohne Vergleich, der Prozeß gegen die sogenannten Hauptkriegsverbrecher. Daß er in Nürnberg stattfand, hing mit der Symbolkraft zusammen, die dieser Name inzwischen in der ganzen Welt gewonnen hatte. Die Russen hatten zunächst auf Berlin als Verhandlungsort bestanden. Aber die Amerikaner setzten eine Stadt in ihrer Besatzungszone durch. Wo der Nationalsozialismus seine größten Triumphe gefeiert hatte, und wo die Ruinen der Stadt sein schreckliches Ende anzeigten, dort sollte auch über ihn zu Gericht gesessen werden.[32] Seit Juli 1945 stand der

Gerichtsort fest; am 20. November 1945 um 10 Uhr morgens begann die Hauptverhandlung.

Der Nürnberger Prozeß ist – wie könnte es anders sein – in fast jeder Hinsicht, politisch, rechtlich, personell, sachlich umstritten. Und doch schält sich heute, mehr als ein Menschenalter später, deutlich heraus, was dieser Prozeß ohne Vergleich geleistet hat und was er nicht geleistet hat.

Was er geleistet hat, kann man vielleicht in den folgenden drei Punkten zusammenfassen.

Zunächst ist hervorzuheben, daß dieser Prozeß kein Schauprozeß, sondern tatsächlich ein offenes Gerichtsverfahren gewesen ist. Mag an den Rechtsnormen des Verfahrens vieles problematisch gewesen sein, an der Möglichkeit der Angeklagten, sich zu verteidigen, und an der Entschlossenheit der Richter, ihnen in den vorgegebenen Grenzen Gerechtigkeit widerfahren zu lassen, kann kein Zweifel bestehen.

Man muß die Pläne kennen, die zuvor im Lager der Sieger erwogen wurden, um die außerordentliche Bedeutung dieses Verfahrens zu ermessen. So hatte Stalin 1943 in Teheran vorgeschlagen, fünfzigtausend oder sogar hunderttausend deutsche Offiziere zu erschießen, und hatte erst auf Churchills erbitterten Protest hin von diesem Gedanken Abstand genommen.[33] Aber auch in Amerika gab es eine Gruppe um den Finanzminister Morgenthau, die die sofortige Exekution der bekannten deutschen Hauptverbrecher forderte.[34] Demgegenüber machte die Tatsache, daß hier ein Gericht zusammentrat, unübersehbar deutlich, daß nach dem Wollen der Sieger nicht die Rache regieren sollte, sondern das Recht. Dieses Recht war sehr unvollkommen, und es hat unzählige Deutsche im Westen und vor allem im Osten nicht erreicht. Aber daß man es wenigstens in Nürnberg versuchte und nicht den unzähligen Stimmen nachgab, die auch hier nur Rache forderten: dies ist in sich schon ein bedeutendes und weiterwirkendes Ereignis gewesen.

Weil hier ein Gericht zusammentrat, das die Wahrheit suchte, und nicht ein Schautribunal, das die Wahrheit schon kannte, kamen in Nürnberg tatsächlich Teile der Wahrheit über das Dritte Reich ans Licht, die sonst auf keine andere Weise geglaubt worden wären. Wer sich durch die wichtigsten Verhandlungsprotokolle und Belastungsmaterialien der 42bändigen Prozeßdokumentation durcharbeitet, der begreift nicht, wie es je in Deutschland Menschen geben konnte und gibt, die an der Wahrheit der Verbrechen des Dritten Reiches zweifeln. Man kann über viele Einzelfragen und ihre Bewertung streiten. Über den verbrecherischen Charakter des Nationalsozialismus kann man seit Nürnberg nicht mehr streiten.

Und noch etwas kann man aus den Akten dieses Prozesses lernen; eine gerade für die jüngere Generation wichtige Einsicht. Selbst unter den Hauptangeklagten in Nürnberg waren einige, die den Umfang der Verbrechen erst im Verlauf des Prozesses Stück für Stück erfuhren und mit tiefer

Betroffenheit wahrnahmen. Angesichts der vorgelegten Beweise und Aussagen wichen wenigstens da und dort Blindheit und Fanatismus, Wahn und Verblendung und machten der Einsicht in die eigene Schuld und Mitschuld Platz, ob sie nun das alliierte Gericht anerkannten oder nicht. Nur wenige der Angeklagten waren auch am Ende des Prozesses noch überzeugte Anhänger Hitlers. Einer unter ihnen kam aus Nürnberg. Es war der Frankenführer Julius Streicher.

Man hat – und dies ist der dritte wichtige Punkt – dem Gericht oft den Vorwurf gemacht, als Gericht der Sieger hätte es den Deutschen die Chance genommen, selbst über die Verbrechen ihrer Landsleute zu Gericht zu sitzen. Aber wer die Situation der Jahre 1945/46 kennt, wird sich schwerlich vorstellen können, wie ein solches deutsches Gericht hätte zusammengesetzt sein und nach welchem Recht es hätte verhandeln sollen. Daß die Alliierten diese schlechterdings notwendige und unabweichliche Arbeit einer ersten Wahrheitsfindung und des Urteils auf sich genommen haben, erweist sich im Rückblick als ein Stück Arbeit für den Neubeginn, den Deutschland nach 1945 suchte.

Eines freilich, und das war dem Internationalen Gerichtshof das Wichtigste, hat der Prozeß nicht geleistet. Nürnberg ist nicht der Name für die Neubegründung eines internationalen Rechtes geworden, das Angriffskriege, Kriegsverbrechen und Verbrechen gegen die Menschlichkeit, insbesondere den Völkermord, zu allgemein anerkannten Straftatbeständen hätte werden lassen. Ein Menschenalter nach Nürnberg ist die Welt hier so hilflos und machtlos wie zuvor.

Man kann dies natürlich zu einem Argument gegen den Nürnberger Prozeß machen. In Wahrheit ist es doch nur ein Argument gegen uns und unsere Unfähigkeit, in der Welt Gerechtigkeit und Frieden zu erhalten.

6. Zur Hoffnung berufen

Wir sind am Ende unseres Ganges durch Nürnbergs Geschichte im 20. Jahrhundert, der ja ein Gang durch unsere eigene, deutsche Geschichte war. Das Thema, unter dem wir uns hier versammelt haben, lautet: »Zur Hoffnung berufen.« Aber die Geschichte unseres Jahrhunderts – gerade auch im Spiegel dieser Stadt – scheint wenig Grund für solche Hoffnung zu geben.

Im Gegenteil: Wenn man Bilanz ziehen will über das, was sich aus dieser Geschichte ergibt, so ist es die Einsicht in die offenbar fast unbegrenzte Verführbarkeit des Menschen. Denn dies wird man gerade im Rückblick sagen müssen: Unter den Hunderttausenden, die Jahr für Jahr voll Begeisterung nach Nürnberg zogen, war ja kaum jemand, der dies alles, was dann folgte, so gewollt hätte – vielleicht nicht einmal die Veranstalter selbst. Vielleicht sind auch sie erst Jahr um Jahr weitergeraten auf dem Weg des Bösen; getragen von der Begeisterung der Massen, so wie sich die Massen von ihnen getragen und geführt glaubten. Die Verführbarkeit des Menschen, das ist es, was hier vielleicht am nachhaltigsten deutlich wird, seine Verführbarkeit zum Wahn, zum Haß, zur Blindheit, zum Aberglauben. Was kann es unter diesen Umständen bedeuten, daß wir zur Hoffnung berufen sind?

Ich denke, daß dazu zweierlei zu sagen ist:

Die Hoffnung, von der hier die Rede ist, ist die Hoffnung auf Gottes Zukunft. Wo sie verkündigt und geglaubt wird, da ist sie immer wieder und immer von neuem eine Hilfe gegen unsere Verführbarkeit. Die Kirche, so hieß es 1934 in der Theologischen Erklärung von Barmen, »erinnert an Gottes Reich, an Gottes Gebot und Gerechtigkeit und damit an die Verantwortung der Regierenden und Regierten.« Wenn die Kirche dies tut; wenn wir, die Christen, dies tun, aktiv und passiv, als Erinnern und Erinnernlassen, so tun wir das Wichtigste, was gegen unsere Verführung und Verführbarkeit zu tun ist.

Und zweitens: der grüne Zweig der Hoffnung wächst aus dem Stamm des Kreuzes. Sie wächst dort, wo wir sie nicht vermuten und sie wächst aus Kräften, die nicht die unseren sind. Dies gilt auch für die Geschichte. Auch in der Geschichte wächst Hoffnung, wo wir sie nicht vermuten, aus Kräften, die nicht die unseren sind.

Das ist einer der Gründe, warum wir als Christen politisch handeln können und müssen: von der Verführung bedroht wie alle anderen Menschen auch und doch berufen zur Hoffnung auf Gottes Reich, Gottes Gebot und Gottes Gerechtigkeit.

Sie können nicht ohne einander

Das Ende des Laizismus – zum Verhältnis von Kirche und Staat

Das Verhältnis von Kirche und Staat gehört bekanntlich zu den ältesten und spannungsreichsten Themen der europäischen Geschichte. Mehr als anderthalb tausend Jahre, von Kaiser Konstantin bis zum Ende des 18. Jahrhunderts, wurde dieses Verhältnis durch eine wechselvolle, je nach den Machtverhältnissen immer wieder neu definierte Zuordnung von Imperium und Sacerdotium bestimmt. Da schien das 19. Jahrhundert endlich die Lösung aller Schwierigkeiten gefunden zu haben. Die Parole lautete: Trennung von Kirche und Staat.

Schon in der Morgendämmerung dieses Jahrhunderts übte sein wohl berühmtester Theologe, Friedrich Schleiermacher, in den »Reden über die Religion« von 1799 flammende Kritik an den staatskirchlichen Verhältnissen seiner Zeit. »Hinweg also mit jeder solchen Verbindung zwischen Kirche und Staat!«, so lautete seine denkwürdige Formulierung, »das bleibt mein Catonischer Ratsspruch bis ans Ende, oder bis ich es erlebe, sie wirklich zertrümmert zu sehen.« Und zwei Menschenalter später hielt es der Baseler Historiker Carl Burckhardt in seinen »Weltgeschichtlichen Betrachtungen« noch immer für ausgemacht, daß »nach so engem Zusammenhang und so vielfachen Wechselbeziehungen zwischen Staat und Religion« das Problem seiner Zeit »die Trennung von Staat und Kirche« sei.

Vertauschte Fronten

In der Tat regte es sich in Europa in der zweiten Hälfte des Jahrhunderts mächtig. In Italien trat die nationale Einigungsbewegung Cavours mit dem Schlagwort »Libera Chiesa in libero Stato« – »Freie Kirche im freien Staat« – an; in Preußen tobte in den 70er Jahren der Kulturkampf, der nichts anderes als ein verkapptes Ringen um die Trennung war; Frankreich endlich zerschnitt mit den Schulgesetzen von 1882 und 1886 und dem Trennungsgesetz von 1905 als erstes europäisches Land rigoros alle Bande, die Staat und Kirche hier seit Chlodwigs Zeiten verbunden hatten. Die Trennungsbewegung, der sogenannte Laizismus, war auf dem Marsch, und nichts und niemand schien sie aufhalten zu können.

Allein, sieht man näher zu, so muß man auch für diese Zeit differenzieren. Die Trennungsparole als politische Forderung kam zunächst nur in den katholischen Ländern auf und richtete sich im wesentlichen gegen die katholische Kirche. Das hatte vor allem drei Gründe. Für den Liberalismus wurde eine Institution von der dogmatischen Unbeweglichkeit der katholischen Kirche zunehmend unerträglich. Insbesondere der Anspruch der Kirche auf maßgeblichen Einfluß im gesamten Unterrichtswesen schien dem liberalen Programm der Erziehung aller Menschen zu freien, selbständigen Bürgern radikal zu widersprechen. Zwar waren die Liberalen wenigstens im Prinzip liberal genug, um das Grundrecht auf freie Religionsausübung zu respektieren. Aber sie lehnten jede Form staatlicher Privilegierung und Unterstützung einer bestimmten oder mehrerer Religionsgesellschaften strikt ab und erklärten die Religion grundsätzlich zur privaten Angelegenheit jedes einzelnen.

Auch der Nationalismus drängte auf eine Trennung von Kirche und Staat. Souveränität, Selbständigkeit und Unabhängigkeit des Nationalstaates schienen durch eine übernationale Organisation wie die katholische Kirche bedroht, wenn man ihr irgendeinen besonderen Einfluß auf den Staat oder Teilgebiete der staatlichen Politik gestattete. Der Staat, so schien es, war erst wirklich freigesprochen, wenn er die Trennung von der katholischen Kirche vollzogen hatte. Schließlich vertraten auch die Sozialisten aller Richtungen die Trennung, sei es mit dem gemäßigten Ziel der Liberalen, die Religion zur Privatsache zu erklären, sei es mit der weiterreichenden Absicht, die Kirchen als angebliche Instrumente der Herrschenden zur Unterdrückung der Arbeiterklasse gänzlich abzuschaffen.

Alle diese Strömungen verbanden sich im neugeschaffenen Königreich Italien und nach 1870 im Frankreich der 3. Republik zu einer grundsätzlichen Trennungsgesetzgebung, die – sieht man von dem kurzen Zwischenspiel der Französischen Revolution ab – zum erstenmal in der europäischen Geschichte das Verhältnis von Kirche und Staat auf eine völlig neue Ebene zu bringen schien.

Auch in Deutschland war in der zweiten Hälfte des 19. Jahrhunderts die Trennungsbewegung kräftig am Werke. Eine Reihe von Gesetzen, die während des Kulturkampfes verabschiedet wurden, waren nichts anderes als Trennungsgesetze, so etwa die Beseitigung der geistlichen Schulaufsicht und die Einführung der Zivilehe. Wenn es nach Bismarcks Willen gegangen wäre, so wäre in den 70er Jahren in Preußen eine Trennung von Kirche und Staat erfolgt, die sich kaum von der französischen oder italienischen Entwicklung unterschieden hätte.

Daß die Trennung jedoch hier wie in allen anderen überwiegend protestantischen Ländern nicht zustande kam, hatte einen einzigen Grund: das landesherrliche Kirchenregiment. Nach den Grundsätzen der modernen Staatslehre waren die deutschen Länder seit Beginn des 19. Jahrhunderts gegenüber allen Religionsgemeinschaften ihres Territoriums grundsätzlich zur Neutralität und zu einer paritätischen Behandlung verpflichtet. Das hieß, daß eine Trennung von Staat und Kirche in Preußen selbstverständlich nicht nur die katholische, sondern auch die evangelische Kirche betroffen hätte. Die evangelische Kirche in Preußen aber war, im Unterschied zur katholischen, gleichsam eine nationale Einrichtung, und an ihrer Spitze stand als Summus Episkopus kein anderer als der Landesherr selbst. Trennung von Staat und Kirche in Preußen hätte demnach den Verzicht des preußischen Königs auf seinen Summepiskopat bedeutet – und dazu waren Wilhelm I. und seine Nachfolger keineswegs bereit. So oft Bismarck in dieser Frage bei seinem Monarchen vorsprach, wurde er jedesmal brüsk und ohne Diskussion abgewiesen. Dabei gab es innerhalb des deutschen Protestantismus seit Schleiermacher durchaus einzelne gewichtige Stimmen, die eine Trennung oder doch wenigstens Lockerung der Verbindung anstrebten.

In gewisser Weise waren also in den katholischen und protestantischen Ländern die Fronten vertauscht. Während in den katholischen Ländern in der Trennungsfrage die Kirche gegen die Trennungsaktivitäten des Staates stand, stand in den protestantischen Ländern der Staat in Gestalt des landesherrlichen Kirchenregiments gegen alle Selbständigkeitsbestrebungen der Kirche.

»Hinkende Trennung«

Diese besonderen Umstände entfielen mit dem Ende der deutschen Monarchien im November 1918. Mit der Abdankung der Fürsten erlosch zugleich das landesherrliche Kirchenregiment. Damit schien auch in Deutschland der Weg frei für die Trennung von Kirche und Staat. In der Tat begannen eine Reihe von Revolutionsregierungen – so etwa in Preußen, Sachsen und Braunschweig – schon im Laufe des Novembers 1918 mit den Vorbereitungen für eine endgültige Trennung. Erleichterung des Kirchenaustritts, Aufhebung des Religionsunterrichts als ordentliches Lehrfach und Kündigung der Staatsleistungen an die Kirchen lauteten die Stichworte. Die Kirchenleitungen beider Kirchen setzten sich gegen diese Bestrebungen vehement zur Wehr. Bei der größten Petition in der parlamentarischen Geschichte Deutschlands sammelte die evangelische Kirche sieben Millionen Unterschriften für die Beibehaltung des Religionsunterrichts.

Gleichwohl hätten Sozialdemokraten und die linksliberale DDP zweifellos die Trennung durchgesetzt, wenn sie 1919 eine klare Mehrheit in der Nationalversammlung gehabt hätten. Aber so wie die Dinge lagen, bedurften sie für eine stabile Regierung der Stimmen der katholischen Zentrumspartei. Für das Zentrum aber stand die radikale Trennung von Staat und Kirche selbstverständlich nicht zur Diskussion. Ein Kompromiß in der Trennungsfrage war die Bedingung für die Mitarbeit in der Regierung.

So kam es zu den berühmten Regelungen der Weimarer Reichsverfassung, die der Kirchenrechtler Ulrich Stutz schon damals mit einer vielzitierten Wendung als »hinkende Trennung« bezeichnete. Im Artikel 137 der Weimarer Reichsverfassung wurde zwar grundsätzlich die Trennung von Kirche und Staat und die wechselseitige Unabhängigkeit festgelegt; zugleich aber wurde den Religionsgesellschaften weiterhin der Status von Körperschaften des öffentlichen Rechts zugestanden mit der Berechtigung, auf Grund der bürgerlichen Steuerlisten Kirchensteuern zu erheben.

Damit waren die grundsätzlichen Forderungen beider Seiten erfüllt. Der Staat hatte sich eines dornenreichen, in seinen Auswirkungen kaum übersehbaren Problems entledigt; die Kirchen aber waren in ihrem institutionellen und finanziellen Bestande gesichert. Die Unabhängigkeit von Staat und Kirche, die die Zeit forderte, war ausgesprochen; die weitergehende Forderung einer radikalen Privatisierung der großen Religionsgesellschaften dagegen war abgewiesen. Hatte der deutsche Katholizismus seinen privilegierten Bestand bis 1918 den evangelischen Landeskirchen mit ihrem landesherrlichen Kirchenregiment zu verdanken, so verdankte nun umgekehrt der deutsche Protestantismus seinen rechtlich gesicherten Status dem katholischen Zentrum.

Überwachung und Beschränkung

Fast zur gleichen Zeit entwickelte die Sowjetunion ein neues, radikales Trennungsmodell. Zwar sah das Dekret »Über die Trennung der Kirche vom Staat und der Schule von der Kirche«, das auf Lenins Veranlassung im Januar 1918 erschien, in manchen Partien auf den ersten Blick dem französischen Trennungsgesetz von 1905 zum Verwechseln ähnlich. Aber sehr schnell zeigte sich der Unterschied zwischen einem im Prinzip neutralen und paritätischen Rechtsstaat und einem atheistischen Weltanschauungsstaat totalitärer Prägung. Denn die Trennung von Kirche und Staat in der Sowjetunion bedeutete keineswegs die Anerkennung wechselseitiger Unabhängigkeit, sondern erwies sich als Instrument zur Einschränkung und schließlich Unterdrückung alles kirchlichen Einflusses auf das gesellschaftliche Leben. Das Verbot der öffentlichen religiösen Propaganda zwang die Religion buchstäblich hinter die Kirchenmauern, während die antireligiöse Propaganda nicht nur erlaubt war, sondern jede staatliche Privilegierung genoß. Hier ging es also nur scheinbar um Trennung, in Wahrheit jedoch um die Überwachung, Beschränkung und schließlich Vernichtung der Kirchen. Gleichwohl wies auch dieses Modell in jene Richtung, in die das Jahrhundert unaufhaltsam voranzuschreiten schien: die endgültige Trennung von Kirche und Staat in allen Ländern Europas.

Eine Veränderung schien erst der italienische Faschismus zu bringen. Man begreift vor diesem Hintergrund die Begeisterung, mit der der Heilige Stuhl und viele führende Katholiken in Europa die Lateranverträge von 1929 begrüßten. Denn in diesen Verträgen mit dem jungen faschistischen Italien schien die Entwicklung nicht nur gebremst, sondern geradezu umgekehrt. Die Verträge lösten die »Römische Frage« durch die Gründung der Vatikanstadt und erhoben nach 60 Jahren laizistischer Trennung den Katholizismus in Italien erneut zur Staatsreligion. Unter den außerordentlichen Privilegien, die der Kirche vom Staat eingeräumt wurden, fiel besonders die Gleichstellung der nach kirchlichem Recht geschlossenen Ehe mit der Zivilehe auf, die die Preisgabe eines von den Liberalen heißumstrittenen staatlichen Vorrechts bedeutete.

Mit dem Untergang des italienischen Faschismus aber war auch die Illusion einer allgemeinen Abkehr Europas von der Trennungsbewegung verflogen. Die Erneuerung der bürgerlich-liberalen Staatsformen in Westeuropa ließ vielmehr zahlreichen Beobachtern in den 50er Jahren den Sieg des Laizismus nur als eine Frage der Zeit erscheinen.

Überraschenderweise hat sich diese Entwicklung jedoch nicht fortgesetzt. Das 20. Jahrhundert geht auch in dieser Hinsicht sehr anders zu Ende, als es begonnen hat. Die Trennungseuphorie ist verflogen, der Trennungsgedanke hat offensichtlich seine Anziehungskraft verloren, der Laizismus als gestaltende Bewegung ist am Ende. Überall, wo im letzten Jahrzehnt das Thema aus kirchlichen oder politischen Gründen aufgegriffen wurde, haben die Vertreter der Trennung eine deutliche Niederlage erlitten.

So erwies sich in der Bundesrepublik das FDP-Papier mit seinen aus dem 19. Jahrhundert stammenden Trennungsforderungen als ein geradezu eklatanter Fehlgriff. Selten dürfte das Mißverhältnis zwischen politischem Anspruch und öffentlicher Resonanz größer gewesen sein als in diesem Fall, und es war zweifellos ein Glück für die Freien Demokraten, daß trotz des Parteitagsbeschlusses von 1974 das Papier in einer weiteren Öffentlichkeit kaum ernstgenommen wurde.

In der Schweiz brachte es die Initiative »betreffend die vollständige Trennung von Staat und Kirche« im vergangenen Jahr immerhin bis zu einer förmlichen Volksabstimmung. Die Ergebnisse waren eindeutig. Mit nahezu 80 Prozent Nein-Stimmen gegen 20 Prozent Ja-Stimmen lehnten die Eidgenossen die Trennung ab, wobei die Stimmenverhältnisse in den überwiegend katholischen Kantonen bezeichnenderweise noch stärker zugunsten einer Ablehnung ausfielen.

In Norwegen weigerte sich vor kurzem das Parlament, die Frage einer Trennung auch nur auf die Tagesordnung zu setzen, und bestätigte statt dessen ausdrücklich die staatskirchlichen Verhältnisse. Und in Schweden, das die Trennung schon halb vollzogen zu haben schien, ist der Prozeß längst zum Stillstand gekommen.

Auch in den Ländern, in denen die Trennung durchgeführt wurde, ist eine Milderung der Spannungen und eine Bereitschaft zur Zusammenarbeit zu beobachten, die früher, in den Zeiten eines kämpferischen Laizismus, nicht denkbar gewesen wären. Das gilt – trotz neuerlichen Streits um die Schulen – seit langem für das klassische europäische Trennungsland Frankreich; das gilt seit kurzem möglicherweise sogar für die DDR, deren Staatsführung sich seit dem Honecker-Schönherr-Gespräch vom 6. März 1978 auffällig um die evangelische Kirche bemüht.

Lediglich in der Sowjetunion ist, wie auf vielen anderen Gebieten, so auch auf diesem, keinerlei Veränderung zu erkennen.

Obsolete Probleme

Zwei Fragenkreise schließen hier offenkundig an.
- Welche Gründe haben zu dieser Veränderung geführt?
- In welche Richtung wird die Entwicklung voraussichtlich weitergehen?

Es sind zweifellos Veränderungen auf beiden Seiten, auf der staatlich-politischen wie auf der kirchlichen Seite, die zum Ende der radikalen Trennungsbewegung geführt haben. Liberalismus, Nationalismus und Sozialismus, die zu Beginn unseres Jahrhunderts die Trennung betrieben, haben ihr hochgemutes Selbstbewußtsein fast völlig verloren. Kein verantwortlicher Politiker in Westeuropa wird heute angesichts der akuten gesellschaftlichen Orientierungsschwierigkeiten die Religion schlichtweg zur Privatsache erklären. Vielmehr zeigen die jüngsten Auseinandersetzungen mit Lebensäußerungen der Kirchen, seien es Kirchentage, kirchliche Aktionen oder Hirtenworte, daß die Kirchen gerade in ihrer öffentlichen Bedeutung von staatlicher Seite ernstgenommen werden. Damit aber ist eine entscheidende Voraussetzung für die Trennung entfallen. Denn die strikte Trennung von Staat und Kirche ist politisch nur dort sinnvoll, wo die Religion von einer Mehrheit der Bürger als Privatsache und nicht zugleich auch als eine öffentliche Angelegenheit verstanden wird.

Ein Zweites kommt hinzu. Es dürfte heute kaum noch Menschen geben, die in den Kirchen und ihren Lehren eine besondere Bedrohung der individuellen und staatlichen Freiheit und Unabhängigkeit sehen. Angesichts unermeßlicher neuer Gefahren, denen sich Freiheit und Leben gegenwärtig ausgesetzt sehen, haben die Warnungen vor der bevormundenden Macht der Kirchen, wie sie einst Sozialisten und Liberale gemeinsam formulierten, ihre Überzeugungskraft weitgehend eingebüßt. Die Probleme, die einst den Laizismus beflügelten, sind schlichtweg obsolet geworden. Man lebt in der Bundesrepublik heute als Nichtmitglied einer Kirche nicht anders als als Mitglied.

Aber auch auf der Seite der Kirchen hat sich vieles verändert. Sie sind in ihren Ansprüchen an den Staat zurückhaltender geworden. Gewiß hat auch der scheinbar abnehmende Einfluß, die Einebnung der Kirchen in das allgemeine gesellschaftliche Leben, manche Probleme abgeschwächt. Aber man kann durchaus fragen, ob der allgemeine Einfluß der Kirchen im weitesten Sinne heute wirklich geringer ist als vor hundert Jahren. Das ist offensichtlich nicht das Entscheidende. Wichtiger ist der Verzicht der Kirchen auf die Inanspruchnahme des Staates als Garant kirchlicher Ziele und Forderungen.

Die Frage, in welche Richtung die Entwicklung voraussichtlich weitergehen wird, ist naturgemäß schwerer zu beantworten. Sicher ist, daß das Ende der großen Trennungsbewegung kein Zurück zu alten Formen der Verbindung bedeutet. An eine Erneuerung staatskirchlicher oder staatskirchenähnlicher Verhältnisse ist nicht zu denken. So wenig der Weg von der Monarchie zur Republik umkehrbar scheint, so wenig läßt sich die einmal ausgesprochene Trennung rückgängig machen. Die wechselseitige, verfassungsmäßig garantierte rechtliche Unabhängigkeit der Kirche vom Staat und des Staates von der Kirche wird inzwischen von beiden Seiten als ein so hohes Gut erkannt, daß hier niemand auch nur von ferne an eine Änderung denken wird.

Geschäftige Kirchen

Aber diese grundsätzliche Unabhängigkeit ist nur die eine Seite der Sache. Als der Parlamentarische Rat 1948 in der Frage des Verhältnisses von Kirche und Staat zu der ungewöhnlichen Lösung griff, die Kirchenartikel der Weimarer Reichsverfassung wörtlich in das Grundgesetz zu übernehmen, sie zu »inkorporieren«, da konnte dies als eine Art augenblicklicher Verlegenheitslösung erscheinen. Denn wiederum war es notwendig, sich in einer schwierigen politischen Lage möglichst schnell des heiklen Problems zu entledigen, und was 1919 konsensfähig gewesen war, sollte es, so meinte man damals, auch dreißig Jahre später noch sein.

Inzwischen hat sich herausgestellt, daß der Doppelaspekt des Weimarer Kompromisses – grundsätzliche wechselseitige Unabhängigkeit bei gleichzeitiger Gewährung des öffentlich-rechtlichen Status der Kirchen – alles andere als bloß einen verlegenen Formelkompromiß darstellt. Gewiß war und ist diese Lösung vom rechtssystematischen Standpunkt aus unbefriedigend, wie der Begriff der »hinkenden Trennung« zeigt. In der politischen Praxis der letzten dreißig Jahre jedoch erwies sich diese Lösung als ungemein überzeugend und entwicklungsfähig.

Die Trennungsbewegung des 19. Jahrhunderts hat ihr Ziel insoweit erreicht, als die wechselseitige Unabhängigkeit von Kirche und Staat heute in Europa durchweg im Prinzip anerkannt wird, und wo dies nicht ausdrücklich ausgesprochen ist, wie etwa in den skandinavischen Ländern, der Staat jedenfalls nur einen sehr vorsichtigen Gebrauch von seinen alten staatskirchlichen Privilegien macht.

Zugleich jedoch sind Staat und Kirche in neue Beziehungen eingetreten, die in der Bundesrepublik gewöhnlich mit dem Begriff der Partnerschaft bezeichnet werden. Dieser Begriff meint die Tatsache, daß Staat und Kirche aus freiem Willen und Entschluß auf einer Fülle von Gebieten eine Zusammenarbeit praktizieren, die nach Vielfalt und Intensität kaum geringer sein dürfte als zur Zeit der staatskirchlichen Beziehungen. Diese Zusammenarbeit vollzieht sich vor allem im gesamten Bereich des sozialen Sektors sowie im Bildungs- und Erziehungswesen, wo sie weit über den gemeinsam verantworteten Religionsunterricht hinausreicht.

Aber auch in zahlreichen anderen beratenden und beschließenden Gremien sind die Kirchen vertreten: in den Rundfunk- und Fernsehräten ebenso wie in staatlichen oder kommunalen Planungs- und Diskussionsforen. Da es Staat und Kirche mit den gleichen Menschen und zum Teil auch mit den gleichen Problemen zu tun haben, ist diese Zusammenarbeit weniger überraschend als sie scheinen mag – auch wenn die Geschäftigkeit der Kirchen gelegentlich beängstigende Züge annimmt. Zweifellos gewinnen bei dieser Zusammenarbeit heute beide, die Kirchen und der Staat. Die Kirchen gewinnen an Nachfrage und Einfluß; der Staat gewinnt an kritischer und im sozialen Sektor obendrein kaum zu ersetzender Mitarbeit und Mitverantwortung, die aufzukündigen eher ein Zeichen seiner Schwäche als seiner Stärke wäre.

Gewiß stellt sich hier die alte Frage, ob die Kirchen und der Staat bei dieser Zusammenarbeit nicht auch etwas verlieren: die Kirchen an Schärfe und Glaubwürdigkeit ihrer Verkündigung, der Staat an Selbständigkeit und Selbstbestimmung. Diese Frage ist jenseits aller laizistischen Ideologie ernsthaft zu erwägen. Es gibt viele und gute Gründe, noch mehr von seiten der Kirche als von seiten des Staates, die um der Glaubwürdigkeit des christlichen Zeugnisses willen für eine andere Art kirchlichen Lebens sprechen. Die Forderung nach der armen Kirche als Kirche für die Armen wird nicht verstummen.

Aber für den historischen Beobachter sieht die Sache anders aus. Der Umstand, daß die europäischen Kirchen durchweg Volkskirchen sind, Kirchen also, denen die weit überwiegende Mehrheit der Bevölkerung angehört, und daß Staat und Kirche jedenfalls in Westeuropa diesen Zustand bejahen, hat sich als stärker erwiesen als alle Forderungen dieser Art. Dabei werden, wie das Beispiel der DDR zeigt, als Volkskirchen offensichtlich auch solche Kirchen gewertet, die keine unbestrittenen Mehrheitskirchen mehr sind, aber gleichwohl aus staatlicher Sicht eine öffentliche Funktion besitzen. So unverzichtbar die grundsätzlichen Beiträge zu diesem Problem also auch sind: Vor der Tatsache der Volkskirchen haben bisher alle kritischen Theorien kapituliert.

Dies leitet über zu einer Schlußüberlegung. Kann man irgend etwas über die Zukunft dieser Entwicklung sagen? Ohne in den Bereich der Prophetie zu geraten, läßt sich voraussehen, daß das neue Verhältnis – wechselseitige Unabhängigkeit bei gleichzeitiger Zusammenarbeit von Kirche und Staat – im Prinzip so lange dauern wird, solange die volkskirchlichen Verhältnisse in Europa bestehen werden. Und allen Kritikern und Propheten zum Trotz, die das Ende der Volkskirchen in den letzten Jahrzehnten immer wieder angekündigt haben, hat sich dieses Institut in allen Wechselfällen der neueren und neuesten Geschichte als überraschend stabil erwiesen.

Über den Umgang mit unserer jüngsten Geschichte

Die Wahl des Themas »Über den Umgang mit unserer jüngsten Geschichte« bedarf keiner ausführlichen Begründung. Fast ein Jahrzehnt hindurch – seit 1968 bis zum letzten Jahr – schien das Dritte Reich im allgemeinen Bewußtsein fast vergessen. Es lebte nur noch im Begriff des Faschismus, den selbsternannte Antifaschisten ihren politischen Gegnern anzuhängen pflegten. Im übrigen schien es endgültig den Historikern zugefallen; eine Angelegenheit für Interessenten und Spezialisten.

Das hat sich im letzten Jahr gründlich geändert. Unsere Geschichte, die konkrete Geschichte des Dritten Reiches, hat uns wieder eingeholt. Ein Ministerpräsident ist darüber gestürzt; das Gedenken an die verharmlosend sog. »Reichskristallnacht« am 9. November sah die deutsche Öffentlichkeit bewegter als je ein ähnliches Gedenkdatum in vielen Jahren davor; die erste »Geschichte der Deutschen«, die seit langem wieder erschienen ist, hat um ihrer Behandlung dieses Problems willen eine fast beispiellose Kritik erfahren; und es sieht nicht so aus, als sei das Thema damit erschöpft: in der nächsten Woche werden wir den amerikanischen Film über die Verfolgung der Juden im Dritten Reich sehen; und die bevorstehende Debatte um die Verjährung wird erneut auch die Frage nach den Vorgängen auslösen, um deren Verjährung oder Nicht-Verjährung es geht.

Die deutsche Öffentlichkeit befindet sich bei all dem gespalten und verwirrt. Es gibt Interesse, Schrecken, Betroffenheit auf der einen und die immer neuen Versuche zu leugnen, zu verkleinern und zu entschuldigen auf der anderen Seite. Und es gibt vor allem die große Zahl derer, die endlich den Schlußstrich fordern. Vielleicht ist dies überhaupt ein zentraler Punkt der ganzen Diskussion. Soll nicht endlich einmal Schluß sein mit diesem Thema, das jedenfalls wir Älteren bis zum Überdruß gehört haben; und das uns menschlich und vor allem auch politisch nur belastet? Sind mehr als drei Jahrzehnte nicht genug?

Es scheint mir außer Zweifel zu stehen, daß an diesen Fragen etwas Richtiges ist. Schon vor 20 Jahren, 1958, schrieb Golo Mann am Ende seiner »Deutschen Geschichte des 19. und 20. Jahrhunderts«:

> »Es gibt solche, und es sind wohl die meisten, die von der jüngsten Vergangenheit nichts wissen wollen. Was sollen sie mit ihr anfangen? Sie haben das alles ja nicht getan. Geschehen ist geschehen, die Toten sind tot, die Lebenden wollen leben und gut leben ...«

Und kurz darauf heißt es noch einmal:

> »Das Leben geht weiter und fordert sein Recht. Bereuend und grübelnd der Vergangenheit zugekehrt zu sein, in Sack und Asche zu gehen, konnte nicht die Sache eines aktiven, zahlreichen Volkes sein.«[1]

Dies ist die eine Seite der Sache, und sie scheint mir so unbezweifelbar richtig, daß man darüber nicht diskutieren sollte. Ein Volk kann nicht als ganzes immerfort mit dem Blick auf seine Schuld leben. Wer solches verlangt oder betreibt, verlangt Unmögliches.

Das ist der eine Aspekt, die Wahrheit in jener Rede vom Schlußstrich, die es zu sehen gilt, ob sie uns nun gefällt oder nicht.

Etwas anderes aber, und zwar etwas vollkommen anderes ist es, wenn man aus diesem Aspekt eine *Forderung* macht, die Forderung: Zieht endlich einen Schlußstrich unter die Vergangenheit. Denn eine solche Forderung kann sinnvollerweise ja nur heißen: hört auf, Fragen zu stellen; hört auf, über das Dritte Reich zu diskutieren; hört auf, die Deutschen an ihre jüngste Geschichte zu erinnern. Das aber widerspricht allem, worauf dieser Staat aufgebaut ist. Denn an wen sollte sich eine solche Forderung richten? Sollen die Lehrer nicht mehr darüber lehren; die Forscher nicht mehr darüber forschen, die Journalisten nicht mehr darüber schreiben, die Pfarrer nicht mehr darüber predigen? Da dies im Ernst niemand wollen kann, kann die Folgerung nur lauten: *solange das Grundgesetz gilt, gibt es keinen Schlußstrich.* Jede Generation in Deutschland wird neu an dieses Thema herangehen, wird Fragen stellen, Antworten suchen und sich dem Grauen stellen, das mit dem Namen Auschwitz verbunden ist.

Wenn dies feststeht, so wird nun gleich ein weiterer Schritt zu machen sein. Es kann keinen Zweifel daran geben, daß – obwohl und weil das Leben weitergeht – unsere jüngste Geschichte ein deutsches Thema ist und bleiben wird. Die Frage ist nun, *wie* es das sein wird, wie und auf welche Weise wir mit diesem Thema umgehen. Solange die Diskussion von den Betroffenen geführt wurde, von den Tätern, den Opfern, den Mitläufern, von Schuldigen, die sich unschuldig, und von Unschuldigen, die sich schuldig fühlten, da war der Ton der Verzweiflung, der Anklage und der Selbstverteidigung nicht zu überhören. 1946 schloß ein polnischer Bericht über die Liquidierung des Ghettos von Bialystock mit den Worten:

> »Den Deutschen einen Menschen zu nennen – das ist eine schändliche Ohrfeige für die Menschheit ... Ein Volk, das Hitler und die NSDAP an die Macht brachte, ein Volk, das das Naziregime treu und ergeben bis zum Schluß verteidigte, dieses Volk hat sich selbst mit dem Regime identifiziert ... Ich glaube zutiefst, daß der Deutsche kein Mensch ist! Memento Germaniae!«[2]

Für den, der weiß, was in Polen geschehen ist, kostet es noch immer Mühe, den Blick von einem solchen Zitat abzuwenden. Und vielleicht ist es gut, wenn wir uns seiner erinnern und es uns begleitet.

Aber das Bild heute sieht anders aus. Klage, Anklage und Verteidigung sind allmählich mit der Generation der Betroffenen zurückgetreten. Die Suche nach Schuld und Schuldigen ist der Frage nach den Ursachen gewichen. An die Stelle des Verurteilens sind die Versuche getreten, zu Verstehen und zu Urteilen – kurz die Gegenwart des Dritten Reiches ist Geschichte geworden, wie alles auf der Welt Geschichte wird. Und wenn ich recht sehe, so sind wir eben jetzt mitten in einem Prozeß, in dem sich diese Veränderung vollzieht.

Das heißt aber auch, daß sich der Blick weitet und daß Fragen gestellt werden, die bisher kaum gestellt wurden. Nach der Aufhebung der antikommunistischen »Frageverbote«, wie Ernst Nolte das genannt hat, durch die jüngere Generation, werden Schritt um Schritt auch die antideutschen »Frageverbote« aufgehoben werden.[3] Man wird von der Mitverantwortung der Westmächte am Aufstieg Hitlers sprechen können, ohne in den Verdacht zu geraten, damit die deutsche Schuld verkleinern zu wollen. Man wird den Hinweis auf die Zerstörung Dresdens und die Greuel der Vertreibung nicht mehr jenen überlassen müssen, die damit vor allem politische Geschäfte zu machen versucht haben. Es ist ein schwieriger Weg dahin, aber wir müssen ihn gehen, wenn wir im Umgang mit unserer jüngsten Geschichte glaubhaft bleiben wollen. Und dazu gehört schließlich auch der Entschluß, diese Geschichte und ihre Wirkungen und Folgen in unsere politische Gegenwart einzuordnen.

Was ich im folgenden vortragen werde, ist ein Beitrag zu diesem Weg. Es ist ein Versuch, Verständnis zu schaffen für schwer Verstehbares und nach seinen Konsequenzen für die Gegenwart zu fragen.

Dabei bin ich mir bewußt, was Goethe in den »Zahmen Xenien« so formuliert hat:

> »Nichts ist zarter als die Vergangenheit;
> Rühre sie an wie ein glühend Eisen;
> Denn sie wird dir sogleich beweisen,
> Du lebest auch in heißer Zeit.«[4]

1. Die Vergangenheit als unbekannte Zukunft

Eines der größten Hindernisse zum Verständnis des Dritten Reiches liegt in der perspektivischen Verkürzung, die seine ohnehin kurze Geschichte im Rückblick erfahren hat. Das Gewicht der Katastrophe, die 1941 begann, und zu der beides, die Ermordung der Juden und der Zusammenbruch des Reiches gehörten, lastet so schwer auf dieser Geschichte, daß wir sie nur noch unter diesem Aspekt zu sehen vermögen. Die Frage: Wie konntet ihr zulassen, daß Hitler an die Macht kam? versteht sich von daher häufig als Frage: Wie konntet ihr Judenmorde, Massenverbrechen und den Zusammenbruch zulassen? Diese Frage aber kann nur in die totale Verständnislosigkeit führen.

Tatsächlich hat es diese Frage nie gegeben. Vielmehr war 1933 die Zukunft des Jahres 1941 so unbekannt wie uns heute, 1979, die Zukunft des Jahres 1987 unbekannt ist. Wir entscheiden damals wie heute ohne sichere Kenntnis der Zukunft. Erst die Zukunft aber deckt auf, ob unsere Entscheidungen richtig oder falsch waren.

Ich will diesen Grundgedanken im Blick auf die Anfänge des Dritten Reiches in zweifacher Hinsicht etwas näher ausführen.

Es gibt, soweit ich sehe, keine nennenswerte Darstellung des Dritten Reiches, die nicht selbstverständlich davon ausgeht, daß dieses Dritte Reich von allem Anfang an zum Untergang verurteilt war. Die Frage, ob es denn mit diesem Dritten Reich nicht auch hätte gutgehen können, wird bezeichnenderweise überhaupt nicht gestellt. Es ist richtig, daß wir heute wissen, daß es nicht gut gehen konnte. Aber das wissen wir doch erst, seit es nicht gut gegangen ist. Daraus zurückzuschließen, daß es keinesfalls hätte gut gehen können, bringt ein Element der Determination in die Geschichte, das sie nach allem, was wir wissen, keineswegs besitzt. Und wie wollte man denn solche Determination zum Untergang begründen? Mit dem Unrechtscharakter des Regimes? Mit der Fragwürdigkeit der nationalsozialistischen Ideologie? Mit dem gewaltigen Expansionsdrang? Oder mit dem ökonomischen Zusammenbruch der Autarkiepolitik? Aber wer wüßte nicht, daß Staaten mit ganz vergleichbaren Merkmalen durchaus zu überleben vermochten und vermögen und durchaus auch veränderungsfähig waren und sind? Es bleibt am Ende als Begründung der Zwangsläufigkeit des deutschen Untergangs die Deutung, die Joachim Fest und Sebastian Haffner gewählt haben: Hitlers Charakter, der auf Zerstörung angelegt war. Aber dies ist deutlich erkennbar ein Ex-post-Argument, das den Eintritt der Katastrophe voraussetzt.

Es wird schon richtig sein, was Fest gelegentlich bemerkt, und was die Eigentümlichkeit dieser Situation deutlich macht:

> »Wenn Hitler Ende 1938 einem Attentat zum Opfer gefallen wäre, würden nur wenige zögern, ihn einen der größten Staatsmänner der Deutschen, vielleicht den Vollender ihrer Geschichte, zu nennen. Die aggressiven Reden und ›Mein Kampf‹, der Antisemitismus und das Weltherrschaftskonzept wären vermutlich als Phantasiewerk früher Jahre in die Vergessenheit geraten und nur gelegentlich einer ungehaltenen Nation von ihren Kritikern zum Bewußtsein gebracht worden.«[5]

Das aber heißt: Der Zeitgenosse, der Hitler bis 1938 folgte (und auch der, der ihm nicht folgte), sah etwas vollkommen anderes als wir heute sehen, nämlich einen unvergleichlich erfolgreichen Mann. Er nahm dafür in Kauf, was er nicht hätte in Kauf nehmen dürfen, was aber oft genug auf der Welt faktisch in Kauf genommen wird: die Einschränkung der Freiheit, die Verfolgung von Minderheiten und die Anwendung von unrechtmäßiger Gewalt. Hätte das Dritte Reich in irgendeiner Weise Bestand gehabt, so wäre dies alles – hier hat Fest nach allen Erfahrungen der Geschichte Recht – als Begleiterscheinung eines säkularen Vorgangs abgeschrieben worden, wie so vieles andere in der Geschichte auch abgeschrieben worden ist.

Dies führt unmittelbar zu einer weiteren Überlegung. Mehr als alles andere bestimmen Erfolg oder Mißerfolg, Triumph oder Katastrophe die Darstellung einer Epoche. Aus der unübersehbaren Fülle von Einzelheiten, Motiven, Entscheidungen werden im Rückblick von den Historikern jene Entwicklungslinien herausgearbeitet, die auf das große Ereignis hinlaufen – obwohl für den Zeitgenossen die Schwerpunkte möglicherweise ganz anders lagen.

Ich will das an einem Beispiel verdeutlichen. Wenn es zu einem Atomkrieg in Europa käme, und wenn es zwanzig Jahre später noch Historiker gäbe, die unsere Zeit darzustellen versuchten, so würde diese Darstellung die Gewichte zweifellos vollkommen anders verteilen, als wir sie heute setzen. Man würde feststellen, daß es eine Menge Stimmen gab, die vor diesem Ereignis warnten und man würde diese Stimmen aus den verstecktesten Zeitungen und Büchern zu Tage fördern. Man würde fragen, warum die Parteien, die Gewerkschaften und die Kirchen zu dieser Frage weithin geschwiegen hätten. Und wir selber, wenn wir es überlebten, würden uns das fragen und uns kaum noch erklären können, warum wir damals andere Sachen für wichtiger hielten.

Man kann dieses Beispiel durchaus auf das Dritte Reich übertragen. Es soll nicht dazu dienen, die Zeitgenossen von Schuld zu entlasten, sondern es soll zeigen, wie leicht man in eine solche Schuld geraten kann, weil die Zukunft uns unbekannt ist. Denn was mir ganz und gar unerträglich erscheint beim Umgang mit unserer jüngsten Geschichte, das ist der Pharisäismus der Besserwisser, die meinen, das habe man doch alles vorhersehen und vorherwissen können; und deshalb sei man selbst als guter Antifaschist vor ähnlichen Irrtümern sicher und gefeit. Gewiß, man konnte Einiges sehen, manche mehr, manche weniger. Aber das mußte doch nicht notwendig in eine Katastrophe führen. Das konnte sich doch ändern. Und soll man denn auch die Hoffnung verurteilen, die auf nichts setzte als die Zeit, die die schlimmsten Auswüchse abbrechen und schrittweise zur Normalität des Rechtsstaates zurückführen würde?

Für den Zeitgenossen ist die Zukunft und damit die Bedeutung seiner

Entscheidung unbekannt. Für den Nachgeborenen ist beides bekannt. Das versetzt ihn gegenüber diesem in eine Rolle unvergleichlicher Überlegenheit. Wohl uns, wenn wir diese Überlegenheit nutzen, um für uns daraus zu lernen – und sei es nur die Einsicht, wie sorgfältig wir die Grundrechte hüten müssen und wie wenig es bedarf, um in eine historische Schuld zu geraten. Wehe uns aber, wenn wir diese Überlegenheit als Kampfinstrument mißbrauchen und uns von ihr in eine Sicherheit verführen lassen, die sich vor dem Irrtum der Väter gefeit weiß.

2. Der Verhängnischarakter der Geschichte

Als der Historiker Siegfried August Kähler am 18. September 1945 in Göttingen die erste historische Vorlesung an einer deutschen Universität nach dem Krieg eröffnete, da gab er ihr den Titel: »Vom dunklen Rätsel deutscher Geschichte«. Er nannte darin die unerbittliche und unabwendbare Abhängigkeit des Menschen vom Menschen »das eigentliche Verhängnis unseres geschichtlichen Lebens«; und er meinte damit die Einsicht, daß das Schicksal des Einzelnen vom Schicksal des Ganzen abhängig ist. Trotz und gerade wegen dieser Erkenntnis, fuhr Kähler fort,

> »fällt uns nun nicht die Aufgabe zu einer moralischen oder politischen Abrechnung mit der Vergangenheit, mit den Geschlechtern, welche aus dem ihnen zugemessenen Gesichtskreis ihre Lebensaufgabe erfaßten und gestalteten. Die Abrechnung ist bereits geschehen in jener Art und Weise, von welcher Bismarck gesagt hat, daß sie noch viel genauer sei als die Abrechnungen der Oberrechenkammer zu Potsdam. Sondern unser Anliegen ist es, zu erkennen und darzustellen, aus welchen Bedingungen diese Epoche mit ihrem atemberaubenden und sie ganz erfüllenden Lebenstempo erwachsen ist. Nur wer den Verhängnischarakter der Geschichte verkennt, kann auf den rationalistischen Gedanken verfallen, mit der vergangenen Geschichte abrechnen zu wollen.«[6]

Trotz dieser Sätze hat der Verhängnischarakter unserer jüngsten Geschichte in den Diskussionen wie in den Darstellungen ihres Verlaufs so gut wie keine Rolle gespielt. Das hatte im wesentlichen zwei Gründe. Verhängnis klang allzu sehr nach Entschuldigung; denn wer konnte für ein Verhängnis schon verantwortlich sein? Noch wichtiger aber war der zweite Grund. Der Begriff des Verhängnisses im Zusammenhang geschichtlicher Abläufe widerspricht der Auffassung von der durchgehenden Rationalität der Geschichte. Eben diese Auffassung aber hatte sich unter dem Einfluß der

Sozialwissenschaften, der Politikwissenschaft und der Ökonomie in der Historiographie in immer stärkerem Maße durchgesetzt. Wo Geschichte auf Grund von Faschismustheorien geschrieben wird, und zwar Theorien gleich welcher Herkunft, da ist für die Moira offensichtlich kein Platz.

Es geht bei diesem Begriff aber nicht darum, auf Erklärungen zu verzichten und stattdessen das Schicksal zu bemühen. Verhängnis in diesem Sinn ist keine normative sondern eine deskriptive Kategorie. Es geht ganz einfach darum, daß jede Darstellung des Dritten Reiches unzureichend ist, die den Verhängnischarakter nicht sieht, der über dieser Geschichte waltet und der ja doch mit Händen zu greifen ist.

Ich will an drei Punkten erläutern, was ich damit meine.

In Churchills Erinnerungen findet sich eine dramatische Darstellung jenes Augenblicks im April 1932 in Genf, als Brüning mit einer Teilrevision des Versailler Vertrages einem großen außenpolitischen Erfolg zum Greifen nahe war. In Gesprächen mit dem englischen Ministerpräsidenten und dem amerikanischen Außenminister war es zum ersten Mal einem deutschen Kanzler gelungen, das Einverständnis der Alliierten zu einer Neufestsetzung der Rüstungszahlen zu gewinnen. Nur Frankreichs Zustimmung fehlte noch. Bei Churchill heißt es dann weiter:

> »Norman Davies, der amerikanische Sonderbotschafter, bat den französischen Ministerpräsidenten Tardieu telephonisch, sich sofort von Paris nach Genf zu begeben. Aber zum Unglück Brünings hatte Tardieu andere Nachrichten erhalten. Schleicher war in Berlin tätig gewesen und hatte soeben den französischen Botschafter vor Verhandlungen mit Brüning gewarnt, da sein Sturz unmittelbar bevorstehe. Es ist auch durchaus möglich, daß Tardieu über die militärische Position Frankreichs auf der Formel ›Rüstungsgleichheit‹ Besorgnis empfand. Jedenfalls kam Tardieu nicht nach Genf und Brüning kehrte am 1. Mai nach Berlin zurück.«

Kurz darauf wurde Herriot Tardieus Nachfolger, der sich sofort bereit erklärte, den neuen Verhandlungsvorschlag mit Brüning zu besprechen. Am Vormittag des 30. Mai erhielt Brüning die Einladung nach Genf mit dem Hinweis auf die französische Verhandlungsbereitschaft. Wenige Stunden später trat er offiziell zurück. Churchill schließt:

> »So endete die letzte Regierung im Nachkriegsdeutschland, die das deutsche Volk vielleicht in den Genuß einer stetigen und zivilisierten Verfassung gesetzt und ihm friedliche Wege der Verständigung mit den Nachbarn geöffnet hätte. Die Angebote der Alliierten gegenüber Brüning hätten ihn zweifellos geret-

tet, wenn nicht Schleichers Intrige und Tardieus Aufschub dazwischen getreten wären. Diese Angebote mußten bald darauf mit einem anderen System und einem anderen Mann erörtert werden.«[7]

Auch wenn man Churchills »zweifellos« durch ein »möglicherweise« ersetzen wird, bleibt der Verhängnischarakter dieser Geschichte deutlich. Gewiß wird man auch hier Fehler und Versäumnisse im einzelnen finden, bei Macdonald und Tardieu, bei François-Poncet und Schleicher, bei Hindenburg und Brüning selbst. Aber es gibt keine Theorie, die erklären könnte, warum alle möglicherweise entscheidenden Wendungen wie diese in der Weimarer Zeit zu spät, zu langsam, zu halbherzig geschahen; und warum sich alle Fehler und Versäumnisse schließlich zu einer Kette des Verhängnisses summierten, unter deren Last die Republik am Ende zusammenbrach.

Und dieses Verhängnis wird erst recht deutlich, wenn man es mit dem nicht weniger verhängnisvollen Glück kontrastiert, das Hitler zwischen 1933 und 1939 zur Seite stand. Nicht nur Deutschland, sondern ganz Europa befand sich doch in diesen Jahren unter dem Eindruck, daß Hitler alles glückte, was den Weimarer Regierungen mißglückt war; und daß er weit darüber hinaus in wenigen Jahren Ziele verwirklichte, von denen man in den Zwanziger Jahren nicht einmal zu sprechen wagte. Er selbst hat das übrigens sehr genau gewußt. So forderte er am 10. Februar 1939 in einer Geheimrede vor höheren Offizieren in der Kroll-Oper in Berlin den unbedingten Gehorsam der Armee auch »in schlimmen Tagen« mit dem Argument:

> »Denn sechs Jahre lang, meine Herren, haben wir jetzt ja doch nur Glück über Glück gehabt. In diesen sechs Jahren haben wir wirklich Wunder erreicht. Es hätte ja auch anders gehen können, meine Herren.«[8]

Wiederum gibt es eine Fülle von Gründen, die diese Erfolgsserie erklären. Aber wer im einzelnen verfolgt, welche unvorhersehbaren Zufälle nötig waren, um Hitlers Erfolge zu ermöglichen, der wird auch in dieser nicht ein einziges Mal abreißenden Erfolgsserie ein Verhängnis sehen, gegen das offensichtlich nicht anzukommen war.

Schließlich scheint mir der Verhängnischarakter dieser Zeit auch in dem Unstern sichtbar zu werden, der über den Attentaten auf Hitler stand. Am 8. November 1939 verließ der Führer überraschend den Bürgerbräukeller, genau 13 Minuten ehe Georg Elsers Bombe explodierte. Am 13. März 1943 versagte bei einer Bombe im Führerflugzeug der Zünder; kurz darauf mißlang ein Attentat im Berliner Zeughaus, weil Hitler, entgegen seiner

Gewohnheit, den Raum rasch verließ. Und am 20. Juli 1944 ging es nur um wenige Meter, die Hitler da oder dort stand, um über Leben und Tod zu entscheiden.[9]

Man kann dies alles natürlich als Zufälle verstehen. Wer es als Verhängnis bezeichnet, gibt ihm bereits eine Deutung. Mit dem Begriff des Verhängnisses verbindet sich der Widerspruch gegen die Überzeugung von der Machbarkeit der Geschichte und die Erfahrung der Ohnmacht von Einzelnen oder Gruppen in bestimmten Augenblicken des Geschehens.

3. Die deutsche Schuld und die deutsche Politik

Wenn es richtig ist, daß die Katastrophe – jedenfalls diese Katastrophe – 1933 nicht vorhersehbar war, und wenn es weiter richtig ist, daß sie auch nicht abwendbar war, weil alles wie ein Verhängnis auf sie zulief, wie steht es dann mit der Frage der Schuld? Ich sehe dabei ab von den eindeutig kriminellen Tatbeständen, von Mord, Beihilfe zum Mord, Nötigung, Raub – darüber besteht keine Diskussion. Aber wie steht es mit den politischen Führern der mittleren und unteren Ebene, wie steht es mit den Parteigenossen, mit den Beamten, dem Heer, der Industrie, den Kirchen? Kann man bei diesem unentwirrbaren Geflecht von Irrtum, Verhängnis und Gewalt noch von Schuld sprechen? Ich denke, daß hier eine ganz einfache Überlegung die Antwort geben kann.

Ich zitiere noch einmal Golo Mann in seiner »Deutschen Geschichte des 19. und 20. Jahrhunderts«. Er sagt am Schluß seines Kapitels über »Die Last der Vergangenheit«:

> »Einfach bleibt diese Wahrheit. Unter der Anleitung Hitlers sind von Deutschen Verbrechen begangen worden, wie sie in christlichen Zeiten kein anderes Herrschaftssystem sich hat zuschulden kommen lassen ... und durch die der tiefste dem Menschen erreichbare Punkt an Schuld und Schande erreicht wurde. Um diese Wahrheit muß gekämpft werden, sie gilt es immer wieder durchzusetzen gegenüber wohlhäbiger Vergeßlichkeit, Gleichgültigkeit, Gedankenlosigkeit.«[10]

Es ist in der Tat eine einfache Wahrheit, die die Frage nach der Schuld beantwortet. Es gibt kein Verbrechen ohne Schuld. Die Schuld entsteht und wächst aus dem Verbrechen. Und wohin immer wir uns auch umsehen mögen – es gibt niemand, der diese Schuld übernehmen kann, als wir selbst. Mögen einige Länder ihre Grenzen versperrt, andere zugesehen oder – wie der Fall Darquier in Frankreich jüngst gezeigt hat – sogar mitgeholfen haben: die erste, die größte, die entscheidende Schuld liegt doch allein bei uns, den Deutschen.

Es scheint mir nun freilich, als ob es sich um eine andere Art von Schuld handelt, als in manchen Diskussionen der letzten Monate stillschweigend oder ausgesprochenermaßen vorausgesetzt wurde. Es ist eine Schuld, die im einzelnen viel schwerer zurechenbar ist, als wir wahrhaben möchten.

Es war und ist natürlich ungemein naheliegend, die Schuld des Einzelnen an der Katastrophe an bestimmten Kriterien der Belastung zu messen. Es war dies ja schon das Verfahren bei der Entnazifizierung, die die Deutschen aufgrund formaler Kriterien – Zugehörigkeit zu Organisationen, Rangstufe, Dauer der Zugehörigkeit usw. – in jene berühmten fünf Gruppen einteilte, nach denen sich dann jeweils die Strafe bemaß. Dieses vielgescholtene Verfahren hat in der ersten Zeit nach dem Krieg das Bedürfnis nach Namhaftmachung der Schuldigen jedenfalls ein Stück weit gestillt. Wo es Schuld gibt, da muß es auch Schuldige geben. Und wir wollen diese Schuldigen gerne sehen. Unser Rechtsempfinden, unser Ordnungssinn und wohl auch unsere Selbstgerechtigkeit sind leidenschaftlich daran interessiert, den Schuldigen im anderen zu suchen und zu finden, damit nach dem Gesetz von Schuld und Sühne die irdische Gerechtigkeit wieder hergestellt wird. In diesem Sinne hatte der Nürnberger Prozeß bei aller Fragwürdigkeit für die Gegner Deutschlands wie auch für uns selbst eine positive Funktion – eine Funktion übrigens, die auch von vielen Angeklagten begriffen worden ist. Und das Gleiche dürfte für den Eichmann-Prozeß in Israel gelten. Es gab also doch offensichtlich Hauptverbrecher, Hauptverantwortliche, Täter also, denen man die Schuld an der Katastrophe zurechnen konnte.

Über all dem aber ist etwas von der Einsicht verlorengegangen, daß an der Katastrophe alle Deutschen mitschuldig waren. Mitschuldig nicht in dem Sinn, daß man das im einzelnen zurechnen könnte, sondern mitschuldig in dem Sinn, daß der Mensch auch als Unschuldiger schuldig werden kann; daß wir hineingeraten können in Situationen, die wir nicht gewollt haben, die wir auch nicht verhindern konnten, und die uns gleichwohl schuldig finden. Die rätselhafte sechste Bitte des Vaterunsers, worin wir Gott bitten, nicht daß wir nicht in Versuchung geraten, sondern daß er, Gott selbst, uns nicht hineinführen möge, diese Bitte wäre überflüssig und unverständlich, wenn es das nicht gäbe, unschuldig in Schuld zu geraten, unschuldig mitschuldig zu werden.

Vor kurzem hat mir ein alter Pfarrer seine Lebenserinnerungen zugeschickt, die er vor allem für seine Kinder und Enkel aufgeschrieben hat. Er schildert darin unter anderem, wie er als Unteroffizier mit der 11. Panzerdivision 1941 den Vormarsch in Rußland erlebte und dabei durch Zufall Zeuge einer Massenerschießung in Berditschew wurde. Hunderte von Juden, Männer, Frauen und Kinder wurden vor seinen Augen und den Augen anderer Soldaten ermordet. Fast alle Soldaten, so schrieb er, wandten sich entsetzt und erschüttert ab. Selbst hilflos und ratlos beschloß der Unteroffizier, gegen alle militärischen Regeln die Sache dem General vorzutragen. Es gelang ihm tatsächlich, bis zum General vorzudringen. Der hörte sich, ebenfalls bewegt und erschüttert, den Bericht des Unteroffiziers an. Auf dessen Bitte aber, irgendetwas zu tun, antwortete er:

> »Wie stellen Sie sich das vor? Sie haben eine zu große Achtung vor der Macht eines Generals. Denken Sie nicht, Herr Pfarrer, daß mich das nicht bewegt, was Sie mir berichtet haben. Aber was soll ich tun?«

Und wenig später wiederholte er noch einmal:

> »Was soll ich tun? Ich kann doch nicht das Polizeibataillon, das nicht unter meinem Befehl steht, einfach zum Einstellen seines verbrecherischen Handelns veranlassen. Ich kann keinen Privatkrieg gegen Befehle führen, die von ganz oben kommen.«[11]

Beide, der Unteroffizier und der General, haben trotz dieses Erlebnisses den Krieg weitergeführt. Das ist die Schuld, die ich meine. Sie ist keine öffentliche Schuld, die man durch den Staatsanwalt verfolgen könnte; sie ist auch nicht zurechenbar, jedenfalls nicht im einzelnen, wenn man nicht die Bereitschaft zum Martyrium als ethische Norm einsetzen will. Die Mörder des Polizeibataillons und ihre schweigenden Zuschauer sind gewiß nicht zu vergleichen. Jene waren unschuldig an dem, was da geschehen ist, ja sie haben es verabscheut. Schuldlos wird man sie gleichwohl nicht nennen können.

Angesichts dieser Dimension der Schuld aber – und das ist nun der nächste Schritt, den ich Sie mit mir zu bedenken bitte – scheint es mir jedenfalls im Rückblick, mehr als ein Menschenalter nach den Ereignissen, vergleichsweise unwichtig, ob einer Anwärter in der Partei war, Mitglied oder sogar Führer, ob er an Hitler geglaubt oder an ihm gezweifelt hat, ob er ein wenig mehr dafür oder ein wenig mehr dagegen war. Wer wollte das heute noch im einzelnen abwägen? Sondern das Einzige, was heute nach meiner Überzeugung noch zählt, ist die Frage, ob wir Einsicht in diesen Zusammenhang haben und diese Einsicht erkennen lassen. Und das scheint mir deshalb so außerordentlich wichtig, weil es darum geht, diese Erfahrung weiterzuvermitteln, sie nicht aussterben zu lassen mit der Generation der gerade noch Betroffenen, sondern festzuhalten, daß diese Erfahrung gewissermaßen in den Grundstein der Bundesrepublik mit eingemauert worden ist.

»Speculum et magistra vitae«, Spiegel und Lehrmeisterin des Lebens, nannten die Humanisten die Geschichte. Ich will versuchen, anzudeuten, was das im einzelnen für das öffentliche Leben in der Bundesrepublik bedeuten kann.

Zunächst scheint mir die Erfahrung, wie eine Gesellschaft unschuldig und doch nicht schuldlos in eine derartige Katastrophe geraten konnte, ein Stück politischer Anschauung, das zu teuer bezahlt wurde, als daß wir uns nicht daran erinnern sollten. An dieser Erfahrung müssen sich heute alle politischen Bewegungen in der Bundesrepublik messen lassen, auf der extremen Rechten wie auf der extremen Linken. Und dabei ist mit Schlagworten wie faschistisch, neofaschistisch, kryptofaschistisch überhaupt noch nichts gewonnen. Vielmehr geht es darum, zu erkennen, nicht so sehr welche Ziele eine politische Bewegung verfolgt, sondern wie sie ihren Gegner beschreibt und wieviel Toleranz sie grundsätzlich einzuräumen bereit ist. Aus den Erfahrungen unserer Geschichte lassen sich heute keine unmittelbaren politischen und gesellschaftlichen Ziele gewinnen, wohl aber Maßstäbe, an denen sich alle Parteien, Gruppen, Bewegungen orientieren können.

So schwer es uns fällt, das einzusehen (und den Deutschen fällt das möglicherweise besonders schwer): es genügt nicht, das Beste zu wollen oder sich einer Gruppe anzuschließen, die das Beste zu wollen scheint – eben das haben schließlich Millionen Deutsche vor und nach 1933 auch getan. Das politische Ziel ist nichts ohne den Weg, der dahin führt. Der Weg, die Methode, ist wesentlich bereits ein Teil des Zieles, und wo dieser Weg buchstäblich oder im übertragenen Sinn über Leichen führt, da kann das nicht gut sein, wie glänzend, überzeugend und notwendig es sich immer darstellen mag. Auch die Argumentation, dies sei die Theorie der Herrschenden, und die freiheitlich-demokratische Grundordnung, die »Fdgo«, wie es spöttisch heißt, sei ein System der Unterdrückung, sollte uns daran nicht irre werden lassen. Die Deutschen haben sich einmal darauf eingelassen, mit der Verächtlichmachung eines angeblichen Systems zugleich ihre Freiheit preiszugeben. Der Trick darf kein zweites Mal gelingen.

Weiter. Es ist und bleibt wahr, daß, wie Golo Mann es formulierte, »brennend und grübelnd der Vergangenheit zugekehrt zu sein, in Sack und Asche zu gehen«, »nicht die Sache eines aktiven Volkes« sein kann. Aber das kann nicht heißen, daß wir die Erinnerung an die deutsche Katastrophe und unsere Schuld, so gut es geht, aus dem öffentlichen Leben tilgen. Die Manipulation der Geschichte, das Streichen und Verschwindenlassen unangenehmer Namen und Kapitel aus der jüngsten Vergangenheit sollten wir anderen Gesellschaftsformen überlassen. Wenn wir aber die Erinnerung lebendig halten, wenn wir die Schuld gelten lassen, und immer wieder auch von Trauer und Entsetzen berührt werden, so kann das nicht ohne Folgen für die Art und Weise sein, in der die deutsche Bundesrepublik Politik macht.

Nach meinem Eindruck ist dies allen Kanzlern der Bundesrepublik und ihren Kabinetten bisher auch bewußt gewesen. Daß die deutsche Politik der Nachkriegszeit aufs Ganze gesehen keine Politik des Trotzes und des Auftrumpfens gewesen ist, sondern eine Politik des beharrlichen Hinarbeitens auf Versöhnung, das ist eine Wirkung eben jener Erinnerung gewesen, die wir – im Gegensatz zu vielen Behauptungen – keineswegs bloß verdrängt und vergessen haben. Adenauer hat keinen Schritt ohne das Bewußtsein der deutschen Schuld getan, und das gleiche gilt für Willy Brandt, die die entscheidenden Weichen in der deutschen Nachkriegspolitik gestellt haben. Dieses Bewußtsein hat sie nicht gehindert, Politik zu machen und die deutschen Interessen zu vertreten, im Gegenteil: daß die deutsche Politik – wiederum aufs Ganze gesehen – geglückt ist und respektiert worden ist, das verdankt sie nach innen wie nach außen mit der Tatsache, daß es ihr nicht darum ging, schnell von der Vergangenheit loszukommen, sondern daß diese Politik – ausgesprochen oder unausgesprochen – an dieser Vergangenheit orientiert war.

Die Politik der Bundesrepublik wird je länger je weniger unmittelbar mit dem Erbe des Dritten Reiches zu tun haben. Aber ich hoffe und wünsche, daß das, was der Umgang mit diesem Erbe in der Bundesrepublik an politischen Normen ausgebildet hat, uns erhalten bleibt: Selbstbewußtsein, das auf alle lautspurigen Demonstrationen verzichtet; Versöhnungsbereitschaft, die nicht nur ein Deckmantel für Interessenpolitik ist; und vielleicht – dies wäre wohl noch auszubilden – mehr Verständnis und weniger Lehrmeisterei für jene, die Schuld und Verhängnis in eine ähnliche Situation getrieben haben.

Ich weiß, meine Damen und Herren, daß in den täglichen politischen Auseinandersetzungen von diesen Normen wenig zu spüren ist. Aber es ist das Vorrecht des Historikers, dreißig Jahre zu überschauen und ihre Tendenzen nachzuzeichnen. Und da wird nun eben doch deutlich, daß die Bundesrepublik, anders als die Weimarer Republik gegen den Vertrag von Versailles, nicht um eine Revision der Niederlage gekämpft hat, sondern daß sie diese Niederlage als ihre Schuld begriffen und übernommen hat – nicht um als ewiger Sündenbock im Kreis der anderen zu stehen, sondern um, soweit es möglich war und ist, diese Schuld durch eine bessere Politik abzutragen.

Und dies führt noch auf einen letzten Punkt. Siegfried August Kähler erinnerte 1945 an ein Wort Bismarcks, daß die Abrechnung der Geschichte noch viel genauer sei als die Abrechnungen der Oberrechenkammer zu Potsdam. Wenn das richtig ist, so kann es nicht ohne Auswirkungen auf unser Geschichtsbild bleiben. Wir sind in diesem Punkt ja noch immer in einer einzigen Verlegenheit, die durch Diwalds Versuch [scil. in seiner »Geschichte der Deutschen« (1978)] nicht behoben, sondern nur erneut belegt worden ist. Wir wissen nicht, wie wir eine deutsche Geschichte der

Neuzeit schreiben sollen. Die nach dem Kriege beliebte Linie von Luther über Friedrich den Großen und Bismarck zu Hitler ist ebenso absurd wie der Versuch, die deutsche Katastrophe als ein eher zufälliges Ereignis darzustellen, das aus der Kontinuität der deutschen Geschichte ganz und gar herausfällt. Wir müssen uns aber über diese Zusammenhänge Klarheit verschaffen, weil sie auf die Dauer zur Orientierung unerläßlich sind. Wahrscheinlich wird die deutsche Geschichtsschreibung hier zu dem Schluß kommen, daß – ich sage das nur zögernd – die deutsche Nationalgeschichte als Geschichte des Nationalstaates mit der deutschen Katastrophe an ihr Ende gekommen ist. Nichts ist dafür bezeichnender als die offenbare Unmöglichkeit, die Geschichte der beiden deutschen Teilstaaten als gemeinsame Geschichte der Deutschen nach 1945 weiter zu schreiben. Das heißt nicht, daß die deutsche Geschichte damit zu Ende ist. Es heißt aber, daß sie in anderer Form weitergeht – in anderer Form jedenfalls, als wir sie mit Treitschke und Bismarck, aber auch mit Meinecke und Heimpel bisher noch immer zu sehen gewohnt waren.

Vielleicht warten Sie zum Schluß, meine Damen und Herren, auf ein Wort des Theologen. Ich kann es nur in der Form ausdrücken, daß hoffentlich in dem allen deutlich geworden ist, daß der Umgang mit unserer jüngsten Geschichte – in, mit und unter der angespanntesten Rationalität – auch eine Frage an unseren Glauben, unsere Liebe und unsere Hoffnung ist.

Verhängnis und Schuld in der Geschichte

Nichts ist in der Wissenschaft bekanntlich schwerer zu beantworten als die ganz einfachen Fragen. Zwei solcher einfachen Fragen sollen am Anfang unseres heutigen Vortrags stehen. Wird die Geschichte bestimmt von den Interessen und Plänen, den Entscheidungen und Handlungen der Menschen? Oder wird sie bestimmt vom Zufall, von Ereignissen also, die schlechterdings nicht vorhersehbar sind und denen auch keine für uns irgendwie erkennbare Notwendigkeit innewohnt?

Die Tatsache, daß wir heute in der Regel die erste Frage ohne Vorbehalt mit Ja beantworten, womöglich mit der Rückfrage, was die Geschichte denn sonst bestimmen solle, entspringt mehr unserem vernünftigen und moralischen Habitus als unserer Erfahrung. Vernunft und Moral fordern, daß die Geschichte grundsätzlich ein rationales Ganzes darstelle, in dem die gleichen moralischen Kategorien gelten, die wir auch sonst anlegen. Die Erfahrung freilich lehrt, daß schon in unserer Biographie, und noch mehr in der Welt, in der wir leben, das Ungeplante und Unplanbare eine große, möglicherweise sogar eine dominante, Rolle spielt, auch wenn wir diese Rolle den gewöhnlich als Glück oder Unglück bezeichneten Ereignissen – eben ihres nichtrationalen Charakters wegen – in der Regel nur ungern zugestehen. Aber es ist ja evident – um nur dies eine zu sagen –, daß wir uns weder unsere Eltern, noch den Zeitpunkt oder das Land unserer Geburt wählen können. Das aber ist, wie wir alle wissen, lebensentscheidend. Wie immer das im einzelnen sich verhalten mag, jedenfalls gebietet es solche Erfahrung, auch die Möglichkeit ins Auge zu fassen, daß die Geschichte gegen alle Vernunft und Moral von grundsätzlich unvorhersehbaren Zufällen bestimmt wird, so empörend uns diese Möglichkeit auch erscheinen mag.

Es ist deutlich, daß diese beiden Fragen aufs engste mit unserem Thema zusammenhängen. Denn nur, wenn wir die Geschichte als einen Raum verstehen, der von den Interessen und Plänen, Entscheidungen und Handlungen von Menschen bestimmt wird, können wir im strengen Sinne von historischer Schuld sprechen, mag sie nun die Schuld einzelner oder die Schuld von Führungseliten sein, oder die Schuld ganzer Staaten und Völker. Wenn wir dagegen davon ausgehen, daß die Geschichte von zufälligen Ereignissen bestimmt wird, werden wir nicht von Schuld, sondern eher von Verhängnis sprechen. Was, durch einen Zufall ausgelöst, ungewollt, unvorhersehbar und unabwendbar über uns hereinbricht, das ist offensichtlich mit keinem Begriff von Schuld zu verbinden. Wir nennen diesen Zufall dann Verhängnis, wenn er zusammen mit anderen Zufällen Zwangslagen schafft und schlechthin unabsehbare Folgen zeitigt. Nicht alle zufälligen historischen Ereignisse also besitzen Verhängnischarakter. Aber wenn wir von Verhängnis reden, dann meinen wir immer eine Reihe von Zufällen: zufällig eintretende oder auch zufällig ausbleibende Ereignisse, zufällige Konstellationen, zufällige Entwicklungen.

Diese beiden Fragen, was die Geschichte bestimme, Wille oder Zufall, sind nun freilich weniger realer als vielmehr hermeneutischer Natur. Das heißt, diese Fragen haben nicht das Ziel und es steht auch durchaus nicht zu erwarten, daß wir am Ende unserer Überlegungen ein klares Ja zur einen und dementsprechend ein Nein zur anderen Frage formulieren könnten. Vielmehr sollen diese Fragen den Weg öffnen zu einem Verständnis der Geschichte, das ihre Rationalität ebenso zu ihrem Recht kommen läßt wie ihre Rätselhaftigkeit. Denn nach aller Lebenserfahrung gibt es keine Schuld, bei der nicht wenigstens von ferne auch ein Verhängnis mit im Spiele wäre, und kein Verhängnis, bei dem sich nicht auch eine Schuld finden ließe. Nicht Verhängnis *oder* Schuld lautet deshalb das Thema dieses Vortrages, sondern Verhängnis *und* Schuld.

Ist dies aber zutreffend, so muß es zu den wichtigsten Aufgaben des Historikers gehören, für Epochen, in denen sich beide, Verhängnis und Schuld, zur Katastrophe gleichsam verbündet zu haben scheinen, Verhältnis und Anteil beider an Entstehung, Fortgang und Ende der Ereignisse näher zu bestimmen.

Eine solche Epoche ist ohne Frage die Zeit zwischen 1914 und 1945, die Zeit zwischen dem Beginn des Ersten und dem Ende des Zweiten Weltkriegs, eine Epoche, die wir mehr und mehr als einen in sich geschlossenen Zeitabschnitt, einen zweiten Dreißigjährigen Krieg gewissermaßen, zu verstehen lernen.

Und so wollen wir im Folgenden versuchen, an einigen historischen Kapiteln aus dieser Zeit uns der Frage nach Verhängnis und Schuld in der Geschichte zu nähern.

1. Die Schuld am Kriege und die Kriegsschuldfrage im 1. Weltkrieg

Die Frage nach der Schuld am Ausbruch des 1. Weltkriegs gehört bis heute zu den meistverhandelten historischen Problemen unseres Jahrhunderts. Sie ist trotz aller Bemühungen im einzelnen und trotz einer nahezu unübersehbaren Fülle von Erklärungsversuchen ohne eine ganz eindeutige Antwort geblieben[2].

Sicher ist – und das war alles andere als ein Zufall – daß zu diesem Krieg in Europa alles bereit war: die Pläne waren bereit, die Waffen und vor allem die Herzen und die Hirne der Völker. Es ist eine Legende, wenn man behauptet, die Führenden hätten damals ihre Völker gegen deren Wissen und Willen in einen Krieg gehetzt. Das Gegenteil ist richtig. Auch die Völker waren zum Krieg bereit und der Taumel der Begeisterung erfaßte im August 1914 nicht nur Deutschland sondern auch Rußland und Frankreich.

Fassen wir insbesondere die Rolle Deutschlands in der Vorgeschichte dieses Krieges ins Auge, so kann wiederum von Zufall keine Rede sein. Vielmehr finden wir hier eine lange Liste deutscher Schuldtitel. An erster Stelle steht dabei gewiß das deutsche Streben nach dem sogenannten »Platz an der Sonne«. Dies war zwar wohl doch nicht, wie Fritz Fischer meinte, der »Griff nach der Weltmacht«, der den Krieg bewußt herbeiführte, wohl aber eine Bereitschaft, notfalls, und wenn denn gar keine andere Möglichkeit bliebe, um diesen »Platz an der Sonne« zu kämpfen[3]. Dazu kamen politische Fehler, die durchaus als Schuld zu werten sind: eine verfehlte Außenpolitik, die das Reich zunehmend isolierte und insbesondere durch das Flottenbauprogramm England herausforderte; die Militarisierung des öffentlichen Lebens und – schlimmer – der Gedanken, zweifellos ein preußisches Erbe; schließlich die für den Kaiser selbst wie für das Kaiserreich insgesamt typische Neigung zur Überheblichkeit, verbunden mit einer katastrophalen Ignoranz und Unterschätzung der Gegner. Dies alles und vieles andere verband sich, um den Krieg in Deutschland als Möglichkeit, ja wohl irgendwann sogar als Notwendigkeit erscheinen zu lassen. Und das Schwergewicht dieser deutschen Schuldtitel wird nicht dadurch gemindert, daß auch die meisten anderen beteiligten europäischen Mächte ihre mehr oder weniger langen Listen von Schuldtiteln aufwiesen.

Gleichwohl – und dies ist nun in unserem Zusammenhang das Entscheidende – ist nach allem, was wir wissen, der Erste Weltkrieg nicht ausgebrochen, weil Deutschland oder irgendeine andere Macht ihn als diesen Krieg zu diesem Zeitpunkt mit voller Absicht geplant und gewollt hätten[4]. Vielmehr ergab sich dieser Krieg aus Ereignissen und Konstellationen, die nicht voraussehbar und deshalb auch nicht vermeidbar waren. Das gilt selbstverständlich für das Attentat auf den österreichischen Thronfolger, das zwar nur auslösende Wirkung besaß, aber gleichwohl aus der Kausalitätskette nicht wegzudenken ist.

Ausnahmsweise müssen wir jetzt tun, was dem Historiker sonst in der Regel verboten ist, nämlich die Frage aufzuwerfen: Was wäre gewesen, wenn ...? Was also wäre gewesen, wenn jenes Attentat nicht stattgefunden hätte? Die Antwort kann selbstverständlich nur in einer Vermutung bestehen. Es ist möglich und sogar wahrscheinlich, daß es in Europa über kurz oder lang trotzdem zu einem Krieg gekommen wäre. Aber es ist gewiß nicht auszuschließen, daß jedenfalls der große Krieg sich hätte vermeiden lassen.

Denn die Julikrise traf unglücklicherweise auf einen Kreis von Staatsmännern, von denen offensichtlich nicht ein einziger jene über das Mittelmaß hinausreichenden Fähigkeiten besaß, die zur Bewältigung einer solchen Krise notwendig gewesen wären. Keiner hat diesen Umstand deutlicher bezeichnet als Lloyd George, der spätere englische Kriegspremier, der nach dem Krieg zur Schuldfrage erklärte: »Hätte es in Deutschland einen Bismarck, in Großbritannien einen Palmerston, in Amerika einen Roosevelt oder in Paris einen Clemenceau an der Macht gegeben, dann hätte die Katastrophe vermieden werden können und wäre meiner Meinung nach vermieden worden. Aber in keinem der großen Staaten sah man einen Mann von dieser Qualität am Ruder ... Keiner der führenden Männer dieser Zeit hat den Krieg tatsächlich gewollt. Sie glitten gewissermaßen hinein, oder besser sie taumelten oder stolperten hinein, vielleicht aus Torheit.«[5]

Zur Schuld an diesem Kriege also tritt etwas anderes, was wir schlechterdings nicht ableiten, sondern nur im Rückblick als ein Verhängnis erkennen können: das Zusammentreffen des Attentats mit einem Kreis von verantwortlichen Männern, von denen keiner die Folgen seiner Entscheidungen ganz zu überblicken vermochte. Erst durch dieses Zusammentreffen wurde die Krise zur Katastrophe. Wie wenig man sich in Europa vorzustellen vermochte, auf was man sich mit diesem Krieg einließ, das zeigt ja auch die einfache Überlegung, daß jedenfalls von den Regierungen Rußlands, Österreich-Ungarns und Deutschlands ein Krieg unter allen Umständen verhindert worden wäre, wenn sie auch nur geahnt hätten, daß er in Revolutionen ausmündete, die das Ende der alten Herrschaftsverhältnisse bedeuteten.

Aber gab es denn, so wird man fragen, gar keine Warner? Oh gewiß, es gab Warner genug. Aber sie erinnern allesamt an die erschreckende Geschichte von Kassandra, der Tochter des Priamos. Ihr hatte Apollon bekanntlich die Gabe der Vorhersage verliehen und sie – als sie ihn abwies – damit geschlagen, daß niemand ihren wahren Vorhersagen jemals Glauben schenken sollte. So sah sie hilflos den Untergang Trojas, den Untergang des Hauses der Atriden und ihr eigenes Ende voraus[6]. Und so verhallten im Juli 1914 ungehört der Aufruf des Büros der Sozialistischen Internationale ebenso wie der der Vertreter des Weltbundes für die Freundschaftsarbeit der Kirchen.

»Die nationale Idee«, so schließt deshalb Theodor Schieder seine Darstellungen über diese Zeit, »hatte Vorzug vor dem Internationalismus. In dieser Gesinnung waren sich die Europäer einig in eben dem Moment, in dem sie daran gingen, allem dem ein Ende zu setzen, was sie an gemeinsamen materiellen und geistigen Gütern besaßen. Hier versagen alle Maßstäbe wissenschaftlicher Erklärungen oder moralischer Überheblichkeit in einer Zeit, die den ihr gestellten Problemen von Krieg und Frieden kaum besser geistig und moralisch gerüstet gegenübersteht, hier erscheint uns die Geschichte wie ein großes Verhängnis.«[7]

Von dieser Frage nach dem Anteil von Schuld und Verhängnis am Ausbruch des Ersten Weltkriegs ist die sogenannte Kriegsschuldfrage nicht zu trennen, wohl aber zu unterscheiden. Es hätte Europa nach dem Ende jenes grauenhaften Krieges nichts notwendiger getan, als in ernsthafte

Überlegungen über die Schuldfrage einzutreten, um so aus der Einsicht in Schuld und Verhängnis womöglich einen neuen Anfang zu gewinnen.

Stattdessen war es gerade die sogenannte Kriegsschuldfrage, die diesen notwendigen Weg von Anfang an blockierte.

Die Frage der Schuldigen am Kriege spielte schon vor seinem Ausbruch für alle Beteiligten eine wesentliche Rolle. Die Mittelmächte ebenso wie die Mächte der Entente versuchten, sich jeweils selbst als die Angegriffenen und die Gegner als die Angreifer hinzustellen. Nur der Verteidigungskrieg bot in Deutschland ebenso wie in Österreich, Rußland, England und Frankreich die Gewähr, daß sich tatsächlich das ganze Volk im Bewußtsein des verletzten Rechtes und der gekränkten Ehre gegen die Feinde erhob. Dies gelang beiden Seiten so überzeugend, daß sowohl die Truppen der Mittelmächte wie der Entente samt den jeweiligen Völkern mit der unerschütterlichen Überzeugung kämpften, auf der Seite des unbezweifelbaren Rechtes gegen das Unrecht zu stehen.

Nichts hat eine Verständigung noch während des Krieges mehr erschwert, nichts einen vernünftigen Frieden mehr gehindert als jene wechselseitigen Schuldbehauptungen, die jede Art von Kompromiß als unmoralische Handlung erscheinen ließen.

So konnte man die besiegten Deutschen nicht tiefer kränken und demütigen als dadurch, daß man sie zwang, im Friedensvertrag zugleich die Alleinschuld am Kriege anzuerkennen.

Eben dies aber forderten und erhielten bekanntlich die Sieger. Im Artikel 231 des Versailler Friedensvertrages mußten die Deutschen unterschreiben, »daß Deutschland und seine Verbündeten als Urheber für alle Verluste und Schäden verantwortlich sind, die die alliierten ... Regierungen und ihre Staatsangehörigen infolge des ihnen durch den Angriff Deutschlands ... aufgezwungenen Krieges erlitten haben.« Die deutsche Friedensdelegation erklärte darauf am 13. Mai 1919 mit voller Überzeugung: »Das deutsche Volk hat den Krieg nicht gewollt und würde einen Angriffskrieg niemals unternommen haben. Im Bewußtsein des deutschen Volkes ist dieser Krieg stets ein Verteidigungskrieg gewesen.« Die Antwort der Alliierten in der berüchtigten Mantelnote vom 16. Juni 1919 aber schloß jede weitere Diskussion aus. Nach dem Urteil »der Gesamtheit der zivilisierten Welt« so hieß es darin, sei der Krieg »das größte Verbrechen gegen die Menschheit und gegen die Freiheit aller Völker gewesen, welches eine sich für zivilisiert ausgebende Nation jemals mit Bewußtsein begangen hat.« Und nicht nur für die Entfesselung des Krieges sollte Deutschland allein verantwortlich sein, sondern ebenso auch »für die rohe und unmenschliche Art« der Kriegsführung, so daß die Mantelnote am Ende feststellte, das Verhalten Deutschlands sei »in der Geschichte der Menschheit fast beispiellos.«[8]

Achtzehn Jahre später, im Juni 1937, erklärte der Redakteur dieser Mantelnote, der Engländer Philip Kerr, daß die Alliierten bei der Ausarbeitung dieser Stellungnahme das Opfer ihrer eigenen Propaganda geworden seien. Zwar trüge, so meinte er, nach seiner festen Überzeugung Deutschland mehr Verantwortung am Ausbruch des Krieges als irgend jemand sonst, aber von einer Alleinschuld könne nicht die Rede sein[9]. Aber zu dieser Zeit hatte die Kriegsschuldfrage ihr Werk bereits getan. Möglicherweise wäre die Einsicht in die deutsche Schuld am Kriege für die Weimarer Republik lebensrettend gewesen. Es gab im ersten halben Jahr nach Kriegsende Ansätze zu solcher Einsicht, nicht nur bei den Sozialdemokraten, sondern beispielsweise auch in der evangelischen Kirche. Mit der Unterzeichnung des Friedensvertrags am 28. Juni 1919 aber war dies alles zu Ende. Jetzt wurde die Kriegsschuldfrage selbst, statt zur Klärung und Lösung der Dinge beizutragen, zu einem Kampfinstrument in der Hand der Rechten und damit zu einem Glied in der Kette des Verhängnisses, das die Weimarer Republik schließlich zu Fall brachte.

Auch hier fehlte es nicht an Warnern. Max Weber, der im übrigen einer der schärfsten Kritiker der deutschen Politik in der Vorkriegszeit und im Kriege gewesen war, prophezeite schon im Januar 1919, was dann in den dreißiger Jahren wirklich eintrat. Ein Friede wie der geplante, schrieb er, »würde selbstverständlich dazu führen, daß auch der politisch radikalste Arbeiter Deutschlands – nicht jetzt, wohl aber nach Jahr und Tag, wenn der jetzige Taumel und die folgende Ermattung vorüber sind – zum Chauvinisten würde und daß er gemeinsam mit den Intellektuellenschichten der Nation sich auf jene revolutionären Mittel der Selbstbestimmung besinnen müßte, wie sie jede Irredenta gebraucht hat und wie sie ein 70-Millionen-Volk natürlich ausgiebiger und nachdrücklicher gebrauchen kann, als Serbien oder Italien es je getan haben.«[10]

Neun Monate später, im September 1919 formulierte der Gefreite Adolf Hitler zum ersten Mal den Zusammenhang zwischen dem Kampf gegen das Judentum und der »Wiedergeburt der sittlichen und geistigen Kräfte der Nation.«

2. Der Niedergang der Weimarer Demokratie und der Aufstieg Hitlers

Beim späten Schleiermacher findet sich gelegentlich die melancholische Bemerkung: »Eine Zeit trägt die Schuld der anderen, weiß sie aber selten anders zu lösen als durch eine neue Schuld.« Wer den Ablauf der Ereignisse zwischen 1914 und 1945 verfolgt, kann von der Wahrheit dieser Bemerkung nur betroffen sein. Auf die Schuld Deutschlands am Kriege folgte die Schuld jenes Vertrages, der in Europa keinen Frieden schuf, sondern Bitterkeit, Haß und Rache säte. Die Ablösung dieser Schuld aber gelang nicht der friedlichen Revisionspolitik Stresemanns oder Brünings, sondern sie gelang Hitler durch eine neue und ungeheuerliche Schuld, die alles

Vorangegangene weit überstieg. Zugleich aber mischen sich auch hier in die im Rückblick klar erkennbaren Schuldtitel Verhängnissse, zufällige Ereignisse also, deren unvorhersehbares Eintreten den Gang der Geschichte entscheidend mitbestimmte.

Ich will versuchen, an einigen Beispielen das Zusammenwirken von Schuld und Verhängnis in dieser Zeit deutlich zu machen.

Es gehört zu den eindeutigen Schuldtiteln der Siegermächte Frankreich und England, daß sie trotz wachsender besserer Einsicht an der Grundkonzeption des Versailler Vertrages festhielten, die Weimarer Republik damit fast unerträglich belasteten und zugleich Hitler den Ansatzpunkt für seine weit über den Kreis der unmittelbaren Anhänger hinaus gutgeheißene Revisionspolitik gaben. Diese Schuld wird verschärft durch die Tatsache, daß sie es andererseits – und dieses Argument werden wir heute besonders genau hören – unterließen, den möglichen explosiven Folgen einer solchen Politik in Deutschland durch die Herstellung einer militärischen Abschreckungsmacht entgegenzutreten. André François-Poncet, der französische Botschafter in Berlin, der wie kaum ein zweiter zwischen 1931 und 1938 die Entwicklung der deutschen Politik aus der Nähe verfolgen konnte, beschrieb 1947 in seinen Erinnerungen dies als die Mitschuld der Alliierten am Ausbruch des Zweiten Weltkriegs. In Zusammenhang mit seinen ständigen Warnungen in Paris vor der deutschen Aufrüstung bemerkte er: »Als Hitler sich des ersten Vertragsbruches schuldig machte, wäre es zweifellos besser gewesen, ihm sofort mit Gegenmaßnahmen zu antworten. Aus Gründen, ... die übrigens durchaus verständlich waren – der Wunsch, einen neuen Krieg zu vermeiden, der tiefe Pazifismus der Nation, die feste Verbundenheit mit dem Völkerbund und der Glaube an dessen Sendung, ... der ungenügende militärische Apparat, der nur zur Verteidigung aufgebaut war –, aus all diesen Gründen brachten unsere Regierungen nicht den notwendigen Mut auf.«[11] Und kein Geringerer als Karl Barth pflichtete ihm noch 1950 darin bei, als er im Blick auf seinen Aufruf an die Tschechen im Herbst 1938, sich gegen den deutschen Überfall mit Waffengewalt zu verteidigen, seine Überzeugung wiederholte: »Viel Unmenschliches und Unchristliches, was nachher geschah, hätte damals, wenn die Staatsordnung im Westen rechtzeitig verantwortlich verteidigt worden wäre, verhältnismäßig schmerzlos, einfach durch den Beweis bewaffneter Festigkeit, verhindert werden können.«[12]

Nicht weniger eindeutig gehört zu den *deutschen* Schuldtiteln am Niedergang der Demokratie und am Aufstieg Hitlers die wachsende Unfähigkeit der demokratischen Parteien zur Einigung und zum Kompromiß. Die letzte parlamentarische Regierung der Weimarer Republik, das von einer großen Koalition getragene Kabinett Müller, stürzte am 27. März 1930 über die Frage der Deckung der Arbeitslosenversicherung. Selten dürfte der Anlaß für einen Regierungsrücktritt in einem krasseren Mißverhältnis zu den Folgen gestanden haben. Denn von diesem Augenblick an bis zum 5. März 1933 gelang es nicht mehr, eine parlamentarische Mehrheit für eine Regierung zu finden. Hitler behauptete nicht nur die Unfähigkeit der demokratischen Parteien, sie *waren* unfähig. Und die voraussehbaren Folgen blieben nicht aus. Damals, im März 1930, saßen unter den 491 Abgeordneten des Reichstags 12 Nationalsozialisten und 54 Kommunisten. Genau ein halbes Jahr später, am 14. September 1930, waren es 107 Nationalsozialisten und 77 Kommunisten[13].

Zu diesen Schuldtiteln, die hier ja nur exemplarisch aufgeführt sind, Schuldtitel übrigens, die aus der Zeit heraus ganz begreiflich, durchaus nicht als Ausfluß bösen Willens und in mancher Hinsicht fast unvermeidlich erscheinen, und die im Rückblick doch als Schuld erkennbar sind, trat nun eine Abfolge von Verhängnissen, die erst das Schicksal der Republik besiegelten.

Ein besonders dramatisches Beispiel für ein Ereignis dieser Art findet sich in Churchills Erinnerungen. Wenn die Republik vor den vordringenden Nationalsozialisten noch zu retten war, dann neben der wirtschaftlichen Konsolidierung, am ehesten durch einen außenpolitischen Erfolg. Eben diesem Erfolg aber war Brüning im April 1932 in Genf mit einer Vereinbarung über eine Teilrevision des Versailler Vertrages zum Greifen nahe.

In Gesprächen mit dem englischen Ministerpräsidenten und dem amerikanischen Außenminister war es zum ersten Mal einem deutschen Kanzler gelungen, das Einverständnis der Alliierten zu einer Neufestsetzung der Rüstungszahlen zu gewinnen. Nur Frankreichs Zustimmung fehlte noch. »Norman Davies«, so heißt es dazu bei Churchill, »der amerikanische Sonderbotschafter, bat den französischen Ministerpräsidenten Tardieu telephonisch, sich sofort von Paris nach Genf zu begeben. Aber zum Unglück Brünings hatte Tardieu andere Nachrichten erhalten. Schleicher war in Berlin tätig gewesen und hatte soeben den französischen Botschafter vor Verhandlungen mit Brüning gewarnt, da sein Sturz unmittelbar bevorstehe. Es ist auch durchaus möglich, daß Tardieu über die militärische Position Frankreichs auf der Formel ›Rüstungsgleichheit‹ Besorgnis empfand. Jedenfalls kam Tardieu nicht nach Genf und Brüning kehrte am 1. Mai nach Berlin zurück.« Kurz darauf wurde Herriot Nachfolger, der sich sofort bereit erklärte, den neuen Verhandlungsvorschlag mit Brüning zu besprechen. Am Vormittag des 30. Mai 1932 erhielt Brüning die Einladung nach Genf mit dem Hinweis auf die französische Verhandlungsbereitschaft. Wenige Stunden später trat er offiziell zurück. »So endete die letzte Regierung im Nachkriegsdeutschland«, schließt Churchill, »die das deutsche Volk vielleicht in den Genuß einer stetigen und zivilisierten Verfassung gesetzt und ihm friedliche Wege der Verständigung mit den Nachbarn geöffnet hätte. Die Angebote der Alliierten gegenüber Brüning hätten ihn zweifellos gerettet, wenn nicht Schleichers Intrige und Tardieus Aufschub dazwischen getreten wären. Diese Angebote mußten bald darauf mit einem anderen System und einem anderen Mann erörtert werden.«[14]

Auch wenn man Churchills »zweifellos« durch ein »möglicherweise« ersetzen wird, bleibt der Verhängnischarakter dieser Geschichte deutlich. Gewiß wird man auch hier Fehler und Versäumnisse im einzelnen finden, bei Macdonald und Tardieu, bei François-Poncet und Schleicher, bei Hindenburg und Brüning selbst. Aber es gibt keine historische Theorie, die erklären könnte, warum alle möglicherweise entscheidenden Wendungen wie diese in der Weimarer Zeit zu spät, zu langsam, zu halbherzig geschahen; und warum sich alle Fehler und Versäumnisse zu einer Kette des Verhängnisses summierten, unter deren Last die Republik schließlich zusammenbrach.

Die Liste der deutschen Schuldtitel, die Hitler an die Macht brachten, ist lang. Nicht weniger lang ist die Liste der Schwächen, Irrtümer und Fehler, die ihn an der Macht hielten. Und was immer der Einzelne wußte oder nicht wußte – ganz und vollkommen wird man keinen erwachsenen Deutschen von der Mitwisserschaft ausschließen können, daß das Reich, dem er diente, ein Unrechtsstaat war.

Umso eindrücklicher tritt auch hier der Verhängnischarakter der Zeit heraus, der im Gegensatz zu der unglücklichen Republik in dem nicht weniger verhängnisvollen Glück bestand, das Hitler zwischen 1933 und 1940 zur Seite stand. Nicht nur Deutschland, sondern ganz Europa stand doch in diesen Jahren unter dem Eindruck, daß Hitler alles glückte, was den Weimarer Regierungen mißglückt war; und daß er weit darüber hinaus in wenigen Jahren politische Ziele verwirklichte, von denen man in den zwanziger Jahren nicht einmal zu sprechen wagte. Das war es doch am Ende, was die Deutschen hinriß, was sie auf Rechte und Freiheiten mehr und mehr verzichten und vor den Untaten die Augen schließen ließ: die Erfolge eines Mannes, dem scheinbar alles gelang, was er sich vorgenommen hatte.

Selbst Dietrich Bonhoeffer, der von Anfang an in seinem Urteil über das Regime nicht einen Augenblick geschwankt hatte, blieb vom Erfolg nicht unbeeindruckt. Es muß offen bleiben, ob er wirklich nach dem deutschen Sieg über Frankreich im Bruderrat der preußischen Bekennenden Kirche eine Änderung der Einstellung zu Hitler forderte, weil die Ereignisse bewiesen hätten, »daß Gott mit ihm sei«[15]. Aber sicher ist, daß er zu dieser Zeit in seine Ethik einen Abschnitt »Der Erfolgreiche« einfügte, in dem es hieß: »Die Welt will und muß durch den Erfolg überwunden werden. Nicht Ideen oder Gesinnungen, sondern die Taten entscheiden. Der Erfolg allein rechtfertigt geschehenes Unrecht. Die Schuld vernarbt im Erfolg.«[16]

Auch Hitler selbst übrigens wußte das sehr genau. Als er am 10. Februar 1939 in der Kroll-Oper in Berlin in einer Geheimrede die höheren Offiziere der drei Wehrmachtsteile auf den Krieg vorbereitete, da forderte er den unbedingten Gehorsam der Armee mit dem Argument: »Denn sechs Jahre lang, meine Herren, haben wir jetzt ja doch nur Glück über Glück gehabt. In diesen Jahren haben wir wirkliche Wunder erreicht. Es hätte ja auch anders gehen können, meine Herren.«[17]

Wiederum gibt es eine Fülle von Gründen, die diese Erfolgsserie erklären. Aber wer im einzelnen verfolgt, welche unvorhersehbaren Zufälle, welche von niemand zu planenden Konstellationen nötig waren, um Hitlers Erfolge zu ermöglichen, der wird auch in dieser bis 1940 nicht ein einziges Mal abreißenden Erfolgsserie ein Verhängnis sehen, gegen das offensichtlich nicht anzukommen war.

Gerade die Gegner Hitlers haben hier ihre Ohnmacht besonders deutlich und fast schmerzhaft empfunden. Und in der Tat gibt es noch einen weiteren Hinweis auf den Verhängnischarakter dieser Zeit, nämlich den Unstern, der über allen Attentaten auf Hitler offensichtlich stand.

Im August 1936 trug Friedrich Reck-Malleczewen, ein glühender Gegner Hitlers, der im Februar 1945 in Dachau ermordet wurde, diese Empfindung der Ohnmacht gegenüber einem Verhängnis in sein »Tagebuch eines Verzweifelten« ein. Er erinnerte sich einer Szene aus dem Herbst 1932, als er zufällig mit Hitler zusammen in der Münchner Gaststätte Osteria Bavaria zu Abend aß. »Ich war damals«, so notierte sich Reck vier Jahre später, »mit dem Wagen in die Stadt gekommen, und da die Straßen damals ... schon recht unsicher waren, hatte ich eine schußbereite Pistole bei mir und hätte ihn damals in dem nahezu menschenleeren Lokal ohne weiteres abschießen können. Ich hätte es ohne Zaudern getan, sofern mir eine Gewißheit über die Rolle dieses Unflates und über unser jahrelanges Leiden gekommen wäre.« Reck hatte nicht geschossen, weil er Hitler damals noch nicht ernst nahm, und er fügte nun die Bemerkung hinzu: »Es hätte auch hier, wo im Rate der Höchsten unser Martyrium schon beschlossen ist, nichts genützt, und wenn man ihn damals auf ein Eisenbahngleis gebunden hätte, so wäre der heranbrausende D-Zug vorher entgleist. Man hört heute viel von Attentaten, die ihm galten, und die alle mißglückten. So wird es sein, und er wird Glück haben, bis seine Stunde gekommen ist. Ist sie gekommen, so wird aus jedem Winkel auf ihn das Verderben zukriechen ...«[18]

Man begreift die prophetische Bedeutung dieser Bemerkung aus dem Jahre 1936 erst, wenn man sich der langen Reihe von Attentaten verzweifelter Deutscher in den folgenden Jahren erinnert, die wider alle Wahrscheinlichkeit tatsächlich ausnahmslos scheiterten. Am 8. November 1938 etwa verließ Hitler überraschend den Bürgerbräu-Keller, genau 13 Minuten ehe Georg Elsers Bombe explodierte. Am 13. März 1943 versagte bei einer Bombe im Führerflugzeug der Zünder; kurz darauf mißlang ein Attentat im Berliner Zeughaus, weil Hitler, entgegen seiner bisherigen Gewohnheit, den Raum rasch verließ. Und am 20. Juli 1944 war es eine Frage von wenigen Metern, die über Leben und Tod des Diktators entschieden[19].

Dies waren gewiß alles Zufälle. Aber es waren Zufälle, deren unabsehbar verhängnisvolle Folgen für den Fortgang der Geschichte mit Händen zu greifen sind.

3. Widerstand und Schuldbekenntnis

Angesichts des übermächtigen Verhängnischarakters dieser Jahre, der sich den Zeitgenossen mit fortschreitender Kriegszeit immer deutlicher einprägte, erhebt sich die Frage, ob und in welchem Sinne hier von Schuld gesprochen werden kann. Denn wenn wir Ereignissen ausgeliefert werden, auf die wir keinen Einfluß zu nehmen vermögen, scheint auch keine Schuld mehr vorzuliegen im Sinne einer freigewählten Entscheidung.

Aber das ist ein Scheinargument. Vielmehr kommt für das richtige Verständnis des Verhältnisses von Verhängnis und Schuld alles darauf an, zu begreifen, daß es eine Kategorie von Schuld gibt, die sich gegen alles Verhängnis behauptet. Es ist jene Schuld, die der einzelne allein oder in einer Gemeinschaft als seine eigene Schuld erfährt und bekennt. Wenn wir bisher Verhängnis und Schuld gleichsam nebeneinander in der Geschichte wirken sahen, so kommen wir nun zu einem Punkt, wo wir das Verhältnis beider zueinander noch genauer bestimmen können. Die Deutschen, auch die deutsche Führungsschicht, ist zweifellos in ihrer überwältigenden Mehrheit ohne ein Bewußtsein von Schuld Hitler gefolgt und so auch in den Krieg eingetreten. Das war nicht nur, aber gewiß auch, eine Folge der durch die Kriegsschuldfrage verhinderten Diskussion über die Schuld am Ersten Weltkrieg.

Im Laufe des Krieges aber änderte sich das. Es war keine Veränderung, die von heute auf morgen eintrat und erst recht keine, die in irgendeiner Form schon Allgemeingut werden konnte. Dem stand beides, das Gesetz des Krieges und der Terror des Regimes entgegen.

Gleichwohl ist nicht daran zu zweifeln, daß da und dort in Deutschland ein Bewußtsein der eigenen Schuld und Mitschuld am Gang der Dinge wach wurde, das, von keiner Propaganda geweckt, auch von keiner Propaganda beruhigt werden konnte; ein Bewußtsein der eigenen Schuld und Mitschuld, das, im Gewissen entstanden, das Verhängnis selbst als Folge der Schuld zu verstehen begann. Diese Veränderung, so verborgen sie ihrer Natur und den äußeren Umständen nach sein mußte, war gleichwohl einer der wichtigsten Vorgänge, die sich in dieser Zeit vollzogen.

In seiner einfachen Form finden wir diesen Vorgang in den Lebenserinnerungen eines alten Pfarrers, die er vor allem für seine Kinder und Enkel aufgeschrieben hat, und die er mir vor einiger Zeit zuschickte. Er schildert darin unter anderem, wie er als Unteroffizier in der II. Panzerdivision 1941 den Vormarsch in Rußland erlebte und dabei durch Zufall Zeuge einer

Massenerschießung in Berditschew wurde. Hunderte von Juden, Männer, Frauen und Kinder, wurden vor seinen Augen und den Augen anderer Soldaten ermordet. Fast alle Soldaten, so schrieb er, wandten sich entsetzt und erschüttert ab. Selbst hilflos und ratlos beschloß der Unteroffizier, gegen alle militärischen Regeln, die Sache seinem höchsten Vorgesetzten vorzutragen. Es gelang ihm tatsächlich, bis zum General vorzudringen. Der hörte sich, ebenfalls tief bewegt und erschüttert den Bericht des Unteroffiziers an. Auf dessen Bitte aber, irgend etwas zu tun, antwortete er: »Wie stellen Sie sich das vor? Sie haben eine zu große Achtung vor der Macht eines Generals. Denken Sie nicht, Herr Pfarrer, daß mich das nicht bewegt, was Sie mir berichtet haben. Aber was soll ich tun?« Und wenig später wiederholte er noch einmal: »Was soll ich tun? Ich kann doch nicht das Polizeibataillon, das nicht unter meinem Befehl steht, einfach zum Einstellen seines verbrecherischen Handelns veranlassen. Ich kann keinen Privatkrieg gegen Befehle führen, die von ganz oben kommen.«[20]

Beide, der Unteroffizier und der General, haben trotz dieses Erlebnisses den Krieg weitergeführt. Insoweit blieb dieser Dialog ohne Folgen. Aber es ist ausgeschlossen, daß er auch für das Bewußtsein ohne Folgen blieb. Vielmehr entstand hier und in zahlreichen ähnlichen Dialogen eine Bereitschaft, von der eigenen Schuld und Mitschuld zu sprechen, auch wenn man selbst kein Mörder und nicht unmittelbar schuldig geworden war.

Davon ging offensichtlich Hans Asmussen aus, einer der führenden Männer der Bekennenden Kirche, als er Ende Dezember 1942, während sich in Stalingrad die Katastrophe der 6. Armee vollzog, an Visser't Hooft nach Genf schrieb, die Kirche werde nach dem Krieg die Welt auf ihre Schuld hin anreden müssen. »Es gehört zu den eindrücklichsten Erfahrungen der letzten Jahre«, schrieb er, »daß ein großes Unheil geschieht, wenn die Frage der Schuld allein der Propaganda überlassen bleibt. Denn die Propaganda ist darauf angewiesen, den Alleinschuldigen zu finden. Damit aber häuft sie das Unrecht und sät eine furchtbare Drachensaat, die eines Tages aufgeht.« Er fände, so schrieb er weiter, in Deutschland heute – nicht nur unter den Theologen – »eine Bereitschaft, von Schuld zu hören«, die sehr viel größer sei als nach dem Ersten Weltkrieg[21].

Die höhere Form dieser Bereitschaft, »von Schuld zu hören«, aber entfaltete sich im Widerstand. Denn der Widerstand gegen Hitler war nichts anderes als die reinste Bekundung des Willens, nicht oder nicht mehr mitschuldig zu werden an den Untaten des Regimes. Aus der Bereitschaft, »von Schuld zu hören«, entstand die Verantwortung, dem Regime ein Ende zu setzen und dabei den Einsatz des eigenen Lebens als Sühne für die Schuld zu wagen.

Als sich der Generalmajor Henning v. Tresckow, der den militärischen Widerstand entscheidend mitgetragen hatte, nach dem Scheitern des Attentats in den Morgenstunden des 21. Juli 1944 von seinem Freunde

Schlabrendorff verabschiedete, da sagte er: »Wenn einst Gott Abraham verheißen hat, er werde Sodom nicht verderben, wenn auch nur zehn Gerechte darin seien, so hoffe ich, daß Gott auch Deutschland um unseretwillen nicht vernichten wird. Niemand von uns kann über seinen Tod Klage führen. Wer in unseren Kreis getreten ist, hat damit das Nessushemd angezogen. Der sittliche Wert eines Menschen beginnt erst dort, wo er bereit ist, für seine Überzeugungen sein Leben zu lassen.«[22]

In diesen Sätzen zeigt sich, daß es nur eine einzige Instanz gibt, die das zweideutige Verhältnis von Verhängnis und Schuld klären kann, und das ist das eigene Gewissen. Nur wo historische Schuld im Gewissen eines Einzelnen oder einer Gemeinschaft als eigene Schuld identifiziert wird, gewinnt sie Klarheit und Eindeutigkeit. Und nur hier vermag aus der Einsicht zugleich die verantwortliche Tat zu entstehen, die Umkehr sucht und Sühne.

In dieser Einsicht liegt die besondere, ja unvergleichliche Bedeutung des deutschen Widerstandes.

Keine Entnazifizierung, keine Umerziehung, kein Nürnberger Prozeß hätte die Deutschen nach dem Kriege zu einer Einsicht in ihre Schuld bewegen können, wenn nicht dies vorangegangen wäre: die Entscheidung einzelner Gewissen mitten in Deutschland selbst. Im Gegenteil: viele Entscheidungen der Sieger waren eher dazu angetan, erneut wie nach dem Ersten Weltkrieg die Schuld zu leugnen und das Verhängnis zu beklagen. Wenn es dazu nicht kam, so lag die Voraussetzung dazu eben in jener Veränderung, die während des Krieges begann und im Widerstand in allen seinen Formen zum greifbaren Ausdruck kam. Eben diese Veränderung aber war es auch, die 1945 zum Stuttgarter Schuldbekenntnis führte mit seinen beiden zentralen Aussagen: »Mit großem Schmerz sagen wir: Durch uns ist unendliches Leid über viele Völker und Länder gebracht worden«, und: »wir klagen uns an, daß wir nicht mutiger bekannt, nicht treuer gebetet, nicht fröhlicher geglaubt und nicht brennender geliebt haben.«[23] Dies ist, wie wir wissen, damals keineswegs Allgemeingut gewesen. Aber es ist doch eine so wirksame neue Erfahrung geworden, daß sie stärker als alle Gedanken von Haß und Rache den Neuanfang nach dem Krieg bestimmte.

4. Schuld und Verhängnis als Kategorien des politischen Handelns

Lassen Sie mich zum Abschluß den Versuch machen, mit einigen wenigen Hinweisen eine mögliche Bedeutung der Kategorien von Schuld und Verhängnis auch für unser gegenwärtiges politisches Handeln und Entscheiden darzustellen.

Die Einsicht in den Schuldcharakter der Geschichte hat einen doppelten Aspekt. Sie zeigt zunächst, daß es in der Geschichte tatsächlich einen aufweisbaren Schuldzusammenhang gibt: Vom Ausbruch des Ersten Weltkriegs an, verschuldet durch die Bereitschaft, Krieg zu führen, verschuldet durch Überheblichkeit, nationale Blindheit, Machtansprüche und vieles andere, führt ein Zusammenhang von Schuld - Schuld im Handeln wie im Unterlassen - zum Zusammenbruch der Weimarer Republik, zum Aufstieg Hitlers, zum Judenmord und zur Katastrophe des Zweiten Weltkriegs. Wenn ich sage, wir erkennen hier einen aufweisbaren Schuldzusammenhang, so heißt das, hier ist nach unserer Einsicht nichts determiniert, nichts schlechthin unvermeidlich gewesen, sondern im Rückblick lassen sich die falschen Entscheidungen und ihre Träger, seien es Einzelne oder Gruppen, identifizieren und namhaft machen.

Wenn dies richtig ist, so kann es aus der Einsicht in den Schuldcharakter der Geschichte für uns nur einen einzigen Schluß geben: unsere Verantwortung für politische Entscheidungen mit aller nur verfügbaren Wachsamkeit und Sensibilität für ihre Absichten und möglichen Folgen wahrzunehmen.

Politik, der Stoff, aus dem Geschichte entsteht, wird von Menschen gemacht. Es sind unsere Hoffnungen und Wünsche, unsere Vorurteile und Unduldsamkeiten, unsere Befürchtungen und Ängste, die in die politischen Entscheidungen der Gegenwart eingehen. Dafür sind wir verantwortlich und werden von kommenden Generationen verantwortlich gemacht werden. Die Einsicht in den Schuldcharakter der Geschichte begründet deshalb unsere politische Verantwortung für die Geschichte - die Verantwortung dafür, daß Frieden, Freiheit und Gerechtigkeit geschaffen werden, und nicht Unfrieden, Unfreiheit und Ungerechtigkeit. Daß wir aus dieser Verantwortung schuldlos herauskommen, ist nicht zu erwarten. Aber das ändert nichts an unserer Verantwortlichkeit.

Dies alles ist heute im Zusammenhang mit der Kategorie der Schuld ohne weiteres verständlich und einsichtig.

Anders dagegen steht es mit dem Verhängnischarakter der Geschichte. Unser vernünftiger und moralischer Habitus zieht es vor, dieses Element der Geschichte möglichst nicht zur Kenntnis zu nehmen. Aber wir belügen uns mit der Leugnung dieses Elementes nur selbst - eine Selbstlüge übrigens, die durchaus in die Kategorie der Schuld gehören kann. Die Einsicht in den Verhängnischarakter der Geschichte hat ebenfalls zwei Aspekte.

Zunächst bezeichnet der Begriff des Verhängnisses nichts anderes als die Tatsache, daß unsere Verfügungsmöglichkeiten über die Geschichte begrenzt sind. Auch bei angestrengtester und sorgsamster Wahrnehmung unserer Verantwortung sind die Folgen unserer Entscheidungen niemals ganz zu überblicken. Es können jederzeit Ereignisse eintreten, unvorhersehbare und unplanbare Zufälle, die alle guten Pläne und Absichten durchkreuzen. Die Weltgeschichte ist voll solcher Zufälle, die je und dann den Charakter eines Verhängnisses besitzen. Dieser Verhängnischarakter der

Geschichte weist darauf hin, daß die Menschen zwar die Geschichte machen, aber daß sie nicht ihre Herren sind. Für die großen Staatsmänner stand dies übrigens nie im Zweifel. So schrieb Bismarck am 20. Juli 1864 – mitten im dänischen Krieg – an seine Frau: »Das lernt sich in diesem Gewerbe recht, daß man so klug sein kann wie die Klugen dieser Welt und doch jederzeit in die nächste Minute geht wie ein Kind ins Dunkle ... vielleicht haben wir in 8 Tagen Frieden mit den Dänen, vielleicht im Winter noch Krieg.«[24]

Eine Konsequenz aus dieser Einsicht liegt nach meiner Überzeugung im Verzicht auf alle absoluten Ansprüche im Bereich des Politischen. Keine Entscheidung kann mit absoluter Sicherheit den richtigen Weg in die Zukunft garantieren.

Die andere Frage ist, wie wir mit dieser Einsicht in den Verhängnischarakter der Geschichte umgehen. Man kann diesen Verhängnischarakter leugnen, man kann ihn auch philosophisch unschädlich zu machen versuchen, wie es in den großen ideologischen Entwürfen der Neuzeit geschieht.

Die Antwort des christlichen Glaubens ist eine andere. Der Glaube sieht auch im Verhängnis nicht blindes Walten, sondern Gottes Willen. Lassen Sie mich dies abschließend mit einem einzigen Bild deutlich machen. An der Rückwand der St. Marienkirche in Osnabrück findet sich eine Darstellung des großen Brandes der Stadt im Jahre 1613. Häuser, Kirchen und Türme stehen in hellen Flammen.

Darunter hat die Gemeinde der St. Marienkirche den folgenden Text anbringen lassen:

»Ao 1613 d. 11. Mart.
sindt in dieser Stad
durch verhangniß Gottes
942 Häuser sampt
dieser Kirche und Thurm
verbrandt.

Am. 7. v. 5
Ach Herr/Herr/
laß abe/wer will
Jacob ferner auffhelfen/
den er ist ja geringe.«

Teil II

Die Kirchen in der Weimarer Republik

Neuere deutsche Geschichte und protestantische Theologie

Aspekte und Fragen

1. Die Weimarer Republik in der Krise und die Anfänge der dialektischen Theologie

Die Anfänge der dialektischen Theologie bilden zweifellos eines der bewegendsten Kapitel der neueren Theologiegeschichte. Die frühen Reden, Aufsätze und Polemiken, die jetzt zum ersten Male vereinigt in zwei Sammelbänden vorliegen[1], lassen noch immer ganz unmittelbar die Faszination spüren, die damals von ihnen ausging. Aber der historische Abstand schärft auch den Blick für die Problematik, die jenem großartigen Aufbruch aus Vaterland und Freundschaft anhaftete. Der sichtbarste Ausdruck dieser Problematik ist die Scheidung der Geister, die das Jahr 1933 vollzog. Es ist kein Zufall, daß hier ein politisches Datum zum entscheidenden Anlaß wurde. Denn die dialektische Theologie war von Anfang an aufs engste mit der geistigen und politischen Lage nach dem Ersten Weltkrieg verbunden. Einige Aspekte dieser Verbindung sollen uns im folgenden beschäftigen.

Nun meint allerdings der Herausgeber in seinem Vorwort, daß es zwar »sicher sehr interessant« sei, »diese ›Theologen der Krise‹ historisch im Zusammenhang der allgemeinen Kulturkrise, Staatskrise und Christentumskrise nach dem Ersten Weltkrieg zu lesen und zu deuten«. Aber er hält es doch für »kaum sehr ergiebig«. »Nicht die Krisenstimmung und der Radikalismus, den sie der ›dialektischen Theologie‹ mitgeteilt hat, sind wichtig, wohl aber das, was in jenen kritischen Jahren an theologischer Erkenntnis gewonnen wurde« (S. IXf.). So richtig das im Prinzip sein mag, so bedenklich erscheint es uns dort, wo der Anschein erweckt wird, als gäbe es eine theologische Erkenntnis an sich, die sich von den historischen Umständen ihrer Entstehung trennen ließe. Ob die Frage nach den allgemeinen geschichtlichen Zusammenhängen nun »ergiebig« ist oder nicht: notwendig erscheint sie uns auf jeden Fall. Moltmanns Feststellung: »Die ›dialektische Theologie‹ stammt nicht aus der Krisenstimmung jener turbulenten Jahre« (S. X)[2], dürfte in dieser Kürze dem vielschichtigen Problem kaum gerecht werden. Oder sollten die zahllosen Bezüge auf die große Krise, die sich in fast allen Beiträgen mehr oder minder nachdrücklich und ausgesprochen finden, wirklich nur interessante Arabeske sein?

Wir wollen versuchen, dieser Frage nachzugehen und stützen uns dabei vor allem auf einige Neuerscheinungen zur geistigen und politischen Geschichte der Weimarer Zeit.

I.

Die unglückliche erste Republik ist in den letzten Jahren nicht zufällig Gegenstand besonderen Interesses gewesen: bedeutet sie doch für die Bundesrepublik demokratische Tradition und Menetekel zugleich. Diesem Interesse verdanken wir neben einer fast unübersehbaren Fülle von Spezialuntersuchungen zwei ausgezeichnete größere Darstellungen, die die Stadien ihres Zerfalls und die Machtergreifung durch Hitler behandeln.[3] Obwohl vorwiegend politisch orientiert, machen beide Arbeiten deutlich, daß für das Scheitern der Republik nicht bloß eine außergewöhnlich ungünstige außen- und innenpolitische Konstellation verantwortlich zu machen ist, sondern daß dabei jene Bewegung eine wichtige Rolle spielte, die als »Opposition von Rechts« allen Versuchen einer politischen Konsolidierung den geistigen Boden entzog. Dieser Bewegung hat jetzt *Kurt Sontheimer* eine eigene, umfangreiche Untersuchung gewidmet, die u. E. einen der bedeutendsten Beiträge zum Verständnis der neueren deutschen Geschichte darstellt.[4]

Sontheimer beginnt mit der wichtigen Unterscheidung zwischen dem alten Nationalismus, der noch in den Traditionen des Kaiserreiches lebte, und dem jungen Nationalismus, der sich »aus dem Weltkrieg als dem Beginn einer neuen Epoche« herleitete (S. 28), und der vielfach gerade durch eine »vehemente Ablehnung des Wilhelminismus« (S. 31) gekennzeichnet war. Auf die große Bedeutung der Generationenfrage hat übrigens in diesem Zusammenhang schon Walter Bußmann hingewiesen.[5] Dieser neue Nationalismus, den man auch als »konservative Revolution« bezeichnet hat, bildete den eigentlichen geistigen Kern der antidemokratischen Bewegung.

Versucht man, die geistigen Grundlagen dieser nationalrevolutionären Bewegung herauszuarbeiten, so ergibt sich als erstes und wichtigstes Merkmal die leidenschaftliche Ablehnung der liberalen Demokratie. Diese Ablehnung bezog sich nicht einmal so sehr auf die – freilich mancherlei Anlaß zu Kritik bietende – Republik selbst, sondern vielmehr auf das Grundsätzliche, auf das liberale und demokratische »System« überhaupt. Der Liberalismus stand dieser jungen Opposition für alle Formen des Individualismus, Mechanismus und Atomismus; für das ganze, angeblich geistlose und verrottete Gesellschaftssystem des Westens, dem als totem Formalismus die kräftige Lebendigkeit einer neuen Ordnung entgegengestellt wurde. Wie tief dieses antiliberale Denken vor allem die Jugend ergriffen hatte, zeigt etwa eine Studie über deren geistige Haltung aus dem Jahre 1932, von der Sontheimer meint, der Verfasser übertriebe nicht, wenn er erklärte, »der Liberalismus sei für den besten Teil der deutschen Jugend tot« (S. 186). In einem charakteristischen Zitat aus dieser Studie heißt es: »Diese jungen Menschen haben nur unsagbare Verachtung für die ›liberale‹ Welt übrig, die geistige Unbedingtheit geringschätzig Weltfremdheit nennt; sie wissen, daß Kompromisse im Geistigen aller Laster und Lügen Anfang sind« (S. 186f.). Hier wird zugleich das Pathos der radikalen Unbedingtheit deutlich, das für diese ganze Denkweise so charakteristisch ist.

In der Ablehnung der westlich-liberalen Ideen waren sich alle einig: Moeller van den Bruck, dessen »Drittes Reich« vielleicht das eindrucksvollste Dokument dieser Richtung ist, und die Gebrüder Jünger, Oswald Spengler und Hans Freyer, Alois Dempf und Hans Zehrers »Tatkreis«.

Es liegt in der Konsequenz dieses Denkens, daß die politische Manifestation des Liberalismus, die parlamentarische Demokratie, in diesen Kreisen nur Haß und Verachtung begegnete. Sie gehörte, mitsamt den Parteien, auf die Seite des abgestorbenen toten Wesens.[6] Was die liberale, parlamentarische Demokratie der Rechten so verhaßt machte, war gerade das, was ihr eigentliches Wesen darstellt: der Zwang zum Kompromiß, die relative Wahrheit von Mehrheitsentscheidungen, die Legalisierung von Gruppeninteressen und damit verbunden das Glanzlose, Unheroische der auf demokratischem Wege zustandegekommenen Entscheidungen.

Wie sahen nun die positiven Zielsetzungen der nationalen Opposition aus?

Hier steht an erster Stelle das Bild des neuen Staates, das dem Parteienstaat des »Systems« entgegengestellt wurde. Sontheimer beschreibt ihn als einen »starken, mächtigen Staat, einen Staat, der sich über das Parteiengezänk und die Interessenwirtschaft erhebt und diese mit fester, wenn nötig auch mit eiserner Hand in ihre Schranken weist« (S. 244). Die ganze Sehnsucht des Bürgertums nach Ordnung und Sauberkeit, nach Autorität und Führung, aber auch nach nationaler Größe und Herrlichkeit konzentriert sich auf die Idee des neuen Staates. Als Ständestaat bei Othmar Spann, als autoritärer Staat, geführt von einer hochqualifizierten Elite bei Edgar Jung oder als totaler Staat, als Einheit von Staat und Gesellschaft in den Schriften von Carl Schmitt begegnen uns seine charakteristischen Typen. In ihm und durch ihn sollte alles anders werden: an die Stelle der pluralistischen Gesellschaft sollte die echte Volksgemeinschaft treten; an die Stelle anonymer Mehrheitsentscheidungen die freie Entscheidung des charismatischen Führers, dem seine Gefolgschaft in bedingungslosem Gehorsam verpflichtet ist; an die Stelle eines schwachen, zum Gespött gewordenen Nachtwächterstaates das neue, große deutsche Reich: Krönung und Erfüllung der tausendjährigen Geschichte Deutschlands. –

Für diese Ziele zog die nationale Opposition in den Kampf gegen die Republik. Sie hat diese Ziele nicht erreicht. Dafür hat sie durch die Radikalität ihrer Kritik wie durch den demagogisch-utopischen Charakter ihrer Forderungen die ohnehin schwache geistige Substanz der Republik systematisch zerstört und damit wesentlich dazu beigetragen, dem »Dritten Reich« den Boden zu bereiten. Die konservative Revolution darf zweifellos nicht einfach mit dem Nationalsozialismus identifiziert werden. War aber nicht, so fragt Sontheimer am Schluß seiner Darstellung mit Recht, »jene Erweichung der Humanitätsidee, jene Diffamierung des Liberalismus, jene radikale Vernunftskepsis, jene Bereitschaft, den suggestiven Propagandaparolen der neuen Machthaber Glauben zu schenken, auch die Folge der antidemokratischen Geistesbewegung?« (S. 398). In diesem Sinne gehört die nationale Opposition in die unmittelbare geistige Vorgeschichte des Führerstaates.[7]

Wir haben uns bis hierher im wesentlichen auf die Darstellung Sontheimers gestützt und greifen nun aus diesem Komplex eine bestimmte Frage heraus, die uns in unserem Zusammenhang von besonderer Bedeutung scheint.

Das eigentlich Erstaunliche an der konservativen Revolution ist ja weniger die Tatsache ihres Bestehens selbst – dafür lassen sich eine Menge Gründe anführen –, als vielmehr ihr Umfang und die außerordentliche Resonanz, die sie im Bürgertum und vor allem bei der Jugend fand. Hier scheint uns nun jenes Gefühl eine entscheidende Rolle zu spielen, das vielleicht das Grundgefühl der zwanziger Jahre überhaupt darstellte: das Gefühl der Krise. Es ist in diesen Jahren unaufhörlich und geradezu mit Leidenschaft von der großen Krise geredet und geschrieben worden. Daß die Zeit aus den Fugen sei, daß sich in ihrem Schoße ein noch unbekanntes, gewaltiges Neues vorbereite, das die Misere des Weimarer Alltags mit einem Schlage beseitigen werde: diese Überzeugung beherrschte offenbar das Denken und Fühlen einer ganzen Generation. Ohne dieses Krisenbewußtsein wäre der Erfolg der nationalen Opposition undenkbar. Sie war mit ihrer Mischung aus radikaler Kritik und irrationaler Utopie das genaue Spiegelbild dieser Grundstimmung. Sie war die eine, die bürgerlich-nationale Antwort auf die Krise, so wie der Kommunismus die andere war.

Dieses Krisenbewußtsein war aber nun nicht, wie man zunächst annehmen könnte, bloß Reflexion einer objektiv kritischen Situation. Vielmehr weist schon das Pathos, mit dem es auftrat, darauf hin, daß seine Wurzeln in einer tieferen Schicht zu suchen sind. Und in der Tat stößt man hier sehr bald auf eine Bewegung, die schon in den letzten Jahrzehnten des Kaiserreichs mehr und mehr an Einfluß gewonnen hatte. Ihre Devise war der Kampf gegen die bürgerlich-liberale Welt des 19. Jahrhunderts, ihr Hauptgegner die Aufklärung und das von ihr bestimmte rationale Denken des Westens, ihr Arsenal vor allem das romantische Ideengut aller Schattierungen.[8]

Christian Graf Krockow ist in einer scharfsinnigen Studie diesen Zusammenhängen nachgegangen.[9]

Krockow charakterisiert diese Bewegung als »Kampf des Bürgertums gegen sich selbst«, als eine Art »ideologischen Klassenselbstmord« (S. 28). Sie findet ihren Ausdruck in der Lebensphilosophie, die »um Befreiung von einer unerträglich gewordenen Last rang« (S. 31) – nämlich der Last einer zivilisierten und mechanisierten bürgerlichen Welt –, ebenso wie in ihrer praktischen Parallele, der Jugendbewegung, die auf der Suche nach Bindung und Autorität, in der Sehnsucht nach einem »Wir«-Erlebnis, die Hingabe an die Gemeinschaft als höchsten Wert entdeckt. Der berühmte Aufbruch vom August 1914 stellt einen ersten Höhepunkt dieser Entwicklung dar. Rausch und Taumel dieser Wochen, die später auch von der konservativen Revolution immer wieder als die große Stunde der Nation beschworen werden, sind Ausdruck eines »elementaren Gefühls der Befreiung«.

»Der Kriegsbeginn bringt den allgemeinen Sieg der Jugendbewegung, er zeigt, daß die angeblichen Außenseiter und Rebellen die Repräsentanten der eigentlich herrschenden Gefühle waren« (S. 39).

Ernst Troeltsch hat den irrationalen Charakter dieses Aufbruchs treffend bezeichnet, wenn er schreibt: »Das erste und gewaltigste Erlebnis der Nation ist nun aber nichts anderes als eben diese Entdeckung des Geistes selbst, der im Erleben steckt, die Rückkehr der Nation zum Glauben an die Idee und den Geist ... Unsere Gegner zählten Quadratkilometer, Bevölkerungsmasse und Finanzkraft der Ententevölker und vertrauten auf den Sieg mit den stets wiederholten triumphierenden Worten: c'est mathématique! Wir sagten: ›Unsere Austilgung aus der zukunftsstarken Völkerwelt kann Gott nicht wollen und wollen wir selber nicht‹, und das war unsere Mathematik.«[10] In dieser Überzeugung ist der Krieg von den Besten gerade auch der jüngeren Generation als ein »Kulturkrieg« geführt worden, als ein Krieg um die Selbstbehauptung des deutschen Geistes gegen das romanisch-angelsächsische Denken.

Eben das aber machte nun die Niederlage über ihre unmittelbare politische Wirkung hinaus zu einem geistigen Problem ersten Ranges. Denn ihre Anerkennung bedeutete zugleich die Anerkennung der Überlegenheit des »westlichen Denkens« über die deutsche Ideologie, bedeutete deren Revision zugunsten einer Annäherung an die alten humanitär-naturrechtlichen Traditionen des Abendlandes. Die ältere Generation der Bürgerlich-Liberalen, Männer wie Ernst Troeltsch, Friedrich Meinecke, Hugo Preuß, Max Weber, Friedrich Naumann und nicht zuletzt Thomas Mann, war bereit, diesen bitteren Weg zu gehen.[11] Die Jüngeren, die geistige Elite der Frontgeneration, verweigerte sich dieser Konsequenz. Sie war weder bereit, die Niederlage zu akzeptieren, noch irgendwelche Folgerungen daraus zu ziehen. So blieb ihr nur der Weg in die »Philosophie der Krise«. Sie war die geistige Entsprechung des »Und ihr habt doch gesiegt«, der Versuch, jenen irrationalistischen Aufbruch zu retten, indem man den Krieg nur als eine Etappe in der Epoche weltgeschichtlichen Umbruchs verstand. Sein Verlust war ein Zeichen, daß die »deutsche Idee« noch nicht rein, noch nicht radikal genug ausgearbeitet war. »Denn dieser Krieg«, schrieb Ernst

Jünger 1922, »ist nicht, wie viele meinen, Ende, sondern Auftakt der Gewalt. Er ist die Hammerschmiede, die die Welt in neue Grenzen und neue Gemeinschaften zerschlägt. Er ist das glühende Abendrot einer versinkenden Zeit und zugleich Morgenrot, in dem man zu neuem, größerem Kampfe rüstet« (Krockow, S. 46).

Die Rede von der großen Krise enthüllt sich uns hier als eine ideologische Hilfskonstruktion größten Ausmaßes. Sie bildete die Voraussetzung und zugleich die Legitimation der geistigen Rechten, entgegen dem historischen Faktum der Niederlage an ihren Ideen festzuhalten, ja ihre Stärkung und Radikalisierung als Forderung der Zeit zu verkünden. Die große Krise erlaubte, ja verlangte geistige Radikalität und Absolutheit; sie verbot alle »relativen«, alle »vernünftigen« Lösungen, die angesichts ihrer immer wieder beschworenen gewaltigen Dimensionen leicht lächerlich zu machen waren. So wurde einem hilflosen Bürgertum eben das als Heil und Rettung suggeriert, was die Katastrophe mitverursacht hatte: die Zerstörung der letzten humanitär-naturrechtlichen Traditionen zugunsten einer unbedingten, heroischen Entschlossenheit zum Absoluten. »Was erlebt wird, das ist der vollkommene Zusammenbruch des Individualismus, es ist der absolute Bankrott des humanitären Denkens.«[12]

Krockow weist im Hauptteil seiner Studie die parallelen Strukturen im Begriff des Kampfes bei Ernst Jünger, im Begriff der Entscheidung bei Martin Heidegger und im Begriff der Entschlossenheit bei Carl Schmitt nach. Allen diesen Begriffen ist die gleiche inhaltliche Leere eigentümlich, sie sollen »rein als solche, gewissermaßen, ›an sich‹ bedeutsam sein« (S. 2). Und gerade darin, in dieser Forderung zum Kampf, zur Entscheidung, zur Entschlossenheit schlechthin, ohne jedes Wofür, Wogegen oder Wozu, erweisen sich diese drei als Vertreter jener Philosophie der Krise, in der der Umbruch an sich zum einzigen Wert wird. Daß dieser »Dezisionismus« bei Carl Schmitt und Martin Heidegger in eine Verherrlichung der »nationalen Revolution« von 1933 mündete, erscheint nur folgerichtig. Die aristokratische Opposition Ernst Jüngers ist kein Gegenbeweis.

II.

Wir mußten etwas weiter ausholen, um einige charakteristische Ideen der Jahre nach dem Ersten Weltkrieg in ihren Zusammenhängen deutlich zu machen. Das Ziel dieser Darstellung war es, auf die Parallelen hinzuweisen, die zwischen dem nationalrevolutionären Aufbruch und den Anfängen der dialektischen Theologie bestehen.

Das gilt nun insbesondere für *Friedrich Gogarten.*[13] Der berühmte Aufsatz von 1920, der zwei Jahre später der Zeitschrift der Gruppe den Titel gab, gehört zweifellos zu den eindrucksvollsten Zeugnissen für das Lebensgefühl der jungen Oppostion. Gogarten sprach hier im Namen der Generation, die es als ihr Schicksal begriff, »zwischen den Zeiten« zu stehen (Anfänge 2, S. 95): »So stehen wir mitten dazwischen. In einem leeren Raum. Wir gehören nicht zu den einen, nicht zu anderen.« Und eben damit erfaßt er offenbar präzise das Lebensgefühl der »lost generation«.

Moltmann versteht den Aufsatz als »leidenschaftliche Absage an die herkömmliche Theologie« (Anfänge 2, S. 94). Das ist er gewiß auch. Aber er ist ja noch sehr viel mehr. Er ist die Absage an die Welt des 19. Jahrhunderts überhaupt und an all ihre Traditionen: die Proklamation des Gerichtes über eine tote, leere, sinnlos gewordene Vergangenheit. »Heute sehen wir Eure Welt zugrunde gehen. Was diesen Untergang betrifft, so könnten wir über ihn so seelenruhig sein, wie wenn wir etwas vergehen sähen, dem wir durch gar nichts verbunden sind ... Wir mögen nicht die Hand rühren, um sie [die Zersetzung] aufzuhalten. Was sollen wir denn da aufhalten? Und wie sollten wir es? Alle diese Dinge sind ja längst zersetzt« (2, 96f.).

Gogartens Kritik an der Vergangenheit ist ebenso radikal wie umfassend: »Wir sehen heute rings um die Erde herum keine Formung des Lebens, die nicht zersetzt wäre« (2, 96f.) – zersetzt durch den Historismus, Rationalismus, die Wissenschaft; zersetzt letzten Endes durch das Menschliche, das sich »bis in den feinsten Gottesgedanken hinein« durchgesetzt hat (2, 98).

Diese »feine, kluge Kultur« steht nach Gogartens Überzeugung wie eine Wand zwischen Gott und dem Menschen seiner Zeit. »Wir bewegen in allem Ernst den Gedanken bei uns, ob es heute überhaupt Menschen gibt, die wirklich Gott denken können« (2, 98). Erst ihr völliger Zusammenbruch kann die Voraussetzung schaffen für ein neues, echtes Fragen nach Gott. Deshalb gibt es im Augenblick keine Lösung, keine Vorschläge, keine spontane Abhilfe, sondern nur dies: zwischen den Zeiten zu verharren und offen zu sein für das Wort und die Tat Gottes.

Ist dieses Programm die theologische Entsprechung dessen, was die junge Generation der nationalen Revolutionäre für Staat und Gesellschaft als Kritik und Forderung proklamierte? Es gibt mancherlei Anzeichen, die darauf hinweisen. Hier wie dort stehen wir vor der gleichen Leidenschaft und Radikalität, die sich gegen denselben Gegner wendet: die vernünftige, geordnete, bürgerlich-humanitäre Welt des 19. Jahrhunderts. Hier wie dort erklingt das Todesurteil über diese Welt und jene, die ihre Traditionen in die neue Zeit hinüberzuretten suchen. Und hier wie dort begegnen wir der vehementen Ablehnung aller konkreten Vorschläge und der Forderung zum heroischen Aushalten der Krise als der Voraussetzung des erhofften und ersehnten Neuen.

Das reicht bis ins einzelne. So findet etwa die Interpretation des Krieges als Zeichen für den Anbruch einer neuen Epoche, mit deren Hilfe die nationale Opposition das Faktum der Niederlage und alle daraus etwa notwendig werdenden Konsequenzen ideologisch aufhob, bei Gogarten ihre genaue Entsprechung: »Denn wer, dessen Denken auf menschliche Dinge gerichtet ist, wollte nach einem solchen Ereignis, wie dieser Krieg eines ist, einfach so weiter denken, wie er vor ihm gedacht hat? Das war ja nicht ein Krieg, wie es sonst Kriege gegeben hat, sondern dieser Krieg ist der Anbruch des Endes einer Geschichtsepoche. Und zwar der Epoche der Humanität.« Das ist 1932 geschrieben.[14] Und es ist vielleicht nicht überflüssig, darauf hinzuweisen, daß Gogarten hier, 14 Jahre nach Kriegsende, vom Krieg noch immer als von einem gegenwärtigen Ereignis spricht. Der Kriegszustand muß permanent bleiben, weil der Gedanke seiner definitiven Beendigung und die damit notwendig verbundene Besinnung auf die Möglichkeiten eines Neuanfangs von der Ideologie der Krise schlechterdings nicht geduldet werden kann.

Betrachtet man unter diesem Aspekt den geistigen Weg Gogartens, so treten die Parallelen zur Ideenwelt der »konservativen Revolutionäre« noch deutlicher heraus. Er wurzelt wie sie in der irrationalen, antibürgerlichen Bewegung der Jahrzehnte vor dem Ersten Weltkrieg.[15] Unter dem Eindruck des Krieges schlägt dieser Ansatz um in die Ideologie der Krise mit ihrer Forderung zum radikalen Aushalten des Absoluten, wie sie in »Zwischen den Zeiten« zum Ausdruck kommt. Der Versuch, die Krise zu überwinden, führt zur theologischen Begründung der Gemeinschaft im Begriff des »Hörigseins« oder der »Hörigkeit«, die, auf den Staat bezogen, die neue Form der Freiheit konstituiert[16], und mündet schließlich nicht ohne Konsequenz in die Entscheidung des Jahres 1933.

Es erhebt sich die Frage, ob *dieser* Aspekt der Gogartenschen Arbeit, der ja nur einer unter vielen ist, zum Verständnis seines theologischen Ansatzes und darüber hinaus vielleicht auch zum Verständnis der Anfänge der dialektischen Theologie etwas beizutragen vermag oder nicht.

Wir dürfen davon ausgehen, daß die Gruppe der jungen Theologen, die sich 1922 um die neue Zeitschrift sammelte, in jenem Selbstporträt einer Generation, wie es der Aufsatz »Zwischen den Zeiten« entwarf, ihr eigenes Bild wiedererkannte. Sonst bliebe die Wahl dieses Titels unerklärlich. Die neue ursprüngliche Erfahrung, die diese Gruppe verband, zugleich ihr theologisches Proprium, hat Gogarten später so formuliert: »Es war nicht nur eine andere Weise, in der man hier und dort nach Gott fragte, sondern es war ein anderer Gott, nach dem hier und dort gefragt wurde . . . Der Gott, nach dem man hier in der überkommenen Theologie fragte, war der höchste Gedanke oder das höchste Gut, das das menschliche Leben zum runden Abschluß brachte. Der Gott, nach dem man dort in dem neuen theologischen Ansatz fragte, war eine unheimliche Wirklichkeit, von der die Frage, der Riß, der Widerspruch, die durch alles menschliche Leben und durch alles im menschlichen Leben gehen, bis zum Unerträglichen offen gehalten wurde.«[17]

Jürgen Moltmann trifft sicher das Wesentliche, wenn er meint, daß hier deutlich werde, »daß mit der ›Theologie des Wortes Gottes‹ ein programmatischer Widerspruch gegen jede Theologie verbunden ist, die von Gegebenheiten und Vorfindlichkeiten des Menschen und seiner Welt ausgeht; von ›Religion‹ oder ›religiösem Erlebnis‹, von ›Geschichte‹ oder ›Heilstatsachen‹« (Anfänge 1, S. XV). Man könnte auch sagen, dieser Ansatz ist mit dem programmatischen Widerspruch gegen jede Ideologie verbunden, sei sie religiös-sozial, konservativ-abendländisch, liberal-demokratisch oder kirchlich-orthodox. Diese Freiheit, in die das Wort Gottes beruft, meint Karl Barth, wenn er am Schluß seines Tambacher Vortrags sagte: »Wir werden dann, ohne uns um den bösen Schein zu kümmern, die Freiheit haben, jetzt Ja und jetzt Nein zu sagen und beides nicht nach äußerem Zufall und innerer Willkür, sondern nach dem wohlgeprüften Willen Gottes jeweilen, ›das Gute, das Wohlgefällige, das Vollkommene‹ (Röm. 12,2)« (Anfänge 1, S. 36). Über das Recht und die Bedeutung dieses Ansatzes braucht hier kein Wort gesagt zu werden, sie sind evident. Aber die Frage ist doch nun, ob nicht bei diesem Kampf gegen alle ideologischen Bindungen des Wortes Gottes eine neue Ideologie, nämlich die Ideologie der Krise, gewissermaßen durch die Hintertüre hereinkam? Die Frage gilt nun wiederum in besonderem Maße für Gogarten. Jener Grund-Satz der dialektischen Theologie, daß das Wort Gottes in der Freiheit seiner richtenden und rettenden Kraft die Krisis aller Kulturen und Ideologien bedeutet, dieser Satz ist unter keinen Umständen umkehrbar. Das heißt: aus keiner historischen Situation, sie mag so tief kritisch empfunden werden wie immer, läßt sich unmittelbar das Wort Gottes als Wort des Gerichtes und der Gnade erschließen. Gottes Wort allein ist es, das die Krisis bewirken kann. Und angesichts dieser Krisis sind alle Krisen der Weltgeschichte gleich wichtig oder unwichtig, gleich bedeutend oder unbedeutend. Wo dieses Verhältnis umgekehrt wird, da wird die Rede vom Wort Gottes als Krisis der Kultur zur Ideologie. Da werden die positiv-ideologischen Bindungen des Wortes Gottes – christliche Kultur, christlicher Staat, christliche Moral etc. – nur durch negativ-ideologische vertauscht: an die Stelle des absoluten Ja tritt das absolute Nein.

Der Aufsatz »Zwischen den Zeiten« proklamiert dieses absolute Nein. Denn er versteht seine Zeit in besonderem Maße, ja ausschließlich als Gottes Zeit. »Der Raum wurde frei für das Fragen nach Gott. Endlich. Die Zeiten fielen auseinander und nun steht die Zeit still. Einen Augenblick? Eine Ewigkeit? Müssen wir nun nicht Gottes Wort hören können? Müssen wir nun nicht seine Hand bei seinem Werke sehen können?« (Anfänge 2, S. 100). Warum? Weil Deutschland den Krieg verlor? Weil die humanitären Traditionen des Westens sich als nicht so tragfähig erwiesen hatten, wie ein fortschrittsgläubiges Jahrhundert sich das vorgestellt hatte? Weil die menschliche Weisheit einigermaßen am Ende schien? Oder weil Gottes Wort auf dem Plan war als Krisis dieser Zeit wie aller Zeiten überhaupt?

Es weist manches darauf hin, daß für den Gogarten der zwanziger Jahre die Krise das erste und Gottes Wort als Antwort das zweite war. Das aber mußte verhängnisvolle Konsequenzen haben: ein bestimmter historischer Augenblick mit seiner besonderen geistigen, politischen und wirtschaftlichen Konstellation wurde zu »Gottes Zeit«. Abgegrenzt gegen ein gottvergessenes Gestern, bereit für ein neues Morgen schien die Zeit herausgehoben aus dem Strom der Geschichte. Die weltpolitische Krise wurde unmittelbar zum Gericht Gottes über Kulturen und Völker. Und was immer an Vernunft und gutem Willen eingesetzt wurde, die Krise zu überwinden, erschien nur als Versuch, diesem Gericht zu entgehen. Damit aber wurde das entscheidende simul-simul Luthers preisgegeben zugunsten einer heilsgeschichtlichen Ideologie mit negativen Vorzeichen. Die Gleichzeitigkeit des *kai* in 2. Kor. 6, 9f., an der alles hängt, wurde zum zeitlichen Nacheinander, das heute nur Buße und morgen vielleicht wieder ein »Programm« erlaubte (Anfänge 2, S. 101).[18]

Es ist interessant, unter diesem Aspekt den »Tambacher Vortrag« von *Karl Barth* zu prüfen, der ja ebenfalls so etwas wie eine »Programmschrift« darstellt. Auch Barth betonte damals das Nein sehr stark: »Wir stehen tiefer im Nein als im Ja, tiefer in der Kritik und im Protest, als in der Naivität, tiefer in der Sehnsucht nach dem Zukünftigen als in der Beteiligung an der Gegenwart« (Anfänge 1, S. 28). Aber die Formulierung zeigt zugleich, daß dieses »Nein« unter keinen Umständen absolut verstanden werden sollte, sondern bezogen blieb auf das Ja, auch wenn das Ja vielfach gebrochen war. Deshalb konnte dort, wo Gogarten jeden Vorschlag, jedes Programm radikal verwarf, bei Barth das Bekenntnis zur Solidarität stehen: »... in einer großen kritischen Offenheit im einzelnen, in mutigen Entschlüssen und Schritten, in rücksichtslosen Kampfansagen und geduldiger Reformarbeit, heute wohl ganz besonders in einer weitherzigen, umsichtigen und charaktervollen Haltung gegenüber, nein, nicht als unverantwortliche Zuschauer und Kritiker *gegenüber,* sondern als mithoffende und mitschuldige Genossen *innerhalb* der Sozialdemokratie, in der *unserer* Zeit nun einmal das Problem der Opposition gegen das Bestehende gestellt, das Gleichnis des Gottesreichs gegeben ist ...« (Anfänge 1, S. 32).

Es hätte in der Konsequenz dieses Denkens liegen können, daß Karl Barth – trotz der extremen theologischen Gegenposition – zu jener »republikanischen Vernunftgemeinschaft« gestoßen wäre, die die Häupter des alten Liberalismus seit 1919 zu schaffen versuchten.[19] Es handelte sich darum, eine breite, demokratische Mitte zu bilden, die nach rechts und links soweit offen sein sollte, daß alle staatstragenden Kräfte in ihr Platz finden konnten. Die Republik ist bekanntlich nicht zuletzt deshalb gescheitert, weil diese Mitte nie zustande kam.

Daß Karl Barth diesen Weg nicht sichtbar – trotz seinem bewußten Anschluß an die Sozialdemokratie – gegangen ist, daß er vielmehr in jenen

Jahren, als die Republik geistig sturmreif geschossen wurde, jedenfalls im Bewußtsein der weiteren Öffentlichkeit, auf der Seite derer stand, die da mitschossen, gehört zu den Merkwürdigkeiten, an denen diese Zeit so reich ist.[20] Eng verknüpft mit dieser Frage ist die andere, warum Barth, obwohl er sehr viel mehr Voraussetzungen dazu mitbrachte als Gogarten, offenbar erst 1933 erkannte, was eigentlich gespielt wurde. Man wird hier einwenden können, daß es keinesfalls die Aufgabe der Theologie sei, sich in den politischen Kampf für oder gegen eine Staatsform zu mischen. Aber der Kampf um den Staat in der Weimarer Zeit war ja nur der vordergründige Ausdruck einer sehr viel tieferen Auseinandersetzung, die nun allerdings die Theologie in höchstem Maße anging: um das Bild des Menschen, um sein Wesen und seine eigentliche Bestimmung. Karl Barth selbst jedenfalls wäre wohl der letzte, der diesen Einwand in unserem Zusammenhang gelten ließe. Dafür sprechen jene Zeilen, die er 1945 in seinem Brief »An die deutschen Theologen in der Kriegsgefangenschaft« schrieb: »Ich will Ihnen darum offen gestehen: Wenn ich mir selbst im Blick auf meine in Deutschland verbrachten Jahre etwas vorwerfe, so ist es dies, daß ich es damals aus lauter Konzentration auf meine kirchlich-theologische Aufgabe und auch in einer gewissen Scheu vor der Einmischung des Schweizers in deutsche Angelegenheiten unterlassen habe, vor den Tendenzen, die mir, seit ich 1921 den deutschen Boden betreten hatte, in der mich umgebenden Kirche und Welt sichtbar und unheimlich genug waren, zu warnen, nicht nur implizit, sondern explizit, nicht nur privatim, sondern auch öffentlich zu warnen!«[21]

Daß das Bedenken, das Gogarten im Vorwort zu »Gericht oder Skepsis« grundsätzlich gegen Barth erheben zu müssen meinte: unter seinem Einfluß drohe »die Gefahr einer zeitlosen, sich selbst genügenden Theologie« (2, 332), so jedenfalls nicht stichhaltig ist, hat gerade die Bildung der »Bekenntnisfront« gezeigt. Andererseits vermag Barths Hinweis, die Konzentration auf seine »kirchlich-theologische Arbeit« habe ihn schweigen lassen, wo er hätte reden sollen und müssen, nicht recht zu befriedigen.[22] Denn läßt sich die gerade im Sinne Barths recht verstandene kirchlich-theologische Arbeit anders betreiben als so, daß in ihr mit dem Nein immer zugleich auch das Ja mitbedacht wird, mit dem Wort Gottes auch die Welt, die es betrifft – so wie der Tambacher Vortrag das noch postulierte? Es heißt doch wohl das hier anstehende Problem gefährlich zu vereinfachen, wenn man, wie Thurneysen, die Kirche zu ihrer eigenen Aufgabe ruft und meint: »Was sich dann daraus für die irdisch-menschliche Fläche des politisch-wirtschaftlichen Lebens in Staat und Gesellschaft ergeben wird, soll ihre erste Sorge nicht sein. Es genüge ihr, zu wissen, daß sich der Widerschein der dann wieder aufleuchtenden ewigen Worte auch auf dieser Ebene des irdischen Geschehens, in den ›Ordnungen der Sünde‹ (Gogarten), unter denen sich ja unweigerlich auch die Kirche als Institution befindet, in Form neuer, anderer, besserer Gestaltung des Lebens zeigen wird.«[23]

Man wird den Verdacht nicht los, als ob auch bei der Verlagerung des Schwerpunktes auf das im engeren Sinne Kirchlich-Theologische, die die Arbeit Barths in diesen Jahren charakterisiert, die Faszination der Krise eine Rolle gespielt hat, dergestalt, daß sie die Radikalität des Fragens provozierte, ohne ihrerseits in ihrer Fragwürdigkeit deutlich zu werden.

Vielleicht ist es dieser Faszination zuzuschreiben, daß Begriffe wie Freiheit und Recht, Humanität und Menschenwürde, deren relative Bedeutung für die Ordnung der Welt ja doch vom Ansatz her durchaus festzustellen und festzuhalten war, praktisch ausnahmslos dem großen Bann verfallen schienen - und das in einem Augenblick, in dem mit den Begriffen die Sache selbst (und diese Sache konnte der Theologie nun doch wohl nicht ganz gleichgültig sein) aufs höchste gefährdet war. Hier ist offenbar der Geist der Zeit, der gegen diese Begriffe und die durch sie bezeichnete Sache stand, stärker gewesen als die politische, aber auch die theologische Einsicht. Das große Nein der jungen Theologen ist in den entscheidenden Jahren zweifellos mehr gehört worden als das Ja. Denn die Zeit hörte bloß, was sie hören wollte: eben das Nein über Vernunft und Humanität, über Geist und Kultur.[24] Das begriff und behielt sie, denn das schien Geist von ihrem Geist. Und vielleicht - wir wissen das nicht - vielleicht hätte man doch schon damals bedenken können, daß dort, wo das Nein so laut und deutlich und das Ja so leise und schwer verständlich erklang, die Gefahr groß war, daß andere mit einem überlauten und überdeutlichen Ja die kaum verteidigte Position im Handstreich nahmen.

Endlich in diesem Zusammenhang eine letzte Frage, die wir nur eben noch andeuten wollen. Ernst Troeltsch hat in seinen letzten Jahren immer wieder das Problem des Verhältnisses von »deutschem Geist« und »westeuropäischem Denken« zu klären versucht.[25] Den »deutschen« Geist sah er dabei begründet in der romantischen Gegenrevolution und charakterisiert durch Begriffe wie Individualität und Entwicklung, organische Gliederung und schöpferische Produktivität, Volksgeist und Gemeinschaft. Demgegenüber steht die westeuropäische Tradition: rational, naturrechtlich und humanitär bestimmt ruht sie auf dem Grundgedanken von der »Würde der allgemeinmenschlichen Vernunft in jedem Individuum«. »Eine ewige, Moral und Recht gemeinsam begründende rationale und gottgesetzte Ordnung dort, eine immer neue und lebendige, individuelle Verkörperung des historisch-produktiven Geistes hier: das ist der letzte Unterschied.«[26]

Die dialektische Theologie scheint auf den ersten Blick gerade in ihrem Ansatz jenseits dieser beiden geistigen Richtungen zu stehen. Und doch läßt nun die verschiedene Interpretation dieses Ansatzes bei Barth und Gogarten, die schließlich zur Trennung führte, die Frage entstehen, ob bei dieser verschiedenen Interpretation nicht auch verschiedene geistige Traditionen mit im Spiele waren. Trotz der kräftigen Warnung Barths[27], seine Entscheidung 1933 irgend anders als theologisch begründen und verstehen zu wollen, ist es eben doch ein Unterschied, ob man, wie Gogarten, in der Tradition des »deutschen Geistes« aufgewachsen und ihr verpflichtet war, oder ob man, wie Barth selbst, die Luft eines traditionell westlich-liberalen Landes geatmet hatte. Daß das mit dem »Heimatschein« nicht einfach identisch zu sein braucht, ist eigentlich selbstverständlich und wird ja auch durch eine Reihe von Beispielen, wie etwa Bergson oder H. St. Chamberlain, bestätigt. Insofern ist Barths Einwand, daß es »doch auch Schweizer, und zwar in der Schweiz lebende Schweizer« gebe, »die nicht höher als auf Gogarten schwören und andererseits gute Deutsche, die gar nicht daran denken, dies zu tun«, kein Gegenargument (Anfänge 2, S. 320).

Wir sind weit davon entfernt, diesen Aspekt für die Sache selbst zu halten. Aber ob er nicht zur Erklärung mancher Entscheidung etwas beizutragen vermag, die sonst ganz unverständlich bleiben müßte, scheint uns immerhin der Prüfung wert. Denn es liegt auf der Hand, daß innerhalb der Tradition des »deutschen Geistes« Begriffe wie Individualität, Freiheit, Volksgemeinschaft, Nation einen sehr anderen, sehr viel volleren Klang und Sinn besaßen als im Bereich des westeuropäischen Denkens. Die tiefe Wirkung dieser deutschen Tradition auf Theologie und Kirche wird, wenn wir recht sehen, nicht nur in den zustimmenden Positionen des Jahres 1933 deutlich. Auch die Bildung der Bekenntnisfront steht dort in ihrem Zeichen, wo – und für wieviele trifft das zu – der »Gehorsam gegen Gottes Wort und Gebot« in diesem Augenblick zugleich den schmerzlichen Bruch mit der eigenen Herkunft und Vergangenheit bedeutete.

2. Das Geschichtsbild als geistige Macht im deutschen Protestantismus

I.

Faßt man den deutschen Protestantismus der Weimarer Zeit als geistig-politische Gesamterscheinung ins Auge, so treten jene Strömungen, die wir eben behandelt haben, stark zurück. Weder den Religiös-Sozialen, noch den Liberalen, noch der dialektischen Theologie gelang es in den Jahren zwischen 1918 und 1933, einen tiefergehenden Einfluß auf die Kirche selbst zu gewinnen. Diese Kirche blieb vielmehr, aufs Ganze gesehen, auch nach dem Kriege das, was sie vor seinem Ausbruch gewesen war: konservativ und deutsch-national. Sie entsprach in ihrem politischen Habitus ziemlich genau dem, was wir oben den »alten Nationalismus« genannt haben, und rechnete es sich zur Ehre an, damit unter allen Möglichkeiten für die bei weitem konservativste optiert zu haben. *Gottfried Mehnert* ist neuerdings diesen Fragen zum erstenmal im Zusammenhang nachgegangen.[28]

Versucht man, das Fazit seiner sich auf reiches Quellenmaterial stützenden Arbeit zu ziehen, so ergibt sich die uneingeschränkte Bestätigung der Feststellung, die Erik Peterson 1928 in einem Brief an Harnack traf: »Geistig-soziologisch korrespondiert die evangelische Kirche ungefähr dem geistigen und soziologischen status der deutschnationalen-Volkspartei.«[29] Das galt für Kirchenleitungen, Pfarrer und Gemeinden ebenso wie für den Deutschen Evangelischen Kirchen-Ausschuß oder den Evangelischen Bund. Die Entscheidung darüber war im Grunde schon auf dem ersten Kirchentag nach dem Krieg im Herbst 1919 in Dresden gefallen. Hier hatte sich, nach einer kurzen Zeit des Schwankens, der Konservatismus in allen wichtigen Fragen durchgesetzt und damit den Weg vorgezeichnet, den die Kirche in der Republik gehen sollte. Otto Baumgarten bemerkte damals: »Wir konnten uns nicht dem Eindruck entziehen, daß die nationalpatriotische Erregbarkeit der Mehrheit noch größer war als die hochkirchliche. Wir sind daher von der Besorgnis erfüllt, ob nicht wirklich unserem armen Volk auch noch das Mißgeschick begegnen wird, daß sein Protestantismus den alten Bund von Thron und Altar nicht loswerden wird. Sollte wirklich die evangelische Kirchlichkeit eine Schutztruppe der Reaktion werden?«[30]

Der Sieg des Konservatismus, der die Kirche, wie Baumgarten befürchtete, in der Tat zu einer Art »Schutztruppe der Reaktion« werden ließ, war kein Zufall. Er entsprach der tiefen inneren Bindung, die der Protestantismus mit den Ideen des »alten Nationalismus« eingegangen war. Umso dringender stellt sich die Frage, worin diese Bindung begründet war, deren verhängnisvolle Auswirkungen ja bis in unsere Gegenwart hinein zu beobachten sind.

In der Diskussion über diese Frage wird meist zunächst auf Luther selbst und das Luthertum hingewiesen, die durch den Begriff der Obrigkeit im Zusammenhang der Zwei-Reiche-Lehre jenes besondere Verhältnis zum Staat begründet hätten, das sich dann in der Allianz von Thron und Altar seinen politischen Ausdruck geschaffen habe. Diese Argumentation hat zweifellos ihr Recht. Aber sie hat doch nun auch ihre entschiedenen Grenzen. Sie übersieht, daß »Thron und Altar« als Begriff und Sache verhältnismäßig jungen Datums sind[31]: ihre Entstehung fällt in die Zeit der französischen Revolution und sie leben das ganze 19. Jahrhundert hindurch wesentlich vom Pathos der Konterrevolution. Sie übersieht ferner, daß das gemeinsame deutschnationale Bekenntnis des Protestantismus ja keineswegs an das konfessionelle Luthertum gebunden war, sondern aus den verschiedensten theologischen Lagern ertönte. Beides weist darauf hin, daß wir es hier erst in zweiter Linie mit einem ursprünglich dogmatischen Problem zu tun haben. Der nationalprotestantische Konservatismus läßt sich weder aus der Theologie Luthers noch aus dem Luthertum unmittelbar ableiten, er ist vielmehr das Ergebnis einer historischen Entwicklung, deren Anfänge in die letzten Jahrzehnte des 18. Jahrhunderts zurückreichen.

Gerhard Kaiser hat jüngst in einer interessanten Studie auf die Zusammenhänge hingewiesen, die zwischen den Ausläufern des Pietismus und den Frühformen des Patriotismus in Deutschland am Ende des 18. Jahrhunderts bestehen.[32] Kaiser zeigt, wie durch Vermittlung von Leuten wie Friedrich Carl v. Moser, Klopstock, Lavater, Herder, Novalis, Schleiermacher, Steffens u. a. ein breiter Strom pietistisch gefärbter Religiosität in den jungen deutschen Patriotismus einfließt. Das geht so weit, daß »ganze Vorstellungsstrukturen aus dem Pietismus« unmittelbar auf den Patriotismus übertragen werden (S. 224). Um einige Punkte herauszugreifen: Der naturrechtliche Gedanke des Staats- und Gesellschaftsvertrags wird »durch die Idee der patriotischen Erweckung« ersetzt (S. 226); das Verhältnis des Bürgers zum Staat wird als »Liebes- und Glaubensgemeinschaft« gedeutet, in der ganz aufzugehen höchste Erfüllung bedeutet (ebda.); Freiheit meint für den religiösen Patrioten – entsprechend der pietistischen Bestimmung des Verhältnisses von Dienst und Freiheit – nicht Freiheit *vom* Staat, sondern Freiheit *für* den Staat; der Tod fürs Vaterland wird mit dem ganzen Blut- und Wundenkult des Pietismus ausgestattet: »Wie Blut und Wunden Christi sind auch Blut und Wunden des Patrioten heil- und siegbringend, und wie der sterbende Christus die Christenheit, erlöst der sterbende Patriot das Vaterland« (S. 228).

Wir können diese Verbindungslinien und Übertragungen, die Kaiser jeweils mit einer Fülle (allerdings verhältnismäßig eng begrenzten) Materials belegt, hier im einzelnen nicht verfolgen. Entscheidend für unseren Zusammenhang ist vor allem das Ergebnis: »Der Patriotismus wächst gleichsam unter dem Protektorat der Religion auf« (S. 231). Hier wird deutlich, wie sehr der Protestantismus an der Entstehung des deutschen Nationalgefühls beteiligt war, ja wie er dieses Nationalgefühl mit einem gewissen Recht als seine eigene Schöpfung betrachten konnte. Seine Bewährungsprobe bestand dieser junge, zunächst noch vorwiegend auf die Kulturnation bezogene Patriotismus im Zeitalter der Befreiungskriege. Das Jahr 1806 markiert den Wendepunkt und ist zugleich die Geburtsstunde des preußisch-deutschen Nationalismus im engeren Sinne. Die Prediger der Befreiungskriege, Arndt und Jahn vor allem, aber auch – mit Einschränkungen – Schleiermacher und Steffens zeigen den ganzen Umfang und die Tiefe dieser Säkularisationsbewegung, als deren Frucht am Ende dieser Übergangsepoche der Nationalprotestantismus erscheint.[33]

Dieser Nationalprotestantismus als eigentümliche Ausprägung evangelischer Kirchlichkeit und Frömmigkeit im 19. Jahrhundert ist in der neueren Kirchengeschichtsschreibung bisher kaum beachtet worden. In der Tat ist er theologiegeschichtlich wenig ergiebig. Trotzdem hat er Erscheinung und Habitus des deutschen Protestantismus im 19. Jahrhundert zweifellos tiefer und nachhaltiger bestimmt als die eigentliche theologische Diskussion.

Das Charakteristische der nationalprotestantischen Frömmigkeit liegt in der Umformung des Gottesbegriffes. Im Gegensatz zum summum bonum der Aufklärung wird Gott hier zuerst als Herr der Geschichte verstanden und erlebt. Gott Vater, der Herr der Völker und Reiche, der große Schlachtengott, der rächende und richtende Allmächtige: diese stark alttestamentlich bestimmte Gottesvorstellung bildet den Kern der neuen Frömmigkeit. Eine dogmatische Qualifizierung fehlt fast völlig; von einer trinitarischen Konzeption ist keine Spur zu finden, das Apostolikum wird auf den ersten Artikel reduziert. Diesem Gottesbegriff entspricht die Vorstellung von »seinem Volk«. In ihrer unmittelbaren Zuordnung zu Gott erhalten Volk und Volkstum den Rang der höchsten Schöpfungsordnung. Der Kampf um das Volkstum (und seine konkrete politische Gestalt, die Nation) wird zum Kampf für Gottes Ordnung, ja für Gott selbst. Der Dienst an Volk und Vaterland wird folgerichtig zum wahren Gottesdienst, die Hingabe an die Gemeinschaft zur höchsten sittlichen Forderung.

Hier liegen die Wurzeln jener Begriffe, die Geschichtsbild und Selbstverständnis des deutschen Bürgertums im 19. Jahrhundert wesentlich mitbestimmt haben: der »deutsche Gott«; die Deutschen als sein auserwähltes Volk, ausgezeichnet durch Frömmigkeit, Redlichkeit und Treue; die deutsche Geschichte als Ort seiner Offenbarung; die politische Einheit und Freiheit als Erfüllung seines Willens und seiner Ordnung. An die Stelle der reformatorischen Predigt von der rechtfertigenden Kraft des Glaubens trat weithin die Verkündigung der Nationalität und ihres Gottes, das moderne, schlagkräftige, ungeheuer wirkungsvolle Evangelium der Zeit. Die Faszination dieser neuen Botschaft, ihre Modernität, ihre Dynamik, ihre Fähigkeit Massen zu bewegen und zu begeistern, hat den Protestantismus das ganze 19. Jahrhundert hindurch nicht losgelassen.

Die theologische Diskussion blieb von all dem merkwürdig unberührt. Umso tiefer und nachhaltiger wirkten diese Gedanken dort, wo die Bildung in die Breite getragen wurde: auf den Kanzeln und Kathedern der Kirchen und Schulen.

Weymars Arbeit über »den Geist des Geschichtsunterrichts der höheren Schulen im 19. Jahrhundert« hat diese Tatsache zum erstenmal auch quellenmäßig belegt.[34] Auf Grund von Lehrplänen und Programmen, Unterrichtsbüchern und geschichtspädagogischen Schriften, Erinnerungen und Darstellungen von Lehrern und Schülern entwirft diese Arbeit ein Bild von den Grundlagen und Tendenzen des Geschichtsunterrichts im 19. Jahrhundert, wobei sich die sonst kaum zugänglichen Quellen auch für den Kirchenhistoriker als ebenso interessante wie ergiebige Fundgrube erweisen.

Die enge Verbindung von Religion und Geschichte, die durchgehend zu beobachten ist und geradezu ein Merkmal des Geschichtsunterrichts in dieser Zeit darstellt, hat wohl eine doppelte Ursache. Zunächst ist sie sicherlich einfach darin zu suchen, daß der Geschichtsunterricht noch weitgehend in der Hand von Theologen lag. Der berühmte Friedrich Kohlrausch etwa, dessen Lehrbücher zur deutschen Geschichte in immer neuen Auflagen bis in die 90er Jahre erschienen, und dessen didaktische und methodische Gedanken »jahrzehntelang die Grundlage des Geschichtsunterrichts in vielen deutschen Staaten bildeten« (S. 23)[35], war von Hause aus Theologe, ebenso wie eine lange Reihe geistesverwandter Schulmänner, die seinen Spuren folgten. Wichtiger als die personelle Verbindung aber war die sachliche. Der Bund, den Religion und Geschichte im Nationalprotestantismus eingegangen waren, ließ religiöse und historische Bildung als zwei Seiten derselben Sache erscheinen: »Nächst der Religion, und im Bunde mit ihr, wird die Geschichte der Mittelpunkt der Gemütsbildung sein«, heißt es bei Kohlrausch (S. 27). Das Bild der Weltgeschichte, das Kohlrausch entwirft, ist dementsprechend zugleich national und religiös. Er setzt ein mit den Geschichten des Alten Testaments, die unter dem Gesichtspunkt des Glaubens »an den einigen Gott« und der nationalen Einheit Israels betrachtet werden. Über die Griechen als das »Volk der Kultur« und die Römer als das »Volk der Herrschaft« eilt Kohlrausch zur germanischen Frühzeit, wo er ein »uraltes, reines, ungemischtes Stammvolk« am Werke sieht. Um ihrer Tugenden, ihrer Vorzüge und ihrer Frömmigkeit willen wurden die deutschen Völker »das Gefäß, welches sich Gott für die reine Bewahrung seiner Lehre ausersehen hatte. Denn Juden und Griechen und Römer waren schon durch Sinnlichkeit und Laster entkräftet; sie konnten die neue Lehre nicht fassen, noch halten ...« Dieses einmal angeschlagene Thema der christlich-germanischen Sendung läßt sich durch Kohlrauschs Darstellung über das Mittelalter bis zur neueren Geschichte verfolgen. Hier tritt nun eine »Eigentümlichkeit« der Deutschen zutage, nämlich die Neigung, fremde Geistesart nachzuahmen. Das Bild des Deutschen entsteht, das durch Milde, Ernst, Innigkeit, Tiefe und Gläubigkeit sich unterscheidet von der westlichen Denkart, die durch kritischen Verstand, Zergliedern, Einreißen, Sucht des Zerstörens gekennzeichnet ist. Kohlrausch übernimmt Fichtes Gedanken der deutschen »Ursprache«, neben der das Französische als »leichtes, fremdes Geschwätz« erscheint. Die Darstellung erreicht ihren Höhepunkt in der Zeit der Befreiungskriege, der Schwelle einer neuen Weltepoche, deren Mittelpunkt Deutschland sein wird. (Weymar, S. 27ff.). Dieses Geschichtsbild blieb, trotz einzelner kritischer Stimmen, etwa des trefflichen Niemeyer oder des ehemaligen Stiftlers Oskar Jäger, konstitutiv für das Selbstverständnis des deutschen Bürgertums im 19. Jahrhundert und zog in gemilderter Form auch in die katholischen Schulen ein. Es erlebte vielfache Modifikationen und Differenzierungen, bald ins rassisch-biologische, bald ins konservativ-romantische, bald ins imperialistisch-politische – in seinen Grundzügen, in seinem christlich-germanischen Sendungsbewußtsein, seinem Bild vom deutschen Nationalcharakter und der Bestimmung der deutschen

Geschichte blieb es wesentlich das gleiche. Der Geschichtsunterricht war, wie Weymar in einer Kapitelüberschrift feststellt, »die neue ancilla theologiae« geworden (S. 98ff.).[36]

Das Material, das Weymar vorlegt, ist so erdrückend, daß an der Vorherrschaft dieses Geschichtsbildes, an dessen Wiege Nationalprotestantismus und Frühhistorismus gemeinsam Pate gestanden hatten, kaum gezweifelt werden kann. Von hier aus aber scheint nun die Frage, die wir eingangs aufwarfen, in ein neues Licht zu rücken. Wenn die Mehrheit jener Kirchenmänner, die in der Weimarer Republik die Kirche repräsentierten, mit diesem Geschichtsbild aufgewachsen war, war dann eine andere Entscheidung denkbar als eben die für den »alten Nationalismus«? Er vertrat noch am ehesten die Ideen dieses Geschichtsbildes – und mußte die Kirche nicht umso eher daran festhalten, als dies in besonderem Maße ihr Eigentum, eine Schöpfung deutsch-protestantischen Geistes war?

Die fortwirkende geistige Macht dieses Geschichtsbildes läßt sich auch nach 1918 vielfach belegen. Es stand, wie 1919 auf dem Dresdner Kirchentag, so auch in den folgenden Jahren jeder »demokratischen« Reform der Kirche, jeder Öffnung des Protestantismus für die eigentlichen Sorgen und Probleme der Zeit entgegen. Aber die Frage führt noch weiter. Es wäre immerhin denkbar, daß dieses Geschichtsbild nicht nur 1918, sondern auch noch 1933 eine Rolle gespielt hat und jene merkwürdige Unsicherheit, ja Unfähigkeit zur Beurteilung der Ereignisse mitverursachte, die für die evangelische Kirche in diesen Jahren ebenso wie für das Bürgertum überhaupt charakteristisch war. Denn das in ihm liegende Selbstverständnis des »deutschen Wesens« enthielt, außer der viel zitierten Neigung zur Überfremdung und zur Zwietracht, so gut wie keine selbstkritischen Kategorien. Von hier aus mußte, was der Nationalsozislismus wirklich bedeutete, für breite Schichten des Bürgertums wie der Kirche im Grunde unvorstellbar und damit außerhalb des Bereichs kritischer Reflexion bleiben – nicht, weil man sich allgemein über die Natur des Menschen und seiner Möglichkeiten zum Guten und Schlechten Illusionen hingegeben hätte, sondern weil man speziell die Deutschen auf Grund eines bestimmten Selbstverständnisses solcher Konsequenzen für unfähig hielt.

II.

Der Versuch einer Besinnung auf das, was sich aus all dem heute für uns ergibt, wird von zwei Voraussetzungen ausgehen dürfen. Der Nationalprotestantismus hat sich als ein großer Irrtum erwiesen, den wir mit einer korrumpierten Verkündigung und einer verdorbenen Politik teuer genug bezahlt haben. Das ist das eine. Das andere aber ist die Feststellung, daß das Jahr 1945 theoretisch und faktisch sein unwiderrufliches Ende bedeutet hat.

Karl Barth hatte recht, wenn er 1945 an die deutschen Theologen in der Kriegsgefangenschaft schrieb: »Die Versuchungen, Illusionen und Irrtümer, die Ihre Verkündigung und schon die Ihrer Väter verdunkelten und entkräfteten, sind als solche offenbar geworden und dahin. Die Träume sind ausgeträumt, die Konstruktionen sind zerbrochen, mit denen gerade die christlichen Deutschen das Evangelium so lange entstellt und schließlich verleugnet haben.«[37]

»Die Träume sind ausgeträumt, die Konstruktionen sind zerbrochen« – gewiß. Aber die große Frage ist doch nun, was an ihre Stelle treten wird. Neue Träume? Neue Konstruktionen?

Karl Barth fährt in seinem Brief fort: »Das Wort Gottes ist jetzt in Deutschland auf Grund härtester Tatsachen wirklich nicht mehr gebunden ...« Von daher ergibt sich als neue Aufgabe von Theologie und Kirche: »An das freie Wort Gottes selber zu glauben, und mit dem freien Wort Gottes auf den Lippen unter Ihr armes Volk zu treten, um es aufzurichten, zu trösten, es aufzurufen zu neuer Verantwortung, es zu erwecken zu einer neuen Hoffnung, ihm neue Wege zu weisen, ihm die wunderbare Nähe seines Gottes, des Vaters und unseres Herrn Jesu Christi anzuzeigen und zu erklären ... das ist nun die Aufgabe, die vor Ihnen liegt.«[38]

Dieser leidenschaftliche und bewegende Appell hat sein tiefes und unbezweifelbares Recht dort, wo er wegruft von allen alten Bindungen, weg von aller Resignation und Mutlosigkeit hin zu dem einen Wort Gottes, dessen Verkündigung immer wieder und immer gleich die Aufgabe der Kirche ist. Aber er muß Widerspruch wachrufen dort, wo die Vorstellung erweckt wird, als sei mit dem Jahr 1945 die Freiheit des Wortes Gottes nun gewissermaßen zu unserer Möglichkeit geworden, als könnten wir irgendwann seine Freiheit an sich zu Gesicht bekommen und nicht immer bloß im »in, mit und unter« – auch eines Geschichtsbildes. Wir können nicht in einem geschichtslosen Raum leben; auch die Kirche kann das nicht und die Theologie erst recht nicht. Sie werden sich immer wieder ihre Geschichtsbilder entwerfen und die Frage kann nicht die sein, ob sie das überhaupt sollen und dürfen oder nicht, sondern es kann einzig um den Grad kritischer Bewußtheit gehen, mit dem das geschieht. So scheint uns, gerade nach den Erfahrungen der letzten 150 Jahre, die Besinnung auf das Wort Gottes als Grund und Auftrag der Kirche untrennbar verbunden mit der Verantwortung für die neuen Vorstellungen von der deutschen Geschichte, die die alten, abgetanen zu ersetzen bestimmt sind.

Wir werden uns also m. a.W. auch für unser Teil an das ebenso bittere wie mühsame Geschäft »der Revision des herkömmlichen Geschichtsbildes«[39] machen müssen, die heute auf der ganzen Breite der Geschichtswissenschaft im Gange ist und die Voraussetzung eines jeden zukünftigen neuen Entwurfes bildet.[40]

Die Beiträge der deutschen Forschung betreffen bisher naturgemäß vor allem Einzelprobleme. Und es ist auch nicht recht denkbar, von welchem geistig-politischen Standpunkt aus hier gegenwärtig eine neue deutsche Geschichte geschrieben werden könnte, solange Deutschland geteilt und sein ferneres Schicksal so durchaus ungewiß ist.

Deshalb ist es kein Zufall, daß zwei größere Versuche, die deutsche Geschichte neu zu deuten, von außen zu uns kommen. Ihr Vergleich ist umso interessanter, als die Verfasser die beiden großen Weltanschauungssysteme der Zeit fast rein repräsentieren. Hans Kohn[41] schreibt vom Standpunkt des westlich-angelsächsischen, pragmatischen Liberalismus aus, während Georg Lukaćs[42] den historischen Materialismus vertritt. Beide Autoren sind seit langem als Kenner der neueren deutschen Geschichte und Geistesgeschichte ausgewiesen und ihre Arbeiten können das nur erneut bestätigen.

Kohn sieht das Verhängnis der deutschen Geschichte in ihrer für das 19. Jh. charakteristischen Abkehr von den Ideen der westlichen, liberalen Demokratie zugunsten eines aus irrationalen Kräften gespeisten Nationalismus. Geistig liegen für Kohn die Wurzeln dieser Entwicklung in der romantischen Bewegung, die vor allem durch ihr Geschichtsverständnis dem politischen Denken der Deutschen den für den Angelsachsen so schwer verständlichen Zug zum Irrationalen verliehen habe; politisch ist für ihn Bismarck die Figur, in der das Verhängnis Gestalt gewinnt: »Bismarcks Triumph bot den Anlaß, das Ideal des preußischen Staates und den Traditionalismus der deutschen Geschichtswissenschaft gegenüber den westlichen Idealen der Menschenrechte und des Völkerfriedens zu rechtfertigen ... Mit seiner Verachtung für den humanitären Liberalismus verschärfte Bismarck die gefährlichen Tendenzen, die im 19. Jh. das deutsche Denken zu blenden und zu verwirren begonnen hatten« (S. 178). Kohn ist zu klug, um den Weg von Bismarck zu Hitler als eine gradlinige Entwicklung darzustellen, aber im Grunde sieht er doch im Bismarckschen Reich den Keim der Selbstzerstörung angelegt. Von seinem Grundansatz aus kommt Kohn am Ende seiner Darstellung zu einer klaren Wertung der zeitgeschichtlichen Ereignisse: »Aus der Perspektive nicht des Bismarckismus, sondern der gemeinsamen westlichen Zivilisation gesehen, ist die deutsche Bundesrepublik kein vorübergehender Notbehelf; sie ist die erste konsolidierte deutsche Demokratie, seit mehr als hundert Jahren der erste deutsche Staat, der Part und Partner der westlichen Gemeinschaft ist ...« (S. 372).

Kohns Darstellung ist zweifellos einseitig. Trotzdem scheint sie uns durch die Fülle zum Teil kaum bekannter Stimmen, die sie zu Gehör bringt, durch den angelsächsischen Freimut des Urteils und nicht zuletzt durch die Lebendigkeit der Darstellung ein wichtiger Beitrag zur Revision unseres Geschichtsbildes zu sein – auch wenn man sich am Ende einigermaßen überrascht fragt, ob die Geschichte wirklich so einfach ist.

Anders und in gewisser Weise doch ähnlich liegen die Dinge bei *Lukaćs*. Die »Zerstörung der Vernunft« ist keineswegs bloß, wie jüngst der Rezensent einer Tageszeitung meinte, »ein mit wüsten, stalinistischen Plattheiten vollgestopftes Riesenkompendium«, sondern es ist die erste umfassende, konsequent marxistische Interpretation der deutschen Philosophie und Geistesgeschichte des 19. und 20. Jahrhunderts, die schon allein darum Beachtung verdient.[43] Lukaćs will »den Weg Deutschlands zu Hitler auf dem Gebiet der Philosophie darstellen«. Er stellt sich die Aufgabe, »alle gedanklichen Vorarbeiten zur ›nationalsozialistischen Weltanschauung‹ zu entlarven, mögen sie - scheinbar - noch so weit vom Hitlerismus abliegen, mögen sie - subjektiv - noch so wenig derartige Intentionen haben«. Denn: »es gibt keine ›unschuldige‹ Weltanschauung ... die Stellungnahme pro oder contra Vernunft entscheidet zugleich über das Wesen einer Philosophie als Philosophie, über ihre Rolle in der gesellschaftlichen Entwicklung« (S. 10ff.). Lukaćs' These ist, kurzgefaßt, die, daß die deutsche Philosophie sich in ihrem gesellschaftlich bedingten Kampf gegen die Vernunft mehr und mehr in den Irrationalismus geflüchtet habe, der dann in der »demagogischen Synthese« des Nationalsozialismus seinen Höhepunkt erreichte. Er geht aus von Schellings Begriff der »intellektuellen Anschauung«, verfolgt die Linie weiter über Schopenhauer, Kierkegaard und Nietzsche zu den Vertretern der »imperialistischen« (Dilthey, Simmel, Spengler) und der »präfaschistischen und faschistischen« Lebensphilosophie (Klages, Jünger, Baeumler, Rosenberg u. a.). Dabei bedeutet - das ist die undiskutierte Prämisse des ganzen Buches - Vernunft die »materialistische Wendung zur objektiven, von unserem Bewußtsein unabhängigen Wirklichkeit und ihrer objektiven Dialektik« (S. 221 A. 2), also das philosophische Prinzip des Marxismus-Leninismus. Deswegen wird »das Bekämpfen des Marxismus - selten offen eingestanden, sehr wenig bewußt -« seit Nietzsche zur »Haupttendenz des Irrationalismus« (S. 483).

Da sich das beim besten Willen aus den Quellen nur selten nachweisen läßt, erfindet Lukaćs die Theorie von den zwei Methoden, mit denen die deutsche Philosophie den Sozialismus bekämpft und den Kapitalismus verteidigt habe: eine direkte und eine indirekte. »Während die direkte Apologetik bemüht ist, den Kapitalismus als die beste aller Ordnungen hinzustellen ... arbeitet die indirekte die schlechten Seiten des Kapitalismus, dessen Scheußlichkeiten grob heraus, erklärt sie aber zu Eigenschaften nicht des Kapitalismus, sondern des menschlichen Daseins schlechthin, der Existenz überhaupt« (S. 181f.). Was den Irrationalismus für Lukaćs im tiefsten zu einer lebens- und gesellschaftsfeindlichen Denkweise macht, ist seine Ablehnung des »vernünftigen Fortschritts«, das »Leugnen einer einheitlichen Menschheitsgeschichte« (hier im Zusammenhang mit der Rassentheorie), die zugleich »das Leugnen der Gleichheit der Menschen, das Leugnen des Fortschritts und der Vernunft« beinhaltet (S. 589).

Trotz unzähliger, gleichmäßig über das ganze Buch verteilter Zitate von Marx, Engels und Lenin wird man das Gefühl nicht los, als stünde Lukaćs im Grunde Hegel und der Aufklärung sehr viel näher als dem Marxismus – freilich einem Hegel, der ganz im Sinne einer objektiv-rationalen Dialektik interpretiert wird.[44]

Auch Lukaćs führt bis unmittelbar an die Gegenwart heran. Für ihn ist das stärkste Zeichen der weltgeschichtlichen Wandlung nach 1945 die »Weltfriedensbewegung«, in der er den »Aufstand der Massen für die Vernunft«, für ihre Wiederherstellung und Verteidigung sieht (S. 737).

Es bedarf hier keiner Begründung, wenn wir feststellen, daß wir mit der »Wiederherstellung der Vernunft« im Zeichen des Marxismus–Leninismus, wie sie Lukaćs fordert, lediglich (um ein Lieblingszitat Lukaćs aus einem Brief Lenins an Gorki abzuwandeln) einen gelben für einen grünen Teufel eintauschen. Trotzdem sollte uns der marxistische Grundansatz des Werkes nicht dazu verführen, nun nicht doch auch das zu hören, was da an berechtigter Kritik unserer neueren Geschichte vorgebracht wird.[45]

III.

Der Versuch, aus dem Bisherigen einige Folgerungen zu ziehen, kann sich naturgemäß nur darauf beschränken, auf einige Punkte hinzuweisen, an denen weitere Überlegungen zu dieser ebenso schwierigen wie vielschichtigen Frage möglicherweise anzusetzen hätten.

Wir gehen dabei aus von der Beobachtung, daß sich die Auffassungen von Kohn und Lukaćs trotz ihrer extrem verschiedenen Ausgangspositionen in einem Punkt nahezu decken. Beide sehen das Grundproblem der neueren deutschen Geschichte in der Herrschaft des Irrationalismus; für beide liegen die unmittelbaren Anfänge dieser eigentümlichen Entwicklung des deutschen Geistes in der Romantik.

Wir wissen heute, daß die romantische Bewegung, so sehr zunächst ästhetische und literarische Motive im Vordergrund zu stehen schienen, eine umfassende Gegenbewegung gegen die Aufklärung mit ihrem cartesianischen Vernunftbegriff darstellte. Sie war als solche keineswegs auf Deutschland beschränkt, aber sie gelangte doch nirgends zu einer solchen Vormachtstellung. Es scheint, als lägen hier die Wurzeln jener Vernunftfeindlichkeit, die tatsächlich eine Eigentümlichkeit der deutschen Entwicklung im 19. Jahrhundert bildet. Man begegnet ihren Spuren überall, am eindrucksvollsten vielleicht in jenem Geschichtsbild, das wir oben zu zeichnen versuchten. Das gebrochene Verhältnis zur Aufklärung, die Abwendung Deutschlands vom Westen, die Herausbildung dessen, was Troeltsch 1914 den »deutschen Geist« nannte[46], bis hin zu den Ideen der »nationalen Opposition« der Weimarer Zeit und ihren theologischen und philosophischen Parallelen lassen sich schwerlich anders erklären. Wie unbefriedigend und problematisch nun freilich das Durchziehen einer solchen Linie bleibt, zeigt wiederum ein Vergleich zwischen Kohn und Lukaćs. Während Lukaćs Hegel ganz für die Vernunft reklamiert, steht er für Kohn im Grunde auf der Seite des Irrationalismus. Umgekehrt ist Wilhelm Dilthey bei Kohn ein Vertreter der Vernunft, während Lukaćs ihn zusammen mit Simmel und Spengler zur irrationalistischen Lebensphilosophie rechnet.

In der Tat wird an Namen wie Hegel und Dilthey, aber etwa auch an Schleiermacher oder Ranke deutlich, wie wenig der Begriff des Irrationalismus imstande ist, dem Ganzen gerecht zu werden. Denn diesem Irrationalismus entsprach nun auf der anderen Seite eine Position, die man vielleicht am besten mit dem Begriff des »geschichtlichen Denkens« bezeichnet. Der Historismus, gelegentlich als »die zweite große Unternehmung des deutschen Geistes nach der Reformation« charakterisiert, läßt sich schlechterdings nicht einfach als »Irrationalismus« qualifizieren. Carlo Antoni hat das Problem sehr viel genauer gesehen, wenn er in dieser Wendung zur Geschichte den Versuch sieht, »die cartesianische mathematische Vernunft ... durch eine neue historische Vernunft zu ersetzen.«[47]

Auch dieser Versuch hat nun gewiß seine Problematik. Sie wird nicht erst am Ausgang des Historismus deutlich, der schließlich alles in den Strudel grenzenloser Relativierungen zog, sondern ebensosehr in jener merkwürdigen Hypostasierung der Geschichte, die uns in diesem Zusammenhang im historisch-politischen Denken der Deutschen immer wieder begegnet. Wenn es etwa bei Spengler heißt: »Die Weltgeschichte hat immer dem stärkeren, volleren seiner selbst gewisseren Leben Recht gegeben ...«[48], wenn Max Weber vom »Walten der Weltgeschichte« spricht[49], wenn ständig die »Verantwortung vor der Geschichte« proklamiert wird, so erscheint die Geschichte hier als ein selbständiges Wesen, das mit den Attributen Gottes ausgestattet ist. Die Beziehungen dieses Geschichtsverständnisses zum Gottesbegriff des Nationalprotestantismus liegen auf der Hand. Das weist einmal mehr auf die große Frage, die mit all dem an die protestantische Theologie gerichtet ist.

Wir können hinter den Historismus nicht zurück. Die Erfahrungen, die er uns vermittelt, die Möglichkeiten, die er erschlossen hat, sind unverlierbar, und wir fügen hinzu: wir wollen auch nicht, daß sie verloren gehen. Daß andererseits das historische Denken neu begründet und neu begrenzt werden muß, liegt auf der Hand. Dabei wird die Theologie vor allem darüber zu wachen haben, daß keine neue Hypostasierung der Geschichte an die Stelle der alten tritt und der Vernunft ihr Recht in allen Bereichen des politischen Handelns bestreitet. Vielleicht liegt hier eine der Aufgaben, die der Theologie im großen Zusammenhang der Revision unseres Geschichtsbildes gestellt sind.

Eugenio Pacelli und Karl Barth

*Politik, Kirchenpolitik und Theologie in der Weimarer Republik**

Spektabilitäten, sehr verehrte Kollegen, meine Damen und Herren!
Die deutsche Kirchengeschichte der neueren und neuesten Zeit ist bis auf den heutigen Tag eine Domäne der konfessionellen Geschichtsschreibung. Vielleicht sind auf keinem anderen Gebiet der theologischen Wissenschaften die evangelische und die katholische Forschung bisher so sehr getrennte Wege gegangen wie auf diesem. Im Alten und im Neuen Testament, in der Systematik und in der Praktischen Theologie ist spätestens seit dem 2.Vatikanischen Konzil in wachsendem Maße ein Austausch der Meinungen und Ergebnisse zu beobachten. Auch in der Kirchengeschichte ist im Bereich der Alten Kirche, des Mittelalters und selbst der Reformationsgeschichte – wie das bevorstehende Jubiläum der CA zeigt – die Zusammenarbeit enger geworden. Nur in der Neuzeit und insbesondere in der Zeitgeschichte geht die Forschung noch weitgehend getrennte Wege.

Hier gibt es auf katholischer Seite die imponierende Arbeit der Kommission für Zeitgeschichte, die im Begriff ist, den Zeitraum von 1932–1945 quellenmäßig besser zu erschließen als irgendeinen anderen Zeitabschnitt der gesamten Kirchengeschichte. Und es gibt eine große Gruppe von katholischen Historikern – Profanhistorikern und Kirchenhistorikern – die in einer Fülle gründlicher und umsichtiger Darstellungen und Untersuchungen die Geschichte des deutschen Katholizismus aufgehellt haben. Diese Gruppe hat sich fast ausschließlich dem Katholizismus zugewandt; der deutsche Protestantismus und die evangelischen Kirchen kommen so gut wie nie in den Blick.

Die Bilanz auf evangelischer Seite ist weniger informierend. Es gibt keine vergleichbaren Quelleneditionen, auch die 29bändige Reihe der Arbeiten zur Geschichte des Kirchenkampfes und ihre Ergänzungsbände spiegeln nicht nur die Vielfalt sondern gelegentlich auch die Enge der landeskirchlichen Gliederung in Deutschland wieder. Wichtig in unserem Zusammenhang aber ist die Feststellung, daß sich auch diese Arbeiten ganz auf die Probleme der evangelischen Kirchen konzentrieren. Und noch die neuesten Arbeiten zur kirchlichen Zeitgeschichte von protestantischer Seite lassen kaum erkennen, daß es auch einen deutschen Katholizismus gibt.

Die einzige bemerkenswerte Ausnahme – die Ökumenische Kirchengeschichte von Kottje und Moeller – macht gerade in ihren zeitgeschichtlichen Abschnitten eher die Abgrenzung als die Verständigung deutlich. Ich darf das sagen, weil ich zusammen mit Erwin Iserloh diese Abschnitte bearbeitet habe.

Ich halte diesen konfessionell einseitigen Ansatz – um es kurz zu sagen – für unzureichend. Es ist meine Überzeugung, – dies ist eine These –, daß sich die beiden großen Konfessionen in Deutschland in einem viel tieferen und nachhaltigeren Sinne gegenseitig beeinflußt haben, als ihnen dies selbst bewußt ist – auch und gerade dort, wo sie sich in beredter oder stummer Feindschaft gegenüberstanden. Wer kann eine Geschichte Deutschlands in der Neuzeit schreiben, ohne ständig die Geschichte seiner europäischen Nachbarn im Blick zu haben? Und dieses Beispiel ist noch nicht einmal zureichend; denn die beiden großen Konfessionen in Deutschland hängen ja durch das gleiche Territorium und die gleichen historischen und politischen Bedingungen doch sehr viel enger zusammen.

Die Überzeugung dieses Zusammenhanges ist – wie das Beispiel zeigt – nicht von einem ökumenisch-systematischen Ansatz abgeleitet. Sie ist vielmehr aus der Einsicht und Arbeit des Historikers gewonnen; übrigens nicht nur in der neuesten Zeit, sondern auch in den vorausgehenden drei Jahrhunderten, wo ich auf das gleiche Problem gestoßen bin. Aber weil ich mich im Augenblick intensiv mit der Zeitgeschichte beschäftige, liegt es nahe, diese These in einem zeitgeschichtlichen Zusammenhang zu entfalten.

Dies ist die Erklärung für das vielleicht etwas ungewöhnliche Thema: Eugenio Pacelli und Karl Barth. Politik, Kirchenpolitik und Theologie in der Weimarer Republik.

Im Mai 1917 wurde der damals 41jährige Eugenio Pacelli zum Apostolischen Nuntius in München ernannt. Diese Ernennung gehört zu den wichtigsten Daten des deutschen Katholizismus im 20. Jahrhundert. Denn von diesem Augenblick an betrachtete der junge und ehrgeizige römische Diplomat die deutsche Kirche als seine besondere Aufgabe, die er auch dann nicht aus der Hand gab, als er Ende 1929 nach Rom zurückgerufen wurde, um als Kardinalstaatssekretär die Leitung der Weltkirche zu übernehmen. Es gibt einen Bericht seines engsten Mitarbeiters, des deutschen Jesuiten Robert Leiber, in dem es heißt, gerade die deutschen Dinge hätten den Kardinalstaatssekretär so viel, »wenn nicht mehr beschäftigt als alles andere zusammen«.[1] Und auch als Pacelli zehn Jahre später – 1939 – zum Papst Pius XII. aufstieg, änderte sich daran nichts. Tatsächlich hat wohl niemand in der ersten Hälfte unseres Jahrhunderts die kirchlichen und politischen Geschicke des deutschen Katholizismus nachhaltiger bestimmt als dieser echte Römer, der im Mai 1917 mit unbegrenztem Selbstbewußtsein und kühler Leidenschaft an die Aufgabe ging, die Interessen Roms in Deutschland zu vertreten. Ich lasse hier nur beiläufig den Hinweis einfließen, daß im gleichen Zeitraum auch der deutsche Protestantismus seine nachhaltigsten Einflüsse ebenfalls von einem Ausländer empfing – eben dem Schweizer Theologen Karl Barth.

Man muß, um die Bedeutung Pacellis für die katholische Kirchenpolitik in Deutschland zu begreifen, von einem Ereignis ausgehen, das wahrscheinlich – ich gebrauche mit Absicht zum zweiten Mal eine sehr prononcierte Formulierung – das wichtigste Ereignis für die Geschichte des Katholizismus im 20. Jahrhundert darstellt: die Publizierung des Codex Juris Canonici im Jahre 1917. Mit diesem neuen Gesetzbuch wurde die Entwicklung zur Zentralisierung, Vereinheitlichung und Verrechtlichung der katholischen Kirche abgeschlossen. Der Codex Juris Canonici schuf für die Kirche eine neue, einheitliche kirchliche Rechtsordnung – eben das kanonische Recht –, in der alle Ämter, Kulthandlungen und kirchlichen Rechtsbestimmungen ihren festen, für die ganze Kirche gültigen Ort besitzen. Die Schaffung dieses neuen Rechtsbuches aus der 2000jährigen Rechtstradition der Kirche war eine gewaltige und staunenswerte Leistung. Sie ist vor allem mit dem Namen von Pietro Gasparri verbunden. Sein engster Mitarbeiter aber war Pacelli.

Gasparri wurde 1914 Kardinalstaatssekretär und blieb dies unter zwei Päpsten bis 1929. Sein unmittelbarer Nachfolger wurde 1930 Pacelli. Nahezu ein halbes Jahrhundert also – bis zu Pacellis Tod 1958 – lag die Leitung der katholischen Kirche in kanonistischen Händen. Dies nicht zuletzt erklärt den ungeheuren Bruch, den das Pontifikat Johannes XXIII. 1958 bedeutete, der – von Hause bekanntlich Patristiker – diese kanonistische Orientierung des kurialen Pacelli abrupt beendete.

Aber zurück zu Pacellis Anfängen in Deutschland. Das kanonische Recht war zwar publiziert und ein Jahr später, 1918, auch in Kraft getreten; seine Durchführung scheiterte jedoch in ganz Europa zunächst an den historisch gewachsenen und vertraglich gesicherten Rechtsverhältnissen der Kirche. Eine der wichtigsten Aufgaben des neuen Codex war die Aufhebung der vielfältigen Partikularrechte der nationalen Kirchen zugunsten eines einheitlichen, ausschließlich päpstlich bestimmten Rechtes. Ein wichtiger Punkt in diesem Zusammenhang waren die Bischofsernennungen. Nach dem neuen Codex Juris Canonici stand dieses Recht allein dem Papst zu (can. 329 § 2). In Deutschland jedoch – genauer in Preußen, Bayern und Baden, in denen die deutschen Bischofssitze lagen – teilten sich dieses Recht seit uralten Zeiten die jeweiligen Domkapitel und der Staat.[2] In allen drei Ländern war diese Rechtslage durch staatskirchenrechtliche Verträge im 19. Jahrhundert feierlich bestätigt worden, und die Kurie besaß keinerlei Möglichkeit, diesen Rechtszustand zu ändern, weil die Kronen sorgfältig über ihren Vorrechten wachten und jede einseitige Aufkündigung der Verträge von kirchlicher Seite die staatlichen Dotationen gefährdet hätte. Bei der Publizierung des neuen Rechtes 1917 sah es so aus, als würden der Kurie jahrzehntelange zähe Verhandlungen bevorstehen, bis die wichtigsten Bestimmungen des Codex in Deutschland überhaupt in Kraft treten konnten. Da schuf der Zusammenbruch im November 1918 und seine Folgen gleichsam über Nacht eine völlig neue Lage.[3]

Eine der ersten Forderungen der Revolution war bekanntlich die Trennung von Kirche und Staat.

Und so fiel mit den Kirchenartikeln der Weimarer Reichsverfassung der katholischen Kirche buchstäblich in den Schoß, worum sie sonst mühsam hätte kämpfen müssen, nämlich ihre Unabhängigkeit vom Staat und ihre Selbständigkeit bei der Besetzung kirchlicher Ämter. »Jede Religionsgesellschaft«, hieß es im Art. 137 WRV, »ordnet und verwaltet ihre Angelegenheiten selbständig innerhalb der Schranken des für alle geltenden Gesetzes. Sie verleiht ihre Ämter ohne Mitwirkung des Staates oder der bürgerlichen Gemeinde.« Dies waren freilich nur Rahmenbestimmungen, die durch die Landesgesetzgebung im einzelnen noch auszufüllen waren. Und so ging nun die ganze Politik der Kurie dahin, auf der Grundlage dieser Bestimmungen mit den einzelnen Ländern eine möglichst weitgehende positive Garantie des kanonischen Rechtes zu erreichen. Dies war der Inhalt der Konkordatspolitik des Heiligen Stuhles nach dem Ersten Weltkrieg bis zum Abschluß des Reichskonkordats 1933.[4] Ihr entschiedener Vertreter in Deutschland aber war Eugenio Pacelli.

Es war in katholischer Sicht eine Stunde von einzigartiger Gunst. Das Reich war schwach; ein Spielball seiner Feinde und angewiesen auf jede auswärtige Unterstützung, gerade auch auf die Vermittlung des Vatikans. Zudem besaß die katholische Partei, das Zentrum, eine politische Schlüsselstellung und stellte zwischen 1919 und 1933 mit Fehrenbach, Wirth, Marx, Brüning und – freilich mit Einschränkungen – v. Papen nicht weniger als fünf bewußt katholische Reichskanzler in 10 Kabinetten. Und schließlich hatte das Papsttum selbst durch die kluge Politik Benedikts XV. während des Krieges und in der Nachkriegszeit gerade in Deutschland außerordentlich an Ansehen gewonnen, ein Ansehen, das der Stellung des Nuntius unmittelbar zugute kam. Je tiefer zerbrochen nach 1918 der deutsche Protestantismus erschien, um so eindrücklicher stellte sich die unerschütterliche Festigkeit und Überlegenheit der römischen Kirche und ihres Oberhauptes dar.

[Pacelli begann mit den ersten Konkordatsverhandlungen schon im Herbst 1919 dort, wo die Kurie sich das weiteste Entgegenkommen erhoffte, nämlich in Bayern. Schon Anfang 1920 lag in München ein kompaktes Paket römischer Forderungen auf dem Tisch, das an Deutlichkeit nichts zu wünschen übrig ließ. Pacelli hatte darin für die katholische Kirche in der Schulfrage eine Stellung vorgesehen, die den Bischöfen ein nahezu unbegrenztes Aufsichts- und Eingriffsrecht sichern sollte. Die Kurie forderte ferner selbstverständlich das »freie und volle Besetzungsrecht für alle Kirchenämter« und die grundsätzliche Gewährleistung des kanonischen

Rechts durch die staatliche Anerkennung und notfalls auch Unterstützung der kirchlichen Anordnungen. Das staatliche Aufsichtsrecht sollte erneut in den Dienst der Kirche genommen werden.

Zugleich betrieb Pacelli seine Akkreditierung als Nuntius beim Reich und ließ, als er im Sommer 1920 dem Reichspräsidenten Ebert seine Beglaubigung übergab, deutlich erkennen, daß die Kurie auch an einem Vertrag mit dem Reich - also einem Reichskonkordat - interessiert sei!]

Es ist hier nicht der Ort, die verschlungenen Wege der vatikanischen Konkordatspolitik in der Weimarer Zeit nachzuzeichnen. Sie sind eng verknüpft mit der politischen Geschichte der unglücklichen Republik und ihren besonderen Bedingungen. Pacelli jedenfalls nützte dabei alle Möglichkeiten, die die politische Situation bot, um eine umfassende Anerkennung und Gewährleistung des kanonischen Rechts zu erreichen. Am besten gelang ihm dies im bayerischen Konkordat von 1924.

Dieses Konkordat galt in Rom als eine Art Musterkonkordat - vorbildlich nicht nur für andere Konkordate in Deutschland sondern in der ganzen Welt. Es sicherte die Grundsätze des kanonischen Rechtes bei der Besetzung der kirchlichen Ämter, verschaffte der Kirche in seinen Schulartikeln einen weitreichenden Einfluß auf das ganze Erziehungswesen, namentlich die Volksschulen, und verpflichtete den bayerischen Staat zu immerwährendem Schutz, Anerkennung und Förderung der katholischen Kirche und aller ihrer Einrichtungen.

Enttäuschend dagegen verliefen die Verhandlungen mit dem nächsten Vertragspartner, mit Preußen.

[Hier hatte Pacelli in dem liberalen preußischen Kultusminister Carl Becker seinen Meister gefunden. Die preußische Ministerialbürokratie gab an Kenntnis, Geschick und Handfestigkeit der kurialen Diplomatie (in) nichts nach. Als daher nach jahrelangen zähen Auseinandersetzungen 1929 das preußische Konkordat unterzeichnet wurde, fehlte ihm der für die Kurie wichtigste Punkt, nämlich die Schulfrage. Der preußische Ministerpräsident, der Sozialdemokrat Otto Braun, versicherte damals dem Nuntius persönlich in einem Gipfelgespräch[5] (ich zitiere nach Brauns »Erinnerungen«), »daß keine irgendwie geartete Bestimmung über die Schule in das Konkordat aufgenommen werden könnte, nicht einmal das Wort Schule dürfte im Text vorkommen. Der Nuntius«, so berichtete Braun weiter, »erklärte verzweifelt, mit einem Konkordatsentwurf, der nicht der Schule Erwähnung tue, könne er unmöglich zum Heiligen Vater nach Rom gehen, und ich erwiderte, daß ich mit einem Konkordat, das die Schule erwähnt, nicht in das Parlament gehen könne, ohne mich der sicheren Niederlage auszusetzen ...« So blieb Pacelli hier nichts anderes übrig, als schließlich nachzugeben. Immerhin bekam er im Preußenkonkordat das ersehnte Bistum Berlin, das für die Kurie ganz außerordentlichen Symbolwert besaß.]

Günstiger wiederum für den Vatikan fiel das badische Konkordat von 1932 aus, das wegen der starken Opposition in Karlsruhe zwar nicht an das bayerische Konkordat heranreichte, aber doch Rom weithin zufriedenstellte. Bei diesem Konkordat wurde übrigens auch die besondere Problematik der ganzen Konkordatspolitik für die katholische Kirche in Deutschland offenkundig. Denn der Freiburger Erzbischof Fritz hatte sehr deutlich erkennen lassen, daß ihm am römischen Zentralismus des Codex Juris Canonici nicht das Geringste gelegen war und er lieber die alten Freiheiten der Kirche in Baden erhalten hätte. So kamen die Verhandlungen erst richtig voran, als Fritz 1931 starb und die Kurie mit Conrad Groeber einen ausgesprochen romtreuen und konkordatsfreundlichen Bischof berief.

Während Pacelli so mit seinen Erfolgen in den deutschen Ländern durchaus zufrieden sein konnte, scheiterte er trotz aller Bemühungen bei seinem großen Ziel, das den krönenden Abschluß des Ganzen bilden sollte: dem Reichskonkordat. Zwischen 1919 und 1932 blieben mehr als ein halbes Dutzend Anläufe meist schon im Vorfeld der politischen Interessengegensätze stecken.

[Ungeachtet der verzweifelten Lage der Republik versuchte Pacelli immer wieder vor allem die Zentrumskanzler zu entsprechenden Schritten zu veranlassen. Dies führte im Sommer 1931 in Rom zu einem schweren Zusammenstoß zwischen Pacelli und Brüning, als Pacelli – inzwischen Kardinalstaatssekretär – vom deutschen Reichskanzler kategorisch eine Konkordatsinitiative verlangte und auf dessen Weigerung – das Reich befand sich mitten in der Weltwirtschaftskrise! – meinte, dann müsse Brüning eben eine Regierung mit der Rechten bilden und dabei den Abschluß eines Konkordats zur Bedingung machen.[6] Noch im November 1932, nur wenige Wochen vor Hitlers Machtergreifung, versuchte Pacelli ein weiteres Mal mit Papen zu einem Ansatz in der Reichskonkordatsfrage zu kommen.]

So war es keineswegs überraschend, daß die Kurie zugriff, als Hitler dann von sich aus im März 1933 ein Konkordatangebot machte, das all das enthielt, worum Pacelli seit 1919 in Deutschland ebenso hartnäckig wie vergeblich gekämpft hatte.

Dieses Konkordat freilich, und das muß man sich klar machen, folgte einem anderen Modell als die bisherigen drei Länderkonkordate.[7] Inhaltlich ging es um die gleichen Fragen: vor allem die Schulfrage war der entscheidende Punkt. Aber der politische Stellenwert war ein anderer.

Die bisherigen Konkordate waren parlamentarisch ausgehandelt. Das ging – wie in Baden – bis zum Bruch der Koalition und denkbar knappen Abstimmungsergebnissen im Karlsruher Landtag.

Das Reichskonkordat dagegen folgte dem Modell der Lateranverträge. Das hieß, es war ein autoritäres Modell. Hitler hat schon 1929 blitzartig begriffen, was dieses Modell für seine Pläne bedeuten konnte: Ausschaltung der katholischen Partei und Gewinnung der Katholiken für das Dritte Reich. Deshalb sein Angebot mit der Hauptforderung des Art. 32! Dafür bekommt die Kirche Art. 23. Der Vertrag wird unmittelbar zwischen Berlin und Rom ausgehandelt. Hitler braucht keine parlamentarische Zustimmung mehr, weil das Ermächtigungsgesetz der Regierung freie Hand läßt.[8]

[Nun kann man natürlich fragen, was denn diese katholischen Entwicklungen für die evangelischen Kirchen in Deutschland bedeuteten. Denn jeder, der sich in der Reformationsgeschichte auch nur ein wenig auskennt, weiß ja, was am 10. Dezember 1520 vor dem Elstertor in Wittenberg geschah: die Verbrennung der päpstlichen Dekretalen, also der kanonischen Rechtssammlung durch Luther und seine Studenten. Dies war der öffentliche Bruch mit Rom; denn Rom stand und fiel mit dem kanonischen Recht, und wer sich von diesem Recht lossagte, sagte sich von Rom los. Im Zusammenhang mit den großen reformatorischen Schriften von 1520 machte doch erst diese Tat ganz deutlich, wie ernst es Luther war und wie konsequent er Schritt für Schritt voranging.

Seit dieser Zeit gehört die Absage an den Gedanken des kanonischen Rechtes als eines besonderen geistlichen Rechtes der Kirche zu den Grundüberzeugungen der reformatorischen Theologie und Kirche. Was also ging der Codex Juris Canonici, was ging die vatikanische Konkordatspolitik die evangelischen Kirchen an?]

Die evangelischen Landeskirchen befanden sich 1918 in einer weit schwierigeren Lage als der deutsche Katholizismus. Denn der Zusammenbruch der Monarchien stürzte sie in eine dreifache Krise: rechtlich, politisch und geistig. Während die Rechtsordnung der katholischen Kirche erhalten blieb, verloren die evangelischen Kirchen mit dem landesherrlichen Kirchenregiment das Grundmuster ihrer Verfassungen, das nahezu vierhundert Jahre in Geltung gestanden hatte. Auch politisch waren sie heimatlos. Die katholische Kirche konnte sich auf eine stabile und bewährte Partei stützen, das Zentrum, das denn auch kulturpolitisch tatsächlich weithin die Interessen der Kirche vertrat. Für die vom Luthertum bestimmten deutschen Kirchen kam Vergleichbares schon aus theologischen Gründen nicht in Frage: die Zwei-Reiche-Lehre und das Fehlen des naturrechtlichen Rahmens verbot die Gründung einer exklusiv evangelischen Partei. Und schließlich traf der Zusammenbruch von 1918 den deutschen Protestantismus tiefer, weil das Kaiserreich in besonderem Maße seine Sache gewesen, durch sein Geschichtsbild geprägt, von seinen Hoffnungen erfüllt war. Nimmt man das alles zusammen, so wird begreiflich, daß sich die evangelischen Landeskirchen schwer taten, ihren Platz in der Republik zu finden. Wie sollten sie sich als Kirchen verstehen? Was war ihre neue Aufgabe? Und wie sollte dies alles rechtlich geordnet werden?

Die Weimarer Reichsverfassung hatte auch die evangelischen Kirchen freigegeben, und in allen Ländern machten sich verfassunggebende Kirchenversammlungen an die Arbeit, neue Verfassungsformen zu entwikkeln. Aber noch ehe sich Theologie und Kirchenrecht über das Verhältnis der evangelischen Kirchen zur staatlichen Gewalt wirklich klar werden konnten, begannen auf katholischer Seite die Bemühungen um Konkordate. Und von diesem Augenblick an beherrschten die evangelischen Landeskirchen – erst unausgesprochen, dann ausgesprochen – zwei Begriffe: Gleichwertigkeit und Gleichzeitigkeit. Überall machte die evangelische Seite ihre Zustimmung zu den Konkordaten abhängig von der Forderung, daß ein gleichwertiger (nicht gleichartiger!) Vertrag zur gleichen Zeit auch mit ihnen geschlossen würde. Und die Landesregierungen, zur Parität verpflichtet, kamen dieser Forderung selbstverständlich nach. Man muß sich nur die Daten der Verträge vor Augen halten, um die zwingende Logik dieser Entwicklung zu begreifen. Das bayerische Konkordat wurde am 29. März 1924 unterzeichnet; der bayerische Kirchenvertrag am 15. November 1924; das Preußenkonkordat am 14. Juli 1929; der preußische Kirchenvertrag am 11. Mai 1931 – ein Hinweis, wie lebhaft in der preußischen Generalsynode die Bedenken gegen diesen Vertrag noch waren –; das badische Konkordat am 12. Oktober 1932; der badische Kirchenvertrag am 14. November. Und selbstverständlich sollte auf den Abschluß des Reichskonkordats 1933 auch ein Reichskirchenvertrag folgen, der nur daran scheiterte, daß die Reichskirche zerfiel noch ehe über diesen Vertrag verhandelt werden konnte.

Ein Blick auf die vergleichende Übersicht, die Werner Weber in seiner mustergültigen Ausgabe der deutschen Konkordate und Kirchenverträge der Gegenwart von 1962 über die Gegenstände dieser Verträge angelegt hat, zeigt, daß sie sich tatsächlich weithin entsprechen[9]: die evangelischen Landeskirchen erhielten überall die gleichen rechtlichen Gewährleistungen, die der katholischen Kirche in den Konkordaten zugestanden wurden. Dies betrifft – um einige dieser Gegenstände zu nennen – etwa den Grundsatz der freien Ämtererrichtung und -besetzung; die Rechtsfähigkeit kirchlicher Institutionen im staatlichen Bereich (Körperschaften des Öffentlichen Rechts); die Theologischen Fakultäten; den Religionsunterricht an den Schulen; die kirchliche Mitwirkung bei der Bestellung von Religionslehrern usw. (Länderkonkordate und Kirchenverträge gelten heute noch!).

Was bedeutet nun die Tatsache, daß die evangelischen Landeskirchen – aus faktischen und kirchenpolitischen Gründen nach 1918 in einer schwachen Position – ihre Rechtsposition gegenüber dem Staat weithin im Anschluß an die katholischen Verträge fanden? Nun, es bedeutet natürlich, daß sich die evangelischen Kirchen hier weit stärker auf einen katholischen Kirchenbegriff eingelassen haben, als es dem theologischen Neuansatz nach 1918 entsprach. Die katholische Kirche wußte, was sie zu fordern hatte: sie brauchte nur in den Codex Juris Canonici zu blicken. Die evangelische Theologie und Kirche wußte das keineswegs so genau.

Aber sie hatte keine Wahl, als auf der Gleichwertigkeit und Gleichzeitigkeit der Abmachungen zu bestehen.

[Ich sage dies hier ohne alle Kritik. Es scheint mir ohnedies, als müsse der Historiker mit dem Richtschwert der Geschichte besonders vorsichtig umgehen. Fehler und Schwächen früherer Generationen, die wir so gerne und so leicht aufdecken, sind ja doch vor allem eine Frage an uns: Wie wird wohl das Urteil unserer Kinder über unsere Zeit lauten?]

Ich sage dies ohne Kritik; zumal ich keine ernsthafte Möglichkeit sehe, wie die evangelischen Kirchenleitungen unter den gegebenen Bedingungen diesem Zwang hätten ausweichen können. Aber indem man dies sieht und ausspricht, werden gewisse Spannungen überhaupt erst deutlich, die die kirchlich-theologische Entwicklung der zwanziger und dreißiger Jahre charakterisieren; wird auch der verschiedene Weg verständlich, den die beiden großen deutschen Kirchen in Deutschland dann im Dritten Reich gegangen sind.

Werfen wir einen Blick auf die Theologie: Im Herbst 1919, zur gleichen Zeit also, als Pacelli mit seiner Konkordatspolitik begann, trug *Karl Barth* zum ersten Mal in Deutschland seinen neuen theologischen Ansatz vor. Es war der berühmte Tambacher Vortrag mit dem Thema: »Der Christ in der Gesellschaft«. Mit einer kühnen, seine ganze Theologie gleichsam vorwegnehmenden Wendung interpretierte Barth das – religiös-sozial gemeinte – Thema gleich zu Beginn auf seine Weise. »*Der Christ* –«, sagte er, »wir sind wohl einig darin, daß damit *nicht die Christen* gemeint sein können: weder die Masse der getauften, noch etwa das erwähnte Häuflein der Religiös-Sozialen, noch auch die feinste Existenz der edelsten und frömmsten Christen ... Der Christ ist der Christus.«[10]

Die Wendung vom Christen zu Christus: das war die Wendung der Theologie weg vom Menschen und hin zu Gott. Und zwar zu dem in Jesus Christus geoffenbarten Gott und also zum Gott des Kreuzes und der Auferstehung in seiner ganzen uneingeschränkten und unabgeschwächten Schroffheit und Fremdheit, mit der er der Welt gegenübersteht. Von diesem Ansatz aus aber erwiesen sich alle Versuche, das Christentum für die Gesellschaft zu reklamieren, als gleich verfehlt: mochten sie nun konservativer, liberaler oder religiös-sozialer Herkunft sein. Denn das Göttliche, sagte Barth, »ist etwas Ganzes, in sich Geschlossenes, etwas der Art nach Neues und Verschiedenes gegenüber der Welt. Es läßt sich nicht auftragen, aufkleben und anfassen. Es läßt sich nicht teilen und austeilen, gerade weil es mehr als Religion ist. Es läßt sich nicht anwenden, es will stürzen und aufrichten. Es ist ganz oder es ist gar nicht ...«[11] Und schon kurz darauf, im Aarauer Vortrag vom April 1920, zog Karl Barth auch schon jene Konsequenz aus diesem Ansatz, die die Zeitgenossen am meisten empörte: die Konsequenz der radikalen Religions- und Kirchenkritik. Die Religion, so hieß es in diesem Vortrag, »vergißt, daß sie nur dann Daseinsberechtigung hat, wenn sie sich selbst fortwährend aufhebt. Sie freut sich statt dessen ihres Daseins und hält sich selbst für unentbehrlich. ... Sie begnügt sich nicht damit, hinzuweisen auf das X, das über Welt *und* Kirche steht ... Sie tritt als konkurrenzfähige Macht *neben* die anderen Mächte des Lebens, als vermeintliche Überwelt *neben* die Welt. ...«[12] Ich brauche hier nicht auszuführen, daß dieser Ansatz jeder Art von Kirchenpolitik radikal widersprach, die auf Grund des katholischen Kirchenverständnisses die Gewährleistung der Religionsausübung vom Staat forderte, jeder Kirchenpolitik also, die die Kirche als konkurrenzfähige Macht neben anderen Mächten verstand und die auf den Spuren Pacellis Gleichzeitigkeit und Gleichwertigkeit staatlicher Zusagen erstrebte und erreichte. Eben dies war der Kern der Auseinandersetzungen zwischen Karl Barth und Otto Dibelius, die in Karl Barths kleiner Schrift »Quousque tandem« von 1930 ihren bekanntesten und am meisten beachteten Ausdruck fanden.[13]

[Wir müssen freilich, ehe wir uns dieser Auseinandersetzung zuwenden, noch eine Reflexionsstufe einschalten. In keinem Augenblick und an keiner Stelle hat Barth in den zwanziger Jahren im Namen des Protestantismus gegen den Katholizismus polemisiert. Im Gegenteil; wo er die Dinge explizit behandelte, da begriff er den römischen Katholizismus in einem sehr ernsthaften Sinne »als Frage an die protestantische Kirche«[14] und zwar als Frage, »ob und inwiefern sie *Kirche* ist«[15] und weiter als Frage »ob und inwiefern sie *protestantische* Kirche ist.«[16] Denn die römische Kirche wußte nach Barths Überzeugung in vieler Hinsicht mehr von dem, was Kirche ist, als der Protestantismus. Im Gottesbegriff, im Sakramentsverständnis, ja auch im Autoritätsanspruch war sie Kirche und wäre die päpstliche Gewalt, wie Barth sagte, »nur kirchliche, geistliche, und darum Gott dienende, nicht aber Gott verdrängende und ersetzende Gewalt geblieben, wir wollten wohl mit Luther nichts dagegen haben, dem Papst die Füße zu küssen.«[17] Mochte das Bild der wahren Kirche Christi im römischen Katholizismus auch verstellt sein, es barg doch noch mehr christliche Wahrheit als der Neuprotestantismus, der die Gewalt des göttlichen Anspruches ins Gemüt, in den Willen oder in die Geschichte hinein auflöste. Wäre die Interpretation der Reformation auf der berühmten Linie Schleiermacher-Ritschl-Troeltsch oder auch Seeberg oder Holl – so meinte Barth – wirklich diejenige, die Luther und Calvin gemeint hatten, so würde er (Barth) »vor die Wahl zwischen beiden Übeln gestellt ... in der Tat lieber katholisch werden.«[18] Der römische Katholizismus, hieß es, wird uns zur Frage, »indem er sich in seinen Voraussetzungen über die Kirche bei aller Gegensätzlichkeit in größerer Nähe zu den Reformatoren befindet, als die Kirche der Reformation, sofern sie etwa wirklich und endgültig neuprotestantisch geworden sein sollte.«[19]

Es kann also keine Rede davon sein, daß man nach Barths Überzeugung das Wesen der römischen Kirche bereits begriffen hätte, wenn man nur die zentrale Funktion des kanonischen Rechtes in der Gestalt des neuen kirchlichen Gesetzbuches für die katholische Kirchenpolitik begriffen hätte. Aber allerdings wirkte nun gerade das kanonische Recht über die Konkordatspolitik so auf die evangelischen Kirchen zurück, daß sie in Anspruch, Auftreten und Selbstverständnis – immer vom Blickpunkt jenes radikalen theologischen Ansatzes aus – römischförmiger erschienen als die römische Kirche selbst, eben weil ihnen die theologische Legitimation dieses Anspruches, Auftretens und Selbstverständnisses fehlte, die die römische Kirche bei ihrer Konkordatspolitik mit sich ins Reine brachte. Kurz gesagt: die katholische Kirche konnte sich die Ausübung der Religion eher vom Staate gewährleisten lassen als die protestantische, weil sie im Gottesbegriff, im Sakramentverständnis und im Autoritätsanspruch mehr christlich-kirchliche Tradition der Religion aufbewahrte als der Neuprotestantismus.]

Eben dies machte Barths Kritik an der kirchlichen Entwicklung in Quousque tandem so überaus scharf und bitter. Sie knüpfte an jenes allgemeine Gefühl kirchlicher Selbstzufriedenheit an, das sich Ende der 20er Jahre auszubreiten begann. »Die evangelische Kirche hat die ungeheure Bedrohung ihres Daseins lebenskräftig überwunden«, so hieß es, das »heilige ›Dennoch‹ hat sich durchgesetzt«; die »Kirchenführung des letzten Jahrzehnts war ein Meisterstück«.[20] Dies bezog sich auf die tatsächliche Sicherung und Gewährleistung der christlichen Religion in Deutschland, die freilich, wie wir gesehen haben, weniger ein Werk der protestantischen Kirchenführung als vielmehr der katholischen Kirchenpolitik war. Und so erklärte nun Barth »unter Außerachtlassung aller professoralen Umständlichkeit, Rücksicht und Vorsicht« dies zum eigentlichen »zum Himmel schreienden Skandal, daß die deutsche evangelische Kirche andauernd diese Sprache redet.«[21] Der Skandal bestand darin, daß die Kirche »in solchen Worten und Taten so unzweideutig wie nur möglich sich selber will, sich selber baut, sich selber rühmt ...«[22] Eine Kirche aber, die in dieser Weise sich selber wolle, baue und rühme, habe die Verheißung längst verloren und könne »in keinem Wort ihrer Weihnachts- und Oster- und Sonntagspredigt glaubwürdig sein. Wenn sie ›Jesus Christus‹ sagt, muß und wird man, und wenn sie es tausendmal sagte, ihre eigene Sattheit und Sicherheit hören und sie soll sich nicht wundern, wenn sie mit ihrem ›Jesus Christus‹ in den Wind, an der wirklichen Not der wirklichen Menschen vorbeiredet, ...«[23]

Stellvertretend für die deutschen Kirchenleitungen wies der kurmärkische Generalsuperintendent Otto Dibelius die Angriffe Barths schon auf der preußischen Generalsynode im Februar 1930 zurück. Der Streit zwischen den beiden Männern zog sich dann bis an die Schwelle des Dritten Reiches hin. [Barth präzisierte seinen Standpunkt noch einmal in einem Vortrag über die Not der evangelischen Kirche, den er 1931 in Berlin hielt.[24]

Dabei ging er bezeichnenderweise gerade auf den Unterschied zur katholischen Kirche ein und jenes Wechselverhältnis, von dem hier die Rede war. Wo sie nicht Kirche unter dem Kreuz sei, unter Verzicht auf alle Sicherungen, da allerdings werde »die Lebensfrage der Kirche zu einer Machtfrage, die Konkurrenz mit der römischen Kirche, für die die Machtfrage allerdings bezeichnend ist, zum entscheidenden Interesse.«[25] Dibelius antwortete erneut mit dem Hinweis, daß Barth keinen Sinn habe für die Aufgaben der Kirchenleitung und daß jetzt keine Zeit sei zu theologischer Kritik. »Wir sind«, sagte er, »in einen Kampf gezwungen, wie er so folgenschwer nicht geführt worden ist, seit das Kreuz Christi auf deutschen Boden getragen worden war. In diesem Kampf werden Entschuldigungszettel wegen theologischer Hemmungen nicht geschrieben.«[26]]

Dies also waren – um der Kürze der Zeit willen nur mit wenigen Strichen angedeutet – die Voraussetzungen, unter denen die beiden großen Kirchen in Deutschland ins Dritte Reich eintraten: Die katholische Bischofskirche bestimmt durch eine am kanonischen Recht orientierte Konkordatspolitik, die eine einheitliche Führung und ein geschlossenes Auftreten ermöglichte; die protestantische Pastoren- und Theologenkirche bestimmt durch einen Widerspruch zwischen Theologie und Institution, der von Anfang an ein gemeinsames Handeln der Kirche nahezu ausschloß. Und es wird dann von hier aus vielleicht deutlich, warum die beiden Kirchen im Dritten Reich einen so verschiedenen Weg gingen. Die katholische Kirche zog sich in den festen Turm des Reichskonkordats zurück, der sie zwar absicherte, zugleich aber auch ihre gesellschaftliche und politische Wirksamkeit ganz außerordentlich einschränkte. Die evangelische Kirche dagegen, der Hitler den gleichen Weg angeboten hatte, zerbrach; und die Bekenntnissynoden in Barmen und Dahlem 1934 entwickelten auf der Grundlage des neuen theologischen Ansatzes eine neue kirchliche Ordnung, die Ordnung der Bekennenden Kirche.

Ich breche hier ab, obwohl es natürlich reizvoll wäre, die Linien bis ins Dritte Reich und darüber hinaus weiter auszuziehen. Aber was ich Ihnen vortragen wollte, war ja keine Geschichte der Kirche, sondern waren Hinweise auf bestimmte Umstände und Bedingungen, die die deutsche Kirchengeschichte im 20. Jahrhundert geprägt haben. Deshalb nun abschließend einige Bemerkungen zur aktuellen Bedeutung der ganzen Entwicklung. Es liegt für uns nahe, im Rückblick auf die Seite Barths zu treten und jene kirchenpolitische Richtung zu kritisieren, die ich hier mit dem Namen Pacelli gekennzeichnet habe, die aber natürlich auch eine evangelische Richtung ist. Ich will auch nicht verschweigen, daß ich von meinem theologischen Ansatz her zu dieser Wertung neige. Aber für den Kirchenhistoriker kann das nicht das letzte Wort sein. Er hat vielmehr zunächst einmal darzustellen, wie es eigentlich gewesen ist; und er hat bei dieser Darstellung gerade jene Aspekte besonders zu betonen, die nicht die ihm selbst und seiner Zeit vielleicht naheliegenden sind. So werden wir sehr deutlich ins Auge fassen müssen, daß das Überleben beider Kirchen im Dritten Reich – auch in diesem Punkt ist die evangelische Kirche hier gewissermaßen Nutznießerin gewesen – auch von jenen Sicherungen nicht abhing, die das Reichskonkordat errichtet hatte.

Meine Damen und Herren. Es sei meine Überzeugung, so sagte ich am Anfang, daß sich die beiden großen Konfessionen in Deutschland in einem viel tieferen und nachhaltigeren Sinne gegenseitig beeinflußt haben, als ihnen dies selbst bewußt ist.

Politik, Kirchenpolitik und Theologie in der Weimarer Zeit haben dies, so hoffe ich, an einem kleinen Ausschnitt deutlich machen können.

TEIL III

Die Kirchen im Dritten Reich

Die Krise der dreißiger Jahre als Fragen an Christentum und Kirchen[1]

Krise und Erneuerung, »challenge and response«, wie der englische Historiker und Kulturphilosoph Arnold Toynbee das nennt, sind Grundmuster unseres historischen Verstehens. Dies gilt auch für die Kirchengeschichte. Auch hier richtet sich unser Augenmerk vorzugsweise auf die Zeit kritischer Zuspitzungen und ihrer Folgen: die Krise des römischen Reiches und der Weg zur Reichskirche im 4. Jahrhundert; der Streit zwischen kaiserlicher und päpstlicher Gewalt im Mittelalter; Reform und Reformation im 15. und 16. Jahrhundert; das sind berühmte Beispiele dieses Grundmusters, Beispiele epochalen Zuschnitts.

Das Thema, das uns heute beschäftigen soll, liegt uns zeitlich näher. So läßt sich über seine epochale Bedeutung für die Kirchengeschichte noch nichts ausmachen. Aber daß die Krise der dreißiger Jahre und die durch sie ausgelöste und herbeigeführte Erneuerung den deutschen Protestantismus jedenfalls in einer Hinsicht tief verändert hat – und in dieser Hinsicht tiefer als irgendein anderes Ereignis seit der Reformation –, dies scheint mir außer Zweifel zu stehen. Denn – um dies mit einem Satz vorwegzunehmen – erst diese Krise und ihre Folgen beendeten *tatsächlich* das sogenannte Landesherrliche Kirchenregiment, das für mehr als vier Jahrhunderte das Verhältnis der deutschen Reformationskirchen zum Staat bestimmt hatte. Rechtlich freilich war dieses Institut bekanntlich schon seit 1918 erloschen. Aber das Landesherrliche Kirchenregiment war ja nicht bloß eine Rechtsfigur. Sein Grundgedanke, nämlich das besondere, ja einzigartige Verhältnis von Staat und Kirche, wie es im deutschen Luthertum verwirklicht schien, war damit noch keineswegs endgültig aus der Welt. Tatsächlich war es erst die Barmer Synode von 1934 und ihre berühmte »Theologische Erklärung«, die dieses besondere Verhältnis von Staat und Kirche als theologische Idee beendete – eine in den vielen Beiträgen zu Barmen weithin übersehene Folge.[2]

So sollen im Mittelpunkt dieses Vortrags Vorgeschichte und Bedeutung der Barmer Erklärung stehen sowie die Folgen, die diese Erklärung für jenes Verhältnis von Staat und Kirche besaß, das wir mit dem Begriff des Landesherrlichen Kirchenregiments beschreiben. Es geht hier also nicht um eine weitere Auslegung von Artikel 5 der Barmer Erklärung im Blick auf die Bedeutung für das aktuelle oder sogar künftige Verhältnis von evangelischer Kirche und dem Staat der Bundesrepublik Deutschland, sondern es geht um ein durchaus historisches Thema – ein Thema freilich, das gleichwohl nicht ohne Aktualität ist.

1. Der Ausbruch der Krise

Die unmittelbare, jedermann sichtbare Krise des deutschen Protestantismus begann mit dem Zusammenbruch des Kaiserreiches.[3] Die Novemberrevolution von 1918 und ihre Folgen bedeuteten nicht nur das Ende seiner traditionellen rechtlichen Ordnung, eben des Landesherrlichen Kirchenregiments, das die evangelischen Kirchen durch den Summepiskopat mit den jeweiligen Territorien aufs engste verband; die Revolution nahm ihm auch seinen politischen Rückhalt, gefährdete seine wirtschaftlichen Grundlagen und war geistig nicht weniger als eine Katastrophe.

Zwar gelang es dank der Gunst der Stunde 1919 in der Weimarer Verfassung die rechtliche und wirtschaftliche Lage der Kirche in einer, in den Revolutionswirren kaum für möglich gehaltenen Weise zu sichern, was selbst von den konservativen Kirchenleitungen durchweg anerkannt wurde. Aber die geistige Krise war damit nur scheinbar gelöst. Dies galt nicht nur für jene kritische theologische Bewegung, die mit dem Namen Karl Barths verknüpft war, und die die neue kirchliche Zufriedenheit erbittert attackierte; es galt, wie sich zeigen sollte, fast noch mehr für die breite Bewegung des deutschen Nationalprotestantismus, die, tief unzufrieden mit den deutschen politischen und kirchlichen Verhältnissen, auf eine nationale Erneuerung des Luthertums und eine lutherische Erneuerung der Nation hoffte – eine Hoffnung übrigens, die von einem kräftigen Schuß Antikatholizismus begleitet war.

In welchem Umfang und in welcher Tiefe diese nationalprotestantischen Ideen im deutschen Protestantismus noch verbreitet waren, zeigte sich überraschend deutlich seit dem Machtantritt Hitlers. Mit ungeheurer, scheinbar unwiderstehlicher Gewalt brachen sich im Frühjahr und Sommer 1933 die deutsch-christlichen Vorstellungen von der großen Einheit von Reich, Volk, Führer und lutherischer Kirche Bahn. Die neue Regierung der nationalen Konzentration entband im deutschen Protestantismus unerhörte neue Erwartungen; vieles von dem, was seit 1918 zurückgedrängt worden war, kam nun erneut an die Oberfläche und verband sich zur enthusiastischen Hoffnung auf die Erneuerung Deutschlands und die Vollendung der Reformation im Zeichen einer nationalen, lutherischen Reichskirche.

Wer unter den Fahnen von Kirche und nationaler Bewegung in diese Richtung marschierte, für den besaß das Grundprinzip der Trennung von Kirche und Staat, wie es die Weimarer Verfassung als liberalen Fortschritt festhielt, begreiflicherweise nur wenig Anziehungskraft. Zwar gab es zunächst noch keine konkreten staatskirchenrechtlichen Vorstellungen, wie das neue Verhältnis von Kirche und Staat in Zukunft zu gestalten sei, aber an eine grundsätzliche Veränderung der Dinge, wenigstens an eine innere Gleichschaltung bei äußerer Beibehaltung der Form, dachte man allemal. Später, im Herbst und Winter 1933/1934, machten sich dann auch die jungen protestantischen Staatskirchenrechtslehrer ans Werk, um entsprechende Formulierungen zu finden.[4]

Der konservative Widerstand der alten Kirchenleitungen war schon im Sommer 1933 – nicht ohne tatkräftige Mithilfe von Partei und Staat – überrannt. Im Juli wurde eine neue Reichskirchenverfassung erzwungen; im September Hitlers Vertrauensmann zum ersten Reichsbischof gewählt.

Der Sieg der Deutschen Christen schien vollständig. Allein, nun begann sich auch der Widerstand zu formieren. Ein Pfarrernotbund entstand, in dem sich die bekenntnistreuen Pfarrer zusammenschlossen; im Januar 1934 waren es weit über 40 Prozent aller evangelischen Pfarrer, die auf der Bekenntnisseite standen. Die süddeutschen Landeskirchen Bayern und Württemberg, neben Hannover als einzige aus dem revolutionären Geschehen leidlich »intakt« hervorgegangen, kämpften um ihre Unabhängigkeit, und landauf landab wuchs aus vielerlei Gründen die Unzufriedenheit mit dem neuen Reichsbischof. Trotzdem konnte der Ausgang dieses ungleichen Ringens nicht zweifelhaft sein.

Wenn gleichwohl ein halbes Jahr später, im Mai 1934, mit der ersten Reichsbekenntnissynode von Barmen die evangelische Kirche in Deutschland ihre eigene Stimme wiedergefunden hatte, so war dies in erster Linie das Werk eines Mannes, das Werk von Karl Barth.

Wer also begreifen will, wie es gelang, sich einer fast übermächtig erscheinenden kirchenpolitischen Gewalt zu widersetzen, die erwünschte Gleichschaltung von Kirche und Staat zu verhindern und statt dessen die Kirche in ein unabhängiges Wächteramt einzusetzen – gewiß das Letzte, was die deutsch-christliche Bewegung im Sinne hatte –, der muß bei der theologischen Arbeit Karl Barths beginnen.

II. Die Bedeutung Karl Barths im Frühjahr 1934

Der Entwurf für die »Theologische Erklärung« von Barmen, in der diese ganze Entwicklung kulminierte, entstand in der Woche vor Pfingsten 1934 im Hotel Baseler Hof in Frankfurt a. M. An der Ausarbeitung waren drei Männer beteiligt: Hans Asmussen, ein junger Lutheraner aus Schleswig-Holstein, seit Anfang des Jahres amtsenthoben, der durch das »Altonaer Bekenntnis« vom Jahresende 1932 bekanntgeworden war; Thomas Breit, ebenfalls Lutheraner und seit 1933 bayerischer Oberkirchenrat und Stellvertreter des bayerischen Landesbischofs; und der reformierte Theologieprofessor Karl Barth, der seit einigen Jahren in Bonn lehrte. An Barths entscheidender Rolle in diesem Kollegium kann kein Zweifel bestehen. Am 21. Mai, also nur wenige Tage nach seiner Rückkehr aus Frankfurt, schrieb er an einen Freund: »Die Zusammenarbeit mit Asmussen und Breit, die ich letzten Dienstag und Mittwoch zu dem Ihnen bekannten Zwecke hatte, war eine sehr erfreuliche und ich glaube, daß Sie und die Wuppertaler Freunde auch mit dem Ergebnis zufrieden sein werden [...]. Das *Referat* über die von uns vorbereitete Sache wird Asmussen halten, während der *Text* mit Ausnahme eines Satzes [...] von mir stammt.«[5] Bei diesem einen Satz, den Asmussen beisteuerte, handelt es sich übrigens um die zweite Hälfte der zweiten These (»durch ihn widerfährt uns frohe Befreiung aus den gottlosen Bindungen dieser Welt zu freiem, dankbarem Dienst an seinen Geschöpfen«).

Anders also als etwa das Augsburger Bekenntnis mit seiner einigermaßen verwickelten Entstehungsgeschichte, anders auch als der Heidelberger Katechismus mit seinen vielen Bearbeitungsstufen, entsprang die »Theologische Erklärung« *einem* theologischen Willen. Sie ist ein Werk aus einem Guß.

Das aber kann für ihr Verständnis nicht ohne Folgen sein. Denn so eindeutig diese Erklärung durch die Zustimmung der Synode zu einem Bekenntnis der Kirche wurde, so sehr wird man sich bei dem Bemühen um ihre historische Absicht und Bedeutung zunächst an jenem theologischen Willen orientieren müssen, der sie geprägt und bestimmt hat.

Dies ist, wie noch zu zeigen sein wird, nicht die einzige historische Orientierung. Aber es ist die nächstliegende und wichtigste.

Unter den kirchlich-theologischen Äußerungen Barths in dieser Zeit sind es vor allem zwei, die in diesem Zusammenhang eine besondere Bedeutung besitzen.

Die erste Äußerung ist seine erste öffentliche Äußerung zum Kirchenstreit überhaupt, die Schrift mit dem ebenso berühmten wie merkwürdigen Titel »Theologische Existenz heute!« vom Juni 1933.[6] Sie war, was heute vielfach übersehen wird, im besonderen an die deutschen evangelischen Pfarrer gerichtet und stellte eine einzige Beschwörung dar, jetzt »unter keinen Umständen«[7] im Eifer für irgend etwas, was man für eine gute Sache hielte, seine theologische Existenz zu verlieren. Was aber meinte dieser merkwürdige Begriff? Karl Barth erklärt das sehr genau: »Unsere theologische Existenz«, so sagt er, »ist unsere Existenz in der Kirche, und zwar als berufene Prediger und Lehrer der Kirche«, und das heißt, wie er wenig später ausführt, »unsere Bindung an das Wort Gottes und die Geltung unserer besonderen Berufung zum Dienst am Wort Gottes [...]«.[8] Worin aber besteht nun die Gefahr des Verlustes dieser theologischen Existenz? Sie besteht darin, »daß wir über der Macht anderer Ansprüche die Intensität und Exklusivität des Anspruches des göttlichen Wortes als solches nicht mehr und damit dieses Wort sofort überhaupt nicht mehr verstehen.

Daß wir in der Ängstlichkeit vor allerhand Gefahren der Gewalt des Wortes Gottes nicht mehr so ganz trauen, sondern ihm mit allerhand Veranstaltungen zu Hilfe kommen zu müssen meinen [...]«. »Daß wir unter dem stürmischen Eindruck gewisser ›Mächte, Fürstentümer und Gewalten‹ Gott noch anderswo suchen als in seinem Wort und sein Wort noch anderswo als in Jesus Christus und Jesus Christus noch anderswo als in der heiligen Schrift [...]«.[9]

Wer dergestalt seine theologische Existenz verlöre, sei, so meinte Barth, nicht mehr Prediger und Lehrer der Kirche, sondern Politiker oder Kirchenpolitiker. Es sei kein Schimpf, dies zu sein, aber es ist eben »[...] etwas anderes, Theologe zu sein«.[10]

Nach dieser Einleitung folgt eine vernichtende Kritik der kirchenpolitischen Pläne der Deutschen Christen, aber fast noch mehr ihrer Gegner, der kirchlichen Opposition. Ihnen, der sogenannten Jungreformatorischen Bewegung, seinen Freunden also, wirft Barth hier vor, ebenfalls nur Kirchenpolitik zu machen, nämlich »Taktik gegen Taktik, Überrumpelung gegen Überrumpelung, Kundgebung gegen Kundgebung zu setzen« und damit, wie die Kirchenpolitik der Deutschen Christen, »[...] mit ganz gewöhnlicher Politik ein gutes Stück weit verhängt [...]« zu sein.[11]

Statt dessen ruft Barth die Pfarrer dazu auf, wo es nötig werde, d. h., wo der Feind in Sicht komme, »durch Wort und Tat das kirchliche Bekenntnis« zu wiederholen und zu bekräftigen. »Wo das Bekenntnis ist«, heißt es dann wörtlich weiter, »da ist die eine heilige Kirche im Kampf mit dem Irrtum, in welchem sie nicht unterliegen wird. Wo dagegen ›Bewegungen‹ sind« – Barth dachte hier selbstverständlich vor allem an die Glaubensbewegung Deutsche Christen und an die Jungreformatorische Bewegung –, »da ist selber schon Irrtum und Sekte mindestens in größter Nähe. Der heilige Geist braucht keine ›Bewegungen‹. Und die allermeisten ›Bewegungen‹ hat wahrscheinlich der Teufel erfunden.«[12]

Was Karl Barth hier behauptet, kommt einer völligen Veränderung der Fronten gleich. Er behauptet nämlich, daß der Streit in der Kirche und um die Kirche ein *theologisches* und kein *kirchenpolitisches* und schon gar kein *politisches* Thema sei; und daß der Kampf deshalb theologisch – mit dem kirchlichen Bekenntnis in Wort und Tat –, nicht aber kirchenpolitisch oder politisch geführt werden müsse, andernfalls er unweigerlich verloren gehe.

Das war damals und ist noch heute eine verblüffende Behauptung. Aber sie bedeutete die Rettung. Und wir erkennen hier bereits die ursprüngliche Bedeutung der Barmer Theologischen Erklärung. Daß die Synode diese Erklärung annahm, bedeutete, daß die kirchliche Opposition für einige Wochen oder Monate im Frühjahr und Sommer 1934 dieser theologischen Linie folgte. Sie folgte ihr, nachdem sie überall dort, wo sie sich politisch und kirchenpolitisch versucht hatte – am deutlichsten bei dem verheerenden Führerempfang am 25. Januar 1934[13] –, die schmählichsten Niederlagen erlitten, dagegen überall dort, wo sie zum Bekenntnis rief, ungeahnte Zeichen des Geistes und der Kraft empfangen hatte.[14] »Gott«, so kommentierte der Essener Pfarrer Graeber in Barmen diese Erfahrungen drastisch genug, »[Gott] hat uns zusammengeprügelt, und vielleicht brauchen wir noch mehr Prügel«.[15]

Die historische Bedeutung der Theologischen Erklärung lag also zunächst darin, daß sie sich die damals übermächtige politische Fragestellung eben gerade *nicht* aufnötigen ließ. Eben darin bestand ihre befreiende Kraft, eben darin auch das Geheimnis ihrer Wirkung. Und wenn ich die Botschaft von Barmen in dieser Hinsicht richtig verstehe, so ist dies noch immer ein wichtiger Punkt: daß die Kirche sich keine politischen Themen – gelegene oder ungelegene – aufnötigen läßt.

Diese Grundposition, die wir schon in der »Theologische[n] Existenz heute!« finden, wird nun wiederholt und ausgeführt in der zweiten kirchlich-theologischen Äußerung Karl Barths, die wir hier heranziehen wollen, und die bereits in die unmittelbare Vorgeschichte von Barmen gehört. Es handelt sich um seine *»Erklärung über das rechte Verständnis der reformatorischen Bekenntnisse in der Deutschen Evangelischen Kirche der Gegenwart«* auf der ersten Freien reformierten Synode zu Barmen-Gemarke am 3. und 4. Januar 1934.[16]

Hier finden wir bereits die Form von These und Verwerfung; hier finden wir den Aufruf an Lutheraner, Reformierte und Unierte, gemeinsam zu reden; und hier finden wir auch zum ersten Mal in dieser Weise ausdrücklich ausgesprochen, was nach Barths Überzeugung den Kern des Kirchenkampfes bildete.

Es ging dabei nicht um die politischen Fragen von Unterdrückung und Entrechtung; es ging nicht einmal um die kirchenpolitischen Bemühungen einer Gleichschaltung von Kirche und Staat; sondern es ging, wie Barth sagte, und wie Asmussen dann in Barmen fast wörtlich wiederholte, um einen Irrtum, der die Kirche schon seit Jahrhunderten verwüstete, um die Meinung nämlich, *»daß neben Gottes Offenbarung, Gottes Gnade und Gottes Ehre auch eine berechtigte Eigenmächtigkeit des Menschen über die Botschaft und die Gestalt der Kirche, [. . .], zu bestimmen habe.«*[17]

Die Erklärung, die sich die reformierte Synode dann zu eigen machte, bezog also nicht etwa eine politische Gegenposition zur politischen Position der Deutschen Christen, sondern sie argumentierte auf einer völlig anderen Ebene. Sie behauptete, daß der Irrtum der Deutschen Christen keineswegs ein politischer Irrtum sei, vielmehr »[. . .] derselbe wie der Irrtum der Papstkirche und der Schwärmerei«, und daß der Feind mithin »[. . .] nicht ein neuer, sondern ein alter in neuer Gestalt« sei, nämlich der immer gleiche Anspruch des Menschen, »[. . .] unter Berufung auf seinen Geist, sein Gewissen, seine Gerechtigkeit Gott gegenüber ein zweiter Gott [. . .]« sein zu wollen.[18]

Und weil diese Front, Papsttum, Schwärmer und Humanisten, unbeschadet aller Lehrunterschiede zwischen Reformierten und Lutheranern, einst die gemeinsame Gegenfront zur reformatorischen Lehre bildete, deshalb konnte Karl Barth dazu aufrufen, daß lutherische, reformierte und unierte Gemeinden und Kirchen erneut gemeinsam gegen diese Irrlehre streiten sollten.[19]

Aus der theologischen Thematisierung des Kirchenkampfes folgten schließlich auch die Thesen zum Verhältnis von Kirche und Staat. So wie Barth die Dinge sah, mußten sie so formuliert sein, daß auch dieses Verhältnis von der Kirche aus unter allen Umständen nur theologisch zu bestimmen war. Keinesfalls durften hier inhaltliche politische Formulierungen auftauchen, die die ganze Erklärung dann gleichsam durch die Hintertür als eine eben doch politisch gemeinte Äußerung erscheinen lassen konnten.

So streng wie nur je eine lutherische Zwei-Reiche-Lehre unterschied darum Karl Barth hier, im Januar-Bekenntnis, zwischen Kirche und Staat, die je ihr eigenes, besonderes Amt besitzen. Ähnlich wie später in Barmen heißt es hier: *»Die Kirche kann dem Staat dieses sein besonderes Amt nicht abnehmen. Sie kann sich aber auch ihr eigenes Amt nicht vom Staate abnehmen, sie kann ihre Botschaft und ihre Gestalt nicht vom Staat her bestimmen lassen.«*[20]

Kirche und Staat befinden sich also in einem Verhältnis wechselseitiger Unabhängigkeit und Freiheit. Es beruht auf der Unterscheidung der Ämter. So wenig der Staat ein kirchlich-theologisches Mandat besitzt, so wenig besitzt die Kirche ein staatlich-politisches Mandat. Aber – und auf diesem Aber liegt nun ein entscheidendes Gewicht – das bedeutet nicht, daß die Kirche den Staat sich selbst und seiner sogenannten Eigengesetzlichkeit überlassen und ihm »vorbehaltlosen Gehorsam entgegenbringen« dürfe. Das wird ausdrücklich abgelehnt. Von einer unpolitischen, einer weltabgewandten, einer nur an der Innerlichkeit des Menschen interessierten Kirche ist nicht die Rede. Die Unterscheidung der Ämter bedeutet vielmehr, daß die Kirche auf staatlich-politische Herausforderungen nur als Kirche, und das heißt theologisch, antworten kann. Mit den Worten Karl Barths (und hier hören wir schon die fünfte These von Barmen) hieß das: Die Kirche begleitet die Welt, auch die Welt des Politischen, *»[...] mit der ernsten Anerkennung ihres zeitlichen, bestimmten und begrenzten Rechtes mit ihrer Fürbitte, aber auch mit der Erinnerung an Gottes Reich, Gesetz und Gericht, mit der Hoffnung auf ihn, der alles lenkt, um alles neu zu machen«.* »Das«, so erläutert Karl Barth, »ist der entscheidende Akt, den die Kirche für die Welt tun kann«. Die politischen Mittel der Kirche also sind die Mittel der Kirche überhaupt: Fürbitte und Predigt.[21]

Es ist hoffentlich deutlich geworden, daß die *»Erklärung über das rechte Verständnis der reformatorischen Bekenntnisse in der Deutschen Evangeli-*

schen Kirche der Gegenwart« nichts anderes enthielt, als die Ausfüllung und Bekräftigung dessen, was in der »Theologische[n] Existenz heute!« bereits grundsätzlich entschieden war. Es ging darum, den Kirchenkampf (um hier ein berühmtes Zitat von Karl Marx zu variieren) vom Kopf auf die Füße zu stellen, das hieß, die politischen und kirchenpolitischen Auseinandersetzungen entgegen allem Anschein zu theologischen zu erklären. Erst wenn die kirchliche Opposition dies begriffen hatte, konnte sie als Kirche argumentieren und wurde damit zu einem Politikum. Eben das ist auch, wie sich schon an der Verwandtschaft des Januar-Textes mit der Theologischen Erklärung zeigen läßt, der Kern von Barmen. Und man kann mit einiger Sicherheit sagen, daß es ohne diese grundstürzende Einsicht in Deutschland keine Bekennende Kirche gegeben hätte.

Um uns das zu verdeutlichen, müssen wir nun einen kurzen Blick auf die kirchenpolitische Entwicklung in der ersten Hälfte des Jahres 1934 werfen.

III. Die kirchenpolitische Entwicklung von Januar bis Mai 1934

Mit der Annahme der Barthschen Erklärung durch die Freie reformierte Synode am 4. Januar 1934 war nach Barths eigenem Verständnis aus der Meinung eines einzelnen Professors ein Bekenntnis geworden. Aber das bedeutete zunächst fast nichts. Denn es gab damals Dutzende von Bekenntnissen und bekenntnisähnlichen Formulierungen. Dazu repräsentierte die Freie Synode in Barmen nicht einmal die ganze, zahlenmäßig ohnehin kleine reformierte Minderheit in der Kirche. So erschien der ganze Vorgang von Berlin aus, wo die kirchenpolitischen Würfel fielen, nicht nur geographisch, durchaus als ein Randereignis.

Hier, in der Reichskirchenregierung in Berlin, hatten sich, von der kirchlichen Öffentlichkeit kaum bemerkt, um die Jahreswende 1933/34 entscheidende Veränderungen vollzogen. Mitte Dezember war der junge und ehrgeizige rheinische Bischof Dr. Oberheid, ein Deutscher Christ der ersten Stunde, von Koblenz nach Berlin übergesiedelt und war dort zum ersten Berater des Reichsbischofs aufgestiegen. Oberheid knüpfte alsbald Kontakte zu dem berüchtigten ehemaligen Kirchenkommissar August Jäger. Und unter Oberheids Einfluß und vor allem mit Unterstützung der Preußischen Staatsregierung entstand nun der Plan, gleichsam in einer »Revolution von oben« die erst wenige Monate alte Reichskirchenverfassung zu unterlaufen und an ihrer Stelle eine einheitliche deutsch-lutherische Reichs- und Nationalkirche zu errichten. Die Grundidee dabei war eine moderne Erneuerung des Landesherrlichen Kirchenregiments (dessen Ende ja gerade erst 15 Jahre zurücklag) durch die Übergabe der Kirchengewalt »circa sacra« an die Führung des Reiches. Da Hitler selbst unglücklicherweise katholisch war, war als erster »summus episcopus« der lutherischen Reichskirche der preußische Ministerpräsident Hermann Göring vorgesehen, der seine Befugnisse durch eine Art kirchlichen Staatssekretär ausüben sollte. Dem Reichsbischof blieb die sogenannte geistliche Leitung der Kirche. Durch diese Konstruktion sollte sichergestellt werden, daß die Reichskirche personell, formal und inhaltlich dem Staat des Dritten Reiches tatsächlich vollständig gleichgeschaltet wurde und gleichgeschaltet blieb: die moderne Erneuerung des alten Landesherrlichen Kirchenregiments und zugleich, wie man hoffte und meinte, die Vollendung der Reformation.[22]

Zunächst hoffte der Reichsbischof am Anfang des Jahres 1934 noch auf die unmittelbare Zustimmung Hitlers zu diesen Plänen. Als sie ausblieb, versuchte August Jäger, der im April Oberheid verdrängt hatte, durch die Gleichschaltung der Landeskirchen mit der Reichskirche innerkirchlich vollendete Tatsachen zu schaffen, um dann die geeinte Reichskirche Hitler anzutragen. Und als die Barmer Synode Ende Mai zusammentrat, sah es ganz danach aus, als sollten diese Pläne binnen kurzem gelingen. Nahezu alles, was die kirchliche Opposition politisch und kirchenpolitisch dagegen unternommen hatte, war entweder fehlgeschlagen oder hatte sich als unwirksam erwiesen.

Wenn die kirchliche Opposition so wenig erfolgreich operierte, so lag das auch an ihrer Uneinheitlichkeit und Zersplitterung. Unzweifelhaft die Spitze dieser Oppositionsbewegung bildete der Pfarrernotbund, dessen wirksamer Einsatz freilich weitgehend auf die altpreußische Kirche beschränkt blieb. Nach seiner Verpflichtungserklärung ging es den Mitgliedern um die alleinige Bindung an die Heilige Schrift und an die Bekenntnisse der Reformation, also um ein theologisches Ziel; aber so wie Martin Niemöller den Notbund führte und einsetzte, war er bis zum Frühjahr 1934 ein vorwiegend kirchenpolitisches Instrument.

Neben dem Pfarrernotbund standen gegen den Reichsbischof – gleichsam als letzte Säulen der alten Kirche – die beiden süddeutschen Landesbischöfe mit ihren Landeskirchen. Ihrer Stellung und ihren Interessen nach waren sie begreiflicherweise eher an der Kontinuität und also am Kompromiß orientiert als am Bruch.

Und schließlich gab es in allen deutsch-christlich beherrschten Kirchengebieten, in den preußischen Provinzialkirchen ebenso wie in den anderen Landeskirchen, mehr oder minder große oppositionelle Minderheiten, die allerdings zu Jahresbeginn 1934 selbst innerhalb der Landeskirchen im allgemeinen nur lose, darüber hinaus noch gar nicht organisiert waren. Sprecher und Führer dieser bunten Oppositionsfront war der bayerische Landesbischof Hans Meiser, der auch die kirchenpolitischen und politischen Aktivitäten der Opposition im Vorfeld des Empfangs der evangelischen Kirchenführer bei Hitler am 25. Januar organisierte.

Dieser Empfang der beiden streitenden Parteien sollte nach dem Willen der Opposition zum Rücktritt des Reichsbischofs und zu einer Erneuerung des Reichskirchenregiments führen. Und die Sache schien politisch schon so gut wie entschieden. Durch pausenlose, intensive politische Bemühungen war es gelungen, fast das halbe Reichskabinett, den Außenminister, den Innenminister, den Finanzminister und den Vizekanzler für die Sache der kirchlichen Opposition zu gewinnen. Noch wichtiger aber war es, daß sich der Reichspräsident bereit erklärt hatte, bei Hitler persönlich für die Sache der Opposition einzutreten. Diesem vereinten politischen Druck, so meinte man, werde der Reichskanzler kaum standhalten können.

Aber dann zeigte sich, daß Hitler und der preußische Ministerpräsident Göring im politischen Spiel den Kirchenführern bei weitem überlegen waren. Mit einem simplen, aber wirkungsvollen Trick gelang es Göring, die Vertreter der Opposition auf dem Empfang derartig einzuschüchtern und zu entmutigen, daß die Bischöfe zwei Tage später einer Erklärung zustimmten, die dem Reichsbischof uneingeschränkte Unterstützung zusagte und damit das genaue Gegenteil dessen darstellte, wofür man angetreten war.[23]

Dieses kirchenpolitische Desaster hatte zwei unmittelbare Folgen. Für die deutsch-christliche Reichskirchenleitung war dieses Ereignis der Anlaß, um ohne weitere Rücksichten an die Zerschlagung der Verfassung, die Entmachtung der Landeskirchen und ihre Eingliederung in die Reichskirche zu gehen. Den Anfang machte die Evangelische Kirche der Altpreußischen Union, die schon am 1. März 1934 gleichgeschaltet wurde.

Nur wenig später, am 19. März, wurden die deutsch-christlichen Kirchenführer von 11 Landeskirchen, darunter Nassau-Hessen, Sachsen, Schleswig-Holstein, Hamburg und Mecklenburg, nach Berlin gerufen, um eröffnet zu bekommen, daß ihre Landeskirchen im Lauf der nächsten Wochen auf die gleiche Weise ebenfalls in die Reichskirche eingegliedert werden sollten.[24] Widerstand gegen diese Pläne war weder von den Kirchenführern noch von den deutsch-christlichen Synoden dieser Landeskirchen zu erwarten.

Und so waren, was man allzuleicht vergißt, Mitte Mai 1934 samt Thüringen und Hannover, wo die Sache freilich umstritten blieb, zahlenmäßig bereits rund Dreiviertel aller evangelischen Deutschen in der Reichskirche gleichgeschaltet. An ernsthaften Hindernissen blieben nur noch Bayern und Württemberg übrig. Alle Versuche der jeweiligen kirchlichen Oppositionsgruppen in den Kirchenprovinzen und Landeskirchen, das Schicksal der Gleichschaltung auf politischem oder kirchenpolitischem Wege abzuwenden, waren gescheitert, in Nassau-Hessen und Sachsen so gut wie in Hannover und selbst in Westfalen, wo die Opposition die bei weitem stärkste Stellung in Deutschland besaß. Und wenn auch im Rückblick das rein Formale und Schematische dieser Vorgänge deutlich heraustritt, war die Wirkung auf die Zeitgenossen doch tief und nachhaltig. Angesichts der Schnelligkeit und Rücksichtslosigkeit, mit der die Reichskirchenregierung und die ihr verbundenen deutsch-christlichen Kirchenleitungen arbeiteten, schien das Ende einer evangelischen Kirche, die diesen Namen verdiente, unmittelbar bevorzustehen.

Weit wichtiger für die Zukunft der Kirche als diese scheinbar übermächtige Aktion war jedoch eine andere Entwicklung, die ebenfalls unmittelbar nach dem Führerempfang begann.

Sie tritt uns deutlich entgegen in einer kritischen Erklärung, die zwei unbekannte Pfarrer aus der uckermärkischen Provinz Anfang Februar der Führung des Pfarrernotbundes in Berlin zusandten. »Die kirchenpolitischen Aktionen sind zusammengebrochen«, so erklärten die Verfasser, »nicht nur infolge des schuldhaften Umfalls der Kirchenführer, sondern auch weil der Pfarrernotbund seine Sache mit der ihren verkoppelt und auf menschliche Geschicklichkeit der Verhandlungsführung und Zuverlässigkeit von Menschen gebaut hat.« Zu lernen sei aus dem Erlebten, so fuhren die Verfasser fort, die Rettung der Kirche nicht von politischen Aktionen zu erwarten, sondern vom Glauben der Gemeinde. Mit wenigen einfachen Sätzen umrissen sie dann das schwierige Verhältnis von Politik, Kirchenpolitik und Verkündigung in dieser Zeit.

»Rechte Kirchenpolitik in der evangelischen Kirche ist nur möglich als Verkündigung. Rechte Verkündigung wirkt immer als ein politisches Handeln in Gemeinde, Kirche und Staat. Niemals aber darf die Verkündigung in den Dienst politischer oder kirchenpolitischer Zwecke gestellt werden.«[25]

Präziser konnte man den theologischen Weg, den Karl Barth und die Freie reformierte Synode bereits beschritten hatten, kaum beschreiben. Und in der Tat begann sich's nun in den gleichgeschalteten Kirchen in diesem Sinne zu regen. Den Anfang machten die westlichen Provinzialkirchen Preußens und unter ihnen als erste die Rheinische.

Schon am 12. Februar, kaum drei Wochen nach dem Führer-Empfang, lud der Bruderrat der Rheinischen Pfarrerbruderschaft Pfarrer und Presbyter, die sich zur Pfarrerbruderschaft bekannten, auf den 18. und 19. Februar zu einer Freien Synode nach Barmen ein. Trotz der Kürze der Zeit waren auf dieser ersten Freien Synode der Rheinischen Provinzialkirche 30 von 33 rheinischen Kreissynoden durch Prediger und Älteste vertreten. Die Predigt von Friedrich Graeber aus Essen, mit der diese Synode eröffnet wurde, und das Referat von Joachim Beckmann zeigten, worum es nun ging, nämlich, mit Beckmanns Worten, um eine Kirche, »die sich *theologisch* versteht und nicht anthropologisch, auch nicht soziologisch, also von Gott her und nicht vom Menschen, von der Menschwerdung Gottes und nicht von menschlichen Ideen oder menschlichen Gemeinschaften her. Aus dieser Einsicht ergibt sich für uns eine entschlossene und rücksichtslose Abkehr von den bisherigen Mitteln und Wegen [...]« hin zu einer »[...] *nur Gott gehorsamen* Kirche«.[26]

Wie dieser neue Weg aussah, zeigte sich auch daran, daß die Synode in ihrer Entschließung ausdrücklich die Theologische Erklärung der reformierten Synode vom Januar übernahm.[27]

Anfang März folgten dann auf diesem Wege Berlin-Brandenburg, Mitte März, unter besonders dramatischen Umständen, Westfalen; später auch Sachsen.

Die große Frage war nun die Verbindung des Westens und Ostens mit den süddeutschen Landeskirchen.[28] Am 11. April wurde zu diesem Zweck in Nürnberg ein gemeinsamer Aktionsausschuß gebildet. Aber auch hier ging es erst voran, als die Reichskirchenregierung Mitte April die württembergische Kirche in einer Art Handstreich zu überrumpeln versuchte. Obwohl dieser erste Zugriff scheiterte, erkannte man in Stuttgart wie in München die Gefahr und rückte nun enger mit den anderen Gruppen zusammen. So kam es am 22. April in Ulm zur sogenannten »Ulmer Erklärung«, die man mit Recht die Geburtsstunde der Bekennenden Kirche nennen kann.

In diesem Dokument erklärten die »[...] versammelten Vertreter der württembergischen und bayrischen Landeskirchen, der freien Synoden im Rheinland, in Westfalen und Brandenburg, sowie vieler bekennender Gemeinden und Christen in ganz Deutschland [...]«: »Um der dauernden Gefährdung des Bekenntnisses und der Kirche willen, auch um der Wahrhaftigkeit willen stellen wir uns [...] dar als eine Einheit, die durch die Kraft Gottes treu zum Bekenntnis zu stehen gedenkt, obschon wir damit rechnen müssen, daß uns dadurch viel Not erwachsen wird. Wir [...] sind aber in Gottes Wort getrost und freudig, alles auf uns zu nehmen, was Gott uns auferlegt, - komme, was da wolle, - damit das Kreuz Christi wirklich das Leben der Kirche beherrsche.«[29]

Mit dieser Erklärung hatte sich Karl Barths Verständnis des Kirchenkampfes als einer *theologischen* Entscheidung durchgesetzt. Nicht alle, die in Ulm versammelt waren, begriffen das in gleicher Weise. Aber grundsätzlich wurde hier doch gemeinsam ausgesprochen, was Karl Barth immer behauptet hatte: Es ging nicht um politische Entscheidungen und auch nicht mehr um kirchenpolitische Positionen, sondern es ging um das Bekenntnis der Kirche, um die »Theologische Existenz heute!«. Der Weg zur Barmer Synode war frei.

IV. Die »Theologische Erklärung«

Es entsprach dieser theologischen Thematisierung des Kampfes, daß die Hindernisse auf dem Weg zur Synode und zur Verabschiedung der Theologischen Erklärung nicht von außen, sondern von innen, also von Theologie und Kirche selbst kamen.

Ich lasse jetzt alle kirchenrechtlichen Fragen beiseite, die sich auf das schwierige Verhältnis der Barmer Synode zur Verfassung der Deutschen Evangelischen Kirche beziehen, ebenso wie die Probleme, die sich aus der

Spannung zwischen den »intakten« süddeutschen Landeskirchen und den Vertretungen der »zerstörten« Kirchen ergaben, und beschränke mich ganz auf die theologische Problematik.

Daß es überhaupt möglich war, sich so auf die theologische Problematik zu beschränken, hatte nun allerdings auch einen politischen Grund. In diesem Zusammenhang muß auf den im Rückblick einigermaßen überraschenden Umstand hingewiesen werden, daß die kirchlichen Verantwortlichen in den Wochen der Vorbereitung offensichtlich kaum Sorge vor polizeilichen Maßnahmen hatten. In der Tat bestand, soweit wir wissen, auch kein Grund zu solcher Sorge. Im Reichsinnenministerium wurde die Ankündigung der Synode offenbar zustimmend zur Kenntnis genommen; und bei der weit gefährlicheren Preußischen Geheimen Staatspolizei setzte man auf eine Spaltung der Bekenntnisfront, die man durch eine Polizeiaktion nicht stören wollte.[30] So machte man in den vorbereitenden kirchlichen Gremien keinerlei Anstalten, die Sache geheim zu halten. Auch die Synode selbst verlief ungestört und in voller Öffentlichkeit. Man muß sich das auch deshalb klarmachen, weil die Tatsache, daß die erste Reichsbekenntnissynode im Dritten Reich in voller Freiheit tagen konnte, natürlich auch zum politischen Urteilsbild der Synodalen gehörte. Auch für Karl Barth war der Staat Hitlers noch kein totaler Unrechtsstaat, solange er der Kirche diese Freiheit ließ. Man kann die fünfte Barmer These, die über das Verhältnis von Kirche und Staat spricht, ohne diese für jeden Synodalen gegenwärtige Erfahrung nicht verstehen.

Weit größere Sorgen bereiteten den vorbereitenden Gremien die innerkirchlichen Widerstände. Diese Widerstände gegen das ganze Unternehmen einer Reichsbekenntnissynode und insbesondere gegen eine gemeinsame »Theologische Erklärung« kamen vor allem aus dem lutherischen Lager und hatten zwei konkrete Ansatzpunkte.[31]

Der erste und damals bei weitem gewichtigste Widerstand lag in der Furcht vor einem »Unionismus«, der eben das, was er zu retten vorgebe, in Wahrheit verderbe, nämlich das Bekenntnis. Dieser Widerstand orientierte sich an einem historischen Bekenntnisbegriff, der sich vor allem aus der lutherischen Erneuerungsbewegung des 19. Jahrhunderts speiste, und der die lutherischen Bekenntnisschriften für schlechthin kirchgründende Urkunden hielt. Jede Vermengung etwa mit reformierten Gedanken, wie man sie in einem von Karl Barth entworfenen Text selbstverständlich vermutete, mußte deshalb die Grundlagen der lutherischen Kirchen gefährden. Schon Anfang Mai warnte deshalb der bayerische Landesbischof im Vorbereitungsausschuß der Synode davor, sich auf »Bekenntnisfragen« einzulassen oder etwa »ein gemeinsames Bekenntnis« entwerfen zu wollen – eine für die Vorbereitung einer gemeinsamen Bekenntnissynode etwas kuriose Einschränkung.[32]

Daher trug das gemeinsam verabschiedete Dokument schließlich die

Überschrift »Theologische Erklärung zur gegenwärtigen Lage der Deutschen Evangelischen Kirche«, um deutlich zu machen, daß es sich hier nicht um ein »Bekenntnis«, sondern um eine aktuelle theologische Stellungnahme handelte. Und wenn dann in der Einleitung von der Deutschen Evangelischen Kirche als einem »Bund der aus der Reformation erwachsenen, gleichberechtigt nebeneinanderstehenden Bekenntniskirchen« gesprochen wurde, von einem gemeinsamen Wort, das den Gliedern lutherischer, reformierter und unierter Kirchen heute »in den Mund gelegt« sei, und schließlich ausdrücklich Gott anbefohlen wurde, »was dies für das Verhältnis der Bekenntniskirchen untereinander bedeuten mag« – so wird aus all diesen Formulierungen das Bemühen deutlich, auch den strengen Lutheranern die Zustimmung zu ermöglichen.[33]

Der zweite Ansatz der lutherischen Kritik, soweit sie im Vorfeld und auf der Synode selbst laut wurde, bezog sich inhaltlich auf die Theologie der Erklärung und betraf vor allem drei Fragen: »Die Frage der natürlichen Theologie, die Frage der Schöpfungsordnung und das Ethos des christlichen Handelns.«[34] Die entscheidenden Bedenken in dieser Hinsicht wurden vor allem durch eine Neuformulierung der fünften These beseitigt, die Barth nach stundenlangen Ausschußberatungen noch tief in der Nacht vornahm, und die das Amt des Staates stärker betonte. Dies hinderte die Erlanger Lutheraner nicht, der Theologischen Erklärung alsbald nach ihrem Erscheinen aus lutherischer Sicht eine glatte Irrlehre vorzuwerfen.

Es ist nicht ganz leicht, die Leidenschaft und die Hartnäckigkeit des damaligen lutherischen Widerstandes gegen Barmen heute noch verständlich zu machen, weil die beiden Hauptansatzpunkte inzwischen durch den Gang der Geschichte widerlegt sind.

Das gilt für das theologisch-politische Argument, wo Barmen recht bekommen hat. Es gilt ebenso für das konfessionelle Argument, wo die Leuenberger Konkordie aus dem Jahre 1973 mit der Erklärung der Kirchengemeinschaft unter allen reformatorischen Kirchen die Hoffnung der Barmer Synode eingelöst hat.

Wo liegt nun der inhaltliche Schwerpunkt der Theologischen Erklärung? Ich will das mit einigen Bemerkungen zur ersten, zweiten und fünften These deutlich machen.

Der Text der ersten These lautet bekanntlich: »Jesus Christus, wie er uns in der Heiligen Schrift bezeugt wird, ist das eine Wort Gottes, das wir zu hören, dem wir im Leben und im Sterben zu vertrauen und zu gehorchen haben.

Wir verwerfen die falsche Lehre, als könne und müsse die Kirche als Quelle ihrer Verkündigung außer und neben diesem einen Worte Gottes auch noch andere Ereignisse und Mächte, Gestalten und Wahrheiten als Gottes Offenbarung anerkennen.«[35]

Diese erste These bildet ohne Zweifel das Kernstück des Ganzen. Sie wiederholt im Grunde nichts anderes als das mächtige dreifache »Solus« der Reformation: solus Christus, sola scriptura, sola fide. Ich sehe die Barmer Erklärung mit dieser Wiederholung weit näher beim jungen Luther und seiner Theologie als bei irgendeiner anderen Epoche der Kirchengeschichte. Indem die Erklärung das »Solus Christus« ausdrücklich wiederholte, begründete sie zugleich, daß es in den Auseinandersetzungen mit den Deutschen Christen zuerst und vor allem um ein theologisches Problem ging. Dieses theologische Problem war nicht einmal ein aktuelles, etwa durch die besonders anstößige »Politische Theologie« der Deutschen Christen hervorgerufenes Problem, sondern es handelte sich dabei um eine sehr viel ältere Frage, die unter dem ganz unverfänglichen Begriff der »Natürlichen Theologie« seit Jahrhunderten verhandelt wurde.

Asmussen hielt diesen entscheidenden Punkt in seinem mit den anderen Mitautoren verabredeten Referat auf der Synode[36] ausdrücklich fest. Wenn wir gegen die deutsch-christliche Theologie protestieren, so sagte er, und das war keineswegs als eine taktische Formel gedacht, »dann protestieren wir nicht als Volksglieder gegen die jüngste Geschichte des Volkes, nicht als Staatsbürger gegen den neuen Staat, nicht als Untertanen gegen die Obrigkeit, sondern wie erheben Protest gegen dieselbe Erscheinung, die seit mehr als 200 Jahren die Verwüstung der Kirche schon langsam vorbereitet hat«.[37]

Die Bekennende Kirche, die von Barmen herkam, hatte nach ihrem eigenen Verständnis als Kirche also einen theologischen und keinen politischen Auftrag. Ihr Verzicht, sich im Dritten Reich als politische Widerstandsgruppe zu verstehen (abgesehen von der Frage, ob das aus äußeren Gründen überhaupt möglich gewesen wäre), entsprang also nicht nur der allgemein kritisierten Blindheit, Mutlosigkeit und Anpassungsbereitschaft, sondern dieser Verzicht entsprang im Kern einer theologischen Entscheidung.

Andererseits bedeutete dieser Verzicht – und das ist nun nicht weniger wichtig – keineswegs auch den Verzicht auf politische Urteile und politische Wirkungen. Auch Luther hat sich ja, wie wir wissen, trotz der Zwei-Reiche-Lehre nicht gescheut, vom Bauernkrieg bis zu den Mansfelder Grafen notfalls sehr konkret politische Stellung zu beziehen, wenn die Unterscheidung der Mandate deutlich blieb. Ähnliches gilt auch für Barmen. Schon die Verwerfung anderer »[...] Ereignisse und Mächte, Gestalten und Wahrheiten [...]« als Quelle der Verkündigung bestritt ja den allumfassenden Anspruch des neuen Systems. Denn niemand mußte damals erklären, daß mit den »Ereignisse[n]« die nationalsozialistische Revolution, mit den »Mächte[n]» Rasse, Blut und Boden, mit den »Gestalten« der Führer selbst und mit den »Wahrheiten« die neue Weltanschauung gemeint war. Niemand konnte der Kirche vorwerfen, sie hätte sich mit diesen Aussagen in ein fremdes Amt gemischt. Aber jeder, der es hören wollte, konnte hören, daß das Bekenntnis zu Jesus Christus als dem einen Wort Gottes der Gottähnlichkeit des totalen Staates und seiner Träger und Ideen eine klare, unübersehbare Grenze setzte.

Und eben darauf zielte auch die ursprüngliche Absicht der *zweiten These*. Jesus Christus als, wie die These formulierte, »[...] Gottes Zuspruch der Vergebung aller unserer Sünden [...]« und »[...] Anspruch auf unser ganzes Leben«: das sollte, nach Asmussens Erklärung, vor der Versuchung warnen, in den »[...] Kreaturen Gottes und Geschehnisse[n] der Geschichte [...]« »[...] Gott *ohne Christus* zu suchen«, sich also einen eigenen Gott zu machen. Es ist übrigens in dieser Asmussenschen Erklärung mehr über das Dritte Reich ausgesagt, als er selbst und als die Synode damals wohl begriffen. »Wo immer das geschieht«, so fuhr Asmussen fort, »[...] gewinnen andere Herren als Jesus Christus, andere Gebote als seine Gebote über uns Gewalt. Sie bieten sich uns an als Erlöser, aber sie erweisen sich als Folterknechte einer unerlösten Welt.«[38] Der scheinbare Erlöser als Folterknecht: kürzer und prägnanter läßt sich der Weg Hitlers nicht zusammenfassen. Eine Kirche, die sich theologisch so verstand, konnte auch ihr Verhältnis zum Staat neu und anders bestimmen, als es lutherischer Tradition unter Landesherrlichem Kirchenregiment möglich gewesen war. In der Tat enthält die *fünfte These* in dieser Hinsicht Bestimmungen, nämlich Unterscheidungen und Zuordnungen, wie sie dem jungen Luther eigentümlich gewesen, den lutherischen Kirchen in Deutschland jedoch aus vielerlei Gründen allmählich abhanden gekommen waren.

Die erste Hälfte dieser fünften These handelt vom Staat. Sie lautet: »Die Schrift sagt uns, daß der Staat nach göttlicher Anordnung die Aufgabe hat, in der noch nicht erlösten Welt, in der auch die Kirche steht, nach dem Maß menschlicher Einsicht und menschlichen Vermögens unter Androhung und Ausübung von Gewalt für Recht und Frieden zu sorgen. Die Kirche erkennt in Dank und Ehrfurcht gegen Gott die Wohltat dieser seiner Anordnung an.«[39]

Damit wird die Würde und Souveränität des Staates ausdrücklich bestätigt und die politisch Handelnden erhalten – »nach dem Maß menschlicher Einsicht und menschlichen Vermögens« – einen breiten Ermessensspielraum politischer Verantwortung, der von aller Einrede der Kirche frei zu bleiben hat. Dieser erste Teil der fünften These ist weit entfernt von allen enthusiastischen wie anarchistischen Ideen über den Staat. Von einem »herrschaftsfreien Raum« ist keine Rede. Er erkennt vielmehr nicht nur nüchtern die Notwendigkeit des Staates an, sondern bestätigt ihm ausdrücklich sein »Monopol der Gewalt« – freilich nicht absolut, sondern instrumental, nämlich im Sinne seines gottgewollten Auftrags, »[...] für Recht und Frieden zu sorgen«. Dies ist übrigens nichts anderes als die Einsicht, die der junge Dietrich Bonhoeffer 1933 festhielt, als er meinte, die Kirche wisse »[...] um die wesenhafte Notwendigkeit der Gewaltanwendung in dieser Welt und um das mit der Gewalt notwendig verbundene ›moralische‹ Unrecht bestimmter konkreter Akte des Staates«.[40] Auch die Barmer Erklärung anerkennt in diesem Sinne Recht und Würde staatlichen Handelns auch dort, wo solches Handeln mit der Androhung und Ausübung von Gewalt verbunden ist.

Aber dies, nämlich den Staat in seinem staatlichen Handeln zu bestätigen und dankbar anzuerkennen, ist nicht alles, was die Kirche zum Staat zu sagen hat. Im zweiten Teil der These heißt es deshalb: Die Kirche »[...] erinnert an Gottes Reich, an Gottes Gebot und Gerechtigkeit und damit an die Verantwortung der Regierenden und Regierten. Sie vertraut und gehorcht der Kraft des Wortes, durch das Gott alle Dinge trägt.«[41]

Die Kirche erinnert also den Staat gleichzeitig immer auch an die Grenzen seiner Gewalt, die durch Gottes Reich, Gottes Gebot und Gerechtigkeit gezogen werden. Asmussen hat dies in seinem Referat vor der Synode unüberhörbar deutlich gemacht, wenn er dazu meinte, – und dies immerhin Ende Mai 1934 (!): »Wir glauben, nichts zu tun als unsere Pflicht vor Gott, dem allein Weisen und allein Gerechten, wenn wir in Abwehr deutsch-christlicher Irrtümer darauf aufmerksam machen, daß auch die Staatsweisheit in unserer gegenwärtigen Staatsform, [...] nicht Gottes Weisheit, daß auch das Maß der Gerechtigkeit, welches in unserem Staatswesen herrscht, nicht das Maß göttlicher Gerechtigkeit ist. Und ein für allemal müssen wir es betonen, daß wir kein irdisches Gesetz kennen, durch welches mit Recht göttliches Gesetz gebrochen werden könnte.«[42]

Die Kirche bleibt dem Staat gegenüber nicht stumm. Indem sie ihn an Gottes Reich, Gottes Gebot und Gerechtigkeit erinnert, erinnert sie ihn an seine Grenzen und sagt ihm zugleich etwas, was er sich schlechterdings nicht selbst sagen kann. Sie erinnert ihn daran, daß es für sein Handeln Maßstäbe gibt, die er sich nicht selbst setzen kann, die durch Gottes Wort gesetzt sind und denen Regierende und Regierte – ob sie es wahrhaben wollen oder nicht – unterworfen und verantwortlich sind.

Entscheidend bleibt dabei, daß die Kirche begreift, daß sie nicht selbst politisch handeln, nicht meinen kann, wenn sie den Staat versagen sieht, es selber besser machen zu sollen und zu können als der Staat. (Von der einzigen Ausnahme »in extremis« einmal abgesehen.) Es bleibt beim Erinnern: das ist ihr Auftrag. Bleibt sie damit jetzt oder später oder überhaupt ungehört, so gilt: »Sie vertraut und gehorcht der Kraft des Wortes, durch das Gott alle Dinge trägt.« [Barmen V].

Man kann gewiß nicht sagen, daß der deutsche Protestantismus damals und seither diese Grundbestimmungen von Barmen besonders überzeugend und eindrucksvoll exerziert hätte. Gleichwohl – und damit kehren wir zur Eingangsthese zurück – sind die deutschen Reformationskirchen mit und durch die Barmer Erklärung anders geworden. Das traditionelle Vertrauensverhältnis zum Staat, sinnfällig ausgedrückt in der jahrhundertealten Rechtsfigur des Landesherrlichen Kirchenregiments, ist einer kritischen Solidarität gewichen. Das ist tatsächlich zu einem durchgehenden Zug der evangelischen Kirchengeschichte der Nachkriegszeit geworden.

Kirchenkampf

I. Der Begriff und seine Geschichte

Als Kirchenkampf bezeichnet man die wechselvolle Geschichte der christlichen Kirchen in Deutschland in der Zeit der nationalsozialistischen Herrschaft 1933–1945. Der Begriff hat verschiedene Bedeutungswandlungen erfahren. Er entstand im prägnanten Sinn um die Jahreswende 1933/34, als sich im Abwehrkampf gegen das deutschchristliche Kirchenregiment das Bewußtsein von der grundsätzlichen theologischen Bedeutung der – bis dahin meist Kirchenstreit oder Kirchenwirren genannten – Auseinandersetzungen in der evangelischen Kirche durchzusetzen begann. Im Sprachgebrauch der sich formierenden Bekennenden Kirche bezeichnete

Kirchenkampf ausschließlich den Kampf in der Kirche um die Kirche: der Kirchenkampf »war und ist noch ein Ringen um die bekenntnismäßige Haltung und das evangeliumsgemäße Handeln in unserer Kirche« (M. Niemöller, in: Junge Kirche, Februar 1934). Mit dem Zusammenbruch des deutschchristlichen Kirchenregiments und der Entmachtung des Reichsbischofs schien der Kirchenkampf deshalb zunächst abgeschlossen. Mit den Kirchenausschüssen im Herbst 1935 (s. u. II C 1) trat eine Differenzierung des Begriffs ein. Für die *Anhänger* der Ausschußpolitik bezeichnete Kirchenkampf jetzt in der Regel die zurückliegenden Kämpfe mit den Deutschen Christen. Die *Gegner* der Ausschußpolitik übertrugen den Begriff auf die Auseinandersetzungen um die staatlichen Eingriffe: »Lassen Sie die Kirche ihre Angelegenheiten in wirklicher Freiheit ordnen ..., dann kann der Kirchenkampf in drei Monaten zu Ende sein« (O. Dibelius an Reichsminister Kerrl Ende Februar 1937). Seine entschiedenste politische Bedeutung jedoch erhielt der Begriff dort, wo er auf den grundsätzlichen Kampf zwischen Christentum und Nationalsozialismus erweitert wurde: »Wenn wir das Bild vom Kampfgelände festhalten, müssen wir sagen: die Bewegung der Deutschen Christen im Raume der Kirche und der als ›Deutsche Glaubensbewegung‹ sich gebärdende Spektakel ... wurden immer klarer als die im Grunde belanglosen Vorpostengefechte erkannt, hinter denen ... das zielbewußt vorwärtsdrängende Heer der politischen Religion sichtbar geworden ist« (G. Jacob, 4. Bekenntnissynode der ApU, Dezember 1936). In diesem Sinne ist der Begriff Kirchenkampf auch im deutschsprachigen Ausland verwendet worden, nämlich als Bezeichnung für den Kampf, »den die Kirche in Deutschland gegen das Heidentum und den Totalitätsanspruch des nationalsozialistischen Staates führt« (A. Frey, Der Kampf der evangelischen Kirche in Deutschland, Zürich 1937). Bis 1945 läßt nur der Zusammenhang erkennen, was unter Kirchenkampf jeweils verstanden wurde. – Nach 1945 bürgerte sich der Begriff sehr schnell als kirchengeschichtliche Epochenbezeichnung für die Geschichte beider Kirchen im Dritten Reich ein. Diese Epochenbezeichnung hat ihr Recht, wenn damit nicht eine durchgängige politische Widerstandshaltung der Kirchen gegen die nationalsozialistische Herrschaft gemeint, sondern der Begriff in seinen Bedeutungswandlungen und Nuancen klar gesehen wird.

II. Historische Schwerpunkte

A. Vorgeschichte

1. Kirche und Theologie in der Weimarer Zeit

a) Die kirchenpolitische Neuorientierung. Es ist kein Zweifel, daß gerade die führenden Kreise des deutschen Protestantismus Niederlage und Umsturz 1918 als einen schweren Verlust auch für die evangelischen Landeskirchen betrachteten. Eher zögernd übernahmen die Landeskirchen das Kirchenregiment selbst und paßten ihre Verfassungen der neuen politischen Lage an. Ein konservativer Grundzug, der alle kirchlichen Reformansätze zum Scheitern verurteilte, beherrschte in den ersten Jahren der Republik Kirche und Kirchenpolitik. Um die Mitte der zwanziger Jahre jedoch wandelte sich dieses Bild. Das Ende des landesherrlichen Kirchenregiments wurde nicht mehr als Unglück, sondern als Geschenk und Verpflichtung begriffen. Das eindrucksvollste Beispiel für diese Neubewertung war Otto Dibelius' »Jahrhundert der Kirche« (1926[1], 1928[6]), ein einziges Bekenntnis zu den neuen Aufgaben und Möglichkeiten der Kirche. Die Revolution und ihre Folgen erschienen nun als »das befreiende Gewitter«, das mit einem Schlage eine freie, selbständige evangelische Kirche geschaffen habe. »Die Selbständigkeit der Kirche ist da. ... Eine Kirche ist geworden. Eine selbständige evangelische Kirche!« Dieses wachsende Selbstbewußtsein ist das wichtigste Kennzeichen der kirchlichen Entwicklung zwischen 1918 und 1933 und eine entscheidende Voraussetzung für das Verständnis der folgenden Ereignisse. Tatsächlich wurde aus der durch die Revolution erzwungenen Unabhängigkeit der Kirche bis 1933 eines ihrer höchsten Güter, das sie gegen jeden staatlichen Zugriff zu verteidigen entschlossen war. – Inhaltlich orientierte sich die Kirchenpolitik in wachsendem Maße am Wohl und Wehe des Volkes. Die Kirche wollte »Volkskirche« sein im Sinne einer geistigen und sittlichen Macht, die in Solidarität mit der nationalen Not dem Volk Richtung und Ziel wies. Dieser volkskirchliche Anspruch trat in den späteren Jahren der Republik mehr und mehr hervor. Nicht mehr »Thron und Altar« war die Losung, sondern »Kirche und Volk« (Königsberger Kirchentag 1927).

b) Der theologische Neuansatz. Im Gegensatz zur erzwungenen kirchlichen Neuorientierung entstand der vor allem mit dem Namen von Karl Barth verbundene theologische Neuansatz aus der unmittelbaren Begegnung mit der Bibel. Es war eine Theologie, die vom »Anderssein Gottes« – »anders als alles Menschliche, auch als alle menschliche Religion und Kultur« (Karl Barth, Der Römerbrief, 1919) – ausging. Das Verhältnis Gottes zur Welt war nach Barths Überzeugung nur in paradoxen Formulierungen zu fassen: »Der Mensch und sein Universum ... ein Rätsel, eine Frage, nichts sonst. Ihm steht Gott gegenüber als das Unmögliche dem Möglichen, als der Tod dem Leben, als die Ewigkeit der Zeit« (Das Wort Gottes als Aufgabe der Theologie, 1922). Dieser Ansatz bedeutete den radikalen Bruch mit fast allen Traditionen des 19. Jahrhunderts. Für Karl Barth und seine Freunde wurde das liberale Verständnis des Christentums als eines entscheidend wichtigen sittlichen und geistigen Kulturfaktors zum großen Irrtum der Neuzeit. Indem sie diesen Irrtum bestritten, bestritten sie zugleich den Kulturprotestantismus und den Nationalprotestantismus mit all seinen

Vermittlungen. – Zunächst kirchenpolitisch wenig engagiert, kam es schließlich zum Zusammenstoß mit dem neuen kirchlichen Selbstbewußtsein. In »Quousque tandem ...?« (1930) bescheinigte Barth der offiziellen Kirche ohne Umschweife einen skandalösen Verrat am Evangelium, ein Vorwurf, den Dibelius nicht weniger scharf zurückwies.

c) Die politische Theologie. Im Gegensatz zur dialektischen Theologie, die bis 1930 nicht ausdrücklich politisch Stellung bezog, verstand sich eine Gruppe junger lutherischer Theologen (E. Hirsch, P. Althaus) von Anfang an politisch. In der Entfaltung des 1. Glaubensartikels verbanden sich für sie göttliche und weltliche politische Ordnung aufs engste. Eine Theologie, die
Gesetz und Evangelium nicht konkret politisch auszulegen verstand, war nach ihrer Überzeugung Schwärmerei. So interpretierte E. Hirsch »Deutschlands Schicksal«; sprach P. Althaus auf dem »Vaterländischen Kirchentag«; vertraten beide mit ihren Freunden die nationalen Werte und Ordnungen der Zeit. Auch hier kam es 1931 zum Zusammenstoß mit der dialektischen Theologie über Äußerungen des Berliner Pfarrers und späteren Hallenser Theologieprofessor Günther Dehn *(»Fall Dehn«).*

2. Die Hitler-Bewegung und die Kirchen

a) Hitlers Weltanschauung. Im Gegensatz zu einer vor allem nach dem Krieg viel vertretenen Meinung ist davon auszugehen, daß Hitlers Weltanschauung die NSDAP geformt und die Grundsätze seiner Politik bestimmt hat (J. C. Fest, Hitler, 1973). Die Grundlage dieser Weltanschauung war ein ausgeprägter Manichäismus. Mit der Welt mitgesetzt sollte der Dualismus zwischen einer hochwertigen und einer minderwertigen Menschenrasse sein, den Ariern und den Juden. Im Kampf zwischen dem guten und dem bösen Prinzip entscheide sich das Schicksal der Welt. Hitler selbst sah sich berufen, mit seiner Bewegung im Namen des guten Prinzips das Böse in der Welt niederzuringen. Dem Antisemitismus kam demnach in dieser Weltanschauung eine entscheidende Funktion zu. Er war nicht ein Mittel zum Zweck der Herrschaft, sondern umgekehrt: die Herrschaft war ein Mittel zum Zweck des Kampfes gegen die Juden. So sehr Hitler sich in den Jahren des Aufstiegs, der Herrschaft und der Niederlagen taktisch anpassen konnte: in den entscheidenden Fragen hat er nie gegen seine Überzeugung gehandelt. Dies ist der feste Ausgangspunkt auch für das Verständnis seines Verhältnisses zu den Kirchen.

b) Die Kirchenpolitik der Partei bis 1933. Von Hitlers Weltanschauung zu unterscheiden ist die zunächst weitgehend taktisch angelegte Kirchenpolitik der Partei. Auf der Grundlage des Art. 24 des Parteiprogramms (»Die Partei als solche vertritt den Standpunkt eines positiven Christentums«), der bei vielen Christen »positive« Assoziationen weckte, verfolgte diese Politik bis 1930 drei Ziele: Vermeidung konfessioneller Auseinandersetzungen in der Partei; Abgrenzung gegen pseudo-religiöse Sektierer (Ausschluß Artur Dinters 1928); Unterscheidung zwischen politischem und religiösem Katholizismus. Es ging also vor allem darum, alles zu vermeiden, was die Wahl der NSDAP in christlichen Kreisen erschweren oder unmöglich machen konnte. Diese strikte Neutralität ließ sich freilich nur so lange durchhalten, wie die Partei selbst politisch noch nicht gefordert war. Nach dem Wahlsieg der NSDAP im September 1930 begann deshalb in immer stärkerem Maße der Versuch, von der bloßen Neutralität zu einer Annäherung an die Kirchen zu kommen. Auf katholischer Seite erwies sich das als schwierig, weil die politische Konfrontation mit dem Zentrum unvermeidlich war und der deutsche Episkopat schwerwiegende weltanschauliche Bedenken gegen die NSDAP geltend machte. Auf evangelischer Seite kam Hitlers Werben nicht nur die nationale Grundtendenz des Protestantismus entgegen; hier eröffnete sich auch die Möglichkeit, auf dem Weg über eine Kirchenpartei und Kirchenwahlen die Kirche »zu erobern«. So traten neben Positiven, Liberalen und Religiösen Sozialisten Ende 1932 zum ersten Mal *»Deutsche Christen (Nationalsozialisten)«* bei den preußischen Kirchenwahlen auf und errangen rund ein Drittel aller Sitze (»Richtlinien der DC«, 1932). Trotz dieses Wahlerfolgs war die NSDAP 1932/33 von einer »Eroberung« der evangelischen Kirche weit entfernt.

c) Die politische Haltung der Kirchen am Vorabend der Machtergreifung. Trotz des raschen Anwachsens der Hitler-Bewegung blieb die katholische Kirche vor allem aus kulturpolitischen Gründen im wesentlichen bei ihrer ablehnenden Haltung. Innerhalb der evangelischen Kirche gab es ein breites Spektrum von Meinungen. Die hier seit 1930 außerordentlich lebhaft geführte Debatte um Hitler und die Partei wies – entgegen einer landläufigen Meinung – eine bemerkenswerte Differenziertheit auf. Kritisch ablehnend verhielten sich nicht nur die Religiösen Sozialisten, sondern auch Liberale (M. Rade), Vertreter der dialektischen Theologie (R. Karwehl) und entschiedene Lutheraner (H. Sasse). Die hellsichtigsten Analysen deckten den Charakter der Bewegung als einer »politischen Religion« mit notwendig totalitären Konsequenzen auf. Das war freilich eine Minderheit in der Kirche. Die Meinung der Mehrheit vertrat W. Künneth, der 1931 das »Ja« und das »Nein« der evangelischen Kirche zum Nationalsozialismus formulierte. »Ja« sagte die Kirche danach zur völkischen Idee, zur sozialen Neugestaltung, zum Willen zum Christentum. »Nein« sagte sie zum Rassismus, zur Kulturpolitik und zur politischen Praxis der Bewegung. Eine kleine – wenn auch vor allem durch die Jugend zunehmend unterstützte – Minderheit stellten die radikalen Verfechter Hitlers in der Kirche dar. Insgesamt überwog in beiden Kirchen, soweit es die verantwortlichen Leute betraf, die Zurückhaltung gegenüber Hitler bei weitem die Zustimmung.

B. Der Kampf um das Bekenntnis 1933/34

1. Hitlers Triumph

a) Hitlers Ziele. Hitlers Kirchenpolitik verfolgte zwei Ziele. Kurzfristig ging es um die Gleichschaltung der Kirchen mit dem Staat der nationalen Revolution, langfristig um die – 1933 für Hitler wohl noch nicht entschiedene – Frage, ob die Kirchen zu den »arischen« oder zu den »jüdischen« Kräften zu zählen und also als Bundesgenossen oder aber als Todfeinde seiner Bewegung zu behandeln seien. Mit dem ihm eigenen politischen Gespür begriff er, daß die verschiedene Struktur der beiden Kirchen auch eine verschiedene politische Taktik erforderte. So gab er im Frühjahr 1933 die beiden Stichworte seiner Kirchenpolitik bekannt: *Reichskonkordat* und *Reichskirche.* Voraussetzung dieser Politik war freilich – auch das hatte Hitler begriffen – das Vertrauen der Kirchen in den neuen Staat. Diese Voraussetzung erfüllte er in der Regierungserklärung vom 23. März, die weitgehende Zusicherungen an die Kirchen enthielt. Im Besitz dieser Zusicherungen, verbunden im Antibolschewismus und mitgetragen von den Wogen nationaler Begeisterung, ließen beide Kirchen in wenigen Wochen ihre Vorbehalte gegen Hitler fallen und begannen, ihn mehr und mehr politisch zu unterstützen.

b) Das Reichskonkordat. Angesichts der traditionellen Konkordatspolitik des Heiligen Stuhls und nach den vergeblichen Verhandlungen mit der Weimarer Republik schien Hitlers Konkordatsangebot für Rom eine große Chance zu bedeuten, zumal das neue Reich sich zu weitgehenden Zugeständnissen insbesondere in der Schulpolitik bereit fand. Hitlers Absichten dabei sind inzwischen klar. Unbeschadet aller späteren grundsätzlichen Entscheidungen, erreichte er innenpolitisch vor allem die Ausschaltung des politischen Katholizismus, den er zu Recht fürchtete, außenpolitisch die Anerkennung durch eine unbestrittene moralische Macht, den Vatikan. Damit aber ist zugleich die ganze Problematik dieses Vertrages charakterisiert. Kirchenpolitisch erwies sich das Reichskonkordat sehr bald als ambivalent. Durch den Verzicht auf seine politische Vertretung hatte sich der deutsche Episkopat politisch selbst die Hände gebunden; andererseits übte der Vertrag mit seinen Bestandsgarantien zweifellos eine wichtige Schutzfunktion für beide Kirchen aus, solange Hitler aus außenpolitischen Gründen an seine Einhaltung gebunden war.

c) Die Reichskirche. Ähnlich schnell und überraschend erreichte Hitler sein Ziel auch auf der evangelischen Seite. Dieses Ziel war die Zusammenfassung der 28 evangelischen Landeskirchen in einer Deutschen Evangelischen Reichskirche, die unter Führung eines ihm ergebenen Mannes dem Reich eingegliedert werden sollte. Die »Deutschen Christen«, erst nach der Machtergreifung ein kirchenpolitischer Faktor von Gewicht, ergriffen auf ihrer 1. Reichstagung Anfang April 1933 in Berlin die Initiative. Sie forderten hier, unterstützt von der Partei, eine einheitliche Reichskirche, das Führerprinzip, die Entlassung von Pfarrern »artfremden Blutes« und die vorbehaltlose politische und soziale Mitarbeit im neuen Reich. Als der Präsident des Deutschen Evangelischen Kirchenausschusses, H. Kapler, dagegen eigene Pläne entwickelte (Drei-Männer-Kollegium), berief Hitler einen Königsberger Militärpfarrer, Ludwig Müller, zu seinem Vertrauensmann in Kirchenfragen mit dem besonderen Auftrag, alle Arbeiten zur Schaffung »einer evangelischen deutschen Reichskirche zu fördern«. Der Versuch der evangelischen Landeskirchen, ihre Unabhängigkeit vom Staat festzuhalten (Wahl F. v. Bodelschwinghs zum Kandidaten für das Reichsbischofsamt, 27.5.1933), scheiterte aus inneren und äußeren Gründen. Unter dem Eindruck der Einsetzung eines Staatskommissars (A. Jäger) für die evangelischen Landeskirchen Preußens am 24.6.1933 gaben die Kirchenführer ihren Widerstand auf. Müller erreichte in kurzer Zeit die Fertigstellung und Verabschiedung einer Reichskirchenverfassung (Verfassung der DEK vom 11. Juli 1933, bestätigt durch Reichsgesetz vom 14. Juli). Die daraufhin für den 23. Juli angesetzten Kirchenwahlen brachten den Deutschen Christen, die von der Partei und Hitler selbst massiv unterstützt wurden, fast überall überwältigende Mehrheiten. Am 27. September trat in Wittenberg die neue Nationalsynode zusammen und wählte erwartungsgemäß L. Müller einstimmig zum Reichsbischof. Hitlers Plan schien geglückt.

2. Die Entstehung der Bekennenden Kirche

a) Der Widerstand gegen Hitlers Pläne. Das Überraschende an den Ereignissen der Jahre 1933/34 ist nicht das Gelingen von Hitlers Plänen, sondern ihr schließliches Scheitern. Insbesondere in der evangelischen Kirche schien alles diesen Plänen entgegenzukommen: die breite nationale Option des deutschen Protestantismus, der traditionelle Respekt vor der Obrigkeit, der alte Wunsch nach einer einigen deutschen Kirche, das Volkskirchenverständnis und ein theologischer Pluralismus, der eine einheitliche Beurteilung der Situation auszuschließen schien. Demgegenüber erwiesen sich jedoch zwei neue Kräfte als stärker. Was den *rechtlich-institutionellen Zugriff* auf die evangelische Kirche betraf, so begegnete er dem neugewonnenen kirchlichen Selbstbewußtsein, das die kirchliche Unabhängigkeit vom Staat zu verteidigen entschlossen war (s. o. A 1a). Die *theologischen Forderungen* nach einer radikalen politischen Theologie jedoch stießen auf die dialektische Theologie, die gerade die Verbindungen von deutsch und christlich, Reich Gottes und nationaler Revolution als im Ansatz falsch bestritt (s. o. A 1b). Nachdem die Kirchenleitungen zunächst unterlegen schienen, begann in einer zweiten Phase im Herbst 1933 die theologische Auseinandersetzung, der die Deutschen Christen – trotz der Parteinahme von E. Hirsch – nichts Gleichwertiges entgegenzusetzen hatten. Kirche und

Theologie, lange fast völlig getrennt, verbanden sich in gemeinsamer Abwehr der kirchenzerstörenden Irrlehre zu einer theologisch und rechtlich neu begründeten Gemeinschaft: der Bekennenden Kirche. Dies ist das wichtigste Ergebnis des Kirchenkampfes.

b) Die Stunde der Theologie. Mitten in der hektischen Aktivität des Sommers 1933 erschien Karl Barths »Theologische Existenz heute!«. Darin erklärte Barth, es gehe gar nicht um kirchenpolitische Fronten, sondern allein um das Festhalten an der »theologischen Existenz«. M. Niemöller griff dieses Thema auf, als er nach dem Wahlsieg der Deutschen Christen den Rückzug der kirchlichen Opposition aus der Kirchenpolitik ankündigte. Was jetzt in Frage stünde, sei das Bekenntnis. Das aber sei keine kirchenpolitische, vielmehr »eine gemeindlich-praktische und kirchlich-theologische Aufgabe« (Junge Kirche, August 1933). Tatsächlich begann nun angesichts der hoffnungslosen kirchenpolitischen Situation vielerorts eine intensive theologische Arbeit (u. a. *Betheler Bekenntnis,* August 1933). Es war nur konsequent, daß Niemöller Ende September 1933 die Gründung eines *»Pfarrernotbundes«* bekanntgab, der in seiner Verpflichtung die alleinige Bindung an die Heilige Schrift und die Bekenntnisse der Reformation forderte. Seine politische Spitze erhielt der Pfarrernotbund dadurch, daß er als konkrete Verletzung des Bekenntnisses ausdrücklich die Anwendung der staatlichen Judengesetzgebung in der Kirche *(Arierparagraph)* nannte. Bis zum Januar 1934 waren dem Pfarrernotbund über 7000 Mitglieder – nahezu die Hälfte der aktiven deutschen Pfarrer – beigetreten. Anfang 1934 bildeten sich gegen die deutschchristlich beherrschten Synoden die ersten freien Synoden, so am 3./4.1.1934 in Barmen-Gemarke die Freie reformierte Synode, die eine von Karl Barth verfaßte »Erklärung über das rechte Verständnis der reformatorischen Bekenntnisse in der Deutschen Evangelischen Kirche der Gegenwart« annahm. In Westfalen erklärte sich die Evangelische Bekenntnissynode im März 1934 als »kirchlich rechtmäßige Synode der Provinz Westfalen« und übernahm die geistliche Leitung der Gemeinden.

c) Der Kampf des Reichsbischofs um die Macht. Parallel zum Anwachsen des Pfarrernotbundes lief ein rapider Verfall der Deutschen Christen. Als auf einer Kundgebung im Berliner Sportpalast am 13.11.1933 ein radikaler deutschchristlicher Redner die Abschaffung des Alten Testaments, die Liquidierung der jüdischen Theologie des Paulus und die Hinwendung zu einer heldischen Jesusgestalt forderte, führte dies zu einer weitgehenden Auflösung der deutschchristlichen Organisation und zum fast völligen Verlust ihrer Basis. Trotzdem hielt der Reichsbischof an seinem Ziel fest. Hitler selbst legte in einer Audienz am 25.1.1934 die Landesbischöfe erneut auf ihn fest. Mit Zustimmung der deutschchristlichen Synoden gliederten daraufhin Müller und sein »Rechtswalter« A. Jäger im Lauf des Sommers die meisten Landeskirchen in die Reichskirche ein. Lediglich in Bayern, Württemberg und z.T. in Hannover scheiterte dies am Widerstand der alten Kirchenleitungen, die von den Gemeinden nachhaltig unterstützt wurden.

d) Die Bekenntnissynoden von Barmen und Dahlem. Schon im Herbst 1933 hatte sich angesichts der hoffnungslosen theologischen Zerstörung der Reichskirche die Frage erhoben, ob man sich nicht von dieser Kirche trennen und den Absprung in die Freikirche wagen müsse. Aber die Entscheidung fiel in anderer Richtung. Als sich im Mai 1934 die »Vertreter lutherischer, reformierter und unierter Kirchen, freier Synoden, Kirchentage und Gemeindekreise« zur *1. Reichsbekenntnissynode* in *Barmen* versammelten, ließen sie keinerlei Zweifel daran, daß sie allein – und nicht das Regiment Müller–Jäger und die deutschchristlichen Kirchenleitungen – die Deutsche Evangelische Kirche repräsentierten. Mit der Barmer Synode war aus den verschiedenen bekennenden Gruppen, Gemeinden und Synoden eine Kirche entstanden, die Bekennende Kirche. Die Tatsache, daß diese Kirche zum erstenmal seit dem 16. Jahrhundert auch wieder ein gemeinsames Bekenntnis artikulieren konnte, gab dieser Synode eine Bedeutung, die weit über den aktuellen Anlaß hinausreichte. Sie gehört damit zu den wichtigsten kirchengeschichtlichen Ereignissen des Jahrhunderts. – Die gemeinsam verabschiedete »Theologische Erklärung«, das *»Barmer Bekenntnis«,* gab der Bekennenden Kirche für die ganze Zeit des Dritten Reiches das Fundament und die Richtung. In sechs Thesen und sechs Verwerfungen stellte dieses Bekenntnis einige einfache Grundwahrheiten des Evangeliums fest. Unverkennbar war es Karl Barths Theologie, die hier Früchte trug, namentlich in der ersten These: »Jesus Christus, wie er uns in der Heiligen Schrift bezeugt wird, ist das eine Wort Gottes, das wir zu hören, dem wir im Leben und im Sterben zu vertrauen und zu gehorchen haben.« Und dazu die Verwerfung: »Wir verwerfen die falsche Lehre, als könne und müsse die Kirche als Quelle ihrer Verkündigung außer und neben diesem einen Worte Gottes auch noch andere Ereignisse und Mächte, Gestalten und Wahrheiten als Gottes Offenbarung anerkennen.« Damit war nicht nur die Abgrenzung gegen die deutschchristlichen Irrlehren vollzogen, sondern es war – was viel schwerer wog – unmittelbar der einzige Grund des Glaubens und der Kirche benannt. Ihm folgten auch die anderen Thesen. Der Herbst 1934 brachte noch weitere Entscheidungen. Anfang Oktober versammelte sich unter dem Eindruck der rigorosen Zwangsmaßnahmen des Reichskirchenregiments gegen Württemberg und Bayern die *2. Reichsbekenntnissynode* in Berlin-*Dahlem.* Sie zog die praktischen Konsequenzen aus Barmen und kündigte den deutschchristlichen Kirchenleitungen den Gehorsam auf, verweigerte jede weitere Zusammenarbeit, bestellte ein eigenes vorläufiges Kirchenregiment und forderte alle Gemeinden auf, sich in Zukunft allein an die Weisungen der Bekennenden Kirche zu halten *(Kirchliches Notrecht)*. Kurz darauf, Ende Oktober, brach die Kirchenpolitik Müllers völlig zusammen. Hitler, der ständigen Streitereien in der evangelischen Kirche müde und in Sorge um außenpolitische Folgen, ließ die renitenten Bischöfe Wurm und Meiser und den Hannoverschen Bischof Marahrens nach Berlin kommen und rehabilitierte sie damit in aller Öffentlichkeit. – Der Rechtswalter des Reichsbischofs trat zurück, die Eingliederungsgesetze wurden aufgehoben, Müller selbst war entmachtet. Für einen Augenblick konnte es scheinen, als hätte die Bekennende Kirche gesiegt.

3. Wertung

Der Kirchenkampf 1933/34 war ein Kampf ausschließlich um das Bekenntnis und die Ordnung der Kirche. Die Bekennende Kirche hat nie einen Zweifel daran gelassen, daß sie im übrigen politisch unbedingt loyal zu Führer und Reich stehe. Man hat ihr das in jüngster Zeit (s. u. IV C) vielfach zum Vorwurf gemacht, und in einem Punkt sicher mit Recht. Die sich formierende Bekennende Kirche hat, trotz ihres Kampfes gegen den Arierparagraphen in der Kirche, die exemplarische Bedeutung und Tragweite des nationalsozialistischen Antisemitismus nicht begriffen. Diese Schuld ist unabweisbar. Der Vorwurf, mit der Bekenntnisfrage das falsche Problem thematisiert zu haben (M. Jacobs), trifft die Bekennende Kirche dagegen nicht. Der Nationalsozialismus als politische Religion war von der Kirche aus nicht genauer zu treffen als dort, wo man ihm im Namen Gottes den Totalitätsanspruch auf den ganzen Menschen bestritt. In diesem Sinne war der Kampf um die Freiheit und Reinheit der evangelischen Verkündigung *zugleich* ein politischer Kampf gegen die tragenden Kräfte der nationalsozialistischen Herrschaft.

C. Die staatliche Kirchenpolitik 1935–1939

1. Die Einrichtung der Kirchenausschüsse

a) Die Bestellung des »Reichsministers für die kirchlichen Angelegenheiten«. Nach dem Scheitern der Reichskirchenpläne erwog Hitler seit dem Jahreswechsel 1934/35 zwei Möglichkeiten. Die eine bestand in der strikten Trennung von Staat und Kirche und wurde vor allem von den weltanschaulichen Rigoristen in der Partei (A. Rosenberg u. a.) befürwortet. Die andere orientierte sich an einem staatskirchlichen Modell, das dem Staat ein weitgehendes Aufsichtsrecht einräumen sollte. Diese Lösung wurde vor allem von staatlichen Stellen unterstützt. Da gegen eine Trennung zu diesem Zeitpunkt zweifellos erhebliche rechtliche und sachliche Gesichtspunkte – nicht zuletzt das Reichskonkordat – sprachen, entschloß sich Hitler zu dem Versuch, die immer drängendere Kirchenfrage durch den Reichsminister ohne Geschäftsbereich Hanns Kerrl lösen zu lassen, dem er zu diesem

Zweck die gesamten alten und neuen staatskirchenrechtlichen Kompetenzen Preußens und des Reiches übertrug (Erlaß vom 16.7.1935). Diese persönliche Betrauung entsprach nicht nur Hitlers Führungsstil, sie ließ auch der Hoffnung Raum, der Staat würde durch den neuen Minister tatsächlich nur jene Rechtshilfe leisten, um die die Vorläufige Kirchenleitung der Bekennenden Kirche schon am 26.1.1935 gebeten hatte.

b) Kerrls Programm. Es ist kein Zweifel, daß Kerrl guten Willens an die Lösung seiner Aufgabe ging. Offiziell stützte er sich dabei gegenüber der Partei auf Art. 24 des Parteiprogramms (s. o. II A 2 b), wonach »der Schutz des positiven Christentums gewährleistet bleiben« müsse (so am 8.8.1935 gegenüber den Vertretern der Länder). Persönlich glaubte er darüber hinaus an die Vereinbarkeit von Christentum und Nationalsozialismus und an eine Aufgabe der Kirchen auch im Dritten Reich. So suchte er die zerstrittene evangelische Kirche auf dem Wege gütlicher Übereinkunft zu einer Einigung zu bringen. Nach gründlichen Konsultationen erschien am 24.9. 1935 das *»Gesetz zur Sicherung der Deutschen Evangelischen Kirche«,* das Kerrl ermächtigte, »zur Wiederherstellung geordneter Zustände in der Deutschen Evangelischen Kirche« »Verordnungen mit rechtsverbindlicher Kraft zu erlassen«. In der 1. DVO vom 24.9.1935 kündigte er die Bildung eines *Reichskirchenausschusses* an, der die Leitung der Deutschen Evangelischen Kirche übernehmen sollte. Dabei verstand sich der Minister als »Treuhänder«, der Männer kirchlichen Vertrauens zur selbständigen Leitung und Neuordnung der Kirche berief. Tatsächlich gelang es, aus den verschiedensten Gruppen der Deutschen Evangelischen Kirche Mitarbeiter zu gewinnen, an der Spitze den allseits geachteten ehemaligen westfälischen Generalsuperintendenten Wilhelm Zöllner. Der Aufruf, mit dem sich der neue Reichskirchenausschuß (und zugleich der Landeskirchenausschuß der evangelischen Kirche der ApU) am 17.10.1935 der kirchlichen Öffentlichkeit vorstellte, zeigte freilich bereits die ganze Problematik dieses Versuchs. Dieser Aufruf sprach vom Evangelium von Jesus Christus als »der unantastbaren Grundlage der Deutschen Evangelischen Kirche«, bejahte aber zugleich »die nationalsozialistische Volkwerdung auf der Grundlage von Rasse, Blut und Boden«.

c) Erfolge der Ausschußpolitik. Trotz aller Schwierigkeiten gelang bis Ende des Jahres 1935 die Einrichtung von Kirchenausschüssen in einer ganzen Reihe von sogenannten »zerstörten« Landeskirchen, in denen bisher neben dem deutschchristlichen Kirchenregiment ein Notkirchenregiment der Bekennenden Kirche fungiert hatte. Dies bedeutete die Entmachtung der deutschchristlichen Kirchenleitungen; die Aufhebung von Disziplinierungen und Willkürmaßnahmen; aber natürlich auch die Bestreitung der kirchenleitenden Funktionen der Organe der Bekennenden Kirche. In der

Bekanntmachung zur 5. DVO vom 20.12.1935 verbot der Minister dementsprechend »die Ausübung kirchenregimentlicher und kirchenbehördlicher Befugnisse« durch die »Vorläufige Kirchenleitung« für die Deutsche Evangelische Kirche, durch die »Bruderräte« für die ApU, Sachsen, Nassau-Hessen und Kurhessen-Waldeck.

2. Die Spaltung der Bekennenden Kirche

a) Der Kompromiß der 1. Vorläufigen Kirchenleitung. Schon sehr bald nach der Dahlemer Synode stellte sich heraus, daß von einer Einheit der Bekennenden Kirche kaum gesprochen werden konnte. Auf der einen Seite standen die sich zur Bekennenden Kirche rechnenden sogenannten intakten Landeskirchen Bayern, Württemberg und Hannover, deren Leitungen naturgemäß vor allem an einer Wahrung des kirchlichen Bestandes liegen mußte, auf der anderen Seite gab es in den sogenannten zerstörten Landeskirchen, vor allem in Preußen, die Bruderräte, die gegen die noch im Amt befindlichen deutschchristlichen Kirchenleitungen die Dahlemer Beschlüsse ständig zu praktizieren hatten. Beide Richtungen zusammen bildeten die Bekennende Kirche; es lag jedoch auf der Hand, daß die verschiedenen Bedingungen, unter denen sie standen, und die daraus resultierenden verschiedenen Entscheidungen auf die Dauer eine gemeinsame Linie kaum zulassen würden. Immerhin gelang es am 20./21.11.1934, eine gemeinsame *»Vorläufige Kirchenleitung der Deutschen Evangelischen Kirche« (1. VKL)* unter dem Vorsitz von Marahrens zu bilden, die freilich schon deutliche Züge eines Kompromisses trug (Austritt von Barth, Niemöller u. a. aus dem Reichsbruderrat).

b) Der Streit um die Kirchenausschüsse. Die latenten Spannungen in der Bekennenden Kirche kamen angesichts der Ausschußpolitik des Staates zum offenen Ausbruch. Während die intakten Landeskirchen, die keine Kirchenausschüsse besaßen, und einige Landesbruderräte der Bekennenden Kirche zur Zusammenarbeit mit den Ausschüssen neigten, erklärte vor allem der preußische Bruderrat ein schroffes Nein. Am 3.1.1936 entschied sich der Reichsbruderrat für den kompromißlosen preußischen Kurs, während die Vorläufige Kirchenleitung diesem Beschluß die Anerkennung verweigerte. Damit war die Bekennende Kirche praktisch gespalten. Der Versuch, diese Spaltung auf der *4.* (und letzten) *Reichsbekenntnissynode* im Februar 1936 in *Oeynhausen* zu überwinden, scheiterte. Die Bekennende Kirche zerfiel fortan in zwei Gruppen: in die »gemäßigte« Gruppe der intakten Landeskirchen und einiger lutherischer Bruderräte, die sich schon sehr bald eine eigene Leitung gab (Bildung des *»Rats der Evangelisch Lutherischen Kirche Deutschlands«* am 18.3.1936); und in die »radikale« Gruppe vornehmlich preußischer Bruderräte, die eine neue *»Vorläufige Kirchenleitung« (2. VKL,* 12.3.1936) wählten.

c) Theologische Probleme. Es ging bei diesen Entscheidungen nur oberflächlich gesehen um Fragen der Organisation und des politischen und kirchenpolitischen Ermessens. In Wahrheit stand zur Diskussion, was Kirche sei. Indem Kerrl und die Kirchenausschüsse davon ausgingen, daß die Bekennende Kirche eine unter verschiedenen kirchlichen Gruppen bilde, die es (unter Ausschluß der radikalen Deutschen Christen) miteinander zu versöhnen gelte, bestritten sie den in Barmen und Dahlem erhobenen Anspruch der Bekennenden Kirche, die eine wahre evangelische Kirche in Deutschland zu sein. War Kirche, so lautete die Alternative, bloß ein pluralistischer Zweckverband, oder war sie an das Bekenntnis gebundene und bekennende Gemeinschaft? Dietrich Bonhoeffer nahm im Juni 1936 in einem heftig umstrittenen Aufsatz »Zur Frage der Kirchengemeinschaft« Stellung und erklärte darin: »Wer sich wissentlich von der Bekennenden Kirche in Deutschland trennt, trennt sich vom Heil. Das ist die Erkenntnis, die sich der wahren Kirche von jeher aufgezwungen hat.« – Angesichts dieser grundlegenden theologischen Differenzen war trotz aller Versuche an eine Vermittlung zwischen den beiden Gruppen nicht zu denken. Tatsächlich gelang erst in den letzten Kriegsjahren wieder eine Annäherung.

3. Das Scheitern der Ausschußpolitik

Die Spaltung der Bekennenden Kirche besiegelte zugleich das Schicksal der Kirchenausschüsse. Ihre Arbeit stand ohnehin unter dem wachsenden Druck kirchenfeindlicher Parteikreise, denen an einer »Befriedung« der evangelischen Kirche immer weniger gelegen war. Der Kirchenminister aber verlor das Interesse an den Ausschüssen, als er sah, daß die beabsichtigte Einigung auf diesem Wege nicht zu erreichen war. Als daher der Reichskirchenausschuß im Dezember 1936 zugunsten von neun Bekenntnispfarrern gegen die deutschchristliche Kirchenleitung in Lübeck Stellung nahm, versagte Kerrl ihm seine Unterstützung. Die Folge war der Rücktritt des Reichskirchenausschusses im Februar 1937.

4. Neue Pläne

a) Hitlers Wahlerlaß. Schon am Jahresende 1936 plante Kerrl ein neues Verordnungswerk mit dem Ziel, die Staatsaufsicht über die Kirchen erheblich auszuweiten. Statt dessen bestimmte Hitler ohne Kenntnis Kerrls in einem Erlaß vom 15.2. 1937, daß »nunmehr die Kirche in voller Freiheit ... sich selbst die neue Verfassung und damit eine neue Ordnung geben« solle. Der Reichskirchenminister wurde dazu ermächtigt, »die Wahl einer Generalsynode vorzubereiten«. Ursache und Absicht dieses überraschenden Schrittes sind bis heute unbekannt. Der Erlaß löste in der evangelischen Kirche lebhafte Aktivitäten aus. Kerrl, ohnehin leidend, zog sich zurück und überließ die Führung der Geschäfte seinem Staatssekretär Muhs, der durch administrative Maßnahmen (System der *Finanzabteilungen,* 15. DVO vom 25.6.1937; Übertragung der Kirchenleitung auf die juristischen Leiter der kirchlichen Verwaltungsbehörden, 17. DVO vom 10.12.1937), sowie durch hartes Vorgehen gegen die Bekennende Kirche in der ApU die Dinge in den Griff zu bekommen versuchte. Unter dem Eindruck dieser harten Politik unternahm es die gespaltene Bekennende Kirche noch einmal, die einheitliche Leitung wiederherzustellen (*Kasseler Gremium,* 6.7.1937). Das Unternehmen mißlang. Auch Hitlers Wahlerlaß wurde nicht durchgeführt.

b) Die letzten Versuche Kerrls. In der völlig verfahrenen Situation machte Kerrl seit Sommer 1938 einen neuen Versuch, doch noch zu einer »Befriedung« der Kirche zu kommen. Freilich hatte er, wie alle staatlichen Behörden, entsprechend der allgemeinen Machtverschiebung im Reich inzwischen gegenüber der Partei entscheidend an Einfluß verloren. Sein Konzept blieb weiterhin die loyale, zentralistische Staatskirche, die er nun auf eine volkskirchliche Mitte und mit Hilfe der Laien bauen wollte. Im Oktober 1938 gelang es ihm, die wichtigsten Landesbischöfe zu einer scharfen Erklärung gegen die Bekennende Kirche (2. VKL) zu veranlassen. Dieser Erfolg ermutigte ihn, weiter an der Herstellung einer »Einheitsfront« zu arbeiten, die in der Form eines Simultaneums deutschchristliche und nicht-deutschchristliche Kirchenleitungen zusammenfassen sollte, während die Bekennende Kirche mit Gewalt ausgeschaltet werden sollte (*»5 Grundsätze«,* 26.5.1939). Alle diese Bemühungen erwiesen sich jedoch zunehmend als illusionär. Mit Kriegsbeginn wurde das Reichskirchenministerium auf seine Verwaltungsfunktionen reduziert. Kerrl starb 1941.

D. Der Widerstand gegen die nationalsozialistische Ideologie

1. Das Problem der doppelten Kirchenpolitik

Das Verwirrende für die Zeitgenossen wie für den Historiker des Kirchenkampfes war und ist die Doppelgesichtigkeit der nationalsozialistischen Kirchenpolitik. Während das Dritte Reich als Staat – zunächst durch das Reichsinnenministerium, dann durch den Reichskirchenminister – offenkundig die »Befriedung« und Erhaltung der evangelischen Kirche als einer staatsloyalen Kraft anstrebte, ließen maßgebliche Kräfte in der Partei sehr bald erkennen, daß *ihr* Ziel die Vernichtung der christlichen Kirchen und des Christentums in Deutschland überhaupt war. Diese Widersprüchlichkeit war, wie die Akten der Obersten Reichsbehörden inzwischen gezeigt haben, nicht nur ein Schein, sondern politische Realität. Aus ihr lassen sich viele Probleme des Kirchenkampfes seit 1935 ableiten. Im Blick auf den staatlichen Bereich war ein modus vivendi zumindest nicht ganz auszuschließen. So jedenfalls sahen es der Reichskirchenausschuß und später die sogenannte *Kirchenführerkonferenz,* die seit 1937 der wichtigste Partner des Reichskirchenministers wurde. Aber auch der radikale Flügel der Bekennenden Kirche erwog zu keinem Augenblick den scheinbar naheliegenden

Schritt einer völligen Trennung vom Staat, sondern kämpfte im Gegenteil nach wie vor um ihre staatliche Anerkennung. Die Verweigerung der Mitarbeit in den Kirchenausschüssen durch die (2.) Vorläufige Kirchenleitung war keine Verweigerung der Mitarbeit mit dem Staat überhaupt, sondern bezog sich nur auf die Form des staatlichen Vorgehens. Andererseits sahen sich die Kirchen in wachsendem Maße einer von der Partei getragenen öffentlichen Kirchenfeindschaft gegenüber, die in zahlreichen Unterdrükkungs- und Verfolgungsmaßnahmen ihren Ausdruck fand. Indem die Kirchen sich dagegen zur Wehr setzten, schienen sie zunächst nur sich selbst zu verteidigen, zumal sie ängstlich bemüht waren, den Unterschied zwischen ihrer nationalen und staatlichen Loyalität und ihrem ideologischen Widerspruch zu betonen. Je mehr das Dritte Reich jedoch zum Weltanschauungsstaat wurde, um so mehr mußte sich der ideologische Widerspruch faktisch als politischer Widerstand auswirken; denn er stellte die Herrschaft Hitlers an ihrem entscheidenden Punkt in Frage, nämlich dem totalen Anspruch auf den ganzen Menschen. Die Kirchen haben sich in ihrer großen Mehrheit beharrlich geweigert, diese Konsequenzen zu sehen, vielmehr durch überschwengliche Bekundungen nationaler Solidarität den Konflikt zu überspielen versucht. Um so scharfsichtiger war die Partei, für die seit 1938 die Vernichtung von Christentum und Kirchen in Deutschland zu einer Lebensfrage erklärt wurde. Daß dies weithin verborgen bleiben konnte, lag an der doppelten Kirchenpolitik, die Hitler wohl bewußt weiter betrieb. Während er bis 1938 die staatliche Richtung unterstützte, ohne doch die Partei zurückzuhalten, neigte er seit 1938 immer mehr zur harten Linie, wiederum jedoch ohne die staatliche Kirchenpolitik ganz zu liquidieren. So blieb das Ganze in einem Zwielicht, und Entscheidungen waren – wie auch ein Blick auf vergleichbare Situationen in der Gegenwart zeigt – schwieriger, als sie im Rückblick scheinen.

2. Der Kampf gegen das »Neuheidentum«

a) Die enthusiastische Bewegung. Im Sommer und Herbst 1933 erreichte die Begeisterung für den Nationalsozialismus und das neue Reich in beiden Kirchen einen Höhepunkt. Diese Begeisterung war u. a. auch eine Antwort auf die zweifellos vorhandenen *religiös-enthusiastischen Elemente* der Hitler-Bewegung, die ganz neue volksmissionarische Möglichkeiten zu eröffnen schienen. Zum Teil verstand man das »Dritte Reich« als Erfüllung der Zeiten (Joachim v. Fiore) und sah in ihm auf schwärmerische Weise Politik und Glauben neu verbunden. Namentlich die Thüringer Richtung der Deutschen Christen und später die »Kommende Kirche« des Bremer Bischofs Weidemann vertraten diese Überzeugungen und hielten – mit wachsender Anhängerschaft – bis zum Zusammenbruch des Dritten Reiches daran fest.

b) Die Auseinandersetzungen mit Rosenberg. Nach dem Sportpalastskandal (s. o. B 2c) erlitt die allgemeine Begeisterung einen weiteren Rückschlag durch die Beauftragung A. Rosenbergs »mit der gesamten geistigen und weltanschaulichen Schulung und Erziehung der Partei« (24.1.1934). Der Verfasser des »Mythus des 20. Jahrhunderts« (1930, 1934[24] u. ö.) galt in beiden Kirchen mit Recht als Exponent der radikalen kirchenfeindlichen Kräfte in der NSDAP. Tatsächlich eröffnete Rosenberg, unterstützt von starken Kräften in der Partei, seit Jahresbeginn 1935 einen Propagandafeldzug gegen Kirche und Christentum. Zugleich entfaltete auch die völkisch-religiöse »Deutsche Glaubensbewegung« (J.W. Hauer, v. Reventlow) eine lebhafte Tätigkeit. Dies führte zum ersten öffentlichen und offiziellen Widerspruch durch ein »Wort der Vorläufigen Leitung der Deutschen Evangelischen Kirche an die Gemeinden« vom 21.2.1935. Sehr viel eindeutiger noch war die Erklärung, die die Bekenntnissynode der evangelischen Kirche der ApU am 5.3.1935 in Dahlem beschloß und in der es nach einer Verurteilung der »rassisch-völkischen Weltanschauung« hieß: »Das irdische Recht verkennt seinen himmlischen Richter und Hüter, und der Staat selbst verliert seine Vollmacht, wenn er sich mit der Würde eines ewigen Reiches bekleiden läßt und seine Autorität zu der obersten und letzten auf allen Gebieten des Lebens macht.« Das Reichsinnenministerium, das bis Ende 1934 manche Interessen der Bekennenden Kirche anerkannt und z.T. sogar vertreten hatte, änderte daraufhin radikal seinen Kurs und ließ die Abkündigung als Angriff auf Staat und Partei staatspolizeilich verbieten. Die Mißachtung des Verbots führte zur zeitweiligen Verhaftung von mehr als 700 Pfarrern. Die daraufhin unmittelbar bevorstehende große Konfrontation jedoch wurde – wie auch in der Folgezeit – von beiden Seiten vermieden. Rosenberg verwies bei seinen weiteren Angriffen (»An die Dunkelmänner unserer Zeit«, 1935; »Protestantische Rompilger«, 1937) nachdrücklich auf den »Privatcharakter« seiner Ansichten, was insofern nicht ganz falsch war, als Hitler von einer neuen völkischen Religion dieses dilettantischen Zuschnitts tatsächlich wenig hielt. Andererseits betonten die Kirchen erneut den »Gehorsam gegen die Obrigkeit«, der auch angesichts von Verfolgung und Unterdrückung zu bewahren sei. (*3. Reichsbekenntnissynode* in *Augsburg,* 4.–6.6.1935).

c) Die Verschärfung des Kampfes. Die ideologischen Auseinandersetzungen wurden mit wechselnden Akzentuierungen bis zum Ende des Dritten Reiches weitergeführt. Den Schritt vom ideologischen Widerspruch zur unmittelbaren politischen Kritik vollzog zum ersten Mal die *Denkschrift der (2.) Vorläufigen Leitung* und des Rates der Deutschen Evangelischen Kirchen an Hitler vom 28.5.1936. Auch hier wurde zunächst der Widerspruch zur nationalsozialistischen Weltanschauung formuliert; dann aber in einem Abschnitt »Sittlichkeit und Recht« offen auch von der Beschwerung der Gewissen durch Judenhaß und Antisemitismus, durch den Mißbrauch des Eides, durch die Manipulationen der Wahlstimmen, durch die Konzentrationslager und die Rechtlosigkeit gegenüber dem Zugriff der Geheimen Staatspolizei gesprochen. Auch wenn diese Denkschrift Hitler selbst wahrscheinlich nicht erreichte, erregte sie durch eine zunächst unbeabsichtigte Veröffentlichung im Ausland erhebliches Aufsehen. Am 10.7.1936 entschloß sich auch der Reichskirchenausschuß zu einer - freilich sehr gemäßigten - Erklärung. Die klarste und schärfste Analyse der Situation legte G. Jacob auf der 4. Bekenntnissynode der evangelischen Kirche der ApU am 16.12.1936 in Breslau vor. In einem Vortrag »Kirche oder Sekte« erklärte er: »Der heutige Staat als dogmatisch gebundener Staat kann sich ... nicht mit der Loyalität seiner Bürger ... begnügen ... [Er] muß religiöse Entscheidung fordern, den Enthusiasmus und Fanatismus ... Und der christliche Vorbehalt *muß* ihm als politische Opposition und als Verletzung seiner sakralen Grundlagen erscheinen ...«

d) »Mit brennender Sorge«. Nachdem die katholischen Bischöfe mehrfach, zuletzt in einer umfangreichen Denkschrift am 20.8.1936, ihre Beschwerden vorgetragen hatten, entschloß sich Anfang 1937 auch die Kurie zu einem öffentlichen Wort über die Lage der katholischen Kirche in Deutschland. Aufgrund einer Vorlage von Kardinal Faulhaber entwarf Kardinalstaatssekretär Pacelli die päpstliche Enzyklika »Mit brennender Sorge«, die Anfang März nach Deutschland kam, insgeheim gedruckt und verteilt und am Palmsonntag, dem 21. März von den Kanzeln aller katholischen Kirchen verlesen wurde. Obwohl als Wort des Trostes und der Ermutigung für die deutschen Katholiken formuliert, enthielt die Enzyklika eine so deutliche Kritik an der nationalsozialistischen Religionspolitik und damit am Nationalsozialismus selbst, daß ihre Wirkung weit über den Kreis der Adressaten hinausreichte. Wenn von einem »Vernichtungskampf« die Rede war und von der »mehr oder minder öffentlichen Vertragsverletzung«, die »von der anderen Seite« »zum ungeschriebenen Gesetz des Handelns« gemacht worden sei, so war klar, daß dieser Vorwurf nicht auf das Reichskonkordat beschränkt bleiben konnte. Auch die Verurteilung der nationalsozialistischen Weltanschauung, der Vorwurf der Unterdrückung gläubiger Katholiken und die Erinnerung an das Naturrecht als absolute Rechtsnorm waren deutlich genug. Trotzdem ließ auch die Enzyklika die Möglichkeit einer Unterscheidung zwischen der Reichsregierung und den kirchenfeindlichen Maßnahmen des Nationalsozialismus zu, weil Pius XI. trotz aller Bedenken entschlossen war, am Konkordat festzuhalten. Hitler wurde von der Veröffentlichung der Enzyklika völlig überrascht. Die Gestapo vermochte die Verbreitung nicht mehr zu verhindern. Besonders erbittert zeigte sich der Reichskirchenminister. Seine ohnedies schwierige Stellung zwischen den renitenten Kirchen und der wachsenden Kirchenfeindschaft der Partei wurde durch den Schritt der Kurie weiter geschwächt. So war es nicht überraschend, daß er – entsprechend seinen Plänen zur Verstärkung der Staatsaufsicht über die Evangelische Kirche – mit dem Gedanken umging, das Reichskonkordat für hinfällig erklären zu lassen und dadurch seine Position gegenüber der katholischen Kirche zu stärken. Aber Hitler wollte auch hier den endgültigen Bruch vermeiden, und da er sich in diesem Wunsch mit der Kurie begegnete, blieb das Reichkonkordat offiziell unangetastet. Über die grundsätzlich unaufhebbare Feindschaft zwischen Nationalsozialismus und Christentum aber waren für Klarblickende auf beiden Seiten immer weniger Zweifel möglich.

E. Der Weg zur »Endlösung« der Kirchenfrage

1. Der Fall Niemöller

Es ist schwer, die Bedeutung des kirchlichen Widerstandes gegen die nationalsozialistische Ideologie für die Geschichte des Dritten Reiches zu beurteilen. In neueren Darstellungen wird er im allgemeinen gering veranschlagt oder fehlt völlig. Geht man dagegen von der Reaktion der Partei aus, so scheint die Kirchenfrage ein erhebliches Gewicht besessen zu haben. Dies hatte mehrere Gründe. Die Partei sah ganz richtig, daß sich um die Kirchen tatsächlich eine ideologische Renitenz sammelte. Dies war um so leichter, als die nationale Zuverlässigkeit und die staatliche Loyalität der Kirchen aufs ganze gesehen kaum in Zweifel zu ziehen waren. Die Gesetze reichten auch in ihrer extremen Auslegung kaum aus, um den ideologischen Widerstand strafrechtlich zu fassen. Dazu kam, daß die Partei im Zweifel war, wie weit und tief die Anhängerschaft der Kirchen im Volk wirklich reichte. All dies wurde deutlich im Prozeß gegen Martin Niemöller im Februar 1938. Die außerordentliche Aufmerksamkeit, mit der dieser Prozeß im In- und Ausland verfolgt wurde, und die bedeutenden Leumundszeugen aus Staat, Militär und Wissenschaft wiesen auf die große Bedeutung hin, die der Kirchenfrage für die Einschätzung des Dritten Reiches allgemein zugemessen wurde. Das Gerichtsurteil vom 2.3.1938 kam praktisch einem Freispruch gleich. Daraufhin griff Hitler persönlich ein und ordnete die Inhaftierung Niemöllers in einem Konzentrationslager an, wo er als »persönlicher Gefangener des Führers« bis zum Kriegsende blieb. Dies war zweifellos eine Reaktion auf die anhaltende ideologische Renitenz der Kirchen und bedeutete eine Wende in der nationalsozialistischen Kirchenpolitik. Während Himmler und Heydrich den Apparat der Politischen Polizei und des Sicherheitsdienstes immer stärker für die Überwachung und Unterdrückung der Kirchen als unmittelbarer weltanschaulicher Gegner einsetzten (1936 Einrichtung eines Amtes »Kirchen, Sekten, Emigranten, Juden, Logen« beim Hauptamt Sicherheitspolizei; später Amt IV B »Politische Kirchen, Sekten, Freimaurer, Juden« im Reichssicherheitshauptamt), begann Martin Bormann systematisch auf die staatskirchenrechtliche Liquidierung der Kirchen hinzuwirken. Obwohl Kerrl noch immer an seinem staatskirchlichen Modell festhielt und die Kirchen mit allen Mitteln auf seinen Kurs zu bringen versuchte, begann sich das zunehmende Gewicht der Partei jetzt deutlich auszuwirken.

2. Die neue Kirchenpolitik in Österreich

Im strikten Gegensatz zu Kerrl vertrat Bormann eine *Trennung von Staat und Kirche* mit dem Ziel, durch Entzug aller staatlichen Privilegien, durch Dezentralisierung und Privatisierung die Kirchen in privatrechtliche Vereine besonderer Art umzuwandeln, die leicht zu beherrschen waren und zu gegebener Zeit liquidiert werden konnten. Die Möglichkeit einer Initiative in dieser Richtung ergab sich für Bormann zum ersten Mal mit der Besetzung Österreichs im März 1938. Während die österreichischen Bischöfe noch den Anschluß begrüßten, die hervorragenden Verdienste der nationalsozialistischen Bewegung »auf dem Gebiete des völkischen und wirtschaftlichen Aufbaus« und bei der Abwehr »des alles zerstörenden gottlosen Bolschewismus« priesen und auch die evangelische Kirche sich ähnlich äußerte, arbeitete Bormann bereits an einem völlig neuen Rechtsstatus für beide Kirchen im »konkordatsfreien Raum« der »Ostmark«. Als es ihm nach langen Auseinandersetzungen gelungen war, Kerrls Kompetenzen auf das Altreich zu beschränken, erschien das *»Gesetz über die Erhebung von Kirchenbeiträgen im Lande Österreich«* vom 28. April 1939, das Bormanns Vorstellungen weitgehend verwirklichte. Dieses Gesetz berechtigte die »katholische Kirche, die evangelische Kirche Augsburgischen und Helvetischen Bekenntnisses und die altkatholische Kirche in der Ostmark« zur Erhebung von »Kirchenbeiträgen«. Als beitragspflichtig galten nur die volljährigen Mitglieder. Beitragsordnung und Beitragshöhe wurden »staatsaufsichtlicher Genehmigung« unterworfen; ebenso die Verwendung der Mittel. Zugleich wurden sämtliche staatlichen Leistungen für die Kirchen gestrichen. In einem geheimen Rundschreiben erläuterte Bormann den Reichs- und Gauleitern den Sinn der neuen Regelung. Zum ersten Mal sei hier eine völlige Trennung von Staat und Kirche erreicht, allerdings nicht im traditionellen Sinne eines gleichberechtigten Nebeneinander, vielmehr sei die Kirche dem Staat vermögensrechtlich unterstellt und habe lediglich in ihrem eigenen Aufgabengebiet eine gewisse Selbständigkeit. Allerdings – das war bezeichnend für die unklare Lage – gelang es Bormann trotz ständigen Drängens nicht, Hitler ganz für seine radikale Linie zu gewinnen. Als er im Mai 1939 zusammen mit dem badischen Gauleiter den Versuch unternahm, die österreichische Regelung auf Baden zu übertragen, gelang es dem Einspruch des Reichskirchenministers, der dabei auf mögliche schwerwiegende Komplikationen wegen der Konkordate und Kirchenverträge hinwies, dieses Vorhaben zu vereiteln. Tatsächlich ist der staatskirchenrechtliche Status beider Kirchen im Altreich bis zum Zusammenbruch grundsätzlich nicht angetastet worden.

3. Der »Reichsgau Wartheland«

Da Bormann im Altreich die Durchführung seines Programms zunächst noch verwehrt war, konzentrierte er sein Interesse auf die konkordatsfreien Gebiete, und hier vor allem auf den 1939 neugeschaffenen »Reichsgau Wartheland«, der aus dem Gebiet der früheren preußischen Provinz Posen gebildet worden war. Dessen Gauleiter und Reichsstatthalter A. Greiser war bereit, seinen Gau in jeder Hinsicht – gerade auch in kirchenpolitischer – als Mustergau im Sinne der Politik der Parteikanzlei zu führen. Als ziviler Stellvertreter fungierte der frühere »Rechtswalter« des Reichsbischofs, A. Jäger, der für die Eingliederungspolitik des Jahres 1934 verantwortlich gewesen war. Der neue Gau wurde nicht nur als konkordats- und vertragsfreies Gebiet, sondern schlechthin als »rechtsfreier Raum« betrachtet. Dementsprechend begann der Reichsstatthalter in allen Bereichen neues nationalsozialistisches Recht zu setzen. Hier aber traten nun die eigentlichen Intentionen der Bormannschen Kirchenpolitik klar zutage. Zunächst übernahm der neue Gau noch – wenn auch schon deutlich verschärft – das ostmärkische Beitragsgesetz, das am 14. März 1940 in Kraft trat. Aber schon im Juli wurden neue kirchenpolitische Leitlinien bekannt *(»13 Punkte«)*. Sie bestimmten u. a.: »1. Es gibt keine Kirchen mehr im staatlichen Sinne, sondern es gibt nur noch religiöse Kirchengesellschaften im Sinne von Vereinen ... 4. Es bestehen keine Beziehungen mehr zu Gruppen außerhalb des Gaues ... 5. Mitglieder können nur Volljährige durch schriftliche Beitrittserklärung werden ... 6. Alle konfessionellen Untergruppen, Nebenorganisationen (Jugendgruppen) sind aufgehoben und verboten ... 12. Die Vereine dürfen sich nicht in der Wohlfahrtspflege betätigen, dies steht einzig und allein der NSV zu ... 13. In den Vereinen dürfen sich die Geistlichen nur aus dem Warthegau betätigen. Dieselben sind nicht hauptamtlich Geistliche, sondern müssen einen Beruf haben.« Über die Bedeutung dieser »13 Punkte« konnte von Anfang an kein Zweifel bestehen. Sie sollten auf dem Wege über eine Sondergesetzgebung, wie sie ähnlich seit 1933 gegenüber den Juden angewandt worden war, die Liquidierung der christlichen Kirchen im Warthegau einleiten. Ihre Rechtsform erhielten die »13 Punkte« in der *»Verordnung über religiöse Vereinigungen und Religionsgesellschaften im Reichsgau Wartheland«* vom 13. September 1941. Darin war für die »Posener evangelische Kirche deutscher Nationalität« ebenso wie für die anderen evangelischen Kirchen und die »römisch-katholische Kirche deutscher Nationalität« im »Reichsgau Wartheland« der neugeschaffene Status einer »juristischen Person des privaten Rechts« vorgesehen, die rechtliche Umschreibung der völligen Auslieferung der Kirche an den Willen des nationalsozialistischen Staates.

4. Die verschobene »Endlösung«

Spätestens seit 1941 war sich die nationalsozialistische Führungsspitze wegen der ideologischen Renitenz der Kirchen über die Notwendigkeit der Vernichtung des Christentums in Deutschland im klaren. In einem Rundschreiben Bormanns vom 9.6.1941, das an alle Gauleiter des Reiches gerichtet war, auf Befehl Hitlers aber zurückgezogen werden mußte, schrieb der inzwischen zum mächtigsten Mann in der Partei aufgerückte Leiter der Parteikanzlei, Christentum und Nationalsozialismus seien schlechterdings unvereinbar. Erst wenn die Einflußmöglichkeiten der Kirchen restlos beseitigt seien, habe die nationalsozialistische Volksführung den vollen Einfluß auf alle Volksgenossen. »Erst dann sind Volk und Reich für alle Zukunft in ihrem Bestande gesichert.« Es ist sicher kein Zufall, daß Hitler bei seinen zahlreichen Äußerungen zu diesen Fragen in den Tischgesprächen von 1941/42 ganz ähnliche Formulierungen gebrauchte. So meinte er am 13.12.1941: »Der Krieg wird ein Ende nehmen. Die letzte große Aufgabe unserer Zeit ist dann darin zu sehen, das Kirchenproblem noch zu klären. Erst dann wird die deutsche Nation ganz gesichert sein.« Auch in der SS wurde die Endabrechnung vorbereitet. Auf einer Arbeitstagung aller Kirchensachbearbeiter beim Reichssicherheitshauptamt am 22. und 23. September 1941 erklärte SS-Brigadeführer Müller, es sei nunmehr erforderlich, daß den Kirchen eine geschlossene Front von Sachbearbeitern gegenübertrete. »Der Gruppenführer hat daher endgültig entschieden, daß für die Zukunft eine geschlossene Bekämpfung des gefährlichsten aller gefährlichen Gegner durch die staatspolizeilichen Stellen erfolgen muß. Die politische Kirche übernimmt heute die Rolle, die die Spartakisten und Marxisten von 1918 spielten. Für diese Haltung ist den politischen Kirchen einst die Rechnung zu präsentieren. Wir haben daher mit allen uns zur Verfügung stehenden Mitteln dieses Material zusammenzutragen ...« Diese Äußerungen lassen keinen Zweifel am Vernichtungswillen des Dritten Reiches zu. Taktische Rücksichten geboten freilich seine Zurückstellung bis zum Kriegsende. So wurde durch den Krieg noch einmal mit dem Einverständnis beider Seiten die große Konfrontation verhindert.

F. Die Auswirkungen des Krieges

Der Krieg wirkte sich auf den Kirchenkampf in dreifacher Hinsicht aus. Zunächst schienen Hitlers »Burgfrieden« und die Notwendigkeit nationaler Solidarität eine neue Chance für ein positives Verhältnis von Staat und Kirche zu eröffnen. Andererseits machte gerade der Krieg den Totalitätsanspruch der nationalsozialistischen Herrschaft und ihren verbrecherischen Charakter so deutlich, daß Widerspruch und Widerstand in beiden Kirchen wuchsen. Endlich erzwang der Druck der Verhältnisse in der evangelischen Kirche ein Zusammenrücken, das die Voraussetzungen für die kirchliche Entwicklung in der Nachkriegszeit schuf.

1. Der »Burgfrieden«

a) Hitlers Stillhaltebefehl. Bei Kriegsbeginn verbot Hitler »jede Aktion gegen die katholische und evangelische Kirche für die Dauer des Krieges«. Das Verbot bezog sich, wie die Kirchenpolitik im Warthegau zeigte (s. o. E 3), nur auf das sogenannte Altreich, wirkte sich hier tatsächlich gegen große und spektakuläre Aktionen aus, verhinderte aber nicht eine konsequente Politik der Abschnürung und Unterdrückung kirchlicher Tätigkeiten unter dem Vorwand von Kriegsnotwendigkeiten.

b) Im Zeichen der nationalen Solidarität. Der »Burgfrieden« ermöglichte es führenden Kreisen in beiden Kirchen, unter Zurückstellung aller Bedenken zur nationalen Solidarität aufzurufen. Die moralische Unterstützung des Krieges war und blieb bis weit in die oppositionellen Kreise der Kirchen hinein ein Gebot der Stunde. So traten nicht nur die offiziellen Vertretungen der Kirchen – der deutsche Episkopat und der neugeschaffene Geistliche Vertrauensrat der Deutschen Evangelischen Kirche – in die Mahnung zum »Gehorsam gegen den Führer« und in die »Fürbitte für Führer und Reich« ein; auch etwa der 1936 aus seiner Diözese vertriebene Bischof von Rottenburg, Sproll, erflehte Gottes Segen für alle, die dem Aufruf des Führers gefolgt waren, und Martin Niemöller meldete sich aus dem Konzentrationslager freiwillig zur Kriegsmarine. Als der Feldzug gegen Rußland begann, erließen Kirchenführer beider Konfessionen Aufrufe zum Kampf gegen den Bolschewismus; der Geistliche Vertrauensrat der Deutschen Evangelischen Kirche mit einer Botschaft, in der der Hoffnung Ausdruck gegeben wurde, daß »in ganz Europa unter Ihrer [Hitlers] Führung eine neue Ordnung erstehe und aller inneren Zersetzung, aller Beschmutzung des Heiligsten, aller Schändung der Gewissensfreiheit ein Ende gemacht werde«. Daß die deutschchristlichen Kirchenleitungen diese Tonart bis zum Ende durchhielten, war nicht erstaunlich. Aber beschämend war es, daß der Geistliche Vertrauensrat, dem der hannoversche Bischof Marahrens angehörte, nach dem Attentat vom 20. Juli 1944 ein Telegramm an Hitler richtete, in dem es hieß: »In allen evangelischen Kirchen Deutschlands wird heute im Gebet der Dank zum Ausdruck kommen für Gottes gnädigen Schutz und seine sichtbare Bewahrung ... « Sehr viel kritischer dagegen äußerte sich der württembergische Landesbischof Wurm, der mehr und mehr zum tatsächlichen Sprecher der Deutschen Evangelischen Kirche gegenüber dem Staat wurde.

c) Das Vorrücken der Partei. Trotz Burgfrieden und nationalen Solidaritätsbekundungen führte vor allem Bormann seinen Kampf gegen die Kirchen fort. Schon 1941 erreichten die Unterdrückungsmaßnahmen einen neuen Höhepunkt, um freilich von da an hinter den Erfordernissen des Krieges zurückzutreten. Die auch im Altreich sehr schnell bekanntgewordenen »13

Punkte« (s. o. E 3) ließen Illusionen über das den Kirchen zugedachte Schicksal immer weniger zu. Dies verstärkte die Entschlossenheit zum Widerstand wie den Willen zur Einigung.

2. Widerspruch und Widerstand

a) Die Predigt im Kriege. Eine nationale Predigt wie im 1. Weltkrieg gab es im 2. Weltkrieg nicht. Vielmehr zeigen die Berichte des Sicherheitsdienstes, daß vor allem in der zweiten Kriegshälfte vielfach mit spürbarer Zurückhaltung gegenüber der nationalsozialistischen Propaganda gepredigt wurde. Auch wenn nur selten offener Widerspruch laut wurde, wurde diese Zurückhaltung in der Regel wohl zu Recht als ein Zeichen der ideologischen Renitenz gewertet, mit der die nationalsozialistische Führung je länger um so weniger fertig zu werden vermochte (s. o. D 2 c, d). Als eine Anleitung zur Predigt kann man die Hirtenbriefe von Wurm werten, in denen nachdrücklich von Schuld und Sühne die Rede war: Unser Volk »hat große Schuld auf sich geladen auch durch die Art, wie der Kampf gegen Angehörige anderer Rassen und Völker geführt worden ist. ... Können wir uns wundern, wenn wir das nun auch zu verspüren bekommen? Auch wenn wir's nicht gebilligt haben, so haben wir doch oft geschwiegen, wo wir hätten reden sollen! So empfinden heute weite Kreise, besonders aber die Christen in unserem Volk ...« (1.10.1943).

b) Der Widerstand gegen das Euthanasieprogramm. Einer der Punkte, an denen die Kirchen zum erstenmal öffentlich Anklage erhoben, war die Ermordung der Geisteskranken, die Hitler im Oktober 1939 befohlen und die bis 1941 bereits über 70 000 Opfer gefordert hatte. Da viele Geisteskranke in kirchlichen Anstalten untergebracht waren, erfuhren die Kirchenleitungen relativ früh und zuverlässig von diesen Plänen. Seit Juli 1940 protestierte u. a. Wurm in zahlreichen Schreiben an Staats- und Parteistellen gegen die »planmäßige Ausrottung schwacher und gebrechlicher Volksgenossen«. Der Bischof von Münster, Graf Galen, teilte im August 1941 seiner Gemeinde von der Kanzel aus mit, daß er gegen die Verantwortlichen Anzeige wegen Mordes nach § 211 StGB erstattet habe. Diese Proteste und Anklagen hatten tatsächlich Erfolg. Ende 1941 wurde das sogenannte Euthanasieprogramm erheblich eingeschränkt und schließlich ganz eingestellt.

c) Das Versagen in der Judenfrage. Kaum nennenswert, gemessen am Ausmaß des Verbrechens, waren die Versuche, dem Massenmord an den Juden und den Untaten in den besetzten Gebieten, namentlich im Osten, aktiv entgegenzutreten. Geschickte Vertuschung und rigorose Verfolgung durch den Staat begegneten sich mit dem Willen der Kirchen, möglichst wenig zu sehen und zu hören, zumal sie in der Judenfrage kaum auf Rückhalt in den

Gemeinden, geschweige denn im Volk zählen konnten. So blieben alle Hilfsversuche im Grunde Einzelunternehmungen, die oft genug nicht nur im Inland, sondern auch im Ausland mit Unverständnis und Feindschaft zu kämpfen hatten. Fast alle Mitarbeiter der Hilfsorganisationen kamen schon 1940 in Konzentrationslager, nur wenige erlebten das Kriegsende. Als Ende Juli 1941 die »Endlösung« der Judenfrage beschlossen und kurz darauf das Tragen des »Judensterns« auch im Altreich befohlen wurde, reagierte die Kirchenkanzlei der Deutschen Evangelischen Kirche mit einem Rundschreiben an die Obersten Kirchenbehörden, »geeignete Vorkehrungen zu treffen, daß die getauften Nicht-Arier dem kirchlichen Leben der deutschen Gemeinden fernbleiben«. Kardinal Bertram riet dem Episkopat, »erst wenn sich größere Schwierigkeiten durch den Kirchenbesuch der nicht-arischen Katholiken ergeben sollten«, »mit den katholischen Nicht-Ariern selbst die Abhaltung von Sondergottesdiensten zu erwägen«. Erst im September 1943 wagte es der deutsche Episkopat, in einem Hirtenbrief die Tötung Unschuldiger zu verurteilen, und vier Wochen später folgte mit fast gleichem Wortlaut die 12. Bekenntnissynode der Evangelischen Kirche der ApU in Breslau mit einer »Handreichung an die Pfarrer und Ältesten zum fünften Gebot« (16./17.10.1943).

d) Der politische Widerstand. Am politischen Widerstand im eigentlichen Sinn haben die beiden Kirchen nicht teilgenommen, obwohl zahlreiche persönliche Verbindungen bestanden. Dabei verband sich die grundsätzliche Überzeugung, daß die Kirche kein Mandat zur Verschwörung habe, mit den praktischen Bedingungen der Volkskirche und kirchenpolitischen Rücksichtnahmen. So blieben Verschwörer wie der evangelische Pfarrer Dietrich Bonhoeffer und der Jesuitenpater Alfred Delp in beiden Kirchen Außenseiter. Das wird heute vielfach als ein entscheidendes Versagen der Kirchen gewertet. Gerade angesichts der komplexen Geschichte des Kirchenkampfes bleibt jedoch die Frage, die H. Rothfels schon 1948 formulierte: »ob die Kirchen nicht dadurch, daß sie innerhalb ihres eigensten Bereiches sich zur Wehr setzten, die Kräfte des Widerstandes mit einem härteren Kern und einer schärferen Schneide versahen, als irgendeine äußere Revolte es hätte tun können«. Die christlichen Überzeugungen, die bei Verschwörern aus den verschiedensten Widerstandsgruppen schließlich zum aktiven Widerstand führten, könnten diese Annahme bestätigen.

3. Das Einigungswerk

Unter dem wachsenden Druck, dem sich die evangelische Kirche ausgesetzt sah, unternahm Landesbischof Wurm seit November 1941 einen neuen Versuch, die zerstrittenen Richtungen der Kirche zu einigen. Mit Zustimmung der Kirchenführerkonferenz, der Bruderräte und des Lutherischen Rates kam es zu langwierigen Verhandlungen, an deren Ende Ostern

1943 die Veröffentlichung von *13 Sätzen über »Auftrag und Dienst der Kirche«* stand. Sie sollten in Anknüpfung an die Erkenntnisse von Barmen (s. o. B 2 d) auf der Grundlage von Schrift und Bekenntnis *nach außen* als Richtschnur für die »Haltung gegenüber weiteren Eingriffen des Staates gelten«, *nach innen* »eine einheitliche geistliche Führung des Amtes und der Kirche« (Wurm) gewährleisten. Die »13 Sätze« fanden eine überraschend breite Zustimmung. Auch wenn aus äußeren und inneren Gründen eine Zusammenarbeit auf ihrer Grundlage bis zum Kriegsende kaum mehr erfolgte, besteht kein Zweifel, daß das Einigungswerk für die kirchliche Neuordnung nach dem Krieg eine entscheidende Bedeutung gewann. Das galt sowohl für die Übernahme des Kirchenregiments in den »zerstörten« Landeskirchen, wo Vertreter der Bruderräte mit Männern des vor 1933 bestehenden Kirchenregiments zusammenwirkten, wie auch für die Bildung der EKD, die ebenfalls von der breiten Basis des Einigungswerkes her konzipiert und schließlich auch durchgesetzt wurde.

III. Die Anfänge der EKD

Die Fronten und Fragestellungen des Kirchenkampfes blieben bis zum Ende der 60er Jahre in der EKD lebendig. Umstritten war vor allem die Frage nach den theologischen und politischen Konsequenzen des Kirchenkampfes. Aber auch die grundlegenden Entscheidungen über die Neuordnung der evangelischen Kirche nach dem Krieg unterlagen lange Zeit lebhafter Kritik, weil man ausschließlich die Kräfte der Restauration zum Zuge gekommen sah (H. Diem, H. J. Iwand, E. Wolf u. a.). Tatsächlich jedoch hat eine Alternative »Restauration oder Neuanfang« (H. Diem, 1948) in Wirklichkeit nie bestanden. Vielmehr wird man der Entwicklung – auch im Blick auf die Bekennende Kirche – eine innere Konsequenz nicht absprechen können.

A. Die Konferenz von Treysa

Vom 27.–31.8.1945 versammelten sich auf Einladung von Landesbischof Wurm Vertreter der meisten evangelischen Landeskirchen und der wichtigsten kirchlichen Gruppierungen im hessischen Treysa, um über den zukünftigen Weg der evangelischen Kirche zu beraten. Die Lage war außerordentlich kompliziert, zumal die schwierigen äußeren Umstände eine vorherige Verständigung nahezu unmöglich gemacht hatten. Die Vertreter des Lutherrats (s. o. C 2 b) waren in der Hoffnung und mit der Absicht angereist, auf einer Vorkonferenz die »Evangelisch-Lutherische Kirche Deutschlands« gründen und damit zugleich die Gestalt der zukünftigen EKD im Sinne einer konfessionellen Konföderation (»Drei-Säulen-Theorie«) präjudizieren zu können. Dieser Plan scheiterte in letzter Stunde am

Widerspruch Wurms. Ganz im Gegensatz dazu vertrat Martin Niemöller im Namen des neu konstituierten »Bruderrates der EKD« die Überzeugung, daß nun im Sinne von Barmen und Dahlem »von Grund auf ein Neues« gebaut werden müsse: »Wir wollen eine Kirche aus lebendigen Gemeinden, und daß die Kirche Gemeinde ist, soll auch in ihrem Aufbau und in ihrer Organisation zum Ausdruck kommen.« Aber der Rückgriff auf die Anfangszeit des Kirchenkampfes konnte nicht gelingen. Vielmehr zeigte sich, daß mit dem Einigungswerk eine Vorentscheidung getroffen worden war, über die sich keine Gruppe mehr hinwegsetzen konnte. Tatsächlich bedeutete das Einigungswerk, daß schon im Kriege und mit ausdrücklicher Zustimmung der Bekennenden Kirche die strenge bekenntniskirchliche Position aus den ersten Jahren des Kirchenkampfes aufgegeben worden war. Mit der Unterschrift unter die »13 Sätze« waren die Bruderräte zu einer wieder stärker volkskirchlich orientierten Mittelposition zurückgekehrt, eine Entscheidung, die nach 1945 ihren Einzug in die Kirchenleitungen ermöglichte. Die Behauptung, die Bekennende Kirche sei nach dem Kriege im Kampf mit einer übermächtigen Restauration unterlegen, entspricht nicht der Wahrheit. Die wichtigsten Entscheidungen von Treysa waren bereits 1943 gefallen. Auf der Linie des Einigungswerkes lag auch die der Konferenz vorgelegte »Vorläufige Ordnung der EKD«, die einerseits die Selbständigkeit der Landeskirchen garantierte, andererseits dem Willen zur Einheit im Sinne der Bruderräte durch die Konstituierung eines Rates als oberstem Leitungsorgan Ausdruck verlieh. Die personelle Zusammensetzung des zwölfköpfigen Gremiums entsprach dem konfessionellen und kirchenpolitischen Kräftebild. Die Grundordnung der EKD von 1948 brachte gegenüber diesen Entscheidungen keine grundsätzlichen Veränderungen mehr.

B. Die Stuttgarter Schulderklärung

Während die Entscheidungen von Treysa die mit Barmen und Dahlem verknüpften Erwartungen hinsichtlich der Rechtsgestalt der Kirche zweifellos nicht erfüllten, zeigte der neue Rat auf seiner 2. Sitzung am 18./19.10.1945 in Stuttgart, daß der Geist der evangelischen Kirche sich durch den Kirchenkampf grundlegend verändert hatte. Gegenüber einer Delegation von Vertretern des Ökumenischen Rates der Kirchen erklärte der Rat mit einer berühmt gewordenen Formulierung: »Durch uns ist unendliches Leid über viele Länder und Völker gebracht worden. Was wir unseren Gemeinden oft bezeugt haben, das sprechen wir jetzt im Namen der ganzen Kirche aus: Wohl haben wir lange Jahre hindurch im Namen Jesu Christi gegen den Geist gekämpft, der im nationalsozialistischen Gewaltregiment seinen furchtbaren Ausdruck gefunden hat; aber wir klagen uns an, daß wir nicht mutiger bekannt, nicht treuer gebetet, nicht fröhlicher geglaubt und nicht brennender geliebt haben.« Die Bedeutung dieser inner- und außerkirchlich alsbald lebhaft umstrittenen Schulderklärung lag in einem Dreifachen: 1. Sie stellte die gemeinsame Basis für die Arbeit des Rates her und markierte innerkirchlich unübersehbar die Entschlossenheit zu einem neuen Anfang. 2. Die Stuttgarter Schulderklärung war das erste in einer langen Reihe von Worten, in denen die evangelische Kirche ihre besondere Verantwortung für das politische Geschehen in Deutschland wahrnahm. Es war kein politisches Wort, auch wenn es vielfach so mißverstanden wurde, aber es war ein Wort mit politischen Wirkungen. 3. Mit der Stuttgarter Schulderklärung waren die Brücken zur Ökumene geschlagen und damit – 4 Monate nach dem Zusammenbruch – die Möglichkeiten von Begegnungen eröffnet, die dem Abbau des Hasses in der Welt dienen sollten und dienten. Die Stuttgarter Schulderklärung ist ein unmittelbares Ergebnis des Kirchenkampfes. Sie hat, wenn auch gewiß nicht unumstritten, den Geist der EKD in der Nachkriegsgeschichte geprägt und sich in der Folgezeit in zahlreichen Äußerungen niedergeschlagen; am unmittelbarsten vielleicht in der Denkschrift »Die Lage der Vertriebenen und das Verhältnis des deutschen Volkes zu seinen östlichen Nachbarn« vom 1.10.1965.

C. Das Darmstädter Wort des Bruderrats

Trotz der gemeinsamen Erklärung von Stuttgart blieben die politischen Konsequenzen aus dem Kirchenkampf in der evangelischen Kirche umstritten. Auf der einen Seite standen die eher konservativ orientierten lutherischen Kirchen, die im Kirchenkampf vor allem eine Erneuerung und Verlebendigung des Bekenntnisbewußtseins sahen, auf der anderen Seite vertrat der Bruderrat die Überzeugung, das Versagen der Kirche im Kirchenkampf nötige zu einer tiefgreifenden Buße und Wandlung, die mit der Stuttgarter Erklärung gerade erst begonnen worden sei. In einem *»Wort des Bruderrats der EKD zum politischen Weg unseres Volkes«* vom 8.8.1947 (Darmstädter Wort) gab er dieser Überzeugung Ausdruck. Ausgangspunkt war »das Wort von der Versöhnung der Welt mit Gott in Christus«, das aber weder gehört noch ausgerichtet werden könne, wenn »wir uns nicht durch Jesus Christus, den guten Hirten, heimrufen lassen auch von allen falschen und bösen Wegen, auf welchen wir als Deutsche mit unserem politischen Wollen und Handeln miteinander in die Irre gegangen sind«. Im einzelnen nannte das Wort dazu »den Traum einer besonderen deutschen Sendung«, das Bündnis der Kirche mit den konservativen Mächten, die falsche soziale und weltanschauliche Frontenbildung und die Weigerung, die Mahnung des Marxismus zu begreifen und »die Sache der Armen und Entrechteten« »zur Sache der Christenheit« zu machen. In deutlichem Widerspruch zur Frontenbildung des »Kalten Krieges« warnte das Wort vor der Parole »Christentum und abendländische Kultur« und forderte statt dessen »Umkehr zu Gott und Hinkehr zum Nächsten in der Kraft des Todes und der Auferstehung Jesu Christi«. Das Wort führte nicht nur in der Öffentlichkeit, sondern auch im Bruderrat selbst zu lebhaften Auseinandersetzungen, die in einem erklärenden und verdeutlichenden Kommentar aufgenommen wurden (J. Beckmann, H. Diem, M. Niemöller, E. Wolf). Mit dem »Darmstädter Wort« war eine Position abgesteckt, die innerhalb der evangelischen Kirche neu war und mit Recht als ein Erbe des Kirchenkampfes angesehen wurde. Sie als einzig legitimes Erbe des Kirchenkampfes zu beanspruchen, verbietet jedoch die Tatsache, daß maßgebliche Mitglieder der Bekennenden Kirche einen anderen Weg für richtig hielten (H. Ehlers, H. Asmussen, E. Osterloh u. a.).

D. Rechtstheologie und Rechtspraxis

Als ein wesentlicher Ertrag des Kirchenkampfes sind lange Zeit vor allem neue Einsichten in Rechtsstellung und Rechtsgestalt der evangelischen Kirche in Deutschland herausgestellt worden (RGG[3] III Sp. 1452; vgl. auch EvStL[1] Sp. 948f.). In der Tat ist der rechtstheologische Ertrag des Kirchenkampfes für die Begründung eines evangelischen Kirchenrechts bedeutend. Insbesondere der grundlegende Zusammenhang zwischen Kirchenordnung und Bekenntnis und die Freiheit der Kirche von allen staatskirchlichen Bindungen sind mit dem Kirchenkampf zu unbestrittenen Grundsätzen evangelischer Rechtstheologie geworden. Man wird jedoch sehen müssen, daß die Rechtspraxis der neuen landeskirchlichen Verfassungen von diesen Grundsätzen nur wenig berührt worden ist. Trotz vereinzelter verfassungsrechtlicher Neuansätze (Hessen, Rheinland) setzten sich die in Treysa gemeinsam verurteilten Strukturen der »Behördenkirche« in der Rechtswirklichkeit der Landeskirchen sehr schnell wieder überall durch. Dabei wirkten das Gewicht der Rechtstraditionen und die unveränderten Bedingungen der Volkskirche zusammen. Auch an der Grundordnung der EKD von 1948 ist diese Entwicklung zu beobachten. Hier wurden das traditionelle und das neue Verständnis der EKD in Abs. 1 nebeneinandergestellt. Nach Abs. 1 ist die EKD »ein Bund lutherischer, reformierter und unierter Kirchen«; nach Abs. 2 wird in ihr »die bestehende Gemeinschaft der deutschen evangelischen Christenheit sichtbar«, die sich verpflichtet weiß, »als bekennende Kirche die Erkenntnisse des Kirchenkampfes über Wesen, Auftrag und Ordnung der Kirche zur Auswirkung zu bringen«. Verfassungsrechtlich hat sich Abs. 1 durchgesetzt; Abs. 2 ist lediglich in bestimmten Stellungnahmen des Rates und der Synode realisiert worden.

IV. Zur Forschungsgeschichte

A. Die evangelische Kirchenkampfforschung nach 1945

Während bis zum Ende der 50er Jahre von einer eigenen katholischen Kirchenkampfforschung kaum gesprochen werden kann, begann auf evangelischer Seite sehr bald eine intensive, von Anfang an auch selbstkritische Beschäftigung mit dem Kirchenkampf. Diese Selbstkritik bezog sich freilich nirgends auf die grundlegenden Entscheidungen von Barmen und Dahlem, sondern je nach dem Standpunkt der Autoren auf die politische Anfälligkeit der evangelischen Kirchen im allgemeinen und ihres lutherischen Flügels im besonderen, aber auch auf Inkonsequenzen und Fehler innerhalb der Bekennenden Kirche selbst. Man war sich bewußt, versagt zu haben, wie es die Stuttgarter Schulderklärung (s. o. III B) zum Ausdruck gebracht hatte. Ebenso sicher aber war man sich der Richtigkeit der theologischen Grundentscheidungen. So orientierten sich die Arbeiten zum Kirchenkampf vor allem an zwei Fragen: ob und inwieweit die Bekennende Kirche diesen Entscheidungen treu geblieben oder wo sie von ihnen abgewichen war, und welche Bedeutung diesen Entscheidungen für das neue Verständnis von Kirche zukam. Insbesondere der letzte Aspekt ist in christologischer, sozialethischer (Königsherrschaft Christi; Widerstandsrecht), kirchenrechtlicher und praktischer Hinsicht vielfach entfaltet worden. Die Geschichte des Kirchenkampfes wurde wesentlich als kirchlich-theologisches Problem verstanden. Eine prägnante Darstellung dieses Verständnisses bietet der Artikel Kirchenkampf von E. Wolf in RGG[3] III Sp. 1443 bis 1453 (1959). Danach ist die Geschichte des Kirchenkampfes »im Bereich des deutschen Protestantismus die Geschichte immer wieder neuer Versuche und wiederholter Rückschläge auf dem Weg der evangelischen Kirche zu einem theologischen Verständnis ihrer selbst ... « Die Frage nach den politischen und sozialen Bedingungen des Kirchenkampfes sowie die Frage nach der politischen Praxis der Kirche im Dritten Reich blieben von diesem Ansatz her weithin außer Betracht. Die Folge war forschungsgeschichtlich eine Konzentration auf theologische und kirchliche Themen und ein fast völliges Fehlen historisch-politischer Untersuchungen zur Geschichte des Kirchenkampfes (Arbeiten zur Geschichte des Kirchenkampfes, 28 Bde., 1958–1974). Ein Austausch zwischen kirchengeschichlicher und profangeschichtlicher Forschung über die Zeit der nationalsozialistischen Herrschaft fand kaum statt. Erst in den letzten Jahren zeichnet sich hier eine Veränderung ab. Grundsätzlich ist dabei festzuhalten, daß dieses Verständnis des Kirchenkampfes weithin dem Selbstverständnis der Bekennenden Kirche entsprach, deren Vertreter in der Forschung dominierten (J. Beckmann, H. Brunotte, G. Harder, W. Niemöller, K. D. Schmidt, E. Wolf u. a. *»Kommission der EKD für die Geschichte des Kirchenkampfes«,* seit 1955).

B. Die katholische Kirchenkampfforschung

Inzwischen war auf katholischer Seite die Frage nach der politischen Praxis der Kirche von der Forschung lebhaft aufgegriffen worden. Nachdem für mehr als ein Jahrzehnt die apologetische Darstellung von J. Neuhäusler (Kreuz und Hakenkreuz, 1946) das Feld beherrschte, begannen mit dem

Reichskirchenprozeß vor dem Bundesverfassungsgericht (Konkordatsurteil 1957) die kritischen Rückfragen an Politik und Praxis der katholischen Kirche im Dritten Reich. 1961 veröffentlichte E.W. Böckenförde einen programmatischen Aufsatz über den deutschen Katholizismus im Jahre 1933 in der Zeitschrift »Hochland«, in dem er forderte, »sowohl die Frage nach dem Zuständigkeitsbereich des Hirtenamtes in politischen Dingen als auch die nach der politischen Urteilsbildung und dem politischen Selbstverständnis des deutschen Katholizismus neu zu überdenken«. 1963 warf R. Hochhuths »Stellvertreter« die Frage nach dem Verhalten des Papstes auf; im gleichen Jahr erklärte C. Amery: »Fest steht . . . , daß sich der deutsche Katholizismus zumindest bis 1939 nicht für die Freiheit, nicht für die Juden, nicht für die Opfer der Konzentrationslager engagierte.« Es entsprach dieser Lage, daß sich die 1962 gegründete *»Kommission für Zeitgeschichte bei der Katholischen Akademie in Bayern«* im Unterschied zur Kirchenkampf-Kommission der EKD entschloß, »mit besonderem Nachdruck auch die politische und soziale Seite des Kirchenkampfes« zu behandeln (K. Repgen). Dieses Programm ist mittlerweile durch eine große Zahl von Quelleneditionen und Darstellungen realisiert worden. Allerdings fehlt auch hier – wie auf evangelischer Seite – eine moderne zusammenfassende Gesamtdarstellung.

C. Kritische Neuansätze seit 1966

Schon 1966 griff H. Zahrnt die Problematik eines vorwiegend kirchlich-theologisch orientierten Verständnisses des Kirchenkampfes auf. Auch die Bekennende Kirche habe »noch in erster Linie für die Reinheit der Lehre und die Eigenständigkeit der Kirche gekämpft und erst in zweiter, wenn nicht gar dritter oder vierter Linie gegen das allgemeine Unrecht Widerstand geleistet . . . «. Radikal bezog dann M. Jacobs Stellung. Er sah richtig, daß die Kritik an der politischen Praxis der Bekennenden Kirche zugleich Kritik an ihren theologischen Grundentscheidungen und damit Kritik an der Theologie Karl Barths bedeutete. »Hat Karl Barth«, so fragte Jacobs, »den Kirchenkampf als Kampf der natürlichen und der Offenbarungstheologie richtig thematisiert? Ist dies wirklich angesichts des Nationalsozialismus der entscheidende Punkt gewesen? Ging es damals und kann es heute wieder wirklich nur um Kirche und Bekenntnis gehen? Wäre dies nicht und war dies damals nicht eine vielleicht geschichtlich verständliche, aber sachlich um so introvertiertere Introversion der Kirche auf sich, d. h. auf die Expektoration ihres pneumatischen Präsenzerlebens, ihres Kerygma- und Bekenntnisglaubens?« Nach Jacobs' Überzeugung ist der Ansatz der dialektischen Theologie die Wurzel der falschen Entscheidungen: »Mit dem theologischen Liberalismus ist die Thematik des Humanum aus der Kirche hinaus bekannt worden.« Für M. Jacobs u. a. steht die verhängnisvolle Rolle Karl Barths fest. Dagegen versuchte E. Bethge zwischen den richtigen theologischen Grundentscheidungen und den mangelnden politischen Konsequenzen der Bekennenden Kirche zu unterscheiden. Während Barth auf der Grundlage von Barmen eine politische Theologie weiterentwickelt habe, sei ihm die Bekennende Kirche in Deutschland mit ganz wenigen Ausnahmen darin nicht gefolgt und habe »bis 1945 in einer Art von Schizophrenie« zwischen kirchlichem Widerstand und staatlich-politischer Loyalität gelebt. Radikal hat die Linie des politischen Theologen Barth dann F.W. Marquardt ausgezogen (Theologie und Sozialismus, 1972). In dieser Diskussion spiegeln sich die Fragestellungen der »Politischen Theologie« der Gegenwart wider. Ihr Ertrag für die Kirchenkampf-Forschung läßt sich noch nicht übersehen. Sie hat jedoch zweifellos eine Befreiung aus der Engführung der vergangenen Jahre bewirkt und den Blick der Forschung stärker auf die politischen, sozialen und ideologischen Aspekte des Kirchenkampfes gelenkt.

V. Der Kirchenkampf in der Geschichte des 20. Jahrhunderts

Eine zusammenfassende Würdigung des Kirchenkampfes ist angesichts der dargestellten Situation schwierig. Deshalb seien abschließend lediglich drei wichtige Aspekte herausgehoben. 1. Die Kirchengeschichtsschreibung hat den Kirchenkampf bis heute weithin als ein singuläres und eigentümlich deutsches Phänomen behandelt. Bei aller Würdigung der besonderen Bedingungen in Deutschland wird demgegenüber mehr als bisher zu betonen sein, daß der deutsche Kirchenkampf in eine Reihe gehört mit jenen Auseinandersetzungen, die sich im Lauf des 20. Jahrhunderts zwischen totalitären Herrschaftsformen und den christlichen Kirchen entwickelt haben. Während des Kirchenkampfes ist dies im Blick auf Rußland durchaus wahrgenommen worden; so wenn K. Barth im Januar 1937 erklärte, »daß die Sache [der Kirchenkampf] von einem Kampf gegen die Kirche als solche und ihre Substanz, wie er mit anderen Methoden in Rußland geführt wurde und geführt wird, grundsätzlich nicht mehr zu unterscheiden ist« (Theologische Existenz heute!, NF 49). In der Tat bestätigt der Kirchenkampf die Erfahrung, daß totalitäre Herrschaft und christliche Verkündigung auf die Dauer in einen unaufhebbaren Widerspruch geraten, wie lange und wie erfolgreich dies auch von beiden Seiten geleugnet werden mag. Dies gilt für totalitäre Systeme jeder ideologischen Herkunft. Die Möglichkeit und Notwendigkeit von Kompromissen auf beiden Seiten wird dadurch, wie die immer wieder verschobene große Auseinandersetzung in Deutschland charakteristisch deutlich macht, nicht aus-, sondern gerade eingeschlossen. 2. Der Kirchenkampf hat wie keine Epoche zuvor die Schwierigkeiten des politischen Redens und Handelns der Kirche im 20. Jahrhundert offenbar werden lassen. Die Thematisierung von Schrift und Bekenntnis war in einer revolutionären politischen Situation die einzige und die einzig legitime Möglichkeit der Kirche, zu einem Konsensus über eine falsche politische Theologie zu kommen – ein Vorgang, wie er auch schon im Widerstand der Erweckungsbewegung gegen den Nationalprotestantismus am Anfang des 19. Jahrhunderts zu beobachten ist. Daß diese Thematisierung nicht schlechterdings unpolitisch war, sondern zu bestimmten politischen Konsequenzen nötigte, diese Einsicht ist der Kirche mehr aufgezwungen worden, als daß sie sie von sich aus entwickelt hätte. Daraus jedoch zu folgern, die Kirche müsse zu einer unmittelbaren Einsicht in das politisch jeweils Richtige und Gebotene gebracht werden, heißt den Fehler der Deutschen Christen zu wiederholen und die grundlegende Einsicht Bonhoeffers aufzuheben: »Die Kirche kann primär nicht unmittelbar politisch handeln; denn die Kirche maßt sich keine Kenntnis des notwendigen Geschichtsverlaufs an.« 3. Die Hoffnung, die grundlegenden Einsichten des Kirchenkampfes über Wesen, Auftrag und Ordnung der Kirche für die Zukunft festhalten zu können, hat sich nicht erfüllt. Die evangelische Kirche, wenigstens in der Bundesrepublik Deutschland, bietet heute wieder das Bild eines volkskirchlichen Pluralismus, dessen Spannweite kaum geringer sein dürfte als 1933. Dies erklärt sich aus dem in der Nachkriegszeit wohl zu wenig beachteten grundsätzlichen theologischen Unterschied zwischen Zeiten der Verfolgung und Zeiten der Freiheit. Möglicherweise bestätigt sich hier, was bereits im X. Artikel der Konkordienformel von 1577 hinsichtlich der Adiaphora entschieden worden ist.

VI. Literatur

(von den Herausgebern bis 1987 ergänzt)

Bibliographien und andere Hilfsmittel:

O. Diehn, Bibl. z. Geschichte d. Kirchenkampfes 1933–45, 1959.
G. Grünzinger-Siebert (Hg.), Registerband (zu den »Arbeiten z. Geschichte des Kirchenkampfes«), 1984.
Ev. Arbeitsgemeinschaft für kirchl. Zeitgeschichte (Hg.), Inventar staatlicher Akten zum Verhältnis von Staat und Kirche 1933–1945, 2 Bde., 1987.
Bibl. zur Zeitgesch. Beilage der VZG, Jg. 1953ff.
Bibl. zur kirchl. Zeitgesch., in: Kirchliche Zeitgeschichte (KZG) 2/1988 etc.

Forschungsberichte:

K. D. Schmidt, ZKG 72 (1961), 120-133.
E. Wolf, Wiss. Z. d. Univ. Greifswald, Gesellsch. u. sprachwiss. Reihe 10 (1961), 393-402.
H. Brunotte, LM 5 (1966), 45-52.
G. van Norden, Neue Polit. Lit. 11 (1966), 435-447.
V. Conzemius, Rev. d'histoire ecclésiast. 63 (1968), 437-503; 868-948.
K. Meier, ThR 33 (1968), 120-173; 237-275.
J. Schmidt, ThExh 149 (1968), 21-52.

K. Scholder, VF 13 (1968), 110-133.
J. S. Conway, VZG 17 (1969), 423-449.
K. Meier, ThLZ 99 (1974), 82-93.
U. von Hehl, Kirche, Katholizismus u. d. nationalsozial. Deutschld., in: Kath. Kirche i. Dritten Reich, Hg. D. Albrecht, Mainz 1976, 219ff.
G. Schulz, Neue Kontroversen i. d. dt. Zeitgeschichte, in: Der Staat 22 (1983), 578ff. (zur Reichskonkordatsdiskussion).
W.-D. Hauschild, Zur Erforschung d. Barmer Theologischen Erklärung v. 1934, in: ThR 51 (1986), 130-165.

Reihen:

Arbeiten z. Geschichte d. Kirchenkampfes, 30 Bde., 1958-1984.
Arbeiten z. Geschichte d. Kirchenkampfes, Erg., R., 12 Bde., 1964-1984.
Arbeiten z. kirchl. Zeitgeschichte, R. A: Quellen, 2 Bde., 1984/1985 (²1986); R. B: Darstellungen, 14 Bde., 1975-1986.
Veröffentl. der Kommission f. Zeitgesch., R. A: Quellen, 40 Bde., 1965-1987; R. B: Darstellungen, 47 Bde., 1965-1987.

Quellensammlungen:

a) ev.: J. Gauger, Chronik d. Kirchenwirren, I-III, 1934-1936.
K. D. Schmidt, D. Bekenntnisse u. grds. Äußerungen z. Kirchenfrage 1933 bis 1935, 3 Bde., 1934-1936.
ders., Dokumente d. Kirchenkampfes II, D. Zeit d. Reichskirchenausschusses, 1-2, 1964/65.
J. Beckmann, KJ, 60. bis 71. Jg. (1933-1944), (1948) ²1976.
W. Niesel, Um Verkündigung u. Ordnung d. Kirche. D. Bekenntnissynoden d. Ev. Kirche d. ApU 1934-1943, 1949.
G. Niemöller (ed.), D. erste Bekenntnissynode d. DEK z. Barmen, 1959.
W. Niemöller (ed.), D. zweite Bekenntnissynode d. DEK z. Dahlem, Text-Dokumente-Berichte, 1958.
ders., Dritte Bekenntnissynode z. Augsburg, 1969
ders., Vierte Bekenntnissynode z. Bad Oeynhausen, 1960.
R. Fischer/G. Schäfer, Landesbischof Wurm u. d. nationalsoz. Staat 1940 bis 1945, 1968.
G. Kretschmar/ C. Nicolaisen (ed.), Dokumente z. Kirchenpolitik d. Dritten Reiches 1933-1935, 2 Bde., 1971/1975.
G. van Norden, D. dt. Protestantismus im Jahr d. nationalsoz. Machtergreifung, 1979.
G. Brakelmann (Hg.), Kirche im Krieg, (1979) ²1980.
G. Besier, Die protestantischen Kirchen Europas im Ersten Weltkrieg, 1984.
K. Barth, Theologische Existenz heute! [1933]. Neu hg. u. eingeleitet v. H. Stoevesandt, München 1984 (ThExh NF 219).
H. Braun/C. Nicolaisen (ed.), Verantwortung f. d. Kirche. Stenogr. Aufzeichnungen u. Mitschriften v. Landesbischof Hans Meiser 1933-1955, Bd. 1, 1985.
D. Bonhoeffer, Werke, hg. v. E. Bethge, E. Feil (u. a.), 1986ff.
M. Greschat u. a. (Hg.), Zwischen Widerspruch und Widerstand. Texte zur Denkschrift der Bekennenden Kirche an Hitler (1936), 1987.
b) kath.: H. Müller, Kath. Kirche u. Nationalsoz. Dokumente 1933-1935, 1963.
D. Albrecht (ed.), D. Notenwechsel zw. d. Hl. Stuhl u. d. dt. Reichsregierung, 3 Bde., 1965-1980.
H. Witetschek u. a. (ed.,) Die kirchliche Lage in Bayern nach den Regierungspräsidentenberichten 1933-1943, 7 Bde., 1966-1981.
B. Schneider (ed.), Die Briefe Pius XII. an die dt. Bischöfe 1939-1944, 1966.

B. Stasiewski (ed., ab Bd. 4: L. Volk), Akten dt. Bischöfe über d. Lage d. Kirche 1933–1945, 6 Bde., 1968–1985.
L. Volk (ed.), Kirchl. Akten über die Reichskonkordatsverhandlungen 1933, 1969.
A. Kupper (ed.), Staatliche Akten über d. Reichskonkordatsverhandlungen 1933, 1969.
H. Hürten (ed.), Deutsche Briefe 1934–1938, 2 Bde., 1969.
R. Morsey (ed.,) D. Protokolle d. Reichstagsfraktion u. d. Fraktionsvorstands d. Deutschen Zentrumspartei 1926–1933, 1969.
H. Boberach (ed.), Berichte d. SD u. d. Gestapo über Kirchen u. Kirchenvolk i. Dtschld. 1934–1944, 1971 (Lit.).
P. Kopf/M. Miller (Hg.), D. Vertreibung von Bischof Joannes Baptista Sproll von Rottenburg 1938–1945, 1972.
L. Volk (ed.), Akten Kardinal Michael von Faulhabers 1917–1945, 2 Bde., 1975/1978.
R. Morsey (Hg.), Johannes Schauff. D. Wahlverhalten d. deutschen Katholiken i. Kaiserreich u. i. d. Weimarer Republik, 1975.
H. Mockenhaupt (ed.), H. Brauns. Kath. Sozialpolitik im 20. Jahrh. Ausgewählte Aufsätze u. Reden, 1976.
R. Morsey (ed.), Journalist in Republik, Diktatur und Besatzungszeit. Erinnerungen 1916–1947 v. Josef Hofmann, 1977.
U. von Hehl (ed.), Walter Adolph. Geheime Aufzeichnungen aus dem nationalsozialist. Kirchenkampf 1935–1943, (1979) [3]1982.
R. Morsey/K. Ruppert (ed.), D. Protokolle d. Reichstagsfraktion d. Deutschen Zentrumspartei 1920–1925, 1981.
U. von Hehl, Priester unter Hitlers Terror, (1984) [2]1985.
H.-J. Wollasch (ed.), Militärseelsorge im Ersten Weltkrieg. Das Kriegstagebuch des katholischen Feldgeistlichen Benedict Kreutz, 1987.

Aufsatzsammlungen:

H. Brunotte/E. Wolf (ed.), Zur Gesch. d. Kirchenkampfes, 2 Bde., 1965/1971.
W. Niemöller, Wort u. Tat im Kirchenkampf, 1969.
D. Albrecht (ed.), Kath. Kirche i. Dritten Reich, 1976.
K. Gotto/K. Repgen (ed.), Kirche, Katholiken u. Nationalsozialismus, 1980.
C. Nicolaisen (ed.), Nordische u. dt. Kirchen im 20. Jh., 1982.
L. Volk, Kath. Kirche u. Nationalsozialismus, Ausgewählte Aufsätze, hg. v. D. Albrecht, 1987.
K. Meier, Ev. Kirche i. Gesellschaft, Staat u. Politik, 1918–1945, Berlin (DDR), 1987.
K. Scholder, D. Kirchen zw. Republik u. Gewaltherrschaft, hg. v. K. O. von Aretin u. G. Besier, 1988.

Lebenserinnerungen, Biographien und sonstige Darstellungen zu einzelnen Personen:

Th. Wurm, Erinnerungen aus meinem Leben, 1953.
O. Dibelius, Ein Christ ist immer im Dienst. Erlebnisse u. Erfahrungen i. e. Zeitenwende, 1961.
G. Dehn, D. alte Zeit, d. vorigen Jahre. Lebenserinnerungen, 1962.
E. Klügel, D. luth. Landesk. Hannover u. ihr Bischof 1933 bis 1945, 1965.
E. Bethge, Dietrich Bonhoeffer. Theologe, Christ, Zeitgenosse, (1967) [6]1986.
W. Brandt, Friedr. v. Bodelschwingh 1877–1946. Nachfolger u. Gestalter, 1967.
W. Stählin, Via Vitae, Lebenserinnerungen, 1968.
G. Prater (ed.), Kämpfer wider Willen. Erinnerungen d. Landesbischofs v. Sachsen D. Hugo Hahn a. d. Kirchenkampf 1933–1945, 1969.

J. Schmidt, Martin Niemöller im Kirchenkampf, 1971.
W. Koch, Heinemann i. Dritten Reich. Ein Christ lebt für morgen, 1972.
H. Hürten, Waldemar Gurian. Ein Zeuge der Krise unserer Welt i. d. ersten Hälfte d. 20. Jahrh., 1972.
F. Tügel, Mein Weg 1888–1946. Erinnerungen e. Hamb. Bischofs, 1972.
W. Birnbaum, Zeuge meiner Zeit: Aussagen z. 1912–1972, 1973.
H. Diem, Ja oder Nein. 50 Jahre Theol. i. Kirche und Staat, 1974.
O. Wachtling, Joseph Joos – Journalist, Arbeiterführer, Parlamentarier. Polit. Biographie 1878–1933, 1974.
N. Junk (ed.), Friedrich Muckermann. Im Kampf zw. zwei Epochen. Lebenserinnerungen, ²1974.
E. Busch, Karl Barths Lebenslauf. Nach seinen Briefen und autobiograph. Texten, (1975) ⁴1986.
H. Prolingheuer, D. Fall Karl Barth 1934–1935, 1977.
J. H. Schjørring, Theol. Gewissensethik u. polit. Wirklichkeit. D. Beispiel Eduard Geismars und Emanuel Hirsch, 1979.
W. Künneth, Lebensführungen. Der Wahrheit verpflichtet, 1979.
M. Höllen, Heinrich Wienken, der »unpolitische« Kirchenpolitiker, 1981.
E. Gerstenmeier, Streit und Friede hat seine Zeit. Ein Lebensbericht, 1981.
W. Koch, Sollen wir K. weiter beobachten? Ein Leben im Widerstand, 1982.
E. Dinkler (ed.), Theol. und Kirche im Wirken Hans von Sodens, (1984) ²1986.
K. Repgen (Hg.), Hubert Jedin. Ein Lebensbericht, mit einem Dokumentenanhang, 1984.
H. Thielicke, Zu Gast auf einem schönen Stern. Erinnerungen, 1984.
E. Konukiewitz, Hans Asmussen. Ein lutherischer Theologe im Kirchenkampf, 1984.
B. Schwalbach, Erzbischof Conrad Gröber und die nationalsozialistische Diktatur, 1985.
H. Breitinger, Als Deutschenseelsorger in Posen u. im Warthegau 1934–1945. Erinnerungen, (1985) ²1986.
D. Kuessner, Landesbischof D. Alexander Bernewitz, 1985.
J. Bentley, Martin Niemöller. Eine Biographie, 1985.
E. Röhm, Sterben für den Frieden. Spurensicherung: Hermann Stöhr (1898–1940) u. d. ökumenische Friedensbewegung, 1985.
W. Philipps, Wilhelm Zoellner – Mann der Kirche im Kaiserreich, Republik u. Drittem Reich, 1985.
R. P. Ericksen, Theologen unter Hitler. Das Bündnis zwischen ev. Dogmatik u. Nationalsozialismus, 1986 (Orig.: Theologians under Hitler, Gerhard Kittel, Paul Althaus and Emanuel Hirsch, New Haven–London, 1985).
H. Klemm, Im Dienst der Bekennenden Kirche. Das Leben des sächsischen Pfarrers Karl Fischer 1896–1941, 1986.
J. Beckmann, Das Wort Gottes bleibt in Ewigkeit. Erlebte Kirchengeschichte, 1986.
R. Wentorf, Paul Schneider: Der Zeuge von Buchenwald, 1986.
U. Benedikt, Ein kath. Hochschullehrer und Publizist, 1986.
U. von Hehl, Wilhelm Marx 1863–1946. Eine polit. Biographie, 1987.
W. Lehmann, Hans Asmussen. Ein Leben für die Kirche, 1988.

Übergreifende Darstellungen:

a) polit.: K. D. Bracher, D. dt. Diktatur. Entstehung, Struktur, Folgen d. Nationalsoz., 1969.
M. Broszat, D. Staat Hitlers. Grundlegung u. Entwickl. seiner inneren Verf., 1969.
J. C. Fest, Hitler. E. Biogr., 1973 (Lit.).
A. Lindt, Das Zeitalter des Totalitarismus, 1981.

H.-U. Thamer, Verführung u. Gewalt. Deutschland 1933–1945, 1986.
b) kirchengesch.: H. H. Schrey, D. Generation d. Entscheidung. Staat u. Kirche i. Europa u. i. europ. Rußland 1918–1953, 1955.
W. Niemöller, D. Ev. Kirche i. Dritten Reich, 1956.
M. Geiger, D. dt. Kirchenkampf 1933–1945, 1965.
G. Lewy, D. kath. Kirche u. d. Dritte Reich, 1965 (Orig. engl. The catholic Church and Nazi Germany, 1964).
F. Zipfel, Kirchenkampf i. Dtschld. 1933–1945. Religionsverfolgung u. Selbstbehauptung d. Kirchen i. d. nationalsoz. Zeit, 1965.
J. S. Conway, D. nationalsoz. Kirchenpolitik 1933–45. Ihre Ziele, Widersprüche u. Fehlschläge, 1969 (Orig.: The Nazi Persecution of the Churches 1933–45, 1968).
K. Scholder/E. Iserloh, in: Ökumen. Kirchengesch., III, R. Kottje u. B. Moeller (ed.), 1974.
W. Adolph, D. kath. Kirche im Deutschld. Adolf Hitlers, 1974.
K. Meier, D. evangelische Kirchenkampf, 3 Bde., 1976–1984.
K. Scholder, D. Kirche u. d. Dritte Reich, 2 Bde., 1977 (NA 1986)/1985.
E. C. Helmreich, The German Churches under Hitler, Detroit 1979.
K. Herbert, D. Kirchenkampf. Historie oder bleibendes Erbe?, 1985.
G. Denzler/V. Fabricius, D. Kirchen im Dritten Reich, 2 Bde., 1984.
H. Prolingheuer, Kleine polit. Kirchengeschichte, 1984.
K. Gotto/K. Repgen (Hg.), D. Katholiken u. d. Dritte Reich, Mainz [2]1983 (Lit.).
U. von Hehl, Kirche u. Nationalsozialismus, in: Kirche im Nationalsozialismus. Hg. Geschichts-Verein der Diözese Rottenburg-Stuttgart, 1984, 11ff.

Territorialgeschichtliche Darstellungen und Dokumentationen:

G. Schäfer (ed.), D. ev. Landeskirche in Württemberg u. d. Nationalsozialismus, 6 Bde., 1971–1986 u. Erg. Bd. (1968).
M. Hofmann u. a. (ed.), Dokumentation z. Kirchenkampf in Hessen, 4 Bde., 1971–1983.
B. Hey, D. Kirchenprovinz Westfalen 1933–1945, 1974.
N. Beste, D. Kirchenkampf in Mecklenburg von 1933 bis 1945, 1975.
M. Koschorke (ed.), Geschichte d. Bekennenden Kirche in Ostpreußen 1933–1945, 1976.
E. Hornig, D. Bekennende Kirche in Schlesien 1933–1945, 1977.
H. Slenczka, D. ev. Kirche v. Kurhessen-Waldeck in den Jahren v. 1933 bis 1945, 1977.
U. von Hehl, Kath. Kirche und Nationalsozialismus im Erzbistum Köln 1933–1945, 1977.
J. Pohlschneider, D. nationalsoz. Kirchenkampf in Oldenburg, 1978.
W. Niesel, Kirche unter d. Wort. D. Kampf d. Bekennenden Kirche d. altpreuß. Union 1933–1945, 1978.
R. E. Heinonen, Anpassung u. Identität. Theologie u. Kirchenpolitik d. Bremer Deutschen Christen 1933–1945, 1978.
H. Baier, Kirche in Not. D. bay. Landeskirche im Zweiten Weltkrieg, 1979.
D. Kuessner, Gesch. d. Braunschweigischen Landeskirche 1930–1947 im Überblick, 1981.
H. Blankenberg, Politischer Katholizismus in Frankfurt am Main 1919–1933, 1981.
J. Maier, Schulkampf in Baden 1933–1945, 1983.
G. van Norden (ed.), Kirchenkampf im Rheinland, 1984.
E. Stegmann, D. Kirchenkampf in d. Thüringer ev. Kirche 1933–1945, 1984.
G. Schwaiger (ed.), D. Erzbistum München u. Freising in d. Zeit d. nationalsoz. Herrschaft, 2 Bde., 1984.

H. Timm, Ringen um d. Erneuerung d. Kirche i. Kirchenkampf 1933 bis 1939 i. Mecklenburg, 1984 (Ms).
A. Kleindienst/O. Wagner, D. Protestantismus in d. Republik Polen 1918/19 bis 1939, 1985.
A. Meyer-Zollitsch, Nationalsozialismus u. ev. Kirche in Bremen, 1985.
W. Damberg, D. Kampf um d. Schulen in Westfalen (1933-1945), 1986.

Monographien u. Aufsätze:

Zu II A: G. Mehnert, Ev. Kirche u. Politik 1917-1919. D. polit. Strömungen i. dt. Prot. v. d. Julikrise 1917 b. z. Herbst 1919, 1959.
K. Scholder, Neuere dt. Gesch. u. prot. Theol., Ev. Theol. 23 (1963), 510-536.
J. Moltmann (ed.), Anfänge d. Dial. Theol., 2 Bde., 1966/67.
K. Breuning, D. Vision d. Reiches. Dt. Katholizismus zwischen Demokratie u. Diktatur 1929-1934, 1969 (Lit.).
C. Motschmann, Ev. Kirche u. preuß. Staat i. d. Anfängen d. Weim. Republik. Möglichkeiten u. Grenzen ihrer Zusammenarbeit, 1969.
D. Golombek, D. polit. Vorgeschichte d. Preußenkonkordats 1929, 1970.
R. Breipohl, Relig. Sozialismus u. bürgerl. Geschichtsbewußtsein z. Zt. d. Weim. Republik, 1971 (Lit.).
G. Schneider-Flume, D. polit. Theol. E. Hirschs 1918-1933, 1971 (Lit.).
J. R. C. Wright, »Über den Parteien«. D. polit. Haltung der ev. Kirchenführer 1918-1933, 1977 (Orig. engl. »Above Parties«: The Political Attitudes of the German Protestant Church Leadership 1918-1933, Oxford 1974).
J. Jacke, Kirche zw. Monarchie u. Republik, 1976 (Lit.).
H. Hömig, D. preußische Zentrum in d. Weimarer Republik, 1979.
K. Nowak, Ev. Kirche und Weim. Republik, 1981 (Lit.).
G. Besier, Krieg - Frieden - Abrüstung. D. Haltung d. europ. u. amerikan. Kirchen zur Frage d. dt. Kriegsschuld 1914-1933, 1982.
G. Clemens, Martin Spahn u. d. Rechtskatholizismus in der Weim. Republik, 1983.
S. Plück, D. Badische Konkordat vom 12. Oktober 1932, 1984.
H. Hürten, D. Kirchen in d. Novemberrevolution, 1984.
F.-M. Balzer/K. U. Schnell, D. Fall Erwin Eckert. Zum Verhältnis v. Protestantismus u. Faschismus am Ende d. Weim. Republik, 1987.
Zu II B-F: H. Buchheim, Glaubenskrise im Dritten Reich. Drei Kap. nationalsoz. Religionspolitik, 1953.
H. Brunotte, D. Entw. d. staatl. Finanzaufsicht über d. DEK v. 1935-1945, ZevKR 3 (1953/54) 29-55.
ders., D. kirchenpolit. Kurs d. Dt. Ev. Kirchenkanzlei, in: K. D. Schmidt (Hg.), Zur Geschichte d. Kirchenkampfes, Ges. Aufsätze I (Arb. z. Gesch. d. Kirchenkampfes, Bd. 15), 1965, 92-146.
E. Wolf, Barmen. Kirche zw. Versuchung u. Gnade, (1957) ³1984 (Lit.).
P. Gürtler, Nationalsoz. u. ev. Kirche im Warthegau. Trennung v. Staat u. Kirche i. nationalsoz. Weltanschauungsstaat, 1958.
E. Wolf, D. Problem d. Rechtsgestalt d. Kirche im Kirchenkampf, ZevKR 8 (1961/62), 1-26.
K. Kupisch, D. Bek. Kirche u. d. Judenfrage, in: Vom Herrengeheimnis d. Wahrheit. Festschr. f. Heinrich Vogel, K. Scharf (ed.,), 1962, 341-372.
K. D. Schmidt, Fragen z. Struktur d. Bek. Kirche, ZevKR 9 (1962/63), 201-228.
L. Volk, D. bay. Episkopat u. d. Nationalsoz. 1930-1934, (1965) ²1966.
K. Meier, D. Dt. Christen. D. Bild e. Bewegung i. Kirchenkampf d. Dritten Reiches, 1964.
ders., Kirche u. Judentum. D. Haltung d. ev. Kirche z. Judenpol. d. Dritten Reiches, 1968.
W. Fürst (ed.), Dial. Theol. i. Scheidung u. Bewährung 1933-1936, 1966.

E. Wolf, Z. Verhältnis d. polit. u. moral. Motive i. d. dt. Widerstandsbew., in: D. dt. Widerstand gegen Hitler, H. Buchheim u. W. Schmitthenner (ed.), 1966, 215-255.
G. van Roon, Neuordnung i. Widerstand. D. Kreisauer Kreis innerhalb d. dt. Widerstandsbewegung, 1967.
H. Baier, D. dt. Christen Bayerns, 1968.
M. Pertiet, D. Ringen um Wesen u. Auftrag d. Kirche in d. nationalsoz. Zeit, 1968 (Lit.).
H. Vorländer, Kirchenkampf in Elberfeld 1933–1945, 1968.
Tutzinger Texte. Sonderbd. I, Zur Geschichte d. Kirchenkampfes, 1969.
A. Boyens, Kirchenkampf u. Ökumene. Darstellung u. Dokumentation, 1933–1945, 2 Bde., 1969/1973.
Chr. Luther, D. kirchl. Notrecht, seine Theorie u. seine Anwendung i. Kirchenkampf 1933–1937, 1969.
H. Rothfels, D. dt. Opposition gegen Hitler. E. Würdigung, (1949) 1969.
H. Kater, D. DEK in den Jahren 1933 u. 1934. D. Gründung e. Kirche im totalit. Staat u. ihr Zerfall, 1970 (Lit.).
K. Scholder, D. Kapitulation d. ev. Kirche v. d. nationalsoz. Staat. Z. kirchl. u. polit. Haltung d. Dt. Ev. Kirchenausschusses v. Herbst 1932 bis z. Rücktritt Bodelschwinghs am 24. Juni 1933, ZKG 81 (1970) 182-206.
H. G. Hockerts, D. Sittlichkeitsprozesse gegen kath. Ordensangehörige u. Priester 1936/1937, 1971.
L. Siegele-Wenschkewitz, Pol. Versuche e. Ordnung d. DEK durch d. Reichskirchenminister 1937–1939, in: Arb. z. Gesch. d. Kirchenkampfes, Bd. 26, H. Brunotte u. E. Wolf (ed.), 1971, 121-138.
dies., Nationalsozialismus u. Kirchen. Religionspolitik v. Partei u. Staat bis 1935, 1974.
L. Volk, D. Reichskonkordat v. 20. Juli 1933, 1972.
H.-J. Reese, Bekenntnis u. Bekennen, 1974.
J. Thierfelder, D. kirchl. Einigungswerk d. württembergischen Landesbischofs Theophil Wurm, 1975.
R. Baumgärtner, Weltanschauungskampf im Dritten Reich. D. Auseinandersetzung d. Kirchen mit Alfred Rosenberg, 1977.
K. J. Volkmann, D. Rechtsprechung staatlicher Gerichte in Kirchensachen 1933–1945, 1978.
J. Aretz, Kath. Arbeiterbewegung u. Nationalsozialismus, 1979.
H. Mussinghoff, Theologische Fakultäten im Spannungsfeld zw. Staat u. Kirche, 1979.
K. Meier, Volkskirche 1918–1945, 1982.
H.-A. Raem, Kath. Gesellenverein u. Deutsche Kolpingsfamilie i. d. Ära d. Nationalsozialismus, 1982.
Themenheft »Barmen« 1934–1984, in: EvTh 6 (1984).
W.-D. Hauschild/G. Kretschmar/C. Nicolaisen (ed.), D. luth. Kirchen u. d. Bekenntnissynode v. Barmen. Referate d. internat. Symposions auf d. Reisensburg 1984, 1984 (Lit.).
J. H. Schjørring, Ökumenische Perspektiven d. dt. Kirchenkampfes, 1985.
C. Nicolaisen, D. Weg nach Barmen, 1985.
J. Schmädeke/P. Steinbach (Hg.), D. Widerstand gegen d. Nationalsozialismus. D. dt. Gesellschaft u. d. Widerstand gegen Hitler, 1985.
G. v. Norden (Hg.), Zwischen Bekenntnis u. Anpassung, 1985.
H. Hürten, »Endlösung« f. d. Katholizismus? D. nat.-soz. Regime u. seine Zukunftspläne gegenüber d. Kirche, in: StdZ 203 (1985), 534ff.
U. Schneider, Bekennende Kirche zwischen »freudigem Ja« u. antifaschistischen Widerstand, 1986.
G. Besier/G. Ringshausen (Hg.), Bekenntnis, Widerstand, Martyrium, 1986.
U. Büttner (Hg.), D. Unrechtsregime. Internat. Forschung über d. Nationalsozialismus, 2 Bde., 1986.

K. Zehrer, Evangel. Freikirchen u. d. »Dritte Reich«, 1986.
G. Besier, »Durch uns ist unendliches Leid über viele Völker und Länder gebracht worden ...«, Schulderkenntnis u. Schuldbekenntnis i. d. Geschichte unseres Jahrhunderts, in: Glaube u. Lernen 2 (1986), 120-129.
H. Hürten, Verfolgung, Widerstand u. Zeugnis, Kirche im Nationalsozialismus, 1987.
W. Gerlach, Als d. Zeugen schwiegen. Bekennende Kirche u. d. Juden, 1987.
H.-W. Schmühl, Rassenhygiene, Nationalsozialismus, Euthanasie, 1987.
H. Prolingheuer, Wir sind in die Irre gegangen. D. Schuld d. Kirche unterm Hakenkreuz, 1987.
Themenheft »Der Widerstand von Kirchen und Christen gegen den Nationalsozialismus«, in: Kirchliche Zeitgeschichte (KZG), Internat. Halbjahresschr. f. Theologie u. Geschichtswissenschaft, 1/1988 (Lit.).
Zu III: J. Beckmann (ed.), KJ 1945-1948, 1950.
H. Diem, D. Problematik d. Konvention v. Treysa, in: Ev. Selbstprüfung, P. Schempp (ed.), 1947, 21-33.
ders., Haben wir Deutschen etwas gelernt?, 1948.
P. Fleisch, D. Werden d. VELKD u. ihre Verf., ZevKR 1 (1951), 15-55.
H. J. Iwand, Kirche u. Ges., in: Bek. Kirche. M. Niemöller z. 60. Geburtstag, 1952, 110-117.
H. Brunotte, D. Grundordnung d. EKD. Ihre Entstehung u. ihre Probleme, 1954.
W. Maurer, Ausklang u. Folgen d. Kirchenkampfes, Tutzinger Texte Sonderbd. I, Zur Gesch. d. Kirchenkampfes, 1969, 235-258.
H. G. Fischer, Ev. Kirche u. Demokratie nach 1945. E. Beitrag z. Problem d. polit. Theol., 1970 (Lit.).
A. Boyens, D. Stuttgarter Schuldbekenntnis v. 19. Okt. 1945 - Entstehung u. Bedeutung, VZG 19 (1971), 374-397.
ders., Teysa 1945 - D. Ev. Kirche nach d. Zusammenbruch d. Dritten Reiches, ZKG 82 (1971), 29-53.
H. Ludwig, K. Barths Dienst d. Versöhnung. Z. Gesch. d. Stuttgarter Schuldbekenntnisses, in: Arb. z. Gesch. d. Kirchenkampfes, Bd. 26, H. Brunotte u. E. Wolf (ed.), 1971, 265-326.
R. Morsey/K. Repgen (Hg.), Adenauer Studien I-V, 1971-1986.
K. Steuber, Militärseelsorge i. d. Bundesrepublik Deutschland, 1972.
D. Koch, Heinemann u. d. Dtschldfrage, 1972.
F. Spotts, Kirchen und Politik i. Deutschland, 1976 (Orig.: The Churches and Politics in Germany, Middletown/Conn. 1973).
J. Vogel, Kirche u. Wiederbewaffnung, 1978.
A. Boyens u. a., Kirchen i. d. Nachkriegszeit, 1979.
A. Smith-von Osten, Von Treysa 1945 bis Eisenach 1948. Zur Geschichte der Grundordnung d. EKD, 1980.
B. von Schewick, D. kath. Kirche u. d. Entstehung d. Verfassungen i. Westdeutschland 1945-1950, 1980.
A. Doering-Manteuffel, Katholizismus u. Wiederbewaffnung, 1981.
R. Scheerer, Ev. Kirche u. Politik 1945-1949, 1981.
M. Greschat (ed.), D. Schuld d. Kirche. Dokumente u. Reflexionen z. Stuttgarter Schulderklärung vom 18./19. Okt. 1945, 1982.
G. Kretschmar, D. »Vergangenheitsbewältigung« in d. dt. Kirchen nach 1945, in: C. Nicolaisen (ed.), Nordische u. dt. Kirchen im 20. Jh., 1982, 122-149.
U. von Hehl/H. Hürten (Hg.), D. Katholizismus i. d. Bundesrepublik Deutschland 1945-1980. Eine Bibliographie, 1983.
M. Möller, Ev. Kirche und Sozialdemokrat. Partei in d. Jahren 1945-1950, 1984.
H. Rudolph, Evang. Kirche u. Vertriebene 1945-1972, 2 Bde., 1984/1985.
J. Thierfelder, Theophil Wurm u. d. Weg nach Treysa, in: Blätter f. württembergische Kirchengeschichte, 1985, 149-174.
W.-D. Hauschild, D. hist. Bedeutung d. Kirchenversammlung von Treysa 1945, 1985.

G. Besier/G. Sauter, Wie Christen ihre Schuld bekennen, 1985.
H. Noormann, Protestantismus u. polit. Mandat 1945–1949, 2 Bde., 1985.
J. M. Wischnath, Kirche in Aktion. D. Evang. Hilfswerk 1945–1957 u. sein Verhältnis zu Kirche u. Innerer Mission, 1986.
R. Scheerer, Kirchen f. d. Kalten Krieg, 1986.
G. Besier, »Selbstreinigung« unter brit. Besatzungsherrschaft, 1986.
G. Besier, Z. Beginn d. theologischen Gesprächs zw. d. EKD u. d. Russischen Orthodoxen Kirche nach d. Zweiten Weltkrieg, in: EvTh 46 (1/1986), 73-90.
M. Rohkrämer, Kirchl. Ost-West-Begegnungen zw. 1952 u. 1959, in: Ein Richter, ein Bürger ein Christ, FS f. Helmut Simon, hg. v. W. Brandt, H. Gollwitzer, J. F. Henschel, 1987.
R. Hackel, Kath. Publizistik i. d. DDR 1945–1984, 1987.
A. Siemens, Unbelastete Gestaltung d. Zukunft. Verdrängte Zusammenhänge d. Stuttgarter Schuldbekenntnisses, in: Kerygmy u. Dogma (1/1987), 60-92.
Zu IV C: E. Feil u. R. Weth (ed.), Diskussion z. »Theol. d. Revolution«, 1969.
M. Jacobs, Konsequenzen aus d. Kirchenkampf. Kirchengesch. u. theol. Aspekte, LM 8 (1969), 561-567.
H. Peukert (ed.), Diskussion z. »politischen Theol.«, 1969 (Lit.).
K. Scholder, D. Ergebnisse d. Kirchenkampfes u. d. theol. Situation d. Gegenwart, Tutzinger Texte. Sonderbd. I, Zur Gesch. d. Kirchenkampfes, 1969, 259-281.
E. Bethge, Umstrittenes Erbe, Wiss. u. Praxis i. Kirche u. Ges. 60 (1971), 149-161.
A. Burgsmüller (ed.), Z. polit. Auftrag d. christl. Gemeinde (Barmen II). Votum d. Theol. Ausschusses d. EKU, 1974.

Altes und Neues zur Vorgeschichte des Reichskonkordats

Erwiderung auf Konrad Repgen

Einleitende Vorbemerkungen zur Kontroverse Scholder–Repgen
(Karl Otmar von Aretin)

Der Aufsatz »Altes und Neues zur Vorgeschichte des Reichskonkordats« ist Teil einer wissenschaftlichen Kontroverse mit Konrad Repgen. Scholder legte hier, wie übrigens auch Repgen in seinen Beiträgen, neues Material zur Vorgeschichte des Reichskonkordats von 1933 vor.

Ausgelöst wurde diese Kontroverse durch Scholders Buch »Die Kirchen und das Dritte Reich. Bd. 1: Vorgeschichte und Zeit der Illusion: 1918–1934«, in dem Scholder in dem Kapitel »Die Kapitulation des Katholizismus (Februar–März)« die schon von anderen, zum ersten Mal von Karl Dietrich Bracher, vorgebrachte These erhärtete, zwischen dem Beginn der Verhandlungen über ein Reichskonkordat und der Zustimmung zum Ermächtigungsgesetz vom 23. März bestehe ein unmittelbarer Zusammenhang.[1] Bei den Verhandlungen mit der Zentrumsführung habe es Kontakte zwischen der Regierung und dem Vorsitzenden des Zentrums, dem Prälaten Kaas gegeben, in denen Hitler Kaas die Bereitschaft zu Verhandlungen über ein Reichskonkordat angedeutet hätte. Scholder belegte den schon von vielen vermuteten, aber ebenso bestrittenen Zusammenhang durch eine Reihe von neuartigen Überlegungen, die er unter Vorlage neuen Materials untermauerte. Im großen und ganzen gesehen handelt es sich um folgendes:

1) Wie schon in seinem oben wiedergegebenen Vortrag »Eugenio Pacelli und Karl Barth. Politik, Kirchenpolitik und Theologie in der Weimarer Republik« bereits dargelegt, ging er von einer Bereitschaft des Vatikans aus, die Bestimmungen des »Codex juris Canonici« durch Abschluß von neuen Konkordaten zu sichern. Dies war im Bayerischen Konkordat von 1924 gelungen, doch entwertete die Nichtaufnahme der für Rom so wichtigen Schulbestimmungen im Preußischen Konkordat von 1929 dieses für Rom erheblich. Daher wurde das Ziel, zu einem Reichskonkordat für ganz Deutschland zu kommen, weiter verfolgt. Als dann die NS-Regierung Ende März/Anfang April 1933 die Bereitschaft zu Verhandlungen signalisierte, habe Rom alle Bedenken hintangestellt.

2) Aus den nationalsozialistischen Kommentaren zu den Lateranverträgen von 1929 schloß Scholder auf einen Plan Hitlers, den politischen Katholizismus in Deutschland durch ein Konkordat auszuschalten.

3) In einem im November 1932 von Kaas verfaßten Artikel »Der Konkordatstyp des faschistischen Italien« betonte Kaas, daß die Kirche mit einem autoritären Staat leichter als mit einem demokratischen Konkordate abschließen könne. Kaas unterscheide sozusagen zwei Typen von Konkordaten.[2] Er trug dabei keine Bedenken, die Interessen der Kirche über die seiner Partei zu stellen, deren Vorsitzender er noch war.

4) Der Präsident des Deutschen Evangelischen Kirchenbundes, Kapler, habe am 23. März aus gut unterrichteter Quelle aus Berlin die Nachricht bekommen, daß in der Regierung der Abschluß eines Konkordats erwogen werde. Kapler war durch diesen Anruf so beunruhigt, daß er noch am selben Tag einen Brief an Hindenburg in dieser Angelegenheit schrieb und bei Reichsinnenminister Frick vorsprach, der die Bereitschaft der Regierung zu Verhandlungen mit Rom nicht leugnete.

5) Dies alles zusammengenommen, schien Scholder der eindeutige Beweis für die Richtung von Brünings Behauptung in seinen Memoiren zu sein, der Widerstand von Kaas gegen das Ermächtigungsgesetz »wurde schwächer, als Hitler von einem Konkordat sprach und Papen versicherte, daß ein solches so gut wie garantiert sei«.

Mit diesen Ausführungen war die Diskussion um die Vorgeschichte des Konkordats neu eröffnet. Sie war in dem Buch von Ludwig Volk über das Reichskonkordat mit dem Hinweis abgeschnitten worden, es gäbe zwischen dem 31. Januar und der Reise Papens nach Rom am 8. April keine Anzeichen für Kontakte zwischen Kaas oder anderen Persönlichkeiten der katholischen Kirche und Mitgliedern der NS-Regierung die Konkordatsfrage betreffend.[3]

Noch bevor Scholders Buch erschienen war, gab eine Vorveröffentlichung in der Frankfurter Allgemeinen Zeitung Konrad Repgen Gelegenheit, gegen die ihm noch gar nicht voll bekannten Thesen Scholders heftig zu protestieren.[4] Dieser verfrühte Schlagabtausch wurde dann in den Vierteljahresheften für Zeitgeschichte von Konrad Repgen mit einem Artikel »Über die Entstehung der Reichskonkordatsofferte im Frühjahr 1933 und die Bedeutung des Reichskonkordats. Kritische Bemerkungen zu einem Buch« fortgesetzt.[5] Der hier veröffentlichte Aufsatz Scholders ist die Antwort darauf.

Repgens Argumentation zielte zunächst darauf ab, Scholders Thesen als eine Kombination von Schlüssen und Überlegungen zu erklären, die zwar in der Zusammensetzung durchaus überzeugend wirkten, denen aber die nachprüfbare, aktenmäßige Basis fehlte. Seine Erwiderung läßt sich wie folgt zusammenfassen:

1) Repgen hielt daran fest, daß Prälat Kaas erst im Zug von München nach Rom am 8. April von Papen von der Absicht der Reichsregierung erfahren habe, dem Vatikan das Angebot eines Reichskonkordats zu unterbreiten. So stehe es im Tagebuch des Prälaten. So habe er es auch in einem, ebenfalls von Scholder herangezogenen, Brief vom 19. November 1935 dargestellt. Mit diesem Brief habe Kaas gegen die drohende Ausbürgerung protestiert, weshalb es auszuschließen sei, daß er in einem Punkt die Unwahrheit sage, der von der Gegenseite leicht nachgeprüft werden könne.

2) Der von Scholder als Beweis angeführte Artikel von Kaas »Der Konkordatstyp des faschistischen Italien« sei schon von Ernst Deuerlein und von Junker herangezogen worden. Repgen hält ihn nicht in dem Sinn für beweiskräftig, daß Kaas hier eine deutliche Vorliebe für Konkordate mit autoritären Staaten habe dokumentieren wollen. Seine Diktion sei vieldeutig, was gradlinige Interpretationen nicht zulasse. Insbesondere habe Kaas zwischen Mitte November 1932 und Januar 1933 das Gegenteil von dem getan, was er hätte tun müssen, wenn Scholders Affinitätsthese stimmen würde, die von einer inneren Nähe zwischen der autoritären katholischen Kirche und autoritären Staaten ausgehe. Im übrigen sei der Kaasartikel nicht, wie Scholder schreibt, im Frühjahr 1933, sondern erst im September erschienen. Die von Kaas angebrachte Bemerkung, daß der Artikel im November 1932 sachlich abgeschlossen gewesen sei, schließe nicht aus, daß der Artikel erst nach Abschluß des Reichskonkordats von Kaas noch einmal ergänzt worden wäre, ein Schluß, für den Repgen allerdings nicht den von ihm so bevorzugten Beweis erbringen kann.

3) Die Rolle des »Codex juris Canonici« hält Repgen nicht für so wichtig.

4) Die nationalsozialistischen Kommentare zu den Lateranverträgen habe nicht Scholder, sondern seine Schülerin Leonore Siegele-Wenschkewitz entdeckt. Diese Entdeckung sei zwar interessant. Ein Zusammenhang zwischen diesen Artikeln und den Plänen Hitlers vom März 1933 sei aber nicht zu belegen.

5) Die Behauptung von Scholder, die Mitteilung an Kapler, daß von der Regierung ein Vertrag mit der katholischen Kirche geplant sei, bedeute, daß bereits am 23. März die Kunde davon in unterrichtete Kreise gedrungen sei, hält Repgen für erweislich falsch. Insbesondere könne eine Verbindung zu Kaas

nicht hergestellt werden. Repgen spricht von einem »kunstvollen Indizienbeweis«, von einer »Kette ineinandergreifender Hypothesen« und versucht so, die Demarche Kaplers bei Hindenburg und seine Unterredung mit Reichsinnenminister Dr. Frick herunterzuspielen. Den Beweis für die Unrichtigkeit dieses »Zirkelschlusses« sieht Repgen in dem erwähnten Brief an Kaas vom 19. November 1935, in dem er betont, am 8. April von der Absicht der Reichsregierung, offizielle Konkordatsverhandlungen aufnehmen zu wollen, erfahren zu haben. Die Informanten Kaplers vermutet Repgen in der Berliner Ministerialbürokratie. Es sei jedenfalls keineswegs erwiesen, daß Kaas von solchen Absichten gewußt habe.

6) Die Darstellung Brünings wird mit zwei Argumenten beiseite geschoben: Die Memoiren enthielten viele Fehler und seien Jahre später geschrieben worden. In einer Antwort auf den hier veröffentlichten Artikel Scholders räumte Repgen zwar ein, daß dieser Teil der Brüningschen Memoiren 1935 verfaßt worden sei, betrachtete aber deren Wahrheitsgehalt weiter als problematisch.[6]

In diesem Nachwort betonte Repgen noch einmal, daß für ihn der Brief von Kaas vom 19. November 1935 ausschließe, daß Kaas vor dem 8. April etwas über Konkordatspläne der Nationalsozialisten gewußt habe.[7]

Scholder lehnte eine Replik auf die Replik mit der Bemerkung ab, daß Repgen auf die eigentlich wichtigen Fragen gar nicht eingegangen sei. Das von Konrad Repgen zu diesem Problem in Aussicht gestellte Buch ist bis heute nicht erschienen.[8]

1983 veröffentlichte Konrad Repgen zwei Aktenstücke aus dem Wiener Haus-, Hof- und Staatsarchiv, die neues Licht auf die Haltung des Vatikans während der Verhandlungen über ein Reichskonkordat werfen.[9] Es handelte sich um den Bericht des österreichischen Gesandten am Vatikan, Kohlriß, mit einem Überblick über den Inhalt des Reichskonkordats und um eine Denkschrift des Vertrauten des Kardinalstaatssekretärs Pacelli, P. Leiber: »Einige Bemerkungen über den kürzlich paraphierten Konkordatsvertrag zwischen dem Vatikan und dem Deutschen Reich«.

Über die hier interessierende Vorgeschichte des Reichskonkordats enthalten die beiden Aktenstücke nichts. Die Ausarbeitung von P. Leiber berichtet hingegen von der innervatikanischen Diskussion um diesen Vertrag. Danach wurden die negativen Auswirkungen eines Vertragsabschlusses mit dem Dritten Reich sehr wohl gesehen. Man glaubte aber, mit einer Verweigerung von Verhandlungen mehr Unheil anzurichten, als mit einem Abschluß, auch wenn man die Vertragstreue des Dritten Reiches sehr skeptisch beurteilte.

Diese Angaben betreffen im Grunde nur das, was Repgen die »Affinitätsthese« nannte. Hier hat Scholder ohne Zweifel überzogen, wenn er den Eindruck erweckt hat, daß der Vatikan und Kaas lieber mit einem autoritären Regime als mit einem demokratischen Verträge abschloßen. Daß man damals in Rom demokratische Regime mit Skepsis betrachtete, ist unbestritten und bei der allgemeinen Krise, in der sich die parlamentarische Demokratie damals in vielen Ländern befand, auch nicht verwunderlich. Ebenso muß es nicht ein Ausdruck des Gespürs für Machtfragen von Kardinal Pacelli sein, wenn er nach dem 30. Januar die politischen Möglichkeiten des Zentrums mit Skepsis betrachtete. Von daher wird man Überlegungen im Vatikan, den Katholizismus in Deutschland auf andere Art zu sichern, nicht von vornherein negativ beurteilen dürfen. So gesehen erscheint die Verbissenheit wenig verständlich, mit der ein Zusammenhang zwischen dem Reichskonkordat und dem Ende des Zentrums verleugnet wird. Es spricht sehr viel dafür und Klaus Scholder brachte wichtige Argumente, daß dieser Zusammenhang bestand. Was die Sache bedenklich macht, ist daher weniger die Haltung Roms, als die von Kaas, der bei seinen Verhandlungen über das Reichskonkordat ganz außer acht ließ, daß er noch immer Vorsitzender der Zentrumspartei war, deren Anhänger ihre Treue zu dieser Partei mit schweren Verfolgungen bezahlten.

»Die durch mehrfache Dementis geschützte Heimlichkeit der mühseligen und langwierigen Verhandlungen ist ein nicht unwesentliches Moment für ihren endgültigen Erfolg gewesen.«
(Ludwig Kaas 1930 zu den Lateranverträgen)

I

Der Beitrag von Konrad Repgen in diesem Heft (Anm. d. Hg.: VZG 26/1978) enthält einige Überraschungen. Um sie deutlich machen zu können, ist es notwendig, noch einmal die Position festzuhalten, die Repgen, und mit ihm nahezu die gesamte katholische Forschung, soweit sie in der »Kommission für Zeitgeschichte« versammelt ist, in der Reichskonkordatsfrage bis zum Erscheinen meines Buches im Herbst letzten Jahres vertreten hat.

Diese Position entsprach dem Standpunkt, den der Vatikan von Anfang an zum Ablauf der Ereignisse eingenommen hat. Pater Robert Leiber, der langjährige Vertraute Pacellis, hat sie in seinem Gedenkartikel zum Tode Pius XII. so eindeutig wie nur möglich zusammengefaßt. »Auf die verhängnisvollen Ereignisse«, so erklärte Leiber, »die sich von Januar bis März 1933 in Deutschland abspielten: die Machtergreifung Hitlers, die Abstimmung in der Krolloper mit dem Ja der Zentrumsabgeordneten für Hitler, die Kundgebung des deutschen Episkopats bzw. des Kardinals Bertram in einem der Partei gegenüber versöhnlichen Sinn – dies alles hat sich ohne die geringste Einflußnahme des Heiligen Stuhls und des Kardinalstaatssekretärs Pacelli zugetragen. Der Kardinal äußerte an einem jener Tage, er habe selbst Privatbriefe nach Deutschland unterlassen, um jeden Schein zu vermeiden, als wolle er sich in den Ablauf der Ereignisse einmischen. Von der Märzerklärung der Bischöfe, die der Partei günstig war, ist er buchstäblich aus der Presse überrascht worden.«[1]

Als Rudolf Morsey in seiner ersten, noch immer grundlegenden Darstellung über das Ende der Zentrumspartei verschiedene Hinweise zusammenstellte, die doch auf einen möglichen Zusammenhang zwischen dem Plan eines Reichskonkordats und der politischen und kirchlichen Entwicklung in Deutschland hindeuten konnten[2], griff Robert Leiber noch einmal zur Feder, um »die ausdrückliche Erklärung des Kardinalstaatssekretärs« zu wiederholen, »er habe sich aus der Entwicklung der Dinge in Deutschland vollständig herausgehalten«[3].

Von dieser Position ging Repgen aus, als er sich 1963 zum ersten Mal zum Konkordatsthema äußerte. Sein Beitrag »Hitlers Machtergreifung und der deutsche Katholizismus«[4] war der Versuch, die Leibersche Version der Dinge wissenschaftlich zu erhärten und abzusichern.[5] Dabei ging Repgen sogar noch einen Schritt weiter als Leiber, der gegenüber Morsey immerhin zugestanden hatte, daß in *Berlin* seit der Machtergreifung von einem

Reichskonkordat die Rede gewesen sein mochte; nur in *Rom* sei dies nicht der Fall gewesen.[6] Für Repgen aber stand darüber hinaus fest, daß auch in Berlin über ein Reichskonkordat vor Ende März/Anfang April nicht gesprochen worden sei. Die entscheidenden Sätze in diesem Zusammenhang lauten: »Im Gegensatz zum Stand der Forschung während des Karlsruher Konkordatsprozesses im Jahre 1956 kann heute als historisch sicher gelten: weder die staatlichen noch die kirchlichen noch die privaten Akten enthalten einen Hinweis darauf, daß zwischen dem Ja des Zentrums zum Ermächtigungsgesetz und nicht nur dem Beginn der Konkordatsverhandlungen von 1933, sondern auch dem Plan, diese Verhandlungen aufzunehmen, ein Wirkungszusammenhang besteht. Nicht von Rom, auch nicht durch Mittelsmänner oder verschwiegene Kanäle, ist der Gedanke, Konkordatsverhandlungen zu eröffnen, an die deutsche Regierung herangetragen worden, sondern er ist umgekehrt von der deutschen Regierung ausgegangen. Es war ein Gedanke Papens, der datierbar ist: Ende März/Anfang April.« Es bestehe weiterhin, so fuhr Repgen fort, »ebenfalls kein geschichtlicher Zusammenhang zwischen der Initiative zu den Konkordatsverhandlungen und der Verlautbarung der deutschen Bischöfe vom 28. März ...«. Das Ziel dieser Argumentation, nämlich den Vatikan von jeder Mitverantwortung für die Vorgeschichte des Konkordats und damit zugleich von jeder Verstrickung in der Machtergreifung Hitlers zu entlasten, wurde unmittelbar darauf mit aller Klarheit ausgesprochen: »Wohl aber gilt der umgekehrte Kausalzusammenhang: Wegen der Zustimmung des Zentrums vom 23. März und der Erklärung des deutschen Episkopats vom 28. März war es dem Vatikan schlechterdings unmöglich, jenes Verhandlungsangebot zu verwerfen, mit dem Papen in der Karwoche, Mitte April, in Rom auftauchte.«[7] Damit waren zugleich alle jene Vorwürfe bestritten, die behaupteten, der Vatikan sei dem Zentrum in entscheidender Stunde in den Rücken gefallen und habe Hitler zur ersten großen internationalen Anerkennung verholfen.

An dieser entscheidenden Kausalbestimmung, nämlich daß die Zustimmung des Zentrums und die Erklärung der Bischöfe die Voraussetzung für die Konkordatsofferte im April darstellten, und keinesfalls umgekehrt der Konkordatsplan schon auf diese Entscheidungen eingewirkt habe, hält Repgen (s. o., S. 500 Anm. 5) auch jetzt noch fest, obwohl die historische Basis für diese Behauptung – wie noch zu zeigen sein wird – von ihm selbst inzwischen weitgehend aufgegeben worden ist.

Dies also war die Position, die Repgen von nun an mit allem Nachdruck vertrat. Er bestand darauf, daß es vor dem 2. April keine konkreten Konkordatspläne gegeben habe. Alle davon abweichenden ›Hypothesen‹, so erklärte er 1969 unter ausdrücklichem Bezug auf Karl Dietrich Bracher[8], sollten »inzwischen als erledigt gelten«. »Die unlängst von Rudolf Morsey publizierten Zentrumsprotokolle sind in dieser Hinsicht wohl der Abschluß der Diskussion.«[9]

Das Problem dieser Position lag von Anfang an nicht in der Tatsache, daß Repgen sie überhaupt vertrat – es gab damals durchaus Gründe, die für diese Version der Dinge sprachen – sondern in der apodiktischen Endgültigkeit, mit der er dies tat. Denn am Ende stand diese Position außer auf Pater Leibers Wort (und selbst das ließ wenigstens für die deutsche Entwicklung andere Möglichkeiten offen) doch nur auf dem Fehlen eindeutiger anderer Quellenzeugnisse. Es war eine merkwürdige Art von Akten-Positivismus, mit der Repgen hier operierte. Statt die vorliegenden Akten nur bezeugen zu lassen, was sie bezeugen konnten, nämlich die Geschichte der Konkordatsverhandlungen seit dem 5. April, mußten sie auch bezeugen, was sie keineswegs bezeugen konnten, nämlich die Behauptung, daß es vor Anfang April noch keinerlei konkrete Konkordatspläne gegeben habe. Dieser Akten-Positivismus, schon in normalen Zeiten methodisch höchst zweifelhaft, muß in einer Zeit und unter Umständen, wo der Geschäftsgang der Behörden so gestört war wie im März 1933, fast notwendig in die Irre führen. Die Nichtbeweisbarkeit eines möglichen historischen Zusammenhangs ist immer ein ernsthaftes wissenschaftliches Argument. Sie jedoch als sicheren und eindeutigen Beweis für die Nichtexistenz dieses Zusammenhanges zu nehmen, ist ein methodischer Fehler, der sich sehr leicht rächen kann und sich in diesem Fall auch bereits gerächt hat.

Obwohl Repgens Position also auf schwachen Füßen stand, setzte sie sich in der Forschung überraschend schnell und widerspruchslos durch.

Dies wirkte sich am Bedenklichsten in der Konzeption der beiden großen Aktenpublikationen zum Reichskonkordat von Kupper und Volk aus.[10] Da Repgen als verantwortlicher Herausgeber davon ausging, daß der Konkordatsplan erst Ende März/Anfang April entstanden war, beginnt die Kuppersche Edition folgerichtig mit Menshausens Aufzeichnung vom 5. April und die Volksche Edition mit einem Brief des Nuntius vom 24. März; das erste Aktenstück aus dem Vatikan datiert vom 20. April. Daß diesen Akten eine Meinungs- und Willensbildung auf seiten beider Vertragspartner vorausgegangen ist, erfährt der Leser und Benützer nicht. Dabei lag vieles, was diese Meinungs- und Willensbildung aufhellen konnte, auch damals schon vor. Starks Schrift mit ihren Ausführungen über die Bedeutung der Lateranverträge, Görings Besuch im Vatikan 1931, Köhlers Äußerungen zum Badischen Konkordat waren bekannt, und weiteres, wie etwa der Streit zwischen den »Nationalsozialistischen Monatsheften« und der Zeitschrift »Das Zentrum« um die Übertragbarkeit des Laterankonkordats auf deutsche Verhältnisse aus dem Jahr 1931 hätte sich wohl finden lassen. Und wenn man dies aus Provenienzgründen nicht aufnehmen wollte, so hätte die Sammlung der staatlichen Akten, wäre sie nicht an Repgens Position orientiert gewesen, doch unter allen Umständen mit dem Protokoll der Kabinettsitzung vom 7. März 1933 beginnen müssen, wo zum ersten Mal in einem unzweifelhaft staatlichen Aktenstück die intensive

Beschäftigung Hitlers mit den Problemen des politischen und kirchlichen Katholizismus bezeugt ist. Und auch auf vatikanischer Seite hätte alles, was wir über die Meinungsbildung in der Kurie gegenüber dem Nationalsozialismus seit 1931 oder doch wenigstens im Februar und März 1933 wissen, mit ediert werden müssen: die Berichte Ritters, Bergens, Raitz v. Frentz', Charles-Roux', Faulhabers und anderer, von den italienischen Akten, von denen im folgenden die Rede sein wird, zu schweigen. So jedoch, mit dieser zeitlichen und sachlichen Abgrenzung und mit der Versicherung, daß die Akten »in größtmöglicher Vollständigkeit« vorgelegt seien und die Forschung damit »auf einem festen und unerschütterlichen Fundament«[11] stehe, war gewissermaßen für eine automatische Reproduktion der Repgenschen Position gesorgt. Um kein Mißverständnis aufkommen zu lassen: ich halte beide Editionen für den Zeitraum, den sie abdecken, für mustergültig. Aber eben wegen ihrer Vollständigkeit und Korrektheit wirkt die zeitliche Begrenzung besonders irreführend.[12]

Die einzige ernsthafte Irritation, der die Repgensche Position zwischen ihrem Entwurf und dem Erscheinen meines Buches ausgesetzt war, kam von den 1970 erschienenen Erinnerungen Heinrich Brünings. Brüning behauptet darin bekanntlich direkt und ohne alle Umschweife, Hitler und Papen hätten Kaas im Lauf des März mit der Aussicht auf ein Reichskonkordat zur Zustimmung zum Ermächtigungsgesetz bewogen.[13] Diese Aussage widersprach diametral den Ansichten Repgens; aber sie genügte offenbar nicht, um ihn und die ihm folgende Forschung zu einer Revision oder auch nur zu einer vorsichtigeren Formulierung zu veranlassen.

Im Gegenteil: mit Ludwig Volks großer Monographie über das Reichskonkordat erschien ein Werk, das Repgens Position voll übernahm.[14] Dies war umso erstaunlicher, weil Volk noch 1964 die Meinung vertreten hatte, zumindest die Bischofskundgebung vom 28. März sei ohne das Konkordatsprojekt in dieser Form schwer erklärbar.[15] Die Übernahme der These vom Konkordat ohne Vorgeschichte führte dazu, daß Volk trotz seiner überragenden Quellenkenntnis und seiner minutiösen Darstellungsweise die großen Entwicklungslinien der Vorgeschichte weder auf politisch-staatlicher noch auf vatikanischer Seite in den Blick bekam. So blieb hier die Schlüsselfunktion des Laterankonkordats verborgen, die Bedeutung des kanonischen Rechtes für die Konkordatspolitik wurde – überraschend bei einem so kundigen theologischen Autor – nirgends sichtbar; der Kaas-Aufsatz von 1932/33, der beides deutlich macht, wurde nicht einmal erwähnt. Und obwohl Brünings Aussagen grundsätzlich nicht weniger Glaubwürdigkeit verdienen als die Leibers, weil hier Zeitgenosse gegen Zeitgenosse steht, entschied Volk, daß Brüning »die Handlungen und Entschlüsse von Kaas« nur noch »im Zerrspiegel unbewältigter Ressentiments« zu sehen vermochte[16], während er Pater Leibers Aussagen voll bestätigt fand.[17]

Wohl unter dem Eindruck dieser Arbeiten hat schließlich auch Rudolf Morsey in der 1977 erschienenen Neubearbeitung seines Beitrags über das Ende der Zentrumspartei trotz einer meisterhaften Zeichnung des Prälaten Kaas seine früheren Vermutungen über Konkordatspläne im März fallenlassen und sich für die Repgen-Volksche Position entschieden: die Genugtuung Hitlers über die Kundgebung der Bischöfe am 28. März sei, so meinte Morsey, »nur zu verständlich; denn damit wurde ihm ein bisher verschlossener Weg eröffnet, die katholische Wählerschaft für sich zu gewinnen und gleichzeitig seinen inzwischen aufgetauchten Plan eines Reichskonkordats mit größerer Aussicht auf Erfolg realisieren zu können«[18]. Auch Morsey hält also an dem entscheidenden Kausalverhältnis fest: die politischen Entscheidungen im März waren Voraussetzungen, nicht aber Folgen des Konkordatsplanes.

Wie sehr diese Position inzwischen die schlechthin herrschende Meinung bildete, bestätigt schließlich ein Aufsatz von Viktor Conzemius, der als eine Art abschließender Forschungsbericht 1977 im Archivum Historiae Pontificiae unter dem Titel »Le Concordat du 20 Juillet 1933 entre le Saint-Siège et l'Allemagne. Esquisse d'un bilan de la recherche historique« erschien. Im Blick auf die Forschungsgeschichte wird hier eben jene Position als die einzige inzwischen historisch gesicherte und erwiesene Meinung vom Ablauf der Ereignisse dargestellt.

2

Wenn sich diese Position so lange Zeit nahezu unangefochten behaupten konnte, so hatte das verschiedene Gründe. Die Arbeiten stützten sich gegenseitig; die Autorität der hier versammelten Gelehrsamkeit war unbestreitbar; und schließlich war die Quellenlage tatsächlich überaus schlecht. Es gibt ja zweifellos so etwas wie Forschungsmonopole, Forschungsgruppen also, die bestimmte Problemfelder nahezu lückenlos besetzen. Ein solches Forschungsmonopol war in den 60er Jahren für den deutschen Katholizismus in der Kommission für Zeitgeschichte entstanden. (Ein ähnliches Monopol im Sinne der »Dahlemer Richtung« besaß übrigens auf evangelischer Seite bis zu Beginn der 70er Jahre die »Kommission der Evangelischen Kirche in Deutschland für die Geschichte des Kirchenkampfes«). Solche Monopole haben, wie die eindrucksvolle Liste der Veröffentlichungen der Kommission für Zeitgeschichte zeigt, eine überaus anregende und fördernde Wirkung. Ihre Quelleneditionen dürften – ich wiederhole hier mein Urteil aus dem Vorwort meines Buches – »nach Umfang, Reichtum und editorischer Qualität kaum einen Vergleich in der Zeitgeschichte haben«.[19] Andererseits tendieren solche Monopole naturgemäß zu einer gewissen Einseitigkeit. Gefördert und gedruckt werden in der Regel nur solche Arbeiten, die in den vorgegebenen Rahmen passen; Außenseiter mit konträren Meinungen haben kaum eine Chance. Das ist im übrigen die Stärke und Schwäche aller wissenschaftlichen Schulen, die nur durch den Gang der Wissenschaft insgesamt, also durch die Tatsache, daß von einem gewissen Zeitpunkt an die Konzeptionen als Ganze zur Diskussion stehen, korrigiert werden können.

In der Tat war der Repgenschen Position mit bloß allgemeinen Überlegungen zur geistigen und politischen Disposition der Vertragspartner nicht beizukommen: dagegen konnte man immer mit dem Argument des fehlenden historischen Beweises operieren. Aber auch die Diskussion einzelner entgegenstehender Quellenzeugnisse führte nicht weiter: dagegen stand immer der Gesamtrahmen, der die Einzelargumente relativierte.

Verändern konnte diese Lage nur der Versuch, die Gesamtentwicklung neu darzustellen und in diesem Rahmen die Argumentation im historischen Detail Stück für Stück und Punkt für Punkt zu überprüfen. Das Ergebnis dieses Versuches habe ich 1977 in meinem Buch vorgelegt. Meine entscheidende These in diesem Zusammenhang lautet: im Gegensatz zur bisherigen Meinung hat der Konkordatsplan bereits im März eine wichtige Rolle gespielt und wesentlich zur Entscheidung des Zentrums vom 23. März wie zur Kundgebung der Bischöfe vom 28. März beigetragen. Diese Darstellung der Dinge hat die bekannte öffentliche Diskussion zwischen Konrad Repgen und mir ausgelöst, die hier fortgeführt wird. Dabei wird sich zeigen, wieviel sich im Laufe eines Jahres bereits verändert hat. Aufgrund neuer Hinweise und eigener weiterer Nachforschungen läßt sich heute zum Ablauf der Ereignisse schon wesentlich mehr sagen als in meinem Buch, wo ich mich auf den neuen Wegen begreiflicherweise noch sehr vorsichtig bewegt habe.

Ich zeichne also im Folgenden die Grundlinien meiner Auffassung nach; gehe dabei jeweils auf die kritischen Bemerkungen von Konrad Repgen ein und mache zugleich die Punkte deutlich, wo sich inzwischen durch weitere Funde neue Aspekte ergeben haben.

3

Es scheint mir ein Gebot der historischen Logik, die Vorgeschichte des Reichskonkordats dort beginnen zu lassen, wo der Gedanke dieses Vertrages entstand und wo die politische Initiative lag, die ihn gegen alle Widerstände schließlich durchsetzte. Das ist, nach allem, was wir heute wissen, bei Hitler selbst gewesen. Alle anderen Beteiligten – die Kurie, das Zentrum, der deutsche Episkopat – sind in ihren Reaktionen von Hitler abhängig. So wesentlich, ja entscheidend diese Reaktionen für den Fortgang des Ganzen und die schließliche Entscheidung waren – am Anfang muß doch zunächst die Darstellung der kirchenpolitischen Überzeugungen und des kirchenpolitischen Willens des Mannes stehen, der die ganze Entwicklung überhaupt in Gang gebracht hat.[20]

Über die Rolle Papens, der nach Repgens – in seinen »Kritischen Bemerkungen« erneut wiederholter – Theorie der Erfinder der Konkordatsidee gewesen sein soll (s. o. S. 512ff.), wird später noch zu reden sein. Ich halte mich auch hier streng an die Repgensche Empfehlung, »vom empirisch Gesicherten und empirisch Verifizierbaren« auszugehen (Repgen oben S. 501).

Der Ansatz beim politischen Willen Hitlers ist von erheblicher Bedeutung. Denn aus diesem Ansatz ergibt sich erst ein größerer Zusammenhang. Das Konkordat wird von der Zufälligkeit eines plötzlichen Einfalls befreit und erhält im Ablauf der politischen Ereignisse und Entwicklungen seit 1929 jenen Stellenwert, der ihm nach seinem Rang zukommt. Es ergibt sich aus diesem Ansatz weiter die Datierung für den ersten politischen Einsatz des Konkordatsplanes und es ergibt sich daraus nicht zuletzt eine andere Bewertung.

Hitler war Katholik. Dies ist für jede Beschäftigung mit seinen kirchenpolitischen Vorstellungen und Zielen zunächst die wichtigste Feststellung. Repgen meint zwar (VZG 26/1978, S. 531, Anm. 116), man solle ihn nicht als Katholiken, sondern als Renegaten bezeichnen. Aber damit wird die historische Bedeutung dieser Herkunft gerade verdeckt und zwar gleich in doppelter Hinsicht. Denn obwohl Hitler vermutlich schon früh aufgehört hat, seine Zugehörigkeit zur Kirche zu praktizieren, sind seine Vorstellungen von der Kirche ganz vom Katholizismus geprägt. Seit der Sechsjährige im Benediktinerstift Lambach in der Nähe von Linz als Chorknabe und Meßdiener wirkte und sich dabei »oft und oft am feierlichen Prunk der äußerst glanzvollen kirchlichen Feste« berauschte[21], blieb Hitler in Wien und München so sehr im katholischen Milieu, daß er von der evangelischen Kirche bis zum Frühjahr 1933 noch nicht einmal den Schatten einer eigenen Vorstellung besaß.[22] Kirche und also auch Kirchenpolitik war und blieb für Hitler immer zuerst katholische Kirche und katholische Kirchenpolitik. Dem entsprach auf der anderen Seite die Tatsache, daß Hitler in der katholischen Welt von 1933 selbstverständlich als Katholik galt und auch als solcher angesprochen wurde.[23] Dieser Sachverhalt ist für die Beurteilung der ganzen Konkordatsfrage von grundlegender Bedeutung. So wie sich Hitler zugute hielt, als Katholik die katholische Kirchenpolitik besser zu verstehen als Bismarck[24], so ist die Vorstellung schwer nachvollziehbar, ein ähnliches Konkordat sei vom Vatikan auch mit einem protestantischen Diktator geschlossen worden.

Aus Hitlers katholischer Herkunft erklärt sich sein besonderes Verhältnis zur katholischen Kirche. Es war – wie »Mein Kampf« deutlich zeigt – aus Respekt und Abneigung gemischt. Der Respekt galt der Institution, ihrem unbeirrten Festhalten an den Dogmen; ihrer Fähigkeit zur Menschenführung und Herrschaft. Seine Abneigung, die sich später bis zum tödlichen Haß steigerte, galt natürlich dem weltanschaulichen Konkurrenten und seiner - von ihm unerwarteten - geistlichen und moralischen Integrität.

Hitler hat die katholische Kirche immer für eine politische Macht von großem Gewicht gehalten. Er hat sie in dieser Hinsicht wohl überschätzt. Aber eine Folge dieser Einschätzung war es, daß er seit 1924 davon ausging, daß seine Partei unter keinen Umständen in eine direkte Auseinandersetzung mit der katholischen Kirche verwickelt werden dürfe. Am Beispiel der alldeutschen Bewegung in Österreich und ihrem Schicksal zeigte er in »Mein Kampf«, daß die Niederlage dieser Bewegung eine Folge ihres Kampfes gegen die katholische Kirche gewesen sei. Diesen Fehler wollte er selbstverständlich vermeiden. Und so unterschied er schon hier zwischen der Kirche und dem angeblichen Mißbrauch der Kirche für politische Ziele, den er im Zentrum am Werke sah.[25]

Nach seiner Entlassung aus Landsberg setzte Hitler diese neugewonnenen Überzeugungen in die Praxis um. Die Neugründung der Partei im Februar 1925 stand im Zeichen der Entschlossenheit, sie strikt auf einen kirchenpolitisch neutralen Kurs festzulegen. Das erwies sich angesichts der massiven antikatholischen und antirömischen Ressentiments seiner alten völkischen Gefolgsleute als nicht ganz einfach. Aber schließlich gelang es Hitler, sich zunächst von Ludendorff zu trennen, dessen antikatholische Exzesse unerträglich geworden waren; und drei Jahre später - 1928 - den Thüringer Gauleiter Artur Dinter aus der NSDAP auszuschließen, der trotz aller Warnungen die Partei im Namen einer neuen Heilandslehre vor allem gegen Rom führen wollte. Für Ludendorff, Dinter und andere völkische Führer galt Hitler seit dieser Zeit als »romhörig« und wurde entsprechend attackiert.[26]

Man muß sich diese Zusammenhänge und Entwicklungen vor Augen halten, um zu begreifen, was der Abschluß der Lateranverträge zwischen Mussolini und dem Heiligen Stuhl im Februar 1929 für Hitler bedeutete. Bis zu diesem Augenblick hatte er durch seine kirchenpolitischen Entscheidungen allenfalls einige Reibungsflächen beseitigen können. Mit den Lateranverträgen aber zeichnete sich - das begriff er sofort - auch für ihn die Möglichkeit einer neuen, konstruktiven Politik gegenüber dem kirchlichen wie dem politischen Katholizismus ab, einer Politik, deren Grundprinzip in der unmittelbaren autoritären Verständigung mit dem Heiligen Stuhl über die beiderseitigen Interessen bestand.

Diese Beurteilung der Lateranverträge lag für Hitler umso näher, als er in diesen Jahren Mussolini und die faschistische Bewegung in Italien als sein einziges Vorbild anerkannte, ein Vorbild, dessen Einfluß und Wirkung auf Hitlers politische Einstellungen bis 1933 bisher wohl eher unterschätzt worden ist.

Nur wenige Tage nach der Unterzeichnung der Verträge im Lateranpalast jedenfalls gab Hitler dem »Friedensschluß zwischen dem Faschismus und dem Vatikan« – so der Untertitel des »Völkischen Beobachters« – eine exzessive Auslegung. Es sei bewundernswert, so erklärte er, »wie der italienische Staatsmann zielbewußt alle Kräfte seines Volkes« zusammenfasse und »alle Gegensätze« abbaue. Dies war für Hitler der entscheidende innenpolitische Aspekt der Verträge: Mussolinis politischer Gewinn. Zugleich aber sei mit den Verträgen unzweifelhaft die Anerkennung des Faschismus durch den Vatikan vollzogen worden. »Wenn nun heute Zentrums-Organe ... zu erklären versuchen, daß die Demokratie für die Katholiken nach wie vor vorzuziehen sei, so setzen sie sich damit in offenen Widerspruch mit dem Geiste jenes Vertrages, den der römische Stuhl heute mit dem faschistischen Staate abgeschlossen hat.«[27] Von diesem Augenblick an können wir Hitlers kirchenpolitisches Ziel erkennen: nämlich auf dem gleichen Wege ebenfalls die Anerkennung durch den Vatikan zu erhalten und damit den kirchlichen Katholizismus für sich zu gewinnen und den politischen Katholizismus auszuschalten.

Ich kann heute die Kontinuität dieses Gedankens in Hitlers politischer Vorstellungswelt noch besser belegen, als es mir in meinem Buch möglich war. Tatsächlich hat Hitler seit 1929 offensichtlich, trotz des nahezu geschlossenen katholischen Widerstandes gegen ihn, keinen Augenblick daran gezweifelt, daß ihm im entscheidenden Augenblick über den deutschen Katholizismus hinweg eine direkte Verständigung mit Rom gelingen würde.

Die besondere Eigentümlichkeit des Laterankonkordats, die dieses Konkordat von allen deutschen Konkordaten der 20er Jahre grundsätzlich unterschied und es tatsächlich zu einem Konkordat eigenen Typs machte, lag im Artikel 43. Dieser Artikel verbot die politische Betätigung von Geistlichen und garantierte damit Mussolini von kirchlicher Seite die Einparteienherrschaft. Die Möglichkeiten, die diese Bestimmung für die deutschen Verhältnisse eröffnete, hatte Hitler 1929 wohl noch nicht gesehen. Aber schon Ende 1930 wurde in einer parteiamtlichen Schrift aus seiner engsten Umgebung – sie stammte von Johannes Stark, einem damals bekannten Physiker und Nobelpreisträger – der politische Mechanismus des Laterankonkordats präzise beschrieben und seine Übertragung auf deutsche Verhältnisse als Ziel der Partei dargestellt. Nach dem Sieg Hitlers, so hieß es in der Schrift wörtlich, könne »der Vatikan genau wie in dem Konkordat mit dem faschistischen Staat Italiens, so in einem Vertrag mit dem nationalsozialistischen Staat Deutschlands erklären, daß er allen Geistlichen und Ordensleuten in Deutschland verbieten werde, sich bei irgendeiner politischen Partei einzuschreiben und zu betätigen. Dann ist das Ende der Zentrumspartei gekommen.«

Diese präzise Formulierung zeigt, daß Ende 1930 in der nationalsozialistischen Führung über die Absicht und die politische Funktion eines Konkordats völlige Klarheit bestand.

Im April und Mai 1931 kam es folgerichtig zu einer Kontroverse zwischen den »Nationalsozialistischen Monatsheften« und dem »Zentrum« in der Frage der Übertragbarkeit der italienischen Konkordatsbestimmungen auf Deutschland. Während in den »Nationalsozialistischen Monatsheften« ein Konkordat nach italienischem Muster gefordert wurde, wies das »Zentrum« mit Nachdruck darauf hin, daß »die großen Strukturunterschiede« zwischen Italien und Deutschland »eine mechanische Übertragung kirchlicher Verträge« unmöglich machten.[28]

Aber Hitler redete nicht nur, sondern er handelte auch. Anfang Mai 1931 entsandte er Göring nach Rom, der im Staatssekretariat um Vertrauen für die NSDAP warb. Dieser seit langem bekannte Besuch, über den wir einen ausführlichen Bericht des bayerischen Gesandten Ritter besitzen[29], ist bisher in der Literatur - auch von mir - eher beiläufig behandelt worden, weil Göring auf Weisung des Papstes lediglich von Unterstaatssekretär Pizzardo empfangen wurde und die Mission als ein völliger Fehlschlag erschien. Diese Meinung muß wohl revidiert werden. Denn es wird der Kurie kaum entgangen sein, daß Hitler mit Göring seinen wichtigsten Mann schickte, der in der Rolle eines »Sonderbevollmächtigten« sehr bald zu einer Schlüsselfigur in den deutsch-italienischen Beziehungen werden sollte, und der zur gleichen Zeit in Rom zum ersten Mal auch mit Mussolini sprach.[30] Ob mit den Konzessionen, die Göring nach der Meldung eines Pressedienstes der katholischen Kirchen machen sollte[31], bereits ein Konkordat gemeint war, muß offenbleiben. Aber daß dieser Besuch insofern in die Vorgeschichte des Reichskonkordats gehört, als er Hitlers ersten sichtbaren kirchenpolitischen Schritt auf den Vatikan zu bedeutete, steht außer Zweifel. Und auch die weitere Beteiligung Görings an der Konkordatsangelegenheit bis zum gemeinsamen Besuch mit Papen in Rom im April spricht dafür, daß er hier einen bestimmten Auftrag Hitlers ausführte.

Göring kehrte Mitte Mai 1931 nach Berlin zurück; in der Tasche ein Bild Mussolinis mit einer Widmung für Hitler, für das dieser am 8. Juni überschwenglich dankte.[32] Daß sein Besuch in Rom nicht ohne Eindruck geblieben war, läßt sich aus zwei Ereignissen schließen. Zur gleichen Zeit, Anfang Juni 1931, erklärte Hitler gegenüber dem Chefredakteur der »Leipziger Neuesten Nachrichten«, Richard Breiting, es werde kein Kreuzzug des Vatikans gegen die Partei stattfinden, denn er kenne Pacelli und wisse, daß dieser ein großes Interesse daran habe, »daß die Katholiken in Deutschland endlich ein Statut erhalten«[33]. Und nur wenige Wochen später, im August 1931, fand im Vatikan jenes verhängnisvolle Gespräch zwischen Pacelli und Brüning statt, in dem Pacelli den Reichskanzler zu einer Koalition mit den Nationalsozialisten drängte, und das nach der Weigerung Brünings mit dem Bruch zwischen beiden endete.[34]

Göring und Hitler behielten ihre kirchenpolitischen Ziele auch weiterhin im Blick. So wiederholte Göring am 29. April 1932 als Beauftragter Hitlers gegenüber einem Vertreter des katholischen westfälischen Adels im wesentlichen die Zusicherungen, die er 1931 im Vatikan vorgetragen hatte, »daß nämlich die Partei weder Dogmen bekämpfen, noch eine Nationalkirche errichten wolle, daß sie die kirchliche Einmischung ins Politische zwar beenden, den Bischöfen aber durch Sitz und Stimme in einem Staatsrat direkten Einfluß auf gemischte Sachgebiete einräumen werde«[35].

Ein deutliches Zeichen, daß die Konkordatsabsichten nicht vergessen waren, stellte auch ein Artikel dar, der im November 1932 im »Völkischen Beobachter« erschien und im Blick auf die Ablehnung des Badischen Konkordats durch die NS-Fraktion im Badischen Landtag das Laterankonkordat als Vorbild für eine Regelung des Verhältnisses von Staat und Kirche im nationalsozialistischen Sinne bezeichnete.

Wenn dies mehr als allgemeine Gedanken waren, dann mußten sie sich nach dem 30. Januar sehr schnell konkretisieren.

Und tatsächlich begegnet uns das Stichwort bereits am 28. Februar schon wieder, diesmal bei einem nationalsozialistischen Regierungsmitglied. In seinen erst vor kurzem bekanntgewordenen Aufzeichnungen berichtet der katholische Staatssekretär im preußischen Kultusministerium, Aloys Lammers, von einem Gespräch mit seinem neuen Minister Rust.[36] Aloys Lammers repräsentierte den politischen Katholizismus in der preußischen Kulturpolitik; er war entscheidend an der Entstehung des Preußenkonkordats beteiligt und hatte damals enge, auch persönliche Verbindungen zum Nuntius Pacelli.[37] So traf die Frage Rusts keinen Ahnungslosen, sondern war eine gezielte Sondierung bei einem kompetenten katholischen Partner: »ob denn die Kirche in Deutschland nicht mit den Nazis auf eine Linie kommen könne, wie Mussolini mit dem Vatikan«.

Diese Notiz vom 28. Februar ist im übrigen nur *ein* Beispiel für die Überraschungen, die die scheinbar so gründlich durchforschte Konkordatsgeschichte noch immer bereithält. Bisher war von einem Interesse Rusts an der Konkordatsfrage nichts bekannt – bei Ludwig Volk taucht sein Name am 13. Juli, also kurz vor der Verabschiedung des endgültigen Textes, überhaupt zum ersten Mal auf.[38] Und ebenso unbekannt war, was wir jetzt erst aus den Notizen von Lammers erfahren, daß Rust von Hause aus Katholik war, bis zu seinem 16. Lebensjahr als Ministrant gewirkt hatte und erst nach schweren inneren Kämpfen zur evangelischen Kirche konvertiert war.[39] Und schließlich wußte bisher niemand, daß Rust besondere Beziehungen zu Italien besaß, wo er sich mehr als ein Jahr zu Studienzwecken aufgehalten hatte. Nun wäre die kurze Notiz bei Lammers allein vielleicht noch nicht hinreichend, um ein ernsthaftes Interesse Rusts an der Konkordatsfrage zu beweisen, wenn nicht eine weitere Quelle diese Zusammenhänge überraschend belegte. Ich bin auf sie gestoßen, nachdem mir klar geworden war, daß man in viel größerem Umfang als bisher auch die italienische Seite in die Konkordatsgeschichte einbeziehen muß.

Fünf Tage nach dem Gespräch vom 28. Februar, am 5. März 1933, fand die entscheidende Reichstagswahl statt. Ihr Ergebnis entschied unter anderem auch über die Position des Zentrums. Erst nach dieser Wahl konnte Hitler also an konkrete politische und kirchenpolitische Schritte gegenüber dem Katholizismus gehen.

In der Nacht vom 5. auf 6. März versammelten sich bei Hitler eine Reihe seiner engsten Mitkämpfer und Parteigenossen, unter ihnen Göring, Rust, Kerrl, Kube und andere, um den Wahlsieg zu feiern. In diesem Kreis befand sich auch ein Mann, der seit Jahren in Deutschland eine besondere Rolle spielte, Major Giuseppe Renzetti, offiziell seit 1926 Präsident der Italienischen Handelskammer in Berlin, inoffiziell als ein alter und enger Vertrauter Mussolinis dessen wichtigster persönlicher Verbindungsmann zur deutschen Rechten und insbesondere zu Hitler.[40] Von Hitler offensichtlich eines besonderen Vertrauens gewürdigt, erlebte Renzetti die Ereignisse von Januar bis März 1933 in nächster Nähe des neuen Reichskanzlers mit und berichtete darüber regelmäßig an Mussolini. Im Bericht vom 6. März über die Ereignisse und Gespräche in der Wahlnacht war zunächst von der allgemeinen Begeisterung über die Wahlergebnisse die Rede, wobei Renzetti nicht verfehlte, seine eigene Rolle dabei gebührend hervorzuheben. Der Wahlausgang, so bemerkte er weiter, habe Hitlers Position gewaltig gestärkt. Das Zentrum aber – und damit kam Renzetti auf ein Thema, das in dieser Nacht offensichtlich eine wesentliche Rolle spielte – habe die Schlacht verloren. Der Untergang dieser Partei sollte von nun an beginnen. Hitler und mit ihm sein Kultusminister Rust seien fest entschlossen, den Prälaten und Zentrumsleuten ihre Funktion als Schutzherren der Katholiken zu entziehen.[41] Es bedarf keiner Erklärung, woran Hitler und Rust in diesem Zusammenhang dachten, nämlich (mit Rusts Worten vom 28. Februar) an eine Linie »wie Mussolini mit dem Vatikan«. Und beide, Hitler und Rust, konnten darin nur bestärkt werden, denn in dem folgenden Gespräch mit Rust über die Schwierigkeiten dieses Weges erinnerte Renzetti den Kultusminister an Mussolini, der es mit den gleichen Schwierigkeiten zu tun gehabt hätte, nicht so sehr im Kampf gegen den politischen Katholizismus, die »popolari«, wie der Italiener zu Recht bemerkte, sondern im Ringen um eine Versöhnung mit dem Vatikan. Die Nazis sollten, so riet Renzetti schließlich, »mutatis mutandis« den gleichen Weg wählen.[42]

Das Ende der Zentrumspartei durch ein Abkommen mit dem Vatikan zu besiegeln war also, das wird man jetzt feststellen dürfen, unmittelbar nach den Wahlen vom 5. März auf Hitlers Seite beschlossene Sache. Liest man in diesem Zusammenhang noch einmal das bekannte Protokoll der Kabinettsitzung vom 7. März, auf der die Frage des Katholizismus eine wichtige Rolle spielte, so kann über die Bedeutung jenes Satzes kein Zweifel mehr bestehen, mit dem Hitler auf die offenkundige Stabilität des Zentrums anspielte: »Was die Wähler des Zentrums und der Bayerischen Volkspartei anlange, so würden sie erst dann für die nationalen Parteien zu erobern sein, wenn die Kurie die beiden Parteien fallen lasse.«

Wenn ich in meinem Buch noch meinte, nicht mit Sicherheit sagen zu können, wie konkret Hitlers Pläne am 7. März bereits waren[43], so scheint mir der Zweifel jetzt behoben. Hitler wußte zu diesem Zeitpunkt genau, was er wollte.

4

Angesichts dieser Quellenlage ist die Frage nach der Urheberschaft des Konkordatsplanes, auf die Repgen soviel Mühe verwendet, kaum noch der Diskussion wert. Wir besitzen für Hitler bis zum 7. März 1933 eine zuverlässige Überlieferung, die bezeugt, daß er sich intensiv und mit einem klaren Ziel mit dem Problemfeld Katholische Kirche - Zentrum - Vatikan beschäftigt hat. Wir haben von Papen dagegen lediglich die Behauptung, daß er es - so wohl zum ersten Mal in einem Schreiben an Kardinal Schulte vom 25. März 1933 - »seit dem 30. Januar« als seine »besondere Pflicht angesehen habe, dem Herrn Reichskanzler das Problem der Behandlung des deutschen Katholizismus nahezubringen«[44]. Außer dieser Behauptung aber haben wir - soweit ich jedenfalls sehe - bis zum 7. März keinerlei Anzeichen oder Hinweise auf Äußerungen oder gar Tätigkeiten Papens, die diese Behauptung zu verifizieren vermöchten. Im Gegenteil: in der Kabinettsitzung vom 7. März, in der Hitler selbst, Göring, Eltz-Rübenach und Neurath auf verschiedene Weise zur katholischen Kirche und zum politischen Katholizismus Stellung nahmen, schwieg Papen zu diesem Punkt, mit Ausnahme der bekannten Mitteilung, daß Prälat Kaas am Vortage bei ihm gewesen sei und seine Bereitschaft zur Versöhnung und Mitarbeit angeboten habe. Die erste politische Äußerung Papens zu dieser Frage findet sich meines Wissens im Protokoll der Kabinettsitzung vom 15. März, in der der Vizekanzler von der »besonderen Bedeutung« sprach, die der »Frage der Eingliederung des politischen Katholizismus in den neuen Staat« zukomme.[45] So liegt die Vermutung nahe, daß Papen bis zum 7. März wenig oder nichts - jedenfalls nichts Konkretes - zur Frage der Zukunft des Katholizismus im Dritten Reich beizusteuern hatte. Und diese Vermutung verstärkt sich, wenn sich nachweisen läßt, wann Papen in dieser Frage zum ersten Mal aktiv geworden ist - und dieser Nachweis läßt sich inzwischen führen.

Eine erneute Prüfung des Praschma-Komplexes ergab nämlich in diesem Punkt eine lückenlose Datierung.[46]

Hans Graf Praschma auf Schloß Falkenberg im Regierungsbezirk Oppeln war ein Vertreter des katholischen oberschlesischen Adels und vertrat wie Papen und wohl die Mehrheit seiner Standesgenossen in Oberschlesien den Gedanken einer großen Sammlung der Rechten unter Einbeziehung des Katholizismus. Als alter Freund Papens hatte er schon im Februar mehrfach versucht, mit dem neuernannten Vizekanzler persönlich in Verbindung zu kommen, was aber bis Anfang März aus verschiedenen Gründen gescheitert war. So schrieb er am 1. März erneut an Papen, sprach von seiner »historischen Aufgabe«, »nach den Wahlen eine wirklich große Sammlung der aufbauenden Kräfte zustande zu bringen«[47] und schlug eine Unterredung für den 10. März vor. Offensichtlich noch ohne Bescheid bat Praschma am 8. März telegraphisch um eine Bestätigung dieses Termins. Das daraufhin telefonisch zugesagte Treffen am 11. März kam jedoch nicht zustande. Statt dessen griff Papen in diesen Tagen persönlich zum Telefon und bat Praschma anläßlich eines Besuchs in Breslau am 17./18. März um Vermittlung eines Termins bei Kardinal Bertram. Am 13. März bestätigte Praschma die telefonische Abmachung und fügte hinzu: »Es wird dafür gesorgt, daß der Kardinal Dich empfängt, wenn Du Dich bei ihm für Sonnabend Vormittag vor oder nach unserer Besprechung ansagst.«[48] Auf eine entsprechende Anfrage beim Kardinal erhielt Papen vom Geheimsekretär den telegraphischen Bescheid, daß sein Besuch am »Sonnabend Vormittag 8.30 sehr willkommen« sei. Am 21.3. vermerkte die Kanzlei auf diesem Telegramm: »Besuch hat am 18.3. von 8.00 bis 9.00 stattgefunden.«[49]

Nun sind die Tatsache dieser Begegnung und auch ihr wesentlicher Inhalt längst bekannt. Gleichwohl ist ihre Vorgeschichte für unseren Zusammenhang von erheblicher Bedeutung. Wir wissen jetzt, daß Papen sich am 8. März oder kurz darauf überraschend entschloß, den Vorsitzenden der Fuldaer Bischofskonferenz zu besuchen. Damit beginnt also – wenn ich das einmal so nennen darf – die »Papen-Überlieferung« zum Thema Katholizismus und Drittes Reich. Zugleich bricht die »Hitler-Überlieferung« zum gleichen Thema, die wir bis zum 7. März verfolgt haben, zunächst ab. Dies legt den Schluß nahe, daß Hitler nach der Kabinettsitzung vom 7. März seinen Vizekanzler in großen Zügen über seine Konkordatspläne informierte und ihn zugleich damit beauftragte, das Terrain zu sondieren und die Bedingungen zu erkunden, die für eine Reise nach Rom und erfolgreiche Verhandlungen mit dem Vatikan erfüllt sein mußten.

Ein Brief Praschmas vom 25. März – der letzte, der für unseren Zusammenhang von Bedeutung ist – bestätigt diesen Sachverhalt. Praschma, seit zwei Tagen in Polen ohne direkte Nachrichten aus Deutschland, nahm darin auf die jüngsten Ereignisse und seine eigene Rolle dabei Bezug. »Es scheint mir aber«, so schrieb er, »daß man über Art und Form wie das Zentrum Anschluß gefunden hat, zufrieden sein kann und betrachte es als großen Erfolg und nicht leicht weg mit der Phrase abzutun, daß es ja gar nicht anders gekonnt hätte. Hoffentlich bewahrt uns die weitere Entwicklung der Dinge vor Situationen, die das Verhältnis wieder trüben. Ich hoffe auch, daß Deine Romreise gut verläuft. Ich wäre gerne auch dort. Für künftige Fälle stelle ich mich gerne wieder mit meiner Vermittlung zur Verfügung falls Du mich brauchen kannst.«[50] Papen hat also am 18. März in Breslau gegenüber Praschma von einer bevorstehenden Reise nach Rom gesprochen, und zwar einer Reise, die einem konkreten politischen Ziel diente - sonst wäre der Wunsch, daß sie »gut verläuft«, schwer verständlich.[51]

Hat Papen auch bereits gegenüber dem Kardinal von dieser Romreise gesprochen? Ich halte es für möglich, und Bertrams Bericht an die Mitglieder der Fuldaer Bischofskonferenz vom 19. März schließt das jedenfalls nicht aus.[52] Aber auf diese Frage wird unten noch näher einzugehen sein.

5

Es gehört zu den Überraschungen des Beitrags von Repgen, daß er diesen Termin im Prinzip akzeptiert; möglicherweise ohne sich ganz über die Folgen im Klaren zu sein, die das für seine Position hat. Während die katholische Forschung, wie oben gezeigt, bisher stets und vorbehaltlos daran festhielt, daß vor Ende März/Anfang April von einem Konkordatsplan überhaupt noch nicht die Rede war, räumt Repgen unter dem Eindruck der neu vorgelegten Quellen jetzt stillschweigend ein, daß eine Einigung Papen–Hitler über den Konkordatsplan sicher vor dem 23. März, möglicherweise aber schon vor dem 17. März stattgefunden hat.[53]

Wir lassen jetzt die Prioritätsfrage Hitler oder Papen einen Moment außer Acht und konzentrieren uns ganz auf den Termin. Denn was bedeutet es, daß der Konkordatsplan mit Sicherheit vor dem 23. März bestand? Es bedeutet, daß die Wahrscheinlichkeit, daß dieser Plan bei den beiden großen Entscheidungen des Katholizismus im März *keine* Rolle gespielt hat, - vorsichtig ausgedrückt - äußerst gering ist. Denn zu welchem anderen Zweck sollten sich Hitler und Papen wohl im März auf einen Konkordatsplan geeinigt haben, wenn nicht dem des unmittelbaren politischen Einsatzes? Und vor allem: wenn der Plan schon im März bestand, was hindert uns noch, Brünings in diesem Punkt klaren und eindeutigen Aussagen zu folgen? Für diese Fragen ist der genaue Zeitpunkt der Einigung im Lauf des März offensichtlich zweitrangig. Ich gehe aber davon aus - bis uns neue Funde möglicherweise noch genauere Aufklärung bringen -, daß Hitler den Vizekanzler nach der Kabinettsitzung vom 7. März über seine Pläne informiert und zugleich mit ihrer konkreten Vorbereitung beauftragt hat.

Von diesem Datum aus sind nun also im einzelnen die Linien zu verfolgen, die einerseits zur Entscheidung des Zentrums am 23. März, andererseits zur Kundgebung der Bischöfe mit der Aufhebung des NS-Verbotes vom 28. März führen. Wir kommen damit zunächst zum Fall Kaas.

Ich stütze mich hier vor allem auf Brünings Erinnerungen.[54] »Kaas' Widerstand« – nämlich gegen das Ermächtigungsgesetz – »wurde schwächer«, so lautet die bekannte Stelle bei Brüning, »als Hitler von einem Konkordat sprach und Papen versicherte, daß ein solches so gut wie garantiert sei. Das war die Frage, die Kaas naturgemäß und verständlicherweise am meisten interessierte, aus seiner ganzen Anschauungswelt heraus. Seit 1920 hatte er immer gehofft, ein Reichskonkordat mitzuschaffen. Für ihn als Prälaten war die Sicherung der Beziehungen zwischen dem Vatikan und dem Deutschen Reich eine entscheidende Frage, der die übrigen höchstens koordiniert, wenn nicht untergeordnet werden mußten. Hitler und Papen werden gemerkt haben, wie die wachsenden Aussichten auf ein Konkordat Kaas immer mehr fesselten. Er verlangte allerdings, daß Hitler in irgendeiner Form sich auf den Abschluß eines Konkordats festlegte.«[55]

Gegen diese Aussage Brünings wurden bisher vor allem zwei Argumente geltend gemacht. Erstens hätten die gründlichen Nachforschungen Morseys keinerlei Hinweise erbracht, daß der Konkordatsplan für die Entscheidung der Zentrumsfraktion irgendeine Rolle gespielt habe. »Spekulationen über eine Konkordatsallianz zwischen Hitler und Kaas« aber seien müßig, solange nicht der Nachweis erbracht werde, »daß und wie eine angebliche Konkordatszusage des NS-Kanzlers auf die Stimmabgabe des Zentrums ... eingewirkt haben soll.«[56] Dieses Argument ist jedoch nur ein verführerischer Trugschluß. Brüning behauptet ja gar nicht, daß der Konkordatsplan in der Fraktionssitzung verhandelt worden sei, im Gegenteil: er kennt (wie Morsey) viele andere Gründe, die für eine Zustimmung der Fraktionsmehrheit zum Ermächtigungsgesetz sprachen. Aber er ist allerdings der Auffassung, daß dieser Plan für Kaas' Entscheidung eine ausschlaggebende Rolle gespielt hat und daß auf diesem Wege die Entscheidung der Fraktion wesentlich mitbeeinflußt worden ist. Genau so habe ich die Dinge auch in meinem Buch dargestellt.[57] Ein Zeugnis von Kaas' eigener Hand belegt die besondere Rolle, die der Zentrumsvorsitzende bei der Entscheidung der Fraktion gespielt hat.

Im Lauf des Februar und März hatte sich der Kommerzienrat und preußische Generalkonsul Carl Bödiker, ein einflußreicher Hamburger Kaufmann, in mehreren heftigen Schreiben an die Zentrumsführung gewandt, in denen er dem linken Flügel der Partei den Vorwurf machte, den Verlust von drei bis vier Millionen gut katholischer Wähler seit 1919 verschuldet und die Partei in die gegenwärtige hoffnungslose Situation hineinmanövriert zu haben. Am 24. März, also am Tag nach dem Ermächtigungsgesetz und unmittelbar vor seiner plötzlichen Abreise nach Rom am gleichen Tag, antwortete Kaas als Parteivorsitzender dem Hamburger Kaufmann. Er habe seine Zuschrift mit Interesse gelesen, so schrieb der Prälat, wenn er »ihr auch nicht in den Einzelheiten überall zustimmen« könne. Man müsse diese Fragen einmal persönlich besprechen. »Auf jeden Fall hoffe ich jedoch«, so schloß der kurze Brief, »daß die gestern von mir herbeigeführte Entscheidung der Reichstagsfraktion Ihre Zustimmung finden wird. Mit verehrungsvoller Begrüßung Ihr stets ergebener gez. Kaas.«[58] Kaas pflegte, darin stimme ich Repgen zu, seine Worte sorgfältig zu wählen. Er war auch nicht der Mann, der sich Dinge zuschrieb, die er nicht getan hatte. So wird der Satz von der Entscheidung der Reichstagsfraktion, die er, Kaas, herbeigeführt habe, so stehenbleiben müssen, wie er am 24. März gemeint und geschrieben wurde.[59]

Auch der zweite Einwand gegen eine frühe Beteiligung von Kaas an den Konkordatsplänen, auf den Repgen viel Mühe verwendet, läßt sich auflösen. Es geht um den Brief, den Kaas am 19. November 1935 an Bergen richtete, und der allerdings auf den ersten Blick den Eindruck erweckt, als habe Kaas tatsächlich erst am 8. April von den Konkordatsabsichten Hitlers erfahren. Ich muß die Formulierungen dieses Briefes, die schon Repgen oben zitiert hat, hier noch einmal wiederholen, wobei ich mit Repgen der Meinung bin, daß sich Kaas in diesem heiklen Fall jeden Satz und jedes Wort genau überlegt hat. Was besagt nun der Brief?

»Unmittelbar nach der Verabschiedung des Ermächtigungsgesetzes, an dessen Annahme ich auf Grund bestimmter, mir durch den Herrn Reichskanzler gegebener Zusicherungen (sowohl allgemeinpolitischer als kulturpolitischer Art) positiven Anteil genommen hatte, fuhr ich am 24. März nach Rom. Abgesehen von Erholungszwecken wollte ich – in Fortführung der von mir am 23. März im Reichstag vertretenen Haltung – die durch die Reichskanzlererklärung geschaffene Lage darlegen und die Möglichkeiten einer umfassenden Verständigung von Staat und Kirche prüfen.«[60] Der Bödiker-Brief zeigt, daß der Anteil des Zentrumsvorsitzenden an der Annahme des Ermächtigungsgesetzes noch weit »positiver« war, als wir bisher angenommen haben. Die Reise nach Rom diente der Prüfung, »einer umfassenden Verständigung von Staat und Kirche«. Mit fast der gleichen Wendung – »umfassender Grenzbereinigung zwischen Staat und Kirche« – hatte Kaas in seinem umstrittenen Aufsatz den »neuen und eigenwüchsigen Typ positiver Verständigung«, nämlich das Laterankonkordat, gekennzeichnet.[61] Es war mir deshalb nie zweifelhaft, daß Kaas mit dieser Wendung nichts anderes als die Konkordatspläne gemeint haben konnte und auch tatsächlich gemeint hat.[62]

Das Problem entsteht erst mit den folgenden Sätzen. Sie lauten: »Eine unerwartet früh angesetzte Sitzung des sogenannten Arbeitsausschusses in der Reichskanzlei, dessen Mitglied ich war, veranlaßte mich zur Unterbrechung meines römischen Aufenthalts und zur Rückkehr nach Berlin. Sobald ich die dringlichsten Besprechungen erledigt hatte, trat ich am Abend des 7. April die Rückreise nach Rom an, um die begonnenen Erkundigungen fortzusetzen. Morgens bei der Abfahrt von München traf ich unerwartet im Speisewagen Herrn Vizekanzler von Papen, der sich mit seiner Gattin im gleichen Zug befand. Im Laufe einer von ihm angeregten Besprechung in seinem Abteil stellte ich fest, daß die mehrfach auch in der Öffentlichkeit erörterte Absicht eines etwaigen Konkordatsabschlusses Tatsache war.«[63] Ich habe diesen letzten Satz zunächst ebenfalls wie Repgen dahin mißverstanden, als behaupte Kaas, er habe zuvor nur von Gerüchten gehört und sei erst am 8. April über die tatsächlichen Konkordatspläne Hitlers informiert worden.[64] Das steht aber keineswegs da. Vielmehr unterscheidet Kaas auffällig zwischen Absicht und Tatsache. Um etwas anderes als eine Absicht aber handelte es sich bei Hitlers Konkordatsplänen im März selbstverständlich nicht und konnte es sich nicht handeln. Auch der entscheidende Satz in der Regierungserklärung – »Ebenso legt die Reichsregierung ... den größten Wert darauf, die freundschaftlichen Beziehungen zum Heiligen Stuhl weiter zu pflegen und auszugestalten« – war schließlich nur eine Absichtserklärung. Der Schritt von der Absicht zur Tatsache wurde nach Kaas' Verständnis offensichtlich erst in dem Augenblick vollzogen, in dem Papen sich mit der Verhandlungsvollmacht des Reichskanzlers auf den Weg nach Rom begab. Entscheidend ist nun, daß Kaas in jenem Satz keineswegs behauptet, auch von den Absichten nicht unterricht gewesen zu sein, sondern im Gegenteil zu erkennen gibt, daß er persönlich die Absichten der Reichsregierung kannte – sonst wäre die Wendung »auch in der Öffentlichkeit« ohne Sinn. Der Satz besagt also, daß mit Kaas mehrfach Konkordatspläne erörtert worden waren – Pläne, die auch in die Öffentlichkeit gelangten – ehe er jetzt von Papen über dessen Verhandlungsvollmacht informiert wurde. Damit aber wird dieser Satz von einem Gegenargument zu einem Beleg für die Tatsache, daß der Prälat schon vor dem 8. April mit der Konkordatsfrage befaßt war. Daß auch die Handlungen von Kaas für diesen Zusammenhang sprechen – seine politische Zurückhaltung bis zum 23. März, die plötzliche Reise nach Rom am folgenden Tag, seine Rückkehr und sein erneuter Aufbruch – ist offenkundig.

Ehe diese Frage jedoch als entschieden gelten kann, muß noch geklärt werden, ob ein Konkordatsangebot Hitlers für den Prälaten tatsächlich eine so einzigartige Bedeutung besaß, daß es ihn schließlich – das Wort ist hart, wird aber vom Standpunkt des Zentrums aus nicht zu vermeiden sein – zum Verrat an seiner Partei bewog. Hier tritt nun jener umstrittene Aufsatz über den »Konkordatstyp des faschistischen Italien« in die Argumentationskette ein, mit dem Repgen sich jetzt – erst jetzt! – so intensiv beschäftigen muß.[65] Dabei ist es vollkommen gleichgültig, wann dieser Aufsatz »sachlich abgeschlossen« wurde. Wichtig ist allein, daß er die Denk- und Vorstellungswelt von Kaas in den entscheidenden Jahren 1932/33 authentisch widerspiegelt, und zwar die Denk- und Vorstellungswelt des Kanonisten, nicht des Politikers. Daß dieser Aufsatz in irgendeiner Hinsicht »un-eindeutig« sein soll, kann ich nicht finden; und ich bin überzeugt, jeder unbefangene Leser wird zu dem gleichen Urteil kommen. Der Aufsatz stellt vielmehr von der ersten bis zur letzten Zeile eine triumphale Würdigung des Laterankonkordats dar, und zwar unter dem Hauptaspekt der Sicherung des kanonischen Rechtes, der für Kaas wie für die ganze Kurie den wichtigsten Inhalt der Konkordatspolitik seit 1917 bildete. Kaas läßt nicht den geringsten Zweifel daran, daß er dieses von Mussolini und Pius XI. autoritär ausgehandelte und abgeschlossene Konkordat für unvergleichlich viel besser hält als alle jene Verträge, die mit Hilfe des Zentrums auf dem Wege mühsamer Kompromisse in den Parlamenten zustande kamen.[66] Das ist der Sinn jener zentralen Aussage: »Der ›autoritäre Staat‹ mußte die autoritäre Kirche besser in ihren Postulaten begreifen als andere.« Als »Handlungsanleitung« habe ich diesen Aufsatz – entgegen Repgens Behauptungen – nie verstanden, sondern immer nur als Handlungserklärung.[67] Er erklärt lediglich – aber er erklärt das auf eine ungemein eindrückliche Weise – warum Kaas und der Vatikan dem Konkordatsangebot Hitlers gegenüber so reagierten, wie sie reagierten – nämlich ebenso schnell, ebenso vorbehaltlos und ebenso autoritär wie Hitler. Dabei hat Repgen recht, wenn er darauf hinweist, daß man den Begriff »autoritär« hier im Sinne des italienischen Faschismus von 1932/33 verstehen muß – »autoritär« meinte hier in der Tat etwas anderes als »totalitär«.[68]

6

Nach den Märzwahlen einigten sich Hitler und Papen auf den Konkordatsplan. Beide unterrichteten Kaas von dieser Absicht. Kaas forderte eine öffentliche Festlegung der Reichsregierung und versprach dafür, die Entscheidung der Zentrumsfraktion am 23. März in die gewünschte Richtung zu lenken. Beides geschah. Ich sehe nichts, was diesem von Brüning immer behaupteten Ablauf der Ereignisse noch widersprechen sollte.

Mit diesem Ablauf aber verliert auch die Behauptung, Bertrams Entscheidung für die Bischofserklärung vom 28. März sei ohne Einwirkung des Konkordatsplanes erfolgt, erheblich an Wahrscheinlichkeit. Beim ersten Gespräch mit Bertram am 18. März holte sich Papen offensichtlich noch eine Abfuhr. Hitler müsse seine Haltung revidieren, nicht die Kirche, meinte der Kardinal.[69] Auch Konkordatspläne, die Papen möglicherweise schon andeutete, vermochten an dieser Haltung sicherlich nichts zu ändern. Sie mußten in dieser Situation noch so unwahrscheinlich klingen, daß Bertram ohne zusätzliche Garantien und Informationen daran zu Recht zweifeln durfte. Immerhin ließ der weitere Verlauf seines Schreibens vom 19. März erkennen, daß er auf eine Änderung der Dinge wartete: die Situation für eine allgemeine Kundgebung sei »noch nicht genügend geklärt«, der Wegfall der bisherigen Bedenken gegen die NSDAP sei »noch nicht überzeugend eingetreten«[70]. Die Regierungserklärung vom 23. März änderte die Situation. Aber sie änderte sie doch nicht so grundlegend, daß sie allein die überstürzte Revision der kirchlichen Haltung erklären könnte. Andererseits war die Aufhebung des bischöflichen »Non possumus« eine Voraussetzung für Papens römische Mission.

Als Ludwig Volk 1963/64 diese Zusammenhänge zum ersten Mal untersuchte, ging er hauptsächlich auf Grund einer Aufzeichnung des Wiener Professors Hans Eibl davon aus, daß Papen spätestens am 27. März bereits zur Romreise entschlossen war, und folgerte daraus, es sei kaum anzunehmen, Papen »habe vor dem Wortführer des Episkopats ein Argument in seiner Brust verschlossen, das wie kein anderes berufen schien, den Bann kirchlicher Zurückhaltung vollends zu brechen. Mit dem Verzicht auf eine vertrauliche Mitteilung an Kardinal Bertram hätte er, der staatliche Promotor des Versöhnungswerkes, gerade seinen stärksten Trumpf nicht ausgespielt.«[71] Da Volk jedoch inzwischen zu der Überzeugung gekommen war, daß die definitive Autorisierung Papens zu Konkordatsverhandlungen erst nach dem 28. März erfolgt sein konnte, mußte er in seinem Konkordatsbuch konsequenterweise seine ursprüngliche These fallen lassen.[72] Wir können diese These jetzt jedoch wieder in ihr Recht einsetzen, nachdem sich beweisen läßt, daß Papen zu dieser Zeit nicht nur seine Romreise bereits geplant hatte, sondern – was natürlich weit wichtiger ist – spätestens am 26. März auch schon in Verbindung mit Rom stand.

Dieser Beweis ist zugleich ein Beispiel für die Notwendigkeit, in so umstrittenen Fällen wie diesem auch bekannte Quellen immer wieder zu überprüfen. Denn sowohl Volk wie Repgen ist hier offensichtlich ein Fehler unterlaufen. »Am 27. März«, so schreibt Repgen beiläufig, habe »Papen auf das briefliche Angebot Raitz' von Frentz, Rom 22. März 1933, ihm im Vatikan die Türen zu öffnen und behilflich zu sein, freundlich abgewinkt: dies sei nicht mehr nötig«.[73] Papen hat jedoch in seiner Antwort an Frentz vom 2. April keineswegs bloß »abgewinkt«. Vielmehr heißt es da: »Bezüglich einer Fühlungsnahme mit dem Vatikan hatte ich selbst schon vor Eingang Ihres Schreibens Schritte unternommen. Ich werde Ostern in Rom sein und würde mich freuen, Sie bei dieser Gelegenheit zu sehen.«[74] Da der Brief von Frentz den Eingangsstempel des 27. März 1933 trägt, ist dies der erste unzweifelhafte Beweis von Papens eigener Hand, daß schon vor der offiziellen Ankündigung seiner Romreise beim Nuntius am 2. April ein Kontakt mit dem Vatikan bestand. Und da der 27. März 1933 ein Montag war, kommt man mit dieser Kontaktaufnahme mit Sicherheit in die Woche des Ermächtigungsgesetzes. Damit aber ist die Wahrheit der Aufzeichnung von Eibl bewiesen und Volks ursprüngliche These wird nachdrücklich bekräftigt. Nach dem ersten Kontakt mit Rom hatte Papen allerdings ein Argument in der Hand, das auch den mißtrauischen Breslauer Kardinal überzeugen mußte.

Im übrigen sind wir natürlich hinsichtlich der Art dieser Kontaktaufnahme einstweilen noch ganz aufs Raten angewiesen. Welcher Kanäle bediente sich der deutsche Vizekanzler bei seiner vertraulichen Fühlungnahme mit dem Vatikan in dieser heiklen Frage? Und wer war auf Seiten des Vatikans Mittelsmann und Kontaktperson? Wir wissen es nicht, und weitere Überraschungen sind auch hier gewiß nicht auszuschließen.[75]

7

Am Samstag, den 18. März, sprach Papen zum ersten Mal über römische Reisepläne. Spätestens in der folgenden Woche hatte er bereits Kontakt mit dem Vatikan aufgenommen. Dies wirft unvermeidlich die Frage nach der Beteiligung des Heiligen Stuhls an den Vorgängen im März auf.

Wir kommen damit zu einem entscheidenden Punkt der ganzen Kontroverse. War wirklich, wie Repgen will, der Vatikan an den großen Entscheidungen des deutschen Katholizismus im März völlig unbeteiligt, ja noch mehr: war er in gewissem Sinn ein Opfer dieser falschen oder doch unglücklichen Entscheidungen, weil sie es ihm schlechterdings unmöglich machten, das Verhandlungsangebot Papens abzulehnen?[76] Oder gilt die These, die ich in meinem Buch vertreten habe, daß der deutsche Katholizismus - der kirchliche wie der politische - mit einer aufs Ganze gesehen bewunderungswürdigen Standfestigkeit und Geschlossenheit den Nationalsozialismus ablehnte, bis Rom es aus den höheren Gründen seiner Konkordatspolitik heraus für geboten hielt, diese Front zu räumen? Natürlich ist das historische Bild an Motiven unendlich viel reicher als diese Vereinfachung. Aber wenn man auf den Kern der Kontroverse geht, so wird man ihn wohl auf diese Alternative bringen können.

Daß der Vatikan in einem weiteren Sinne an den Vorgängen beteiligt war, insofern er durch das Laterankonkordat Hitler erst die Möglichkeit gab, so zu handeln wie er handelte, liegt auf der Hand. Hier geht es um die Frage, ob Rom im März auch unmittelbar in die deutschen Dinge eingegriffen hat.

Repgen ist in seinen »Kritischen Bemerkungen« auf diese Frage leider nicht eingegangen. Aber nach allem, was wir inzwischen über die Rolle des Konkordatsplanes auf deutscher Seite wissen, scheint es mir notwendig, auch die Frage nach der Entwicklung auf vatikanischer Seite wieder aufzunehmen, zumal auch hier inzwischen weitere Quellenfunde einen bisher wenig beachteten Zusammenhang neu beleuchtet haben.

Ich schicke eine kurze Charakteristik der vatikanischen Politik in dieser Zeit voraus. Inhalt und Ziel der Konkordatspolitik des Heiligen Stuhls bestand seit der Veröffentlichung des Codex Juris Canonici im Jahre 1917 in dem Bemühen, die jeweils weitestmögliche staatliche Anerkennung und Gewährleistung des neuen kirchlichen Rechtes zu erreichen. Diesem Oberziel wurden alle anderen Ziele und Rücksichten rigoros untergeordnet.[77]

Am Ende der 20er Jahre verfügte der Vatikan für die Durchsetzung dieser Politik über zwei Möglichkeiten. Er konnte sein Ziel *mit* den katholischen Parteien erreichen, wenn diese eine gewisse Schlüsselfunktion besaßen und das parlamentarische System funktionierte. Oder er konnte sein Ziel *gegen* die katholischen Parteien erreichen, wenn diese ihren politischen Einfluß verloren hatten und ein autoritäres System verhandlungsbereit war. Der ersten Möglichkeit verdankte die Kurie die Konkordate mit Bayern, Preußen und Baden. Die zweite Möglichkeit war 1929 mit dem Laterankonkordat zum ersten Mal realisiert worden, und es war nicht erst seit dem Aufsatz von Kaas bekannt, daß Pius XI. und die Kanonisten in der Kurie dieser Möglichkeit entschieden den Vorzug gaben.

Gleichwohl kann kein Zweifel bestehen, daß Pacelli aufgrund seiner deutschen Bindungen und Erfahrungen bis zum 30. Januar 1933 am Zentrum festhielt. Sein Drängen gegenüber Brüning im Sommer 1931 auf eine Koalition zwischen Zentrum und Nationalsozialisten wäre kaum so nachdrücklich ausgefallen, wenn der Kardinal nicht lieber ein Konkordat *mit* dem Zentrum statt *gegen* die Partei gemacht hätte. Daß er trotz der Auseinandersetzung mit Brüning an dieser Hoffnung festhielt, zeigt ein Bericht des italienischen Botschafters in Berlin, Orsini-Baroni, der am 4. Januar 1932 nach Rom meldete, Kaas habe aus dem Vatikan für Brüning den Rat mitgebracht, dieser solle auf ein Einverständnis mit Hitler hinarbeiten.[78] Auch die Vorgänge um das badische Konkordat, das 1932 auf Pacellis Geheiß von der Zentrumsfraktion im badischen Landtag gegen alle Widerstände durchgesetzt werden mußte, zeigten, daß der Kardinal zu dieser Zeit noch auf das Zentrum setzte und mit ihm zu operieren verstand. Entsprechend berichtete der französische Botschafter beim Heiligen Stuhl, Charles-Roux, am Jahresende 1932 nach Paris: »Dans les affaires d'Allemagne, le parti du Centre reste le levier d'influence du Saint-Siège, et demeure l'élément avec lequel le Vatican compte et fait son jeu. ... La confiance dans le Centre, dans sa solidité et son avenir, est intacte au Vatican. L'admiration pour Mgr Kaas est grande. ... Il n'y a pas de sympathie au Vatican en faveur des hitlériens, envers lesquels subsistent les motifs de défiance qui se sont antérieurement manifestés de la part du haut clergé allemand.«[79]

Dies war zweifellos die Wahrheit, wenn auch nicht die ganze. Raitz von Frentz, der deutsche Zentrumsmann, der als Journalist seit Jahren die vatikanische Szene beobachtete, sah sehr viel schärfer und genauer auch die Gefahr, von der seine Partei bei einer plötzlichen Änderung der Verhältnisse in Deutschland bedroht war. *»Ich mache rechtzeitig darauf aufmerksam«,* so schrieb er am 25. Juni 1932 in einer seiner regelmäßigen »Vertraulichen Informationen« für einen Kreis führender deutscher Katholiken, »daß bei der Auffassung des jetzigen Heiligen Vaters kein Rückhalt zu gewinnen ist, wenn etwa eine zentrumsfeindliche Majorität des Reichstags den Ausschluß der Geistlichen von den Abgeordneten-Mandaten beschließen würde. Um die römische Frage zu lösen und das Konkordat mit der Wiedereinführung des Religionsunterrichts in Italien zu besitzen, hat der Hl. Stuhl sich weitgehend dem Faschismus anbequemt, namentlich jetzt befinden wir uns in einem Stadium, in dem die Tuchfühlung zwischen der Kurie und der faschistischen Regierung eine enge, manchmal sogar herzliche ist.« Er erwähne dies, so erklärte Frentz, »damit man sich trotz der sehr freundlichen Haltung des Kardinalstaatssekretärs zum Zentrum nicht etwa beim durchschnittlichen katholischen Publikum« irgendwelchen Illusionen hingebe.[80] Kurz darauf, am 4. Juli 1932, versah Frentz seine Informanden erneut mit einer ausführlichen Darstellung über den Untergang der Popolaripartei und das Anwachsen des Faschismus mit der Begründung, »weil der Nationalsozialismus Hitlers sich den Faschismus als Beispiel für sein taktisches Vorgehen gewählt« habe. Am Ende warnte er ausdrücklich vor der Gefahr, in Deutschland »in ähnliche Zustände« hineinzurutschen.[81]

Diese Berichte zeigen deutlich die offene Haltung, die der Vatikan zu dieser Zeit gegenüber der Entwicklung in Deutschland einnahm. Unter dem beherrschenden Aspekt des Konkordatszieles hielt Pacelli sich für beide Möglichkeiten bereit: Gelang dem Zentrum der Anschluß an die nationale Rechte, so konnte man mit der Partei auf ein Konkordat hinarbeiten; mißlang dieser Anschluß jedoch, so bot sich das italienische Vorbild als Alternative an.

Es war wohl sein ausgeprägter Sinn für Macht, der den Kardinalstaatssekretär früher als andere begreifen ließ, was der 30. Januar 1933 bedeutete. Was Renzetti erst in der Nacht vom 5. auf 6. März formulierte – »Il centro ha perduto la battaglia« – war Pacellis Überzeugung bereits Anfang Februar. »Im Ganzen herrschte bei dem hohen Herrn die Auffassung vor«, so berichtete Frentz schon am 8. Februar an seinen Vertrauten in der deutschen Vatikanbotschaft, Prälat Steinmann, »als wenn Zentrum und Bayerische Volkspartei ein ungemein wichtiges innenpolitisches Schachspiel ganz und hoffnungslos verloren hätten«. Hinweise von Frentz auf »die bundesstaatliche Verfassung des Reiches« und den »Widerstand der süddeutschen Staaten« blieben ohne Eindruck. Selbst den Einwand, daß die Reichstagswahlen vermutlich keine Mehrheit für die Regierung ergäben, ließ Pacelli nicht gelten, sondern meinte, daß »die jetzige Regierung sich einfach über diese Tatsache hinwegsetzen« werde. »Diese Gedankengänge«, so fuhr Frentz fort, »lehnen sich stark an das Erlebnis der Machteroberung durch den Fascismus an«. Und dann zeichnete Frentz jene Linie vor, die im März tatsächlich die Politik des Vatikans charakterisieren sollte: »Als ein schätzenswertes Aktivum von Hitler bezeichnete er den Kampf gegen den Kommunismus. Ich vergaß, Ihnen dies gestern zu sagen, aber es ist sehr wichtig, daß der ›Große und Gute‹ auch auf diesen Punkt eingeht, da auch hier leicht Verwechslungen mit dem Fascismus das klare Bild der deutschen Situation trüben. Der Fascismus behauptet nämlich, daß er allein das geschichtliche Verdienst habe, den Kommunismus im Keim erstickt zu haben. Die Popolaripartei bezeichnet diese Darstellung als historisch unwahr. Die kommunistische Gefahr sei bereits durch den gemäßigten Sozialismus und die Popolari überwunden gewesen. Ich mutmaße aber, daß der höchste Herr den Vorgang nach fascistischem Rezept beurteilt und diesen Maßstab auch auf Deutschland anwendet!«[82]

Die Zuverlässigkeit dieser Aufzeichnungen wird durch die ganze Politik des Heiligen Stuhls im März bestätigt. Sie erlaubt den Schluß, daß Pacelli tatsächlich bereits unmittelbar nach der Machtergreifung das Zentrum fallen ließ. Deshalb gab es auch am Vormittag des 10. April, als sich der Kardinalstaatssekretär und der deutsche Vizekanzler in der Konkordatsangelegenheit zum ersten Mal trafen, in diesem Punkt offensichtlich keinerlei Verständnisschwierigkeiten. Die wenigen Sätze, die sich Mussolini am gleichen Tag aus einem Gespräch mit Papen zu dieser Frage notierte, belegen dies mit fast brutaler Offenheit. »v. Papen«, so heißt es in der Aufzeichnung, »hat Pacelli ein Konkordat zwischen dem Heiligen Stuhl und dem Reich vorgeschlagen unter der Bedingung eines Artikels wie im italienischen Konkordat, der den Priestern jede politische Tätigkeit verbietet. Als Antwort auf meine Frage nach der Zentrumspartei sagte er mir ›Vorbei‹ (liquidato).«[83]

8

An einer Übereinkunft mit dem Heiligen Stuhl hatten aber nicht nur Hitler und der Vatikan, sondern auch Italien ein dringendes Interesse. Damit eröffnet sich der Blick auf einen weiteren Mitspieler in der Vorgeschichte des Konkordats. Mussolini, der im Jahre 1932 persönlich das Außenministerium übernommen hatte, versprach sich von einem Friedensschluß zwischen Hitler und dem Vatikan offensichtlich ein Doppeltes. Es ging ihm in erster Linie um die innenpolitische Stärkung des nationalsozialistischen Regimes, die er sich von einer solchen Übereinkunft erhoffte. Zugleich aber glaubte er vermutlich, mit einem Konkordat eine gewisse Sicherung gegen den Hitlerschen Antisemitismus und die ganze Rassenideologie zu erreichen, die auf italienischer Seite durchweg nachdrücklich abgelehnt wurden.[84] So wies Mussolini den italienischen Botschafter beim Heiligen Stuhl, Graf Cesare Maria De Vecchi di Valcismon schon vor der Machtergreifung an, auf den Vatikan in diesem Sinne einzuwirken.[85]

Wichtigster Beleg für diese Tatsache ist ein Bericht De Vecchis an Mussolini vom 24. Juli 1933. Er ist als Kommentar zu einer ausführlichen Analyse der deutschen Kirchenangelegenheiten abgefaßt, die Orsini-Baronis Nachfolger in Berlin, Vittorio Cerutti, am 4. Juli nach Rom gesandt hatte. Cerutti, der Hitlers Politik mit Argwohn betrachtete, hatte darin ein eher skeptisches Bild von den Möglichkeiten und Auswirkungen eines Konkordats entworfen. Diesen Bericht kommentierte De Vecchi zunächst mit der höhnischen Bemerkung, daß der Berliner Botschafter wohl vergessen habe, daß Italien auch beim Heiligen Stuhl halbwegs gut vertreten sei und daß die faschistische Regierung sich dort vor allem in den letzten beiden Jahren für Deutschland eingesetzt habe. »Solange Kardinal Pacelli in Deutschland war«, fuhr De Vecchi fort, »hat er immer mit der Zentrumspartei zusammengearbeitet. Als er in sein hohes Amt beim Heiligen Stuhl berufen wurde, dachte er zunächst, in dieser Art weitermachen zu können. Aber nach einigen Besprechungen mit Botschafter Orsini-Baroni, mit Major Renzetti und mit Vertretern des Nationalsozialismus, bevor diese an die Macht kamen, ferner nachdem ich die Berichte, die mir das Ministerium geschickt hat, sorgfältig geprüft und nachdem ich von Ihnen, Ew. Exzellenz, deutliche mündliche Verhaltensmaßregeln bekommen hatte, habe ich die Gelegenheit gehabt, ihm [dem Kardinal] den neuen Weg im Namen der faschistischen Regierung zu zeigen. Diesem neuen Weg ist er schließlich aus eigener Überzeugung und besonders auf Weisung des Papstes gefolgt, der in seiner Politik bekanntlich sehr vorurteilslos ist.«[86]

Der Bericht übertreibt zweifellos, wenn er die Kursänderung des Vatikans allein auf die Interventionen der italienischen Regierung zurückführt. Andererseits sind die engen, ja freundschaftlichen Verbindungen zwischen der faschistischen Regierung und dem Heiligen Stuhl in diesen Jahren vielfach bezeugt. Und daß der Botschafter das besondere Vertrauen Mussolinis wie Pacellis besaß, zeigt die Anwesenheit beider auf der Hochzeit eines Sohnes von De Vecchi im Sommer 1932.[87]

Vor allem aber wird der Bericht durch das nachweisbare unablässige Bemühen Mussolinis gestützt, durch Mittelsmänner und persönlich in diesem Sinne auf Hitler und Papen einzuwirken. In diesen Zusammenhang gehören unter anderem die Ratschläge Renzettis in der Nacht vom 5./6. März[88]; die Äußerungen Ceruttis vor dem 23. März[89]; die Versicherung Mussolinis gegenüber Papen am 10. April, daß ein Vertrag zwischen dem Vatikan und Deutschland für das Dritte Reich »molto utile« wäre[90]; eine Besprechung zwischen Mussolini und Renzetti wohl zur gleichen Zeit mit dem Ratschlag für Hitler, jetzt auf ein »regime totalitario« zuzugehen und »la questione del centro sulla base del concordato« zu lösen[91], endlich die beschwörende Bitte an Papen vom 4. Juli, nicht abzureisen, ehe das Konkordat »im Hafen« sei.[92] Was über diese eher zufälligen Funde hinaus eine systematische Auswertung der italienischen Akten in diesem Punkt noch erbrächte, kann man nur vermuten.

Ich lasse dahingestellt, wie groß oder klein der Einfluß Mussolinis und seines Botschafters auf den Vatikan wirklich gewesen ist. Entscheidend ist in unserem Zusammenhang der Beleg, daß Pacelli schon in einem sehr frühen Stadium ein Umschwenken auf den »neuen Weg«, den Weg des Laterankonkordates, erwogen hat. Der Augenblickseindruck von Frentz vom 8. Februar und die langfristige Perspektive De Vecchis vom 24. Juli passen, was die Abwendung vom Zentrum und die Hinwendung zu den neuen Möglichkeiten der vatikanischen Politik betrifft, nahtlos zusammen. Geht man von dieser Tatsache aus, so bekommen alle jene Nachrichten aus Rom ihren guten Sinn, die das Umschwenken des Vatikans im März bezeugen, und die bei Ludwig Volk nur in Fußnoten als Irrtümer oder kurzfristige Mißverständnisse auftauchen dürfen.

Ich beschränke mich auch hier auf eine kurze, summarische Zusammenfassung. Am 6. März, also am Tag nach den deutschen Wahlen, eröffnete der Papst bei einer Privataudienz dem französischen Botschafter Charles-Roux, er habe seine Meinung über Hitler geändert und zwar vor allem aufgrund der antikommunistischen Haltung des neuen deutschen Regierungschefs. Dies war keine beiläufige Bemerkung, sondern sie stand nach einer kurzen Unterhaltung über den Wahlausgang am Anfang des Gespräches und wurde, wie Charles-Roux ausdrücklich vermerkte, »prononcées d'une voix ferme et avec une sorte d'impétuosité«[93]. Bei seinem ad-Limina-Aufenthalt im Rom vom 9.–17. März begegnete der Münchner Kardinal Faulhaber bereits auf Schritt und Tritt der Meinung, es wäre höchste Zeit, daß der deutsche Katholizismus endlich umschwenke. Nach seiner Rückkehr teilte er dem bayerischen Episkopat dazu mit, er müsse sich nach dem, was er »an höchsten Stellen in Rom erlebt habe, hier aber nicht mitteilen« könne, »vorbehalten, trotz allem mehr Toleranz gegen die neue Regierung zu üben ...«[94]. Den Zusammenhang zwischen den Vorgängen in Rom und den Entscheidungen in Deutschland bestätigte Faulhaber ausdrücklich am 20. April vor der bayerischen Bischofskonferenz: »Notwendig wurde eine Erklärung [der deutschen Bischöfe] und tragisch wird unsere Lage durch die Haltung Roms. Meine Romreise hat mir bestätigt, was man schon länger ahnen konnte. In Rom beurteilt man den Nationalsozialismus wie den Faschismus als die einzige Rettung vor dem Kommunismus und Bolschewismus.«[95] Am 13. März schließlich fand jene vielbesprochene Konsistorialansprache des Papstes statt, die eine versteckte Anerkennung Hitlers enthielt und damit die vatikanische Verhandlungsbereitschaft anzeigte – für die internationale Öffentlichkeit kaum zu bemerken, jedoch unübersehbar für die Reichsregierung durch einen ausdrücklichen Hinweis aus dem Staatssekretariat, den Bergen am gleichen Tag nach Berlin kabelte.[96]

Hat der Vatikan noch mehr getan als dies? Hat er durch unmittelbare Anweisungen schon im März direkt in den Gang der deutschen Dinge eingegriffen? Nahezu alle Quellen haben dies bisher mit Bestimmtheit bestritten. Jetzt hat sich zum ersten Mal in dem Bericht des damaligen Zentrumsabgeordneten August Winkler eine Stimme gefunden, die ein solches unmittelbares Eingreifen Pacellis behauptet.[97] Die entscheidenden Sätze in diesem Bericht lauten: »Es war kurz nach der Wahl vom 5. März. Ich hielt mich in der Wohnung von Kaas auf und hatte mit ihm irgendeine Fraktionsangelegenheit besprochen. Plötzlich klingelte es an der Haustür. Es trat herein der Nuntius Orsenigo. Kaas war überrascht, denn Orsenigo hatte sich nicht angemeldet. Ich bekam noch mit, daß der Nuntius erklärte, er habe im Auftrag des Kardinalstaatssekretärs (Pacelli) eine wichtige Mitteilung zu machen. Ich verließ den Raum, weil ich den Eindruck hatte, daß die beiden unter sich sein wollten. Der Besuch dauerte nur eine kurze Zeit; als Orsenigo gegangen war, sah ich an der Haltung von Kaas, daß Wichtiges passiert sein mußte. Kaas sagte mir, der Vatikan glaube, daß gewisse Elemente zur Besserung der Beziehungen zwischen den Nationalsozialisten und der Kirche registriert werden könnten. Über den Abschluß eines Konkordates seien schon erste Kontakte aufgenommen worden. Der Heilige Stuhl würde dem Zentrum empfehlen, deshalb dem Ermächtigungsgesetz zuzustimmen. Orsenigo habe noch zum Ausdruck gebracht, daß die Kirche den verschiedenen politischen Systemen indifferent gegenüber sei. Entscheidend sei lediglich die Freiheit der Kirche im Staat. Diese schien garantiert«.

Ist die Glaubwürdigkeit dieser Version wirklich so gering, wie Repgen meint? In die ersten Märztage paßt sie freilich nach allem, was wir bis jetzt wissen, noch nicht. Aber auf genaue Daten ist bei solchen Rückerinnerungen erfahrungsgemäß viel weniger Verlaß als auf den Inhalt eines Vorganges. Und schon vierzehn Tage später sieht die Sache ganz anders aus. Da sprach Papen bereits über römische Reisepläne und der erste Kontakt mit dem Vatikan war möglicherweise bereits hergestellt. Daß die Zustimmung des Zentrums am 23. März eine Voraussetzung für die Aufnahme von Konkordatsverhandlungen war, liegt auf der Hand. Und über das enge Vertrauens- ja Abhängigkeitsverhältnis von Pacelli und Kaas kann ebenfalls kein Zweifel bestehen.[98] Das alles reicht noch nicht hin, um Winklers Erinnerung eindeutige Glaubwürdigkeit zuzusprechen. Aber es ist mehr als hinreichend, um sie wenigstens in den Bereich der Möglichkeiten einzureihen. Vielleicht hat Winkler die Geschichte erfunden. Vielleicht aber hat sie sich auch – was ich aus der Gesamtlage heraus beim gegenwärtigen Stand unseres Wissens für wahrscheinlicher halte – so oder ähnlich abgespielt. Einstweilen läßt sich das nicht entscheiden, solange nicht neues Material Winklers Erinnerung bestätigt oder erschüttert. Weitere Überraschungen scheinen mir, ich wiederhole es, keineswegs ausgeschlossen.

Auf die Fragen nach der Wertung des Konkordats und nach dem Widerstand der Kirchen im Dritten Reich, die Repgen am Schluß anschneidet, will ich jetzt nicht mehr eingehen. Sie sind so vielschichtig, daß mit einigen wenigen Bemerkungen hier nicht weiterzukommen ist. Mein zweiter Band wird gewiß Gelegenheit geben, auch diese Fragen ausführlich zu diskutieren. Deshalb will ich nur noch einmal kurz jene Argumente wiederholen, die es mir unmöglich machen, Repgens vorbehaltlose Bewunderung dieses Vertrages zu teilen.

Es ist meines Erachtens für die Wertung des Konkordats entscheidend wichtig, zwischen seiner Bedeutung im Augenblick des Abschlusses und unmittelbar danach und seiner Wirkung in der Folgezeit zu unterscheiden. Nur so ist ein historisch begründetes Urteil möglich. Die Enzyklika »Mit brennender Sorge« von 1937 kann schlechterdings nichts zur Klärung der Motive beitragen, die die Vertragspartner 1933 zum Abschluß des Konkordats bewogen. Sie ist natürlich wichtig für eine Gesamtbilanz - aber diese Bilanz steht am Ende der historischen Arbeit über die Jahre 1933-1945, nicht am Anfang.

Was die Wirkung des Konkordats in der Folgezeit betrifft, so habe ich nie bestritten, daß es später für beide Kirchen im Altreich eine bedeutende Schutzfunktion ausgeübt hat.[99] Aber im Sommer 1933 wurde der Friedensschluß des Vatikans mit Hitler in weiten Kreisen des deutschen Katholizismus als Katastrophe empfunden. Wie tief Entsetzen und Enttäuschung darüber bei jenen reichten, die sich bisher getreu der Devise ihrer Bischöfe gegen den Nationalsozialismus und seinen Führer zur Wehr gesetzt hatten, ist mir erst nach Abschluß meines Buches durch viele Briefe, Hinweise und bewegende Diskussionsbeiträge wirklich klar geworden. Und offensichtlich ist ja auch, daß Hitler mit dem Vertragsabschluß seine innenpolitischen Ziele - Zerschlagung des politischen Katholizismus und Integration des katholischen Volksteils ins Dritte Reich - zunächst weitgehend erreicht hat. Ich habe in diesem Zusammenhang in meinem Buch vor allem auf die unterschiedlichen Wahlergebnisse vom 5. März und vom 12. November hingewiesen. Zwischen März und November hat sich das Wahlverhalten in katholischen und protestantischen Gebieten nahezu angeglichen, zum Teil sogar umgekehrt. Unter den vier Gauen mit dem niedrigsten Stimmenanteil für die Einheitsliste befand sich am 12. November nur noch einer mit ausgeprägt katholischer Bevölkerung; und manche traditionell katholischen Gebiete lagen mit ihren Stimmen für Hitler sogar über traditionell evangelischen Gebieten. Auch wenn man die Ergebnisse im einzelnen nur vorsichtig bewerten wird, die Gesamttendenz ist unverkennbar. Und die Partei wußte, warum sie für diese Wahl gerade mit dem Abschluß des Konkordates warb.[100]

Repgen ist diesen unmittelbaren Auswirkungen des Konkordats mit der Nötigungs- und Verzweiflungsthese begegnet. Durch die Fehlentscheidungen des deutschen Katholizismus im März sei der Vatikan regelrecht in Zugzwang geraten und habe schließlich, im vollen Bewußtsein seiner Verantwortung für die Kirche im Reich, aus einer verzweifelten Situation das Beste gemacht und sich notgedrungen für den Abschluß eines Vertrages mit Hitler entschieden. Diese Version kann sich vor allem auf den Bericht des britischen Geschäftsträgers Ivone Kirkpatrick vom 19. August 1933 über ein Gespräch mit Pacelli stützen. Danach habe sich Pacelli nicht im mindesten bemüht, »seine Abscheu über das Vorgehen von Herrn Hitlers Regierung zu verbergen«. Pacelli habe, wie Kirkpatrick weiter berichtete, die Judenverfolgung und den politischen Terror in Deutschland beklagt und sich in diesem Zusammenhang gerechtfertigt, wie er dazu gekommen sei, »mit solchen Leuten ein Konkordat zu unterzeichnen. Eine Pistole, sagte er, sei gegen seinen Kopf gerichtet gewesen, und er habe keine Alternative gehabt. Die deutsche Regierung habe ihm Zugeständnisse angeboten ... und er habe wählen müssen zwischen einem Übereinkommen zu ihren Bedingungen und der praktischen Ausschaltung der katholischen Kirche im Reich.«[101]

Daran wird soviel richtig sein, daß sich die Einschätzung des Vertrages auf vatikanischer Seite im Lauf des Sommers gewandelt hat.[102]

Aber wer die Vorgeschichte des Vertrages kennt und Kaas' enthusiastische Würdigung des Laterankonkordats vor Augen hat (und noch mehr, wenn diese Würdigung erst nach dem Abschluß des Reichskonkordats ihre Glanzlichter bekommen haben sollte!), der wird die Nötigungs- und Verzweiflungsthese schwerlich für zureichend halten, um den Abschluß zu erklären. Zum mindesten die Kanonisten im Vatikan haben in diesem Vertrag weniger eine unausweichliche Nötigung als vielmehr einen Triumph gesehen, und zwar einen Triumph nicht nur über das Reich, sondern auch über alle partikularen Tendenzen der deutschen Kirche. Das Konkordat stellte in kanonistischer Hinsicht das Maximum dessen dar, was für die Kurie in Deutschland erreichbar war: das war ein entscheidender Grund für seinen Abschluß.

Der Schlußbericht De Vecchis vom 25. Juli 1933 bietet dafür einen eindrucksvollen Beleg. Er habe mit dem Kardinal Pacelli und mit dem Heiligen Vater über das Reichskonkordat gesprochen, so berichtete De Vecchi dem Duce, und beide seien vorurteilslos genug, um sich nicht zu viele Sorgen zu machen wegen der sogenannten Gewalttätigkeiten, die vom Botschafter in Berlin so ernst genommen würden. Beide wüßten genau, daß solche »Überreaktionen« notwendig seien, um starken Regierungen den Weg zu bahnen. »Der Papst und der Kardinalstaatssekretär«, so fuhr De Vecchi dann wörtlich fort, »haben sich über das Konkordat mit Deutschland gefreut wie Kinder, die in der Schule belohnt werden, und sie hatten (und haben noch) die einzige Angst, daß man in der Praxis das Konkordat nicht voll durchführen kann. Die Zerstörung des Zentrums und die ›Gewalttätigkeiten‹ gegen politisierende Geistliche wurden ohne Bedauern vergessen, und das seit dem Tag der Machtergreifung durch Hitler.«[103]

Man muß wohl diesen Bericht und den von Kirkpatrick zusammennehmen, um ein treffendes Bild von der Haltung des Vatikans in diesen entscheidenden Wochen zu bekommen. Dabei wäre die Frage, welche Motive den Vorrang hatten, auch unter zeitlichem Aspekt noch einmal zu prüfen.

Das Reichskonkordat ist nach seiner politischen und kirchlichen Vorgeschichte, seinem Motivationsgeflecht, seiner Bedeutung und seinen Nachwirkungen einer der vielschichtigsten und vieldeutigsten Vorgänge der Zeitgeschichte. Es in dieser Vielschichtigkeit und Vieldeutigkeit zu belassen, scheint mir eine wichtige Aufgabe des Historikers.

Politischer Widerstand oder Selbstbehauptung als Problem der Kirchenleitungen

I Zur Fragestellung

Eine gesonderte Behandlung der Kirchenleitungen im Zusammenhang mit der Widerstandsproblematik erscheint deshalb gerechtfertigt, weil die Kirchenleitungen der beiden großen Kirchen sich in einer anderen Situation befanden als Pfarrer und Gläubige. So verfügten Bischöfe und kirchenleitende Gremien in der Regel (soweit sie davon Gebrauch machten) über größere Informations- und Einflußmöglichkeiten. Nicht wenige Pfarrer und Gläubige erwarteten deshalb von ihnen ein entschiedenes Wort zur wachsenden Unterdrückung der Kirchen und zu den rechtswidrigen Maßnahmen des Regimes. Andererseits trugen die Bischöfe die Verantwortung für ihre Diözesen oder Landeskirchen, und zwar für deren institutionellen Bestand ebenso wie für den geordneten Fortgang von Predigt, Seelsorge und Kasualversorgung. In der Gesamtabwägung dieser verschiedenen Momente behauptete sich – so die These der folgenden Ausführungen – grundsätzlich die Sicherung und Behauptung des Bestehenden vor politischen oder kirchenpolitischen Aktionen, die das Bestehende gefährden oder gar aufs Spiel setzen konnten. Dies schloß im Einzelfall andere Entscheidungen nicht aus.

Die Frage stellt sich wegen der besonderen Bedeutung des Bischofsamtes für die katholische Kirche noch schärfer als für die evangelischen Landeskirchen, wo das kirchenleitende Amt nur in Ausnahmefällen eine vergleichbare Autorität besitzt. Gleichwohl sind in beiden Kirchen sehr ähnliche Reaktionsmuster zu beobachten. Ein erster Blick gilt daher dem Verhalten des katholischen Episkopats.

II Der katholische Episkopat

Die Grundlinien der katholischen Kirchenpolitik im Dritten Reich wurden kirchlicherseits weitgehend vom Heiligen Stuhl festgelegt. Das war eine Folge des römischen Zentralismus und wurde durch den verantwortlichen Leiter der vatikanischen Politik, Kardinalstaatssekretär Pacelli, verstärkt, der als langjähriger Nuntius in München und Berlin eng mit Deutschland verbunden war. So wie das Reichskonkordat als kirchenrechtliche *Causa major* in Rom vorbereitet und unterzeichnet wurde[1], so fielen am Tiber auch die grundsätzlichen Entscheidungen über alle Fragen, die mit dem

Reichskonkordat zu tun hatten. Diese Entscheidungen folgten der Linie, die durch den Abschluß dieses Vertrages vorgegeben war. Das hieß, daß der Heilige Stuhl und der Episkopat gemeinsam vor allem ihre vertraglichen Rechte zu sichern versuchten. Durch zahlreiche diplomatische Schritte des Heiligen Stuhls,[2] aber auch durch ungezählte Eingaben auf unterer und mittlerer Ebene,[3] wurden die staatlichen Rechtsbrüche beim Namen genannt und wurde – in den ersten Jahren nicht immer vergeblich – auf ihre Abstellung gedrängt. Diese kirchenpolitische Linie konnte aber nur dann erfolgreich sein, wenn die Kirche ihrerseits sorgfältig jede Situation vermied, die als Bruch der Loyalitätspflicht des Konkordats ausgelegt werden konnte. Diese Loyalitätspflicht ergab sich nicht nur aus einzelnen Artikeln des Konkordats (so etwa Art. 16, Treueid der Bischöfe; und Art. 30, Gebet für das Wohlergehen des Deutschen Reiches und Volkes), sondern mehr noch aus dem Konkordatsinhalt als Ganzem, der für die staatlichen Zugeständnisse eine »Entpolitisierung« von Klerus und Verbänden zusicherte.[4] Das Konkordat band also den Staat, aber es band angesichts der unterschiedlichen Kräfteverhältnisse doch noch weit mehr die Kirche.

Dies blieb der offizielle Kurs der katholischen Kirchenpolitik bis zum Kriegsende. Er schloß jeden unmittelbaren politischen Widerstand von seiten des Episkopats oder eines einzelnen Bischofs aus. Deshalb hat es »keinen katholischen Widerstand in Deutschland gegeben, es hat nur Katholiken im Widerstand gegeben«.[5]

Die Hauptvertreter dieses Kurses im deutschen Episkopat waren der Vorsitzende der deutschen Bischofskonferenz, der Breslauer Kardinal Bertram, die Bischöfe Berning und Wienken sowie der Apostolische Nuntius Orsenigo.[6]

Obwohl dieser Kurs die katholische Kirchenpolitik bis zum Ende des Dritten Reiches bestimmte, war er keineswegs unumstritten. Zunächst eher am Rande, dann immer stärker im Episkopat selbst wuchs der Widerstand gegen eine Eingaben- und Kompromißpolitik, die zwar die Einrichtungen der Kirche zu retten versuchte, aber dafür ihre Glaubwürdigkeit gefährdete. An drei Beispielen läßt sich diese Entwicklung zeigen.

Der *erste Fall:* Im Zusammenhang mit dem sogenannten Röhm-Putsch am 30. Juni 1934 wurde bekanntlich auch einer der prominentesten deutschen Katholiken, der Vorsitzende der Katholischen Aktion im Bistum Berlin, Ministerialdirektor Dr. Erich Klausener, ermordet. Nach dem ausführlichen Bericht über die Ereignisse, den das Berliner Ordinariat am 13. Juli an alle Bischöfe versandte,[7] konnte im Grunde kein Mitglied des Episkopats mehr daran zweifeln, daß es sich dabei um einen politischen Mord handelte, der den Katholizismus als politische Kraft treffen sollte.

So warteten vermutlich nicht wenige auf einen öffentlichen Protest der Bischöfe. Zu ihrem Wortführer machte sich Waldemar Gurian, der katholische Publizist, der kurz zuvor in die Schweiz emigriert war. Seine in

Luzern erschienene Schrift *St. Ambrosius und die deutschen Bischöfe* thematisierte das Problem auf eindrucksvolle Weise. »Die Kirche ist nicht ein Verein«, so beschwor Gurian Papst und Bischöfe, »der sich den jeweiligen Machtverhältnissen anpaßt; sondern sie ist die Wahrerin und Hüterin der sittlichen Ordnung für alle Menschen und alle Völker. Die Kirche muß sprechen, wenn die weltliche Macht diese Ordnung gefährdet und durchbricht.«[8] *»Das Schweigen der Bischöfe«,* so meinte Gurian deshalb, »ist vielleicht noch furchtbarer als alles, was am 30. Juni geschehen ist. Denn das Schweigen zerstört die letzte moralische Autorität in Deutschland, es trägt eine Unsicherheit in die Reihen der Gläubigen, es droht zu einer Entfremdung zwischen den Bischöfen und dem Volke zu führen, dem dieses Schweigen nicht mehr begreiflich ist.«[9]

Trotz dieser beschwörenden Worte sind die Ereignisse vom deutschen Episkopat niemals zu einem öffentlichen Thema gemacht worden. Vielmehr versuchte der Berliner Bischof Bares, zweifellos in Übereinstimmung mit dem Breslauer Kardinal, die Aufregung über den Mord nach Möglichkeit zu dämpfen. Die Kanzelvermeldung für das Berliner Bistum vom 8. Juli, in der der Tod Klauseners mitgeteilt wurde, beschränkte sich auf das Notwendigste. Zusätzlich wurde der Klerus ausdrücklich darauf aufmerksam gemacht, gegenüber den Ereignissen »die gebotene Zurückhaltung zu beobachten und das Gesamtwohl der Kirche nicht aus dem Auge zu lassen«.[10] In dieser Formel lag zweifellos der Schlüssel zum Verständnis dieser Haltung.

Bei pflichtgemäßem Abwägen erschien dem Episkopat im Blick auf das Gesamtwohl der Kirche das Schweigen offensichtlich geratener als ein risikoreicher und zudem nutzloser Protest. Es wäre zu einfach, dies im Rückblick lediglich als Zeichen von Opportunismus und Feigheit zu deuten. Wer die Zeit kennt, weiß, daß es Gründe gab, so zu entscheiden. Gleichwohl bleibt hier eine offene Frage.

Der *zweite Fall* zeigt, daß die Zweifel an Recht und Sinn des Kompromißkurses inzwischen auch im Episkopat selbst Fuß gefaßt hatten. Nach der durch die Enzyklika *Mit brennender Sorge* ausgelösten Krise zwischen Staat und Kirche bot Kardinal Bertram im Herbst 1937 der Reichsregierung erneut Verhandlungen an. Bischof Preysing, inzwischen Nachfolger von Bares in Berlin, lehnte in einem Schreiben vom 18. Oktober 1937 seine Mitwirkung bei solchen Verhandlungen ab und erklärte dazu unter anderem, er halte es »für aussichtslos, wenn nicht für verhängnisvoll, Friedensverhandlungen zu führen, wenn kein Waffenstillstand vom Gegner gewährt wird. Die Kirche ist in ihrem Abwehrkampf gelähmt. Der Staat führt den Vernichtungskampf weiter«.[11] In einem gleichzeitig mitgeschickten Memorandum aber hieß es darüber hinaus, die kirchenpolitische Lage erfordere, »endlich Abstand zu nehmen von der Als-ob-Politik und die geistigen Kräfte und tatsächlichen Vorgänge beim richtigen Namen zu nennen«;

ferner, »sich von den bisher beobachteten Regeln feinster Diplomatie« abzuwenden; endlich, nach Möglichkeit Publizität herzustellen und »das katholische Volk ... durch kurze, aktuelle ... Hirtenbriefe aufzuklären«.[12] Dieser Vorschlag hätte den Übergang von der eher passiven Verhandlungs- und Kompromißpolitik zu einer Politik des aktiven, öffentlichen Protestes bedeutet. Bertram jedoch wies diese Vorschläge nachdrücklich zurück und bekundete seine Entschlossenheit, an der bisherigen Linie festzuhalten.[13] Von diesem Augenblick an waren die Brücken zwischen Berlin und Breslau abgebrochen. Nur die Loyalität und Disziplin der Hierarchie verhinderte den offenen Bruch. - 1937/38 durfte Bertram mit dieser Entscheidung noch die große Mehrheit des deutschen Episkopats und den Heiligen Stuhl hinter sich wissen.

Beim *dritten Fall,* dem Streit um den Hirtenbrief im Jahre 1941, war dies - jedenfalls was den deutschen Episkopat betraf - nicht mehr der Fall. Ein kleines Gremium der Bischofskonferenz, unter ihnen die Bischöfe Gröber, Berning und Preysing, hatte im Sommer und Herbst 1941 einen neuen Hirtenbrief ausgearbeitet.[14] Vorausgegangen war eine wesentliche Verschärfung der Lage. Die Maßnahmen zur Ermordung der Geisteskranken, Nachrichten über Verfolgungen in den besetzten Gebieten, insbesondere in Polen, eine verheerende Aktion gegen Klöster und Ordenshäuser und nicht zuletzt der Angriff auf Rußland am 22. Juni 1941 hatten auch in der Bischofskonferenz die Stimmung umschlagen lassen. Dazu kam der Erfolg einer offenen und deutlichen Sprache, wie sie an den berühmten Predigten des Münsteraner Bischofs von Galen sichtbar wurde.

Dies alles bestimmte den ursprünglich für die Bearbeitung von Ordensangelegenheiten eingesetzten Ausschuß, ein gemeinsames Hirtenwort zu entwerfen, das die Dinge in Deutschland endlich beim Namen nennen sollte. In der Tat war die Sprache des im November 1941 vorliegenden Entwurfs von einer Offenheit, wie man sie bisher nicht gekannt hatte. Mit Ausnahme der Judenfrage, die bewußt ausgelassen worden war, fehlte kaum ein kritisches Thema.[15] In der beigefügten Begründung für die Notwendigkeit des Hirtenwortes hieß es, die Frage nach Erfolg oder Mißerfolg dürfe nicht von Bedeutung sein. »Entscheidend ist nur die Frage: Was ist im gegenwärtigen Augenblick unsere Pflicht? Was verlangt das Gewissen? Was erwartet Gott, das gläubige deutsche Volk von seinen Bischöfen?«[16]

Es war ein bedeutsames Zeichen für die Veränderung im Episkopat, daß bis Ende November bereits zwanzig Bischöfe der gemeinsamen Veröffentlichung zugestimmt hatten. Dann kam zunächst der Plan dazwischen, zusammen mit der evangelischen Kirche einen letzten, internen Vorstoß bei der Reichsregierung zu unternehmen. Als auch dieser wie üblich ohne Echo blieb, stand Anfang 1942 erneut die Frage der Veröffentlichung zur Debatte. Jetzt aber erklärte Bertram mit Entschiedenheit, »aus prinzipiellen und praktischen Gründen« dem Beschluß zur Veröffentlichung nicht zustimmen zu können.[17] Der Konferenzvorsitzende spürte, daß er damit in die Minderheit geraten war. Wie Preysing lange Zeit allein gestanden hatte, so klagte nun Bertram, daß er sich, »seit 1906 zur Konferenz gehörig, mehr und mehr vereinsamt fühlte«.[18]

Gleichwohl hielt der alte Kardinal unbeirrt an seiner Linie fest, und die Disziplin im Episkopat war noch immer so groß, daß die gemeinsame Verabschiedung und öffentliche Kundgebung des Hirtenbriefes unterblieb. Einzelne Bischöfe brachten ihn gleichwohl den Gläubigen zur Kenntnis. Aber der große gemeinsame Schritt, der allein wirkliche politische Bedeutung hätte besitzen können, war damit gescheitert. Daß einzelne Bischöfe – wie etwa Graf Galen – ungewöhnlich mutige und auch weithin gehörte Predigten gegen das Unrecht hielten, konnte diesen gemeinsamen Schritt nicht ersetzen.

III Die evangelischen Kirchenleitungen

Auf evangelischer Seite lagen die Dinge in mehrfacher Hinsicht anders. Nach lutherischem und erst recht nach reformiertem Verständnis ist die Kirche nicht hierarchisch, sondern gemeindlich geordnet. Im Unterschied zum katholischen Bischof ist Kirchenleitung hier ein auf Zeit verliehenes und grundsätzlich widerrufliches Amt. Das Jahr 1933 hatte von dieser grundsätzlichen Widerruflichkeit einen – freilich in dieser Form unvorhergesehenen – umfassenden Gebrauch gemacht.[19] Die deutschchristliche Bewegung hatte in den ersten stürmischen Monaten ihres Aufstiegs in den meisten kirchlichen Wahlgremien Mehrheiten erreicht, die nahezu überall zur Ablösung der alten konsistorialen Kirchenleitungen geführt hatten. An ihre Stelle waren durchweg junge, deutschchristliche Bischöfe getreten, deren Autorität umstritten blieb. Nach dem Scheitern der Reichskirchenpläne Ende 1934 gab es in der ganzen Deutschen Evangelischen Kirche nur noch drei Landesbischöfe, die den Sturm überlebt hatten, nämlich Meiser in München, Wurm in Stuttgart und Marahrens in Hannover. Ihre Landeskirchen wurden deshalb innerhalb der Bekennenden Kirche als »intakte Kirchen« bezeichnet. In den anderen größeren Landeskirchen, vor allem in der Altpreußischen Union, bestanden zwei Kirchenleitungen: ein offizielles, deutschchristliches Bischofsregiment und daneben eine freie, bruderrätliche Kirchenleitung. Man nannte diese Kirchen daher »zerstörte Kirchen«. Es lag in der Entscheidung von Pfarrern und Gemeinden, welchem Kirchenregiment sie sich unterstellten.

Die deutschchristlichen Bischöfe können für unser Problem außer Betracht bleiben, da sie keinerlei Selbständigkeit gegenüber dem Staat beanspruchten. Um so interessanter ist die Beobachtung, daß sich innerhalb der Bekennenden Kirche die Kirchenleitungen in den »intakten« und in den

»zerstörten« Kirchengebieten verschieden verhielten. Der kirchenpolitische Kurs in den »intakten Kirchen« glich eher dem Verhalten des katholischen Episkopats und war dementsprechend mehr auf die Erhaltung und Sicherung der kirchlichen Funktionen gerichtet – mit aller Bereitschaft zum Kompromiß, die dazu notwendig schien. Dagegen drängten die bruderrätlichen Leitungen in den »zerstörten Kirchen«, wo ohnehin nicht mehr viel zu verlieren war, stärker auf einen staatsunabhängigen Kurs und wagten eher kritische Erklärungen in der Öffentlichkeit. Freilich verstand man dies auch hier keineswegs als »Widerstand«, sondern lediglich als von der Kirche um ihres Auftrags willen geforderte Offenheit.

Der grundsätzliche Konflikt verschärfte sich 1935 nach der Einsetzung eines Reichskirchenministers. Im Streit um die Frage nach seiner Anerkennung und seinen Befugnissen – sichtbar geworden an den sogenannten Kirchenausschüssen – zerbrach die Bekennende Kirche im Februar 1936. Fortan gab es zwei große Flügel, die »Gemäßigten« unter Führung der »intakten Kirchen« und des »Rates der Evangelisch-Lutherischen Kirche Deutschlands« und die »Radikalen« unter Führung der sogenannten (II.) »Vorläufigen Kirchenleitung«. Erst im Kriege gelang dem württembergischen Landesbischof Wurm dank seiner großen persönlichen Autorität die Wiederannäherung beider Flügel im sogenannten »Einigungswerk«.

Zwei Ereignisse können die unterschiedliche Beurteilung der Situation durch die Kirchenleitungen in »intakten« und »zerstörten« Kirchen deutlich machen.

Am 4. Juni 1936 wurden in der Reichskanzlei im Auftrag der »Vorläufigen Kirchenleitung« eine Denkschrift an den »Führer und Reichskanzler« übergeben, die zum ersten Mal in der Geschichte der Bekennenden Kirche nicht nur die nationalsozialistische Ideologie, sondern auch die politische Praxis des Dritten Reiches unmittelbar angriff. So wendete sie sich, gestützt auf zahlreiche Belege, unter dem Stichwort »Sittlichkeit und Recht« gegen eine »völkische Nützlichkeitsmoral«; gegen die Inflation des politischen Eides; gegen die Wahlfälschungen bei der Reichstagswahl am 29. März 1936; gegen das Fortbestehen von Konzentrationslagern und die Tatsache, daß Maßnahmen der Gestapo richterlicher Nachprüfung entzogen seien.[20]

Diese Denkschrift, die zehn Unterschriften trug, sollte zunächst streng geheim bleiben, um Hitler eine persönliche Antwort zu ermöglichen. Ihre Veröffentlichung in der ausländischen Presse Mitte Juli, die auf eine gezielte Indiskretion aus dem Kreise der Mitarbeiter zurückging, brachte die »Vorläufige Kirchenleitung« in schwere Bedrängnis und zwang sie, von den dafür Verantwortlichen abzurücken.[21] Gleichzeitig jedoch bekräftigte sie ihre Entschlossenheit, »öffentlich zu diesem Wort zu stehen«, und entwarf eine Kanzelabkündigung, die am 23. August von allen Bekenntnispfarrern verlesen werden sollte.[22] Diese Abkündigung war zwar politisch entschärft; immerhin enthielt sie neben der Aufforderung zur Staatstreue den Satz, auch das sei Treue, »wenn der Christ einem Gebot, das gegen Gottes Wort ist, widersteht und seine Obrigkeit dadurch zum Gehorsam gegen Gott zurückruft« – gleichsam *in nuce* die lutherische Begründung eines politischen Widerstandes.[23]

Soweit wir sehen können, ist die Abkündigung von den Bekenntnispfarrern in den zerstörten Kirchen weithin verlesen worden. Außerdem war sie als Flugblatt in schätzungsweise einer Million Exemplaren in Umlauf.

Die Bischöfe der »intakten« Kirchen jedoch lehnten für ihre Landeskirchen die Verlesung ab, obwohl sie inhaltlich mit der Abkündigung übereinstimmten. Marahrens begründete diese Ablehnung im September 1936 mit einem Hinweis, den Bertram ganz ähnlich hätte formulieren können. Er habe, so schrieb der hannoversche Bischof, den Versuch, »über die beobachteten und unbestreitbaren Tatbestände und die mit ihnen zusammenhängende Not durch Abkündigung von den Kanzeln Wandel zu schaffen, ... nicht für richtig ansehen können. Es bedeutet eine Durchkreuzung anderer sehr ernster Bemühungen und Verhandlungen.«[24]

Zur schwersten Krise zwischen den Landesbischöfen und der »Vorläufigen Leitung« aber kam es im Herbst 1938. Angesichts der gespannten politischen Lage hatte die »Vorläufige Leitung« für den 30. September 1938 einen »Gebetsgottesdienst angesichts drohender Kriegsgefahr« angeordnet, in dessen Eingangsliturgie es unter anderem hieß: »Wir bekennen vor Dir die Sünden unseres Volkes. Dein Name ist in ihm verlästert, Dein Wort bekämpft, Deine Wahrheit unterdrückt worden. Öffentlich und im Geheimen ist viel Unrecht geschehen.«[25] Diese Liturgie erhält ihr volles Gewicht erst, wenn man bedenkt, daß die Wehrmachtführung für den Fall des dann von Hitler zu verantwortenden Kriegsausbruches einen Staatsstreich geplant hatte.[26] Hier lag zweifellos eine Art kirchlicher Legitimierung dieser Pläne vor.

Obwohl der Gottesdienst wegen des Münchner Abkommens nirgends gehalten wurde, nahm die SS-Zeitschrift *Das Schwarze Korps* die Liturgie zum Anlaß für schwere Vorwürfe gegen die Bekennende Kirche, die des »Landes- und Volksverrates« beschuldigt wurde.[27] Unter dem Eindruck dieser Beschuldigungen gelang es dem Reichskirchenminister, die Bischöfe der »intakten« Kirchen zu einer Erklärung zu bewegen, in der sie öffentlich von der »Vorläufigen Leitung« abrückten. »Wir verurteilen«, so hieß es darin, die in der Gebetsliturgie »zum Ausdruck gekommene Haltung aufs schärfste und trennen uns von den für diese Kundgebung verantwortlichen Persönlichkeiten.«[28] »Kein Ereignis in der wechselvollen Geschichte der BK in Deutschland hat ... den schmerzlichen Zwiespalt zwischen den Bruderräten und den Lutherischen Bischöfen tiefer aufgewühlt als dieses.«[29] Tatsächlich gelang es erst im Laufe des Jahres 1940, nachdem die Bischöfe Wurm und Meiser ihre Erklärung zurückgenommen hatten, die abgerissenen Verbindungen wieder neu aufzunehmen. Dazu trug vor allem der württembergische Bischof bei, der als erster deutscher Bischof schon im Juli 1940 beim Reichsinnenministerium gegen die Euthanasiemaßnahmen protestierte[30] und in den folgenden Jahren immer mehr als ein entschiedener Warner hervortrat.

IV Abschließende Überlegungen

Es ist kein Zweifel (das hat Hitler von Anfang an richtig gesehen), daß in den beiden großen Kirchen ein Widerstandspotential gegen Theorie und Praxis der nationalsozialistischen Herrschaft lag. Aber dieses Widerstandspotential ist von den Kirchenleitungen in beiden Kirchen (dies gilt grundsätzlich auch für die bruderrätlichen Kirchenleitungen der Bekennenden Kirche) zu keiner Zeit in größerem Umfang aktiviert worden. Diese Zurückhaltung hatte verschiedene Gründe, theologische, nationale, persönliche, in der evangelischen Kirche auch konfessionelle. Ein ähnliches Verhaltensmuster in beiden Kirchen läßt jedoch den Schluß zu, daß der entscheidende Grund für die Kirchenleitungen im Willen zur Erhaltung der Kirche und der kirchlichen Aufgaben auch im totalitären Staat lag.

Tatsächlich ist bis zum Kriegsende auch kein deutscher Bischof, weder auf katholischer noch auf evangelischer Seite, aus politischen Gründen inhaftiert worden. Dies war weniger die Folge einer Art von »Abkommen«, als vielmehr ein Ausfluß der geschickten Kirchenpolitik Hitlers, der die unmittelbare Konfrontation mit den Kirchen während des Krieges vermeiden wollte.

Was an tatsächlichem Widerstand gegen das Regime von den Kirchen ausging, kam durchweg von unten, von Pfarrern, Gemeinden und einzelnen Christen. Sie hatten, wie die Listen der Opfer ausweisen, auch die ganze Last der Verfolgung zu tragen. Nicht selten haben Kirchenleitungen den aus politischen Gründen Inhaftierten und Verurteilten sogar die Solidarität verweigert.[31]

Man wird im Rückblick versuchen müssen, die Last und die besonderen Probleme eines kirchenleitenden Amtes in einem totalitären Weltanschauungsstaat zu verstehen. Auf die Frage nach dem »richtigen« Verhalten in dieser Lage gibt es für den Historiker keine einfache Antwort. Vielleicht können zwei Äußerungen aus der unmittelbaren Nachkriegszeit die ganze Spannweite des Problems verdeutlich.

Am 15. April 1947 erklärte der heftig umstrittene Landesbischof Marahrens in seinem Rechenschaftsbericht vor der hannoverschen Landessynode: »Das für mich Entscheidende wurde folgendes: Mein Ziel, die Kirche durch die Bedrohung des Staates hindurchzuführen, den Gemeinden die Predigt des Evangeliums, den Pfarrhäusern den Frieden und die Ruhe der Arbeit zu erhalten, war erreicht.«[32]

Dagegen schrieb Konrad Adenauer am 23. Februar 1946 an einen Bonner Pfarrer: »Ich glaube, daß, wenn die Bischöfe alle miteinander an einem bestimmten Tage öffentlich von den Kanzeln aus dagegen Stellung genommen hätten, sie vieles hätten verhüten können. Das ist nicht geschehen und dafür gibt es keine Entschuldigung. Wenn die Bischöfe dadurch ins Gefängnis oder in Konzentrationslager gekommen wären, so wäre das kein Schade, im Gegenteil. Alles das ist nicht geschehen und darum schweigt man am besten.«[33]

Politik und Kirchenpolitik im Dritten Reich

Die kirchenpolitische Wende in Deutschland 1936/37

Vor fünfzehn Jahren, im Oktober 1967, hielt ich in Freiburg auf dem Historikertag einen Vortrag mit dem Titel: »Die evangelische Kirche in der Sicht der nationalsozialistischen Führung bis zum Kriegsausbruch«, der im Januar 1968 in den Vierteljahrsheften für Zeitgeschichte erschien.[1] Es war damals der erste Versuch überhaupt, die Geschichte der evangelischen Kirche im Dritten Reich im Zusammenhang mit den politischen Entscheidungen der nationalsozialistischen Führung darzustellen. Mein heutiger Beitrag knüpft an jenen ersten Versuch an und gibt damit auch die Möglichkeit, die seitherige Entwicklung der kirchlichen Zeitgeschichte zu beobachten. Dabei sind es zwei Punkte, die besonders ins Auge fallen.

Erstens: Sofern früher politische Entscheidungen für die Kirchengeschichte überhaupt in den Blick kamen, handelte es sich in der Regel nur um unmittelbar auf die Kirche bezogene Vorgänge, so etwa die politischen und polizeilichen Maßnahmen, die auf eine Einschränkung und Abdrosselung der kirchlichen Tätigkeiten abzielten. Inzwischen ist deutlich geworden, daß die Geschichte der Kirchen im Dritten Reich nur im Zusammenhang mit allen grundlegenden politischen Entscheidungen dieser Zeit verstanden werden kann. So wie Hitler sämtliche Bereiche des politischen Lebens – Außenpolitik, Innenpolitik, Wehrpolitik, Wirtschaft und Kultur – seinen jeweiligen Zielen unterordnete, so behandelte er auch die Kirchenpolitik. Auch die Kirchenpolitik des Dritten Reiches war zu keinem Zeitpunkt Politik aus eigenem Recht, sondern hatte immer nur eine Funktion zu erfüllen. Dies bedeutet, daß man die Geschichte der Kirchen im Dritten Reich sinnvoll nur als Teilgeschichte des Ganzen schreiben kann. Oft finden sich Erklärungen für überraschende kirchenpolitische Wendungen Hitlers auf ganz anderen politischen Feldern als man vermutet.

Erklärung der Kirchengeschichte aus der Gesamtgeschichte des Dritten Reiches, nicht nur im großen und ganzen, sondern auch im einzelnen und besonderen: das ist der eine Punkt, der ins Auge fällt. Aus ihm ergibt sich, nebenbei gesagt, daß die Kirchengeschichte, ihrer Bedeutung im Dritten Reich entsprechend, zugleich umgekehrt einen wesentlichen Beitrag zum Verständnis des Ganzen liefern kann.

Zweitens: Der weitere Punkt, an dem die Entwicklung der kirchlichen Zeitgeschichte in den letzten Jahren besonders augenfällig wird, betrifft die Frage der Konfessionalität. Es geht um die Einsicht, daß man die Geschichte der beiden großen Volkskirchen in Deutschland in dieser Zeit nur begreifen kann, wenn man ihre im einzelnen durchaus verschiedene Situation gleichzeitig im Blick hat. Die herkömmliche Praxis der konfessionellen Geschichtsschreibung – die evangelischen Kirchenhistoriker schreiben die Geschichte der evangelischen, die katholischen Kirchenhistoriker die der katholischen Kirche – hat für unsere Zeit zwar zu einer Fülle bedeutsamer Einzelstudien geführt, aber sie hat uns im Verständnis des Gesamtverhältnisses von christlichen Kirchen und Drittem Reich nicht wesentlich weitergebracht. Die Notwendigkeit und Fruchtbarkeit eines Ansatzes, der beide Kirchen umfaßt, ergibt sich demgegenüber aus den gleichen politischen Bedingungen, denen beide Kirchen unterworfen waren, wie aus den gleichen Fragen und Problemen, die sich daraus für sie ergaben. Was die gleichen politischen Bedingungen betrifft, so hat Hitler von Anfang an seine Kirchenpolitik sehr bewußt für die beiden Kirchen gleichzeitig und gleichartig betrieben, und je weiter die Zeit fortschritt, um so mehr wurde aus beiden Kirchen in der Sicht der nationalsozialistischen Führung einund derselbe weltanschauliche Gegner. Daraus ergaben sich zwangsläufig gleiche Fragen und Probleme: der Konflikt zwischen Selbstbehauptung und nationaler Solidarität, die Auseinandersetzungen mit den Zumutungen der nationalsozialistischen Weltanschauung, das Verhältnis zu Bolschewismus und Antibolschewismus und vor allem – weil in besonderem Maße ihre Geschichte betreffend – die Stellung zur Judenfrage. Nicht nur im kirchenpolitischen Bereich führt deshalb die Behandlung beider Kirchen zu neuen Ergebnissen; auch für die christlichen Grundfragen der Epoche, die Fragen nach Versagen und Bewährung des Christentums in dieser Zeit, eröffnet der Blick auf beide Kirchen neue Perspektiven.

Die folgenden Ausführungen sind der Versuch, den hier skizzierten Ansatz in einem bestimmten Zeitabschnitt zu konkretisieren. Es geht um die Zeit vom Ausbruch des spanischen Bürgerkriegs im Sommer 1936 bis zum Ende des Jahres 1937. In dieser Zeit hat sich in der Politik wie in der Kirchenpolitik des Reiches eine Wende vollzogen, deren Ursachen und Zusammenhängen wir im folgenden nachgehen wollen.

1. Deutschland und der spanische Bürgerkrieg

Der 25. Juli 1936 war für die deutsche und die europäische Geschichte ein Datum von außerordentlicher, in seinen Auswirkungen auch im Rückblick kaum abzuschätzender Bedeutung. Eine Woche zuvor war in Spanien die bereits erwartete Militärrevolte ausgebrochen.[2] Die Lage der Rebellen gestaltete sich schnell überaus schwierig. Daraufhin beschloß einer ihrer Führer, General Franco, ein ebenso improvisiertes wie dringendes Hilfeersuchen an Mussolini und Hitler zu richten. Die beiden für Berlin bestimmten Abgesandten erreichten den deutschen Führer und Reichskanzler am späten Abend des 25. Juli in Bayreuth. Hitler traf ohne Zögern seine

Entscheidung. Noch in der Nacht wurden Göring und Blomberg angewiesen, alles zur sofortigen Unterstützung Francos Notwendige in die Wege zu leiten.[3] Zwanzig Ju 52 Transportmaschinen beförderten seit dem 29. Juli Francos marokkanische Truppen in das spanische Mutterland und gaben damit der Rebellion den entscheidenden militärischen Rückhalt.[4]

Die Frage, was Hitler zu dieser im Blick auf die ungesicherte Lage Deutschlands einigermaßen riskanten Entscheidung veranlaßte, ist heute kaum noch umstritten. Weder militärische noch wirtschaftliche Motive standen am Anfang im Vordergrund, so sehr sie später auch an Gewicht gewannen. Maßgeblich für Hitlers Entscheidung war vielmehr die Überzeugung, daß eine Niederlage Francos den Sieg des Bolschewismus in Spanien und Frankreich bedeuten werde.[5] Hitlers Einschätzung der Lage deckte sich in dieser Hinsicht offensichtlich mit der Analyse der deutschen Botschaft in Madrid, die einen Lagebericht vom 23. Juli mit den Sätzen schloß: »Konsequenzen des Regierungssieges wären innen- und außenpolitisch sehr bedenklich. Innenpolitisch würde sie marxistische Herrschaft in Spanien für längere Zeit sicherstellen mit Gefahr spanischen Sowjet-Regimes. Außenpolitisch würde Spanien ideologisch und materiell fest an französisch-russischen Block angeschlossen. ... Gegenteilige Entwicklung bei Sieg monarchistischer faschistischer Aufständischer«.[6]

Es gibt keinen Grund zu der Annahme, daß Hitler die Dinge anders sah. Damit aber kam die Entscheidung für eine deutsche Intervention gleichsam aus der Mitte seines politischen Denkens. Der Kampf gegen den Bolschewismus, eine der unverrückbaren weltanschaulichen Grundorientierungen seiner Politik, trat mit den Ereignissen in Spanien offensichtlich in ein neues Stadium. Wie so häufig bei seinen wichtigen politischen Entscheidungen knüpfte sich auch hier das Grundsätzliche an die Gelegenheit. Antikommunismus und Antibolschewismus waren für ihn schon immer bestimmend gewesen; aber jetzt, in jener raschen nächtlichen Entscheidung, gewannen sie zum ersten Mal konkrete außenpolitische Gestalt.

Wie nachhaltig der spanische Bürgerkrieg die Konstellation der europäischen Mächte beeinflußt und verändert hat, ist vielfach beschrieben worden. Dabei wird der gegenseitigen Annäherung von Deutschland und Italien, die mit der Proklamation der Achse Berlin–Rom am 1. November 1936 auch öffentlich sichtbar wurde, zu Recht besondere Beachtung geschenkt, weil hier die zukünftigen Fronten vorbereitet wurden.

Dagegen haben die innenpolitischen Auswirkungen der Entscheidung vom 25. Juli bisher nur wenig Aufmerksamkeit gefunden, obwohl sie kaum weniger bedeutsam waren.

Wie tief Hitler selbst von der Entwicklung in Spanien beunruhigt war, zeigte seine bekannte Denkschrift zur politischen und wirtschaftlichen Lage Deutschlands, die er im August 1936 auf dem Obersalzberg entwarf. In dieser Denkschrift gab er seiner Überzeugung Ausdruck, daß die Welt seit dem Ausbruch der französischen Revolution »in immer schärferem Tempo in eine neue Auseinandersetzung« treibe, »deren extremste Lösung Bolschewismus heißt, deren Inhalt und Ziel aber nur die Beseitigung und Ersetzung der bislang führenden Gesellschaftsschichten der Menschheit durch das international verbreitete Judentum« sei. Europa aber habe »zur Zeit nur zwei dem Bolschewismus gegenüber als standfest anzusehende Staaten: Deutschland und Italien«. Auch wenn Hitler die Zeit nicht prophezeien wollte, »in der die unhaltbare Lage in Europa zur offenen Krise« werde, so sei es doch notwendig, sich schon jetzt mit allen Mitteln für diese unvermeidliche Auseinandersetzung zu rüsten. »Gegenüber der Notwendigkeit der Abwehr dieser Gefahr«, so erklärte Hitler, »haben alle anderen Erwägungen als gänzlich belanglos in den Hintergrund zu treten«. Politische Führung, weltanschauliche Geschlossenheit, militärische Aufrüstung und – am ausführlichsten – die Mobilisierung aller wirtschaftlichen Kräfte, das waren nach dieser Denkschrift die Punkte, auf die es ankam, um die am Ende von Hitler formulierte Aufgabe zu lösen: »I. Die deutsche Armee muß in 4 Jahren einsatzfähig sein. II. Die deutsche Wirtschaft muß in 4 Jahren kriegsfähig sein«.[7]

In der Tat ist seit Ende August 1936 im Zusammenhang mit dem spanischen Bürgerkrieg eine Mobilisierung der öffentlichen Meinung zu beobachten, die selbst für das Dritte Reich ungewöhnlich war. In riesiger Aufmachung, mit Leitartikeln, Nachrichten, Reportagen und Bildern wurden die spanischen Ereignisse zu einer beispiellosen Kampagne gegen die drohende Weltgefahr des Bolschewismus ausgenützt.

Unglücklicherweise machte es die republikanische Seite den Propagandisten des Dritten Reiches leicht, den Begriff des Bolschewismus mit einer nicht abreißenden Kette von Morden, Plünderungen, Schändungen und anderen Greueltaten zu identifizieren. Tatsächlich überstieg, was hinter den republikanischen Linien geschah, alles an offener Grausamkeit bisher Bekannte, und der einfache Trick, die gleichen Grausamkeiten auf der nationalspanischen Seite zu verschweigen, ließ »die rote Gefahr« ins Überdimensionale anwachsen.[8]

Einen Höhepunkt erreichte diese Kampagne mit dem Reichsparteitag, der vom 8. bis 14. September 1936 stattfand. Von Anfang bis Ende, von Hitlers Eröffnung über die Reden von Goebbels und Rosenberg bis zu Hitlers mehrstündiger Schlußrede, stand dieser Parteitag im Zeichen der angeblichen bolschewistischen Gefahr und ihrer Abwehr. »Die brutale Massenabschlachtung nationalistischer Offiziere«, so behauptete Hitler, »das Anzünden der mit Benzin übergossenen Frauen nationalistischer Offiziere, das Abschlachten von Kindern und Babies nationalistischer Eltern z. B. in Spanien soll als warnendes Exempel die ähnlich eingestellten Kräfte in anderen Ländern vor jedem Widerstand in ähnlicher Lage zurückschrecken.« Niemand aber, so erklärte er dann weiter, »wird einen Zweifel darüber hegen, daß der Nationalsozialismus sich überall und unter allen Umständen dem ihn angreifenden Bolschewismus gegenüber zur Wehr setzen und ihn schlagen und vernichten wird«.[9]

Auch wenn sich das im einzelnen nur schwer belegen läßt, so kann kaum ein Zweifel bestehen, daß diese Kampagne weithin ihr Ziel erreichte. Auch wer sich keineswegs zu den Anhängern Hitlers zählte, konnte sich mit seinem Antibolschewismus durchaus identifizieren. Die Ereignisse in Spanien wurden zum Beweis für die ständig wiederholten Behauptungen Hitlers, daß der Bolschewismus die größte Gefahr für Europa darstelle, und daß nur ein einiges und geschlossenes Deutschland mit dieser Gefahr fertig werden könnte. Dies führte zu einem Solidarisierungseffekt, der vor allem in der zweiten Hälfte des Jahres 1936 vielfach spürbar und sichtbar wurde.

2. Die Reaktionen des Katholizismus

So, wie die spanischen Ereignisse in Deutschland behandelt wurden, konnten sie auch auf die beiden großen Kirchen nicht ohne Rückwirkung bleiben. Ja, man kann die Reaktion der Kirchen als Zeichen dafür nehmen, wie weit die öffentliche Meinung und die allgemeine Stimmung tatsächlich durch diese Entwicklung beeinflußt wurden.

Wir beschäftigen uns zunächst mit dem Katholizismus. Die katholische Kirche in Deutschland befand sich im Sommer 1936 in einer überaus bedrängten Situation. Unter dem Stichwort »Entkonfessionalisierung des öffentlichen Lebens«, das der Reichsinnenminister 1935 ausgegeben hatte, hatten Partei und Staat konsequent und systematisch die katholische Kirche aus der Öffentlichkeit zu verdrängen versucht. Hauptangriffspunkte waren die katholischen *Verbände,* die man durch das Verbot der Doppelmitgliedschaft in konfessionellen und nationalsozialistischen Vereinigungen traf, die katholische *Presse,* die durch immer neue Auflagen und Verbote eingeschränkt wurde, und der Kampf gegen die *Bekenntnisschule,* der unter Ausnützung aller Mittel von Drohung und Lockung zu erheblichen Einbrüchen geführt hatte. Namentlich die Schulentwicklung wurde vom deutschen Episkopat und vom Heiligen Stuhl mit besonderer Bitterkeit verfolgt, weil die Gewährleistung der Bekenntnisschule für das ganze Reich der entscheidende kirchliche Gewinn des Reichskonkordats und der wichtigste Grund für die Unterzeichnung dieses Vertrages gewesen war.

Hand in Hand mit diesen restriktiven Maßnahmen ging ein sorgfältig gezielter Feldzug der Verleumdung und Kriminalisierung des Katholizismus, der in den Prozeßwellen gegen Priester und Ordensleute wegen Devisenvergehen und vor allem wegen Sittlichkeitsverbrechen seinen unübersehbaren Ausdruck fand.[10]

Es gab keinen bewußten Katholiken und natürlich erst recht keinen

Priester oder Bischof in Deutschland, der diesen wachsenden Druck nicht gespürt hätte. Auf der anderen Seite blieb freilich festzuhalten, daß das kirchliche Leben im engeren Sinn so gut wie ungestört weiterlief. Keine Kirche war geschlossen; kein Gläubiger, der seiner Sonntagspflicht genügte, kein Geistlicher, der sich – im wörtlichen und übertragenen Sinne – strikt auf den Innenraum der Kirche beschränkte, wurde angegriffen oder behindert. Es gab Ausnahmen, aber sie waren nicht typisch. Die Konflikte entstanden immer nur dort, wo die katholische Kirche in der Sicht von Staat und Partei Politik trieb – und darunter fiel alles, was über den Raum der Kirche hinausgriff.

Dies war die Lage, und es ist nicht überraschend, daß sie innerhalb des Katholizismus ganz verschieden beurteilt wurde. Es gab im Episkopat, im Klerus und im Kirchenvolk Optimisten, die auf längere Sicht an die Möglichkeit einer Aussöhnung glaubten; und es gab Pessimisten, die in der bisherigen Unterdrückung nur die Vorboten weit rigoroserer Maßnahmen sahen. Beide waren sich jedoch einig, daß die gegenwärtige Situation der Kirche überaus bedrängt und schwierig sei.

In dieser Lage erreichten den deutschen Katholizismus die Nachrichten vom Ausbruch des spanischen Bürgerkriegs. Daß die katholische Kirche in dieser Auseinandersetzung auf der Seite Francos stand und stehen mußte, lag außerhalb jeder Diskussion. Auch wenn es keine anderen Gründe gegeben hätte, genügte dafür allein die Tatsache, daß die republikanische Seite mit dem Kampf gegen die Aufständischen zugleich einen gnadenlosen Rachefeldzug gegen die katholische Kirche in Spanien führte. Am Ende waren zwölf Bischöfe, Hunderte von Nonnen und Tausende von Priestern und Mönchen ermordet[11], ungezählte Kirchen und Klöster geschändet und verbrannt.

Die Wahrheit war schrecklich genug, aber die Art und Weise, wie sie in Deutschland verbreitet wurde, machte sie noch wirkungsvoller. Denn hier erschienen als Ursachen nur der bolschewistische Haß auf das Christentum und die Kirchen, und von den kritischen Stimmen im spanischen Katholizismus selbst – nicht nur unter den Basken – erfuhr man in Deutschland selbstverständlich nichts.[12]

Als die deutschen Bischöfe vom 18.–20. August 1936 zu ihrer jährlichen Plenarkonferenz in Fulda zusammenkamen, fanden sie sich in einer komplizierten Lage. Einerseits herrschte Übereinstimmung über die bedrängte Lage der Kirche in Deutschland, andererseits erschien riesengroß die Gefahr des Weltbolschewismus, dem Europa – hier stimmten die Bischöfe mit Hitlers Sicht der Dinge überein – kaum etwas anderes entgegenzusetzen hatte als Deutschland. Wog man die Dinge ab, so erschien die Lage der Kirche in Deutschland zwar schmerzlich, aber doch noch unvergleichlich viel besser als in Spanien oder Sowjetrußland. Aus all dem ergab sich mit einer gewissen Zwangsläufigkeit das Hirtenwort der deutschen Bischöfe am

19. August 1936, das, ganz vom Thema des Bürgerkrieges bestimmt, das Angebot eines gemeinsamen Kampfes gegen den Bolschewismus mit der Forderung nach »Herstellung des durch das Konkordat verbürgten religiösen Friedens« verband.[13] In dem Hirtenwort war – ganz der offiziellen Sicht der Dinge entsprechend – von »der teuflischen Zielstrebigkeit und Zähigkeit« die Rede, mit der der Bolschewismus »vom Osten und Westen her gegen Deutschland als das Herz Europas« vorstoße, »um es gleichsam in eine verhängnisvolle Zange zu nehmen«. Unüberhörbar war in diesem Zusammenhang die Beschwörung der Aufgabe des Führers, unüberhörbar der Ruf nach Einigkeit und Geschlossenheit, unüberhörbar aber auch die Kritik an der nationalsozialistischen Ideologie, wenn es hieß: »Hier können nicht Weltanschauungen helfen, die sich lediglich aus dem Blute und dem Zeitcharakter ergeben, sondern nur Überzeugungen, die allen Wettern standhalten, weil sie in Gott, dem Heiligen und Ewigen, sich gründen ...«.[14]

So kompliziert die Lage für die deutschen Bischöfe war, so kompliziert war sie auch für Hitler. Es ist kein Zweifel, daß er seit dem Abschluß des Reichskonkordats den Kampf gegen die katholische Kirche in der Gesamttendenz mitbetrieben und gutgeheißen hatte, auch wenn andere – Rosenberg etwa, Bormann und eine Reihe von Gauleitern – als die eigentlichen Scharfmacher erschienen. Andererseits war er von der Notwendigkeit einer kriegerischen Auseinandersetzung mit dem Weltbolschewismus überzeugt und hatte dazu in jener Denkschrift ausdrücklich erklärt, im Blick auf diese Notwendigkeit hätten »alle anderen Erwägungen als gänzlich belanglos in den Hintergrund zu treten«. Jetzt lag das Angebot der Bischöfe auf dem Tisch und Hitler mußte entscheiden, was es für seine Ziele bedeutete.

Aus dieser Konstellation heraus kam es auf Einladung Hitlers am 4. November auf dem Berghof zu einer dreistündigen Aussprache zwischen ihm und dem Münchner Kardinal Faulhaber. Auch hier bildeten das beherrschende Thema Spanien und – wie es in Faulhabers Aufzeichnung hieß – »die außenpolitische Gefahr des Bolschewismus«. Die katholische Kirche, so warnte Hitler den Kardinal, »dürfe sich nicht darüber täuschen: Werde der Nationalsozialismus nicht Herr über den Bolschewismus, dann sei es auch mit dem Christentum und der Kirche in Europa vorbei«.[15] Aus dieser Überzeugung heraus unterbreitete er der katholischen Kirche mit einer ähnlichen Wendung wie in jener Denkschrift ein – wie ihm scheinen mußte, großzügiges und unwiderlegliches – Angebot: »›Überlegen Sie, Herr Kardinal‹«, so erklärte Hitler, »›und sprechen Sie mit den anderen *Führern der Kirche,* in welcher Weise Sie die große Aufgabe des Nat[ional]-soz[ialismus], den Bolsch[ewismus] nicht Herr werden zu lassen, unterstützen und in ein friedliches Verhältnis zum Staate kommen wollen. Entweder siegen Nat[ionalsozialismus] und Kirche zusammen oder sie gehen beide zugrunde. Ich sage Ihnen: Ich werde all das Kleine, was die friedliche

Zusammenarbeit stört, wie die Klosterprozesse und die Deutsche Glaubensbewegung, aus der Welt schaffen. Ich will keinen Kuhhandel schließen. Sie wissen, daß ich ein Feind von Kompromissen bin, aber es soll ein letzter Versuch sein‹«.[16]

»Die Bischöfe«, so fügte Faulhaber dieser Aufzeichnung für seine Kollegen hinzu, »werden also bestimmte Vorschläge machen müssen, sei es in Form eines neuen Hirtenbriefes oder in Form einer neuen Adresse ...«.

Verfolgt man die Dinge bis zu diesem Punkt, so scheinen sie eine These zu bestätigen, wie sie etwa von Karlheinz Deschner in seinem Buch »Mit Gott und den Faschisten« vertreten worden ist. Danach habe die katholische Kirche von Anfang an mit den faschistischen Diktatoren Mussolini, Franco und Hitler zusammengearbeitet und ihre Ziele systematisch unterstützt.[17] Diese These trifft für Mussolini und Franco ein Stück weit sicher zu. Sie träfe auch für Hitler zu, wenn Hitler ein Faschist gewesen wäre. Aber Hitler war kein Faschist. Er erschien so; und eine Zeitlang hielt er sich wohl selbst dafür. Aber an zwei zentralen Punkten widersprachen seine Entscheidungen mehr und mehr dem faschistischen Schema: in der Judenpolitik und in der Kirchenfrage.

Fünf Jahre später, in den Tischgesprächen während des Rußlandkrieges 1941/42, konnte er diesen Unterschied dann auch selbst formulieren. Im Februar 1942 erklärte er nach einem der üblichen Ausfälle gegen die Pfaffen: »Wenn nicht die Gefahr bestanden hätte, daß der Bolschewismus auf Europa übergreift, hätte ich der Revolution in Spanien keinen Einhalt getan: die Pfaffen wären ausgerottet worden!«[18] Und im Juni 1942 bemerkte er ebenfalls mit dem Blick auf die katholische Kirche in Spanien: »Man brauche sich nicht zu wundern, wenn es eines Tages zu einem neuen Bürgerkrieg komme, in dem die Falangisten mit den Roten zusammengehen müßten, um des Pfaffen- und Monarchisten-Geschmeißes Herr zu werden«.[19]

Im November 1936 war Hitler, wie sein Gespräch mit Faulhaber zeigte, von solcher Entschlossenheit noch weit entfernt. Noch lockte offensichtlich der Gedanke an ein antibolschewistisches Bündnis mit der Kirche, wie umgekehrt der Episkopat trotz aller schlimmen Erfahrungen hoffte, auf dieser Basis zu einem Ausgleich zu kommen. Zugleich aber war das dumpfe Mißtrauen, das Hitler den christlichen Kirchen von Anfang an entgegenbrachte, so weit gewachsen, daß er offensichtlich nur noch auf eine bedingungslose Kapitulation der Kirche eingehen mochte. Das zeigte die Reaktion auf die von Faulhaber angekündigten »bestimmten« Vorschläge des deutschen Episkopats, die als »Hirtenwort der deutschen Bischöfe über die Abwehr des Bolschewismus« zum Weihnachtsfest 1936 erschienen.

Dieses Hirtenwort wiederholte die vorbehaltlose Unterstützung Hitlers in seinem Kampf gegen den Bolschewismus; es wiederholte aber auch die Fragen, die die Bischöfe im Blick auf die fortdauernde Unterdrückung der

Kirche empfanden.[20] Eben diese Kritik aber bekräftigte Hitlers Mißtrauen. Obwohl Faulhaber in einem persönlichen Brief an den Führer und Reichskanzler darauf hinwies, daß man auch im Ausland »dieses einmütige Bekenntnis der deutschen Bischöfe zum Führer und seinem weltgeschichtlichen Werk, seiner Abwehr des Bolschewismus«, nicht werde überhören können[21], blieb dieser letzte Schritt des Episkopats auf staatlicher Seite ohne Echo. Hitler bestätigte den Brief nicht; wies ihn aber auch nicht zurück.[22] Möglicherweise hoffte er auf die Zeit, die doch noch eine Wendung in der Haltung des Katholizismus bringen würde.

So war die Lage der katholischen Kirche in ihrem Verhältnis zum Dritten Reich am Ende des Jahres 1936 nicht weniger schwierig als vor dem Ausbruch des spanischen Bürgerkriegs, obwohl mit dem Kampf gegen den Bolschewismus ein großes gemeinsames Thema gefunden schien.

3. Fronten und Pläne im Protestantismus

Während Hitler als Katholik die grundsätzlichen Entscheidungen gegenüber der katholischen Kirche selbst traf, überließ er die evangelische Kirchenpolitik von Anfang an evangelischen Mitarbeitern.[23] Nacheinander hatten sich an der Aufgabe, den deutschen Protestantismus zu einer einheitlichen Reichskirche nationalsozialistischer Prägung zusammenzufassen, zunächst die Deutschen Christen, dann der Reichsbischof, schließlich der Reichsinnenminister verschlissen. Dem im Sommer 1935 hauptsächlich zur Einigung und Befriedung der evangelischen Kirche eingesetzten Reichskirchenminister Hanns Kerrl hatte der Ärger mit den Protestanten im Frühjahr 1936 einen Herzinfarkt eingetragen, von dem er erst Anfang November wieder in sein Amt zurückkehrte.[24] In der Tat durfte der Versuch des Ministers, mit Hilfe der von ihm eingesetzten Kirchenausschüsse eine Einigung der zerstrittenen Gruppen zu erreichen, schon im Frühjahr 1936 als gescheitert gelten. Trotz breiter Zustimmung der kirchlichen Mitte verweigerten preußischer Bruderrat und Vorläufige Leitung der Bekennenden Kirche Kompromiß und Mitarbeit und brachten so den Reichskirchenausschuß innerkirchlich in eine unhaltbare Lage. Andererseits mußte die Notwendigkeit, sich vom radikalen Flügel der Deutschen Christen zu trennen, zu wachsenden Schwierigkeiten mit Teilen der Partei führen. Und schließlich stellte sich für alle bewußten Glieder der evangelischen Kirche immer deutlicher heraus, daß der Reichskirchenminister entweder nicht willens oder aber nicht fähig war, die wachsende Verfolgung und Unterdrückung der christlichen Kirchen durch Staat und Partei zu verhindern. Dies ließ seine eigene Stellung gegenüber den Kirchenausschüssen schnell schwacher werden; so daß auch von dieser Seite aus die Dinge auseinanderfielen.

Die Lage der beiden großen Kirchen in Deutschland im Sommer und

Herbst 1936 schien also ganz außerordentlich verschieden. Hier stand die katholische Kirche, die geschlossen um die Erhaltung der Konkordatsrechte kämpfte und im Antibolschewismus ein neues gemeinsames Thema mit dem Dritten Reich gefunden zu haben glaubte; dort lag die evangelische Kirche mit sich selbst im Streit, und ganz verschiedene Gruppen, Richtungen und Kirchenleitungen beanspruchten, die richtige Entscheidung in der unübersichtlichen Situation getroffen zu haben.

Diese Verschiedenheit der Lage, die ja nur ein Ausdruck der grundsätzlichen Verschiedenheit von evangelischer und katholischer Theologie, evangelischem und katholischem Kirchenverständnis war, hat den konfessionellen Forschungsansatz verstärkt, der jeweils nur die eine oder die andere Kirche in den Blick bekam.

Damit aber entging den bisherigen Darstellungen die Tatsache, daß die politischen Herausforderungen für beide Kirchen die gleichen waren und trotz aller Verschiedenheit der Lage zu gleichen Reaktionen führten.

Auch für die evangelische Kirche war der Ausbruch des spanischen Bürgerkriegs ein Signal. Zwar war sie nicht so unmittelbar mit der spanischen Kirche verbunden wie der deutsche Katholizismus, aber grundsätzlich stand auch der Protestantismus entschlossen in der Front des Antibolschewismus. Und so versuchte man auch hier, über diese gemeinsame Front eine Verständigungsebene mit dem Staat zu gewinnen, die zugleich eine Diskussion der kritischen Punkte ermöglichen sollte.

Ausdruck dieses Versuches war ein »Wort zur kirchlichen Lage«, das von einer Konferenz aller wichtigen Vertreter der kirchlichen Mitte am 20. November 1936 verabschiedet wurde. Gerade im Hinblick auf die gesamte Lage, so hieß es darin, sei es von entscheidender Bedeutung, daß »die Stellung der Kirche im Volk grundsätzlich« geklärt werde.

Und dann machten die evangelischen Bischöfe und Kirchenführer ganz ähnlich wie der katholische Episkopat die Grundlagen deutlich, auf denen eine solche Klärung erfolgen konnte.

»Wir stehen mit dem Reichskirchenausschuß«, so hieß es eindeutig, »hinter dem Führer im Lebenskampf des deutschen Volkes gegen den Bolschewismus«. Wir erwarten aber, hieß es dann weiter und das war nicht weniger eindeutig, »eine durchgreifende Abstellung der gegenchristlichen Propaganda, die in der letzten Zeit ... immer unverhüllter hervortritt und die Kirche und alles, was ihr heilig ist, in unerträglicher Weise herabsetzt«. »Die evangelische Kirche«, so hieß es schließlich, »die nichts anderes sein will, als christliche Kirche für das deutsche Volk, bedarf zu ihrer Arbeit der inneren Freiheit zur Ausrichtung ihrer Verkündigung«.[25]

Eben dies aber, nämlich »innere Freiheit zur Ausrichtung ihrer Verkündigung« war das, was der Reichskirchenminister der evangelischen Kirche weder zugestehen wollte noch konnte. Deshalb ließ er den Reichskirchenausschuß fallen, der daraufhin am 12. Februar 1937 seinen Rücktritt erklärte. Mit diesem Schritt war der dritte Versuch gescheitert, von staatlicher Seite zu einer Einigung der evangelischen Kirche zu kommen. Der Ausweg, den der Reichskirchenminister aus dieser Situation suchte, lag nahe. Schon vor dem Rücktritt des Reichskirchenausschusses hatte sein Ministerium einen Verordnungsentwurf ausgearbeitet, der die »Ausdehnung der Staatsaufsichtsrechte gegenüber den evangelischen Kirchen« zum Inhalt hatte. Es ging darin um nicht weniger als um die uneingeschränkte Staatsaufsicht über die evangelische Kirche, ihre Gesetze und Verordnungen, ihre Finanzen und ihre sämtlichen Amtsträger.[26]

Der Reichskirchenminister war seiner Sache so sicher, daß er am Samstag, den 13. Februar, einen Tag nach dem Rücktritt des Reichskirchenausschusses, seine Pläne vor einer Gruppe kirchlicher Vertreter ankündigte mit dem ausdrücklichen Hinweis, eine Debatte sei »nicht nötig, da die Gesetze schon in Druck gegeben sind und am Montag erscheinen«.[27] Tatsächlich ging eine entsprechende Nachricht am Montag durch die gesamte deutsche Presse.

An diesem selben Montag aber kam es zu einer Desavouierung des Ministers und zu einer völlig überraschenden Wendung in der Kirchenpolitik.

In der von Martin Bormann 1943 angelegten Datensammlung »aus alten Notizbüchern« findet sich unter dem 15.2.1937 die Eintragung: »Besprechung des Führers mit Kerrl, Goebbels, Frick, Hess, Himmler, Heydrich, Muhs, Stuckart wegen Kirchenfragen auf dem Obersalzberg«.[28] Keineswegs als einsamen Entschluß also, vielmehr offensichtlich in einer längeren Diskussion mit seinen wichtigsten innen- und parteipolitischen Mitarbeitern, hatte Hitler eine neue Entscheidung getroffen, die noch am selben Tag veröffentlicht wurde. Danach sollte die evangelische Kirche nunmehr »in voller Freiheit nach eigener Bestimmung des Kirchenvolkes sich selbst die neue Verfassung und eine neue Ordnung geben«. Der Reichskirchenminister wurde ermächtigt, alle Vorbereitungen zur Wahl einer Generalsynode zu treffen.

Wie bei vielen vergleichbaren Fällen ist uns über die Motive Hitlers, die zu dieser überraschenden Entscheidung führten, nichts bekannt.

Es gibt kein Protokoll dieser Sitzung, und die Akten enthalten, soweit ich sehe, nicht den geringsten Hinweis, was Hitler zu einem solchen Kurswechsel bewogen hat. Allein die Ankündigung einer Wahl »in voller Freiheit«, die rund zwei Drittel aller Deutschen betraf, bedeutete ja für den Februar 1937 eine Sensation und widersprach offensichtlich allem, was man gerade in kirchlichen Kreisen von Hitler erwartete. So wie die Dinge lagen, wird man eine Erklärung schwerlich allein in der Entwicklung der evangelischen Kirchenangelegenheiten finden können. Um so mehr wird man an Hitlers Gespräch mit Faulhaber erinnert, das gerade erst ein Vierteljahr zurücklag, und an sein Angebot, einen »letzten Versuch« zur friedlichen

Zusammenarbeit zu machen. So etwas wie ein »letzter Versuch« vor der staatlichen Erdrosselung der Kirche war ja auch dies, ein Versuch zudem, der bei der allgemeinenn Zustimmung, deren Hitler sich im Kirchenvolk sicher war, die erwünschte freiwillige Gleichschaltung der evangelischen Kirche bringen konnte. Standen bei der staatskirchlichen Lösung nichts als Ärger und Auseinandersetzungen zu erwarten, so sahen hier offenbar alle Beteiligten im Zeichen des Antibolschewismus Möglichkeiten einer kirchlichen Befriedung im nationalsozialistischen Sinne, die im Inland wie im Ausland nicht ohne Eindruck bleiben konnte.[29]

Tatsächlich wurden die Wahlvorbereitungen zunächst mit Nachdruck betrieben. Am 22. Februar traf sich der gleiche Kreis in Berlin erneut zur Besprechung der Kirchenfrage und vereinbarte für Anfang März ein weiteres Treffen. Inzwischen bereitete Kerrl verschiedene Schreiben und die Wahlordnung vor, an die sich ein lebhafter Meinungsaustausch zwischen Reichskirchenministerium und Reichskanzlei anschloß. Am 17. März schlug der Chef der Reichskanzlei, Heinrich Lammers, auf Weisung Hitlers dem Reichskirchenminister vor, die mit der Wahl zusammenhängenden Fragen mit dem Stellvertreter des Führers und dem Reichsminister des Innern zu erörtern. Dies jedoch ist überraschenderweise das letzte substanzielle Aktenstück in dieser Angelegenheit. Danach finden sich noch ein Vorlagevermerk vom 22. März und dann nur noch Wiedervorlagevermerke mit immer längeren Fristen, bis die Sache am 24. Mai 1940 endgültig in den Akten verschwindet.

Als ich diese Entwicklung in meinem Vortrag vom Oktober 1967 darstellte, bemerkte ich dazu, mit den Anregungen vom 17. März schiene »Hitlers Interesse an den Kirchenfragen jäh und völlig unerklärlich erloschen«.[30]

Aber so unerklärlich war dieser Vorgang keineswegs, wenn man die katholische Kirche im Blick behält. Am 21. März nämlich, dem Palmsonntag 1937, wurde die Enzyklika »Mit brennender Sorge« von den katholischen Kanzeln in Deutschland verlesen.

4. Der Bruch im Frühjahr 1937

In seinem Gespräch mit Faulhaber hatte Hitler das Verhältnis von Kirche und Drittem Reich auf die Formel gebracht: »Entweder siegen Nationalsozialismus und Kirche zusammen oder sie gehen beide zugrunde.« Daran knüpfte er die unausgesprochene Erwartung, daß die Kirchen das Dritte Reich und seine Ideologie vorbehaltlos unterstützten müßten. Beide Kirchen waren, wie wir gesehen haben, bereit, sich in die gemeinsame Front des Antibolschewismus einzureihen. Aber sie waren nicht bereit, damit auch den Nationalsozialismus als Ideologie zu unterstützen. Dies wurde im Februar und März 1937 endgültig offenbar und führte zu einem Bruch, den beide Seiten zwar zu verbergen suchten, der aber doch je länger je mehr deutlich hervortrat.

Zunächst reagierte die evangelische Kirche. Herausgefordert durch die Pläne Kerrls und den Wahlerlaß Hitlers richtete Otto Dibelius Ende Februar einen offenen Brief an den Reichskirchenminister, der in Zehntausenden von Exemplaren innerhalb und außerhalb Preußens verbreitet wurde, und der an Deutlichkeit nichts zu wünschen übrig ließ. »Herr Reichsminister«, so schrieb Dibelius, »wenn des Morgens im Religionsunterricht den Kindern gesagt wird: die Bibel – das ist das Wort Gottes, das zu uns redet im Alten und Neuen Testament! – und wenn am Nachmittag den Pimpfen memoriert wird: Welches ist unsere Bibel? Unsere Bibel ist Hitlers ›Mein Kampf‹! – wer muß hier seine Lehre ändern?« Wenn der Staat sich seiner Grenzen bewußt sei, fuhr Dibelius fort, könne er sich »auf die Einsatzbereitschaft der evangelischen Christen Deutschlands« verlassen. Wenn er jedoch »Macht über die Seelen der Menschen und über die Predigt der Kirche« an sich nehmen wolle, so sind wir, schrieb Dibelius wörtlich, »nach Luthers Worten gehalten, Widerstand zu leisten in Gottes Namen. Und wir werden das tun!«.[31]

Kurz darauf, am 9. März, richtete der Reichsbruderrat der Bekennenden Kirche ein Wort an die Gemeinden, in dem es ganz im Sinne von Dibelius hieß: »Die Kirche wird heute aufgefordert, das Wort Gottes und menschliche Weltanschauung nebeneinander gelten zu lassen und miteinander in ihrer Verkündigung zu verbinden. Diese Forderung muß die Kirche zurückweisen.« Das Amt der Obrigkeit und das Amt der Kirche dürften nicht miteinander verwechselt und vermengt werden: »Die Freiheit der Kirche besteht darin, daß sie von niemand regiert wird als von Jesus Christus allein«.[32]

Der Reichsbruderrat sprach zwar nur für einen Teil der evangelischen Gemeinden und Pfarrer; aber seine Stimme wurde doch weit über die Bekennende Kirche hinaus gehört. So konnte sich der Reichskirchenminister schon Anfang März ausrechnen, daß die Wahl zur Generalsynode nicht das erwünschte einmütige Bekenntnis der evangelischen Kirche zu Führer und Volk bringen, sondern im Gegenteil Auseinandersetzungen in der Kirche hervorrufen würde, die den Graben zwischen Staat und Kirche nur noch mehr vertiefen mußten.

Vermutlich hätte der Reichskirchenminister Hitlers Plan zunächst trotzdem weiterverfolgt, wenn nun nicht auf katholischer Seite ein Ereignis eingetreten wäre, das in Hitlers Augen die ganze kirchenpolitische Situation veränderte.

Ausgangspunkt dieses Ereignisses war der Heilige Stuhl. Pius XI., zunächst freudig beglückt über den mit dem Reichskonkordat erzielten Erfolg[33], hatte seit 1934 mit wachsendem Ingrimm die Unterdrückung der katholischen Kirche im Dritten Reich verfolgt. Nur mit Mühe war es dem

Kardinalstaatssekretär Pacelli gelungen, eine bereits mehrfach geplante öffentliche Verurteilung der Hitlerschen Vertragsbrüche zu verhindern. Jetzt, um die Jahreswende 1936/37, war der Papst am Ende seiner Geduld.

So erreichte zu dieser Zeit die drei deutschen Kardinäle Bertram, Schulte und Faulhaber und die Bischöfe von Münster und Berlin, Galen und Preysing, eine Einladung nach Rom, um »entsprechende Erwägungen und Entschließungen« ins Auge zu fassen.[34] Auf einer Reihe von Besprechungen mit dem Papst und dem Kardinalstaatssekretär fiel Mitte Januar die Entscheidung, die Beschwerden der Kirche in einem öffentlichen päpstlichen Rundschreiben an die deutschen Katholiken zum Ausdruck zu bringen.

Dabei war die Lage für den Heiligen Stuhl nicht weniger kompliziert als für den deutschen Episkopat. Der Papst, dem die spanischen Ereignisse noch näher lagen als den deutschen Bischöfen, konnte und wollte nicht übersehen, daß es deutsche und italienische Truppen waren, die Franco und damit die katholische Sache in Spanien unterstützten. Ferner war Rücksicht auf das Reichskonkordat zu nehmen, das trotz aller Rechtsbrüche noch immer besser war als ein völlig vertragsloser Zustand. Andererseits duldete allein die Selbstachtung der Kirche kein längeres Schweigen mehr. Und Pius XI. sah möglicherweise schärfer als sein Staatssekretär und die deutschen Bischöfe, daß Hitler anders einzuschätzen war als die Faschisten Mussolini und Franco. Jedenfalls sagte er zum Abschied den Bischöfen Preysing und Galen: »Nationalsozialismus ist nach seinem Ziel und seiner Methode nichts anderes als Bolschewismus. Ich würde das dem Herrn Hitler sagen«.[35]

Aus diesen Gründen entschloß sich der Heilige Stuhl, in zwei Enzykliken gleichzeitig den Kommunismus zu verurteilen und das Dritte Reich der kirchlichen Unterdrückung und Rechtsbeugung anzuklagen. Während jedoch das Rundschreiben »Divini Redemptoris« den Kommunismus in Rußland, Mexiko und Spanien unmittelbar beim Namen nannte[36], wurde die Enzyklika »Mit brennender Sorge« auf Vorschlag Faulhabers nicht polemisch formuliert[37], sondern griff den Nationalsozialismus vor allem indirekt durch eine Darlegung der Grundlagen der katholischen Kirche an.

Gleichwohl bedeutete es eine bewunderungswürdige organisatorische Leistung und zugleich eine außerordentliche Herausforderung des nationalsozialistischen Regimes, als am Palmsonntag, dem 21. März 1937, von allen katholischen Kanzeln das päpstliche Rundschreiben an die deutschen Katholiken verlesen wurde. So wie die Dinge lagen, wußte jeder Hörer, was gemeint war, wenn von einer »öffentlichen Verfolgung« der Gläubigen, von »tausend Formen organisierter religiöser Unfreiheit« und vom »Mangel an wahrheitsgetreuer Unterrichtung und normaler Verteidigungsmöglichkeit« die Rede war. Es bedeutete, auch wenn der Begriff nicht fiel, eine klare und unzweideutige Verurteilung des Nationalsozialismus als Ideologie, wenn es hieß: »Wer die Rasse, oder das Volk, oder den Staat, oder die Staatsform, die Träger der Staatsgewalt oder andere Grundwerte menschlicher Gemeinschaftsgestaltung ... zur höchsten Norm aller, auch der religiösen Werte macht ..., der verkehrt und fälscht die gottgeschaffene und gottbefohlene Ordnung der Dinge«.[38]

Während die Verlesung der Enzyklika im deutschen Katholizismus weithin wie eine Befreiung empfunden wurde, reagierten staatliche Stellen und Partei mit zorniger Verärgerung.[39] Gleichwohl blieb der befürchtete große Gegenschlag aus. Das Konkordat blieb ungekündigt und die Verschärfung des Kampfes gegen beide Kirchen, die danach einsetzte, hielt sich trotz aller Ausfälle im Rahmen des Gewohnten. Trotzdem bedeuteten diese Ereignisse eine Wendung für Hitlers Kirchenpolitik.

Mit dem Erlaß zur Wahl einer Generalsynode vom 13. Februar 1937, so hielt im März 1941 der Reichskirchenminister in einem Memorandum fest, »endete meine Befugnis als Reichsminister für die kirchlichen Angelegenheiten: die Kirchenpolitik in eigener Verantwortung nach bestem Wissen und Gewissen zu führen«.[40] In der Tat gab es für den Kirchenminister seit dem März 1937 nichts mehr zu tun. Der Grund lag darin, daß Hitler seit jenen Ereignissen im Februar und März mit den Kirchen fertig war. Die Hoffnung, die beiden Kirchen doch noch in seinem Sinne für seine Ziele gewinnen zu können, hatte sich zerschlagen. Damit entfiel die Notwendigkeit für ihn, weiterhin irgendeine Art von konstruktiver Kirchenpolitik zu treiben. Was jetzt noch zu tun blieb, war lediglich Taktik.

Auch dies war freilich nicht die Entscheidung eines Tages. Vielmehr läßt sich das ganze Jahr 1937 hindurch noch ein Schwanken beobachten, ob man nicht doch noch einmal in der einen oder anderen Form eine Lösung der Kirchenfrage suchen sollte. Aber spätestens im Oktober 1937 waren die Dinge entschieden, und zwar persönlich wie politisch.

Am 5. November 1937 teilte Hitler dem engsten Führungskreis des Reiches seinen Entschluß mit, die Frage des deutschen Lebensraumes möglichst bald unter Anwendung von Gewalt zu lösen.[41] Kurz zuvor, am 31. Oktober, hatte er in einer Ansprache vor Propagandaleitern ähnliche Überlegungen geäußert und sie zugleich mit der Bemerkung verknüpft: »Er habe sich nach schweren inneren Kämpfen von noch vorhandenen religiösen Kindheitsvorstellungen freigemacht. ›Ich fühle mich jetzt frisch wie ein Füllen auf der Weide‹«.[42]

Es ist deutlich, daß hier eine Entwicklung zu Ende gekommen war, eine Entwicklung, die wir auch auf vielen anderen Gebieten beobachten können, die aber aus dem Blickpunkt der Kirchenpolitik einen besonderen und eigentümlichen Akzent erhält. Es sieht so aus, als bedeute das Ende der Kirchenpolitk für Hitler zugleich das definitive Ende aller Bindungen, wie schattenhaft sich diese in den Jahren zuvor nur noch gezeigt haben mochten. Jetzt stand er nur noch auf sich selbst, und was das hieß, sollte die Welt bald erfahren.

Ein Requiem für Hitler

Kardinal Bertram, Hitler und der deutsche Episkopat im Dritten Reich

Die katholische Geschichtsschreibung hat lange Zeit am Bild einer in der Abwehr gegen den Nationalsozialismus nahezu geschlossenen Kirche festgehalten. Dies hat sich in den letzten Jahren auf fast dramatische Weise geändert. Zwar waren Spannungen zwischen dem Vorsitzenden der deutschen Bischofskonferenz, dem Breslauer Erzbischof Adolf Kardinal Bertram und dem Berliner Bischof Konrad Graf Preysing seit langem bekannt. Und wer die in den 60er Jahren erschienenen Veröffentlichungen von Walter Adolph,[1] einem engen kirchenpolitischen Mitarbeiter Preysings, und vor allem die ausgezeichneten Beiträge von Ludwig Volk zur Geschichte der Fuldaer Bischofskonferenz kannte,[2] der wußte bereits, daß diese Spannungen weit mehr als eine bloße Meinungsverschiedenheit über das kirchliche Vorgehen waren. Gleichwohl blieb das Thema unter dem wenig aufregenden Stichwort »Divergenzen im Episkopat über die richtige Taktik« noch lange eher am Rande des Interesses.[3] Erst eine Reihe neuerer Veröffentlichungen, so der von Ludwig Volk betreute große zweite Band der Akten des Münchner Kardinals Faulhaber[4] und die nach dem Tode des Autors von der katholischen Kommission für Zeitgeschichte zum ersten Mal vollständig herausgegebenen Aufzeichnungen Walter Adolphs aus den Jahren 1935 bis 1943 haben die grundsätzliche Bedeutung des Konfliktes zwischen Bertram und Preysing ins allgemeine Bewußtsein gerückt.[5] So wird dieser Konflikt in der jüngsten Bilanz des katholischen Kirchenkampfes von Klaus Gotto, Hans Günter Hockerts und Konrad Repgen zu einem zentralen Thema.[6] Die Divergenzen im Episkopat über die richtige Taktik, so heißt es dort, hätten sich nach 1937 »zu schweren Unterschieden der Auffassung über die beste Art des Widerstandes vertieft« und schließlich »in sehr grundsätzliche Probleme« hineingeführt.[7]

In der Tat gab es seit 1937 eine Spaltung im deutschen Episkopat, die sich mit fortschreitender Zeit ständig verschärfte, und die schließlich die politische und kirchenpolitische Handlungsfähigkeit der deutschen Bischöfe weitgehend lähmte. Wie war es dazu gekommen?

Zur Vorgeschichte bis 1937

Graf Preysing, damals noch Bischof von Eichstätt, gehörte zu den ganz wenigen, die von Anfang an im Dritten Reich ein verderbliches und verbrecherisches Regime sahen. An dieser Überzeugung hielt er auch in den Zeiten der großen Erfolge Hitlers offensichtlich ohne die geringsten Schwankungen und Zweifel fest.[8] Schon im Mai 1933, als die deutschen Bischöfe über den Konkordatsentwurf des Vatikans berieten, hatte er als einziger eine ausdrückliche und öffentliche Verwerfung der nationalsozialistischen Ideologie gefordert mit dem bemerkenswerten Hinweis, die Bischöfe müßten sich »bei einem wahrscheinlich kommenden Konflikt auf diesen Hirtenbrief berufen können.«[9]

Der Vatikan und die Mehrheit der deutschen Bischöfe dachten bekanntlich anders, und so kam es zunächst zum Abschluß des Reichskonkordats und dann über Jahre hinweg zu jenem merkwürdigen Zwischenzustand, in dem trotz nahezu ungehemmter Schmähungen und Repressalien gegen den Katholizismus Vertreter beider Seiten, des Staates wie der Kirche, fast von Monat zu Monat einen Friedensschluß für möglich hielten.[10] In diesem Zwischenzustand operierten sowohl der Vatikan wie der deutsche Konferenzvorsitzende Kardinal Bertram mit einer Taktik, die der Lage durchaus angemessen schien. Beide wiesen in immer neuen Eingaben und Beschwerden auf die Rechtsbrüche des Regimes hin und drängten auf die Einhaltung des Konkordats. Sie vermieden dabei jedoch sorgfältig jede Äußerung, die als grundsätzliche Kritik am Dritten Reich gedeutet werden konnte. Die Grundintention dieses Vorgehens war deutlich: nur wer die Rechtmäßigkeit der Regierung anerkannte, konnte sie auf ihren Konkordatsverpflichtungen behaften.

Dieser Zwischenzustand schien für viele Zeitgenossen im März 1937 mit der Veröffentlichung der berühmten Enzyklika »Mit brennender Sorge« beendet. Die Zeit der offenen Konfrontation schien gekommen. Aber sehr schnell stellte sich heraus, daß die Enzyklika verschiedene Interpretationsmöglichkeiten zuließ. Man konnte sie als eine letzte und äußerste Möglichkeit der Kirche verstehen, innerhalb des Konkordatsrahmens ihr Recht und ihre Wahrheit zu behaupten; man konnte sie aber auch als ersten Schritt zur offenen Konfrontation deuten, dem weitere Schritte folgen konnten und mußten.[11]

Der Ausbruch des Konfliktes

Kardinal Bertram, aus Neigung und Überzeugung ein strikter Anhänger des Loyalitätskurses, hielt sich an die erste Möglichkeit. Man darf sogar vermuten, daß er die Enzyklika im Grunde eher als eine Störung seiner kirchenpolitischen Linie empfand. Jedenfalls empfing er die Nachricht von ihrem Erscheinen ohne allen Enthusiasmus. Als Walter Adolph im Auftrag Preysings dem Kardinal mitteilte, »daß der Heilige Vater eine Enzyklika über die kirchliche Lage im Deutschen Reich erlassen« habe, erwiderte Bertram lediglich: »So, ist sie da, ich habe sie aber noch nicht«.[12] Weniger Begeisterung war angesichts eines solchen Ereignisses schwerlich denkbar. Und dementsprechend versuchte Bertram auch, die Wirkung des päpstlichen Rundschreibens dadurch zu entschärfen, daß gerade die kritischen Stellen nicht mitverlesen werden sollten. »Die einleitenden Gedanken über die Vertragsuntreue der Reichsregierung«, so meinte er, »seien doch mehr für die Führenden, nicht aber für die große Masse des gläubigen Volkes bestimmt«.[13]

Selbstverständlich vertrat und verteidigte der Kardinal die Enzyklika gegenüber der Reichsregierung ohne jede Einschränkung. Aber zugleich bemühte er sich, jede weitere Verschärfung zu vermeiden und den drohenden offenen Bruch zwischen Staat und Kirche zu verhindern.

Ganz anders sah Preysing die Dinge. Für den Berliner Bischof war mit der Enzyklika die Zeit der harten und offenen Sprache gekommen. Mit tiefer Enttäuschung reagierte er deshalb auf die unveränderte Verhandlungsbereitschaft des Kardinals, der nach der scheinbaren Überwindung der Krise entschlossen war, der Reichsregierung erneut Verhandlungen – zunächst über Schulfragen – anzubieten. In einem Schreiben an Bertram vom 18. Oktober 1937 lehnte Preysing daher seine Mitwirkung bei solchen Verhandlungen ab und erklärte dazu unter anderem, er halte es »für aussichtslos, wenn nicht für verhängnisvoll, Friedensverhandlungen zu führen, wenn kein Waffenstillstand vom Gegner gewährt wird. Die Kirche ist in ihrem Abwehrkampf gelähmt. Der Staat führt den Vernichtungskampf weiter.«[14] In einem gleichzeitig mitgeschickten Memorandum aus der Feder Adolphs hieß es darüber hinaus, die kirchenpolitische Lage erfordere »endlich Abstand zu nehmen von der Als-ob-Politik und die geistigen Kräfte und tatsächlichen Vorgänge beim richtigen Namen zu nennen. Das Konkordat ist zur Farce geworden«;[15] ferner, »sich von den bisher beobachteten Regeln feinster Diplomatie« abzuwenden; endlich, nach Möglichkeit Publizität herzustellen und »das katholische Volk ... durch kurze, aktuelle ... Hirtenbriefe aufzuklären.«

Bertrams gekränkte Antwort ließ jedes Verständnis für Preysings Position vermissen. Der Kardinal verteidigte vielmehr ausführlich seine kirchenpolitische Linie und machte zugleich seine Entschlossenheit deutlich, an dieser Linie auch weiterhin festhalten zu wollen.

Von diesem Augenblick an waren die Brücken zwischen Berlin und Breslau abgebrochen. Während Bertram in der folgenden Zeit für den Berliner Bischof nur noch spöttische oder sarkastische Bemerkungen übrig hatte (»Jetzt fängt der Bischof von Berlin an zu münstern«) erschien der Breslauer Kardinal in den Aufzeichnungen Adolphs als »ein 79jähriger, autokratischer und mißtrauischer Greis«, der zur Führung der Kirche nicht mehr fähig sei.[16] Nur die Loyalität und Disziplin der Hierarchie verhinderte den offenen Bruch.

Kräfteverhältnisse im Episkopat

Die Frage nach den Kräfteverhältnissen im Episkopat ist nicht ganz leicht zu beantworten. Für die Zeit dieses Konfliktes, die Jahre 1937/38, wird man jedoch davon ausgehen können, daß – wenn auch aus verschiedenen Gründen – die große Mehrheit der deutschen Bischöfe auf seiten Bertrams stand. Das gilt selbstverständlich für die Führungsgruppe im engeren Sinne, den Päpstlichen Nuntius Orsenigo und die Bischöfe Berning und Wienken. Es galt mit Sicherheit auch für den Kölner Kardinal Schulte,[17] und mit Einschränkung für den Münchner Kardinal Faulhaber.[18] Der Freiburger Erzbischof Gröber und der Bischof von Münster, Graf Galen, beide ebenfalls einflußreiche Männer im Episkopat, waren für Preysing offenbar schwer zu deuten. Jedenfalls notierte Adolph im Februar 1938 eine Bemerkung Preysings, »daß es rein zum Verzweifeln sei. Klar sähen nur noch Kaller (der ermländische Bischof) und er.«[19] Entscheidend in diesem Zusammenhang war die Haltung des Vatikans. Es spricht für die Geschicklichkeit Pacellis, daß beide Parteien ihn auf ihrer Seite vermuteten.[20] Aber wenn man die Politik des Kardinalstaatssekretärs insgesamt ins Auge faßt, so kann kein Zweifel bestehen, daß auch er zu dieser Zeit noch der Linie Bertrams entschieden den Vorzug gab. Wie dringend damals auch in Rom der Wunsch bestand, nach der Krise von 1937 zu einer Verständigung mit dem Reich zu gelangen, zeigt allein die Tatsache, daß Pacelli im März 1938 der Reichsregierung streng geheim seine Bereitschaft übermitteln ließ, »auf Wunsch zu Verhandlungen nach Berlin zu kommen.«[21]

Die Gratulation zu Hitlers Geburtstag

Als im März 1939 Pacelli, den so vieles mit Deutschland verband, zum Papst gewählt wurde, schien sich tatsächlich eine Besserung des Verhältnisses anzudeuten. Hitler schickte seinen Botschafter, um dem Neugewählten persönlich »die wärmsten Glückwünsche des Führers und der Regierung« zu übermitteln.[22] Pius XII. bedankte sich durch ein ungewöhnlich freundlich gehaltenes Schreiben, das er zuvor mit den deutschen Kardinälen besprochen hatte.[23] Wenige Wochen später eröffnete der Nuntius auf ausdrücklichen Wunsch des Papstes die große Gratulationscour zur Hitlers 50. Geburtstag am 20. April 1939.[24] Dies alles geschah in der auch von den deutschen Kardinälen geteilten Hoffnung, daß mit dem neuen Papst auch eine neue Chance zur Verständigung mit dem Reich gegeben sei.[25]

Der Breslauer Kardinal durfte sich also mit der allgemeinen kirchenpolitischen Linie einig wissen, als er im folgenden Jahr dem »Hochgebietenden Herrn Reichskanzler und Führer« »namens der Oberhirten aller Diözesen Deutschlands« zum Geburtstag »die herzlichsten Glückwünsche« darbrachte.[26] Es ging freilich über das von einer klugen Kirchenpolitik Gebotene hinaus, wenn er fortfuhr, dies geschehe »im Verein mit den heißen Gebeten, die die Katholiken Deutschlands am 20. April an den Altären für Volk, Heer und Vaterland, für Staat und Führer zum Himmel senden.« Zugleich erinnerte der Kardinal seinen Adressaten an die Sorgen und Beschwerden der deutschen Katholiken und bat um Verständnis »für unser pflichtmäßiges und unablässiges Bemühen, den christlichen Charakter im vollsten Sinne unserem Volke zu erhalten.«

Man hat gemeint, dies sei ein im Grunde verzweifelter Versuch gewesen, »die Klagen des katholischen Volksteils dem obersten Machthaber vor Augen zu rücken.«[27] Aber diese Erklärung verkennt den Ernst und die Tiefe der Loyalität, die der deutsche Kardinal dem katholischen deutschen Staatsoberhaupt gerade im Kriege schuldig zu sein glaubte.

Man kann diese Loyalität im Rückblick unerklärlich, ja unerträglich finden. Aber es gibt vieles in der Geschichte des deutschen Katholizismus, das sie verständlich macht, und in Wirklichkeit stand der Kardinal hier doch zusammen mit unzähligen anderen Deutschen, die im Krieg für Führer, Volk und Vaterland zu streiten glaubten, und die erst nach dem Zusammenbruch erkannten, wofür sie in Wahrheit gestritten hatten.

Für Preysing freilich war dies nun endgültig zuviel. Auf das ihm abschriftlich mitgeteilte Schreiben antwortete er mit der Niederlegung des kirchenrechtlich wichtigen Pressereferates, das ihm 1935 von der Bischofskonferenz übertragen worden war.[28] Dem absichtlich oder unabsichtlich mißverstehenden Kardinal erklärte er schließlich in aller Deutlichkeit, der Grund für seinen Schritt sei »das grundsätzliche Auseinandergehen unserer Anschauungen in Bezug auf die kirchenpolitische Lage«, wie es jetzt durch die programmatischen Ausführungen im Schreiben an den Herrn Reichskanzler und Führer erneut hervorgetreten ist. Darüber hinaus erwog er, aus der Bischofskonferenz auszutreten und auf sein Bistum zu verzichten. Von beidem hielt ihn wohl nur die dringende Bitte des Papstes ab.[29]

Die von Rom mehrfach geäußerte Hoffnung, eine offene Aussprache auf der nächsten Bischofskonferenz im August 1940 werde die Gegensätze mildern, erfüllte sich jedoch nicht.[30] Vielmehr kam es auf der Sitzung zum Eklat, als sich Bertram nach den einleitenden Ausführungen Preysings mit der Bemerkung erhob, »die Herren könnten, wenn sie wollten, eine Aussprache halten, er selbst aber verlasse den Raum.«[31] Da ein Bruch mit dem Vorsitzenden für die Versammelten ganz unvorstellbar war, wurde die Sitzung vom Kölner Kardinal kurzerhand geschlossen. Am nächsten Tag übernahm Bertram ohne weitere Bemerkungen erneut den Vorsitz der Konferenz und behielt ihn allen Bedenken zum Trotz formell bis zu seinem Tode.[32]

Die ganze Problematik des fortdauernden Amtes von Bertram wurde in den Auseinandersetzungen um einen Hirtenbrief deutlich, den ein kleines Gremium der Bischofskonferenz, unter ihnen die Bischöfe Gröber, Berning und Preysing, im Sommer und Herbst 1941 ausgearbeitet hatte.[33] Anhand der Faulhaber-Akten kann man inzwischen die Geschichte dieses Schriftstückes bis ins einzelne verfolgen.

Vorausgegangen war eine wesentliche Verschärfung der Lage. Die Maßnahmen zur Ermordung der Geisteskranken, Nachrichten über Verfolgungen in den besetzten Gebieten, insbesondere in Polen, eine verheerende Aktion gegen Klöster und Ordenshäuser und nicht zuletzt der Angriff auf Rußland am 22. Juni 1941 hatten auch in der Bischofskonferenz die Stimmung umschlagen lassen. Dazu kam der Erfolg einer offenen und deutlichen Sprache, wie er an den berühmten Predigten des Bischofs von Münster sichtbar wurde.

Dies alles bestimmte den ursprünglich für die Bearbeitung von Ordensangelegenheiten eingesetzten Ausschuß, ein gemeinsames Hirtenwort zu entwerfen, daß die Dinge in Deutschland endlich beim Namen nennen sollte. In der Tat war die Sprache des im November 1941 vorliegenden Entwurfs von einer Offenheit und Kühnheit, wie man sie bisher nicht gekannt hatte. Mit Ausnahme der Judenfrage, die bewußt ausgelassen worden war, fehlte kaum ein kritisches Thema.[34] Die Kirche beklagte darin die gegen sie gerichtete Verfolgung; »mit noch größerem Schmerz« aber beklagte sie die Verletzung der naturgesetzlichen Grundrechte. Ausdrücklich genannt waren neben dem Recht auf den Schutz von Eigentum, Wahrheit und Ehre das Recht auf persönliche Freiheit und das Recht auf Leben. Unzweideutig wurde erklärt, was damit gemeint war: »Ebenso wie in Deutschland jeder ohne Schuld und ohne Richter seiner Freiheit beraubt werden kann, so kann er auch ohne Schuld und ohne Richter Gesundheit und Leben verlieren. Niemand kann die Gewaltmaßnahmen der Geheimen Staatspolizei überprüfen und niemand hindert sie, nach Belieben über Tod und Leben zu verfügen.«

In der beigefügten Begründung für die Notwendigkeit des Hirtenwortes aber hieß es, die Frage nach Erfolg oder Mißerfolg dürfe nicht von Bedeutung sein.[35] »Entscheidend ist nur die Frage: Was ist im gegenwärtigen Augenblick unsere Pflicht? Was verlangt das Gewissen? Was erwartet Gott, das gläubige deutsche Volk von seinen Bischöfen?«

Es war ein bedeutsames Zeichen für die Veränderung im Episkopat, daß bis Ende November bereits zwanzig Bischöfe der Veröffentlichung dieses Hirtenwortes zugestimmt hatten.[36] Dann kam zunächst ein Plan dazwischen, gemeinsam mit der evangelischen Kirche einen letzten Versuch bei der Reichsregierung zu unternehmen, der wachsenden Kirchenverfolgung ein Ende zu setzen.[37] Als auch dieser Versuch wie üblich ohne Echo blieb, stand Anfang 1942 erneut die Frage der Veröffentlichung zur Debatte. Jetzt aber erklärte Bertram mit Entschiedenheit, »aus prinzipiellen und praktischen Gründen« dem Beschluß zur Veröffentlichung nicht zustimmen zu können.[38] So unterblieb der große gemeinsame Appell an die Öffentlichkeit, den der Berliner Bischof seit 1937 gefordert hatte.[39]

Der Konferenzvorsitzende spürte, daß er damit in die Minderheit geriet. Wie Preysing lange Zeit allein gestanden hatte, so klagte nun Bertram, daß er sich, »seit 1906 zur Konferenz gehörig, mehr und mehr vereinsamt fühle«.[40] Gleichwohl hielt der alte Kardinal unbeirrt an seiner Linie fest. Was bewog ihn dazu?

Bertram und Hitler

Der Schlüssel zum Verständnis von Bertrams Verhalten liegt in einem schmalen Aktenstück, das im ehemaligen Erzbischöflichen Archiv in Breslau unter dem Titel »Zur Zeitlage 1942/43« aufbewahrt wird.[41] Es enthält Teile eines Briefwechsels, den der Kardinal von 1940 bis 1944 mit Hitler geführt hat.

Trotz der Schwierigkeiten, die sein Gratulationsschreiben von 1940 ausgelöst hatte, hielt der Vorsitzende der Bischofskonferenz es offensichtlich für seine Pflicht, auch weiterhin Jahr für Jahr dem Führer und Reichskanzler zum 20. April zu gratulieren. Er benutzte freilich nicht mehr den Briefkopf des Vorsitzenden, sondern schrieb als Erzbischof von Breslau und »Senior des deutschen Episkopats« – formell also im eigenen Namen, sachlich jedoch mit dem unveränderten Anspruch, Sprecher des ganzen deutschen Katholizismus zu sein.

Alle Briefe des Kardinals brachten, ähnlich wie 1940, nach der Gratulation zunächst die enge Verbundenheit der deutschen Katholiken mit Führer und Volk, Heer und Vaterland zum Ausdruck, um dann die dringende Bitte zu wiederholen, »ein offenes Auge« (wie es 1942 hieß) »den schweren Heimsuchungen zuzuwenden, die von einflußreichen Kreisen und selbst staatlichen Einrichtungen der katholischen Kirche bereitet werden.« Dabei wurde deutlich – und dies war offensichtlich der Kern seiner Argumentation –, daß Bertram zwischen diesen »einflußreichen Kreisen« und Hitler selbst bewußt unterschied. Deshalb lautete etwa die Bitte von 1943: »inmitten aller im Führerhauptquartier zusammenkommenden Aufgaben doch die Augen nicht zu verschließen vor den im Inneren Großdeutschlands von maßgebenden Stellen der Partei und des Staates unterstützten Bestrebungen, das heilige Band zu zersetzen, das in der katholischen Kirche Hirten und Herde verbindet ...« So konnte nur schreiben, wer davon ausging, daß die Kirchenverfolgung in Deutschland im Grunde wider Wissen und Wollen Hitlers geschah, und daß die Zeit kommen würde, wo der Führer und Reichskanzler zu den im Reichskonkordat beschworenen Grundsätzen zurückkehren werde. In der Tat war nur unter dieser Voraussetzung jenes Einverständnis zwischen Kardinal und Staatsoberhaupt möglich, das die Briefe wiederspiegelten.

Die Überraschung dieses Briefwechsels liegt aber nicht nur auf der Seite Bertrams, sondern nicht weniger auf der Seite Hitlers. War schon 1940 Hitlers Antwort an Bertram ungewöhnlich ausführlich und verbindlich ausgefallen, so bemühte sich der Führer von Jahr zu Jahr mehr, dem Kardinal auch von seiner Seite Vertrauen und Einverständnis zu vermitteln. 1942 etwa betonte er, »daß die vermeintlichen Eingriffe in die kirchlichen Verhältnisse, soweit sie nicht durch das Verhalten einzelner Persönlichkeiten veranlaßt sind, unvermeidlich in Verbindung stehen mit der Not der Kriegszeit ... Ich habe kein anderes Interesse«, fuhr er fort, »als daß Staat und Kirche im besten Einvernehmen alles das tun, was zur Überwindung der Schwierigkeiten der Kriegszeit und damit dem Endsiege dient.« 1943 versicherte er: »Sie können sicher sein, Herr Kardinal, daß Ihre Anliegen immer mit besonderer Eindringlichkeit geprüft werden.« Der letzte Brief vom 13. Juli 1944 aber schloß mit der Wendung: »Seien Sie dabei überzeugt, Herr Kardinal, daß ich von der Geradheit und Integrität Ihrer Absichten weiß und sie voll annehme.« Und handschriftlich fügte er der Schlußformel hinzu: »In aufrichtiger Verehrung Ihr Adolf Hitler.«

Es ist nicht leicht, diese Briefe zu deuten. Es gibt gerade aus den Gesprächen im Führerhauptquartier 1941/42 so viele unbezweifelbare Zeugnisse von Hitlers wachsendem Haß und Vernichtungswillen gegenüber Christentum und Kirchen, daß man die Briefe zunächst wohl als ein taktisches Hinhalten und Verzögern verstehen muß, als eine jener lügnerischen Täuschungen, in denen Hitler ein Meister war.[42] Und wenn er damit tatsächlich beabsichtigte, eine unmittelbare Konfrontation mit der katholischen Kirche wenigstens während des Krieges zu vermeiden, so führte diese Taktik ja tatsächlich zu einem großen Erfolg. Andererseits ist es kaum vorstellbar, daß Hitler in dieser Zeit einen ähnlichen Brief – ja überhaupt noch einen Brief – an einen evangelischen Kirchenführer gerichtet hätte. So waren es vielleicht doch auch ferne Erinnerungen an die Jahre, als dem jungen Hitler »der Herr Abt als höchst erstrebenswertes Ziel erschien«; ein letzter, ihm selbst kaum noch bewußter Rest von Respekt des Katholiken vor der Kirche und ihrer Hierarchie, die ihn bei diesen Briefen mitbestimmten. Bertram jedenfalls muß Hitlers Brief so gelesen und verstanden haben.

Der inzwischen 86jährige und von Alter gezeichnete Kardinal hatte Breslau auf ärztliches Anraten am 21. Januar 1945, kurz vor der Einschließung der Stadt durch die russischen Truppen, verlassen und sich nach Schloß Johannesberg bei Lauering begeben, einem alten Besitz der Breslauer Fürstbischöfe.[44] Hier muß ihn am späten Abend des 1. oder am Morgen des 2. Mai die Nachricht vom Tode Hitlers erreicht haben. Sie lautete: »Aus dem Führerhauptquartier wird gemeldet, daß unser Führer Adolf Hitler heute nachmittag in seinem Befehlsstand in der Reichskanzlei, bis zum letzten Atemzug gegen den Bolschewismus kämpfend, für Deutschland gefallen ist.«[45] Wohl noch unmittelbar unter dem Eindruck dieser Nachricht, die nachzuprüfen keinerlei Möglichkeit bestand, griff der Kardinal zur Feder. Eigenhändig gab er allen Pfarrämtern der Erzdiözese die Anweisung, »ein feierliches Requiem zu halten im Gedenken an den Führer und alle im Kampf für das deutsche Vaterland gefallenen Angehörigen der Wehrmacht, zugleich verbunden mit innigstem Gebete für Volk und Vaterland und für die Zukunft der katholischen Kirche in Deutschland.«[46]

Das Blatt mit dieser Anweisung im Breslauer Archiv trägt weder Datum noch Unterschrift. Aber die Handschrift des Kardinals ist unverkennbar, und auch über das Datum nach dem 1. Mai kann allenfalls nach Tagen Unsicherheit bestehen.

Ob die Anweisung noch irgendwo in Schlesien befolgt oder ob sie überhaupt weitergegeben wurde, ist unbekannt. Aber diese Frage ist auch nicht wesentlich. Wesentlich ist, daß der Kardinal mit dieser Anweisung nocheinmal die grundsätzliche Bedeutung seiner kirchenpolitischen Linie bestätigte. Denn ein feierliches Requiem darf nach katholischem Kirchenrecht nur aus einem wichtigen Anlaß und für ein öffentliches Anliegen der Kirche (pro re gravi et publica simul causa) zelebriert werden.[47] So zeigt das Blatt, daß der Kardinal in all den Jahren tatsächlich nicht aus taktischen Überlegungen handelte, sondern daß er, allen Kränkungen, Drohungen und Verfolgungen der Kirche zum Trotz, in Hitler unverändert das katholische Staatsoberhaupt des Reiches sah und respektierte. Wie sehr er sich darin geirrt hatte, mußte er nicht mehr erleben.

Adolf Kardinal Bertram, der letzte deutsche Fürstbischof von Breslau, starb am 6. Juli 1945.

Das Blatt mit seiner Anweisung wurde von fremder Hand durchgestrichen.

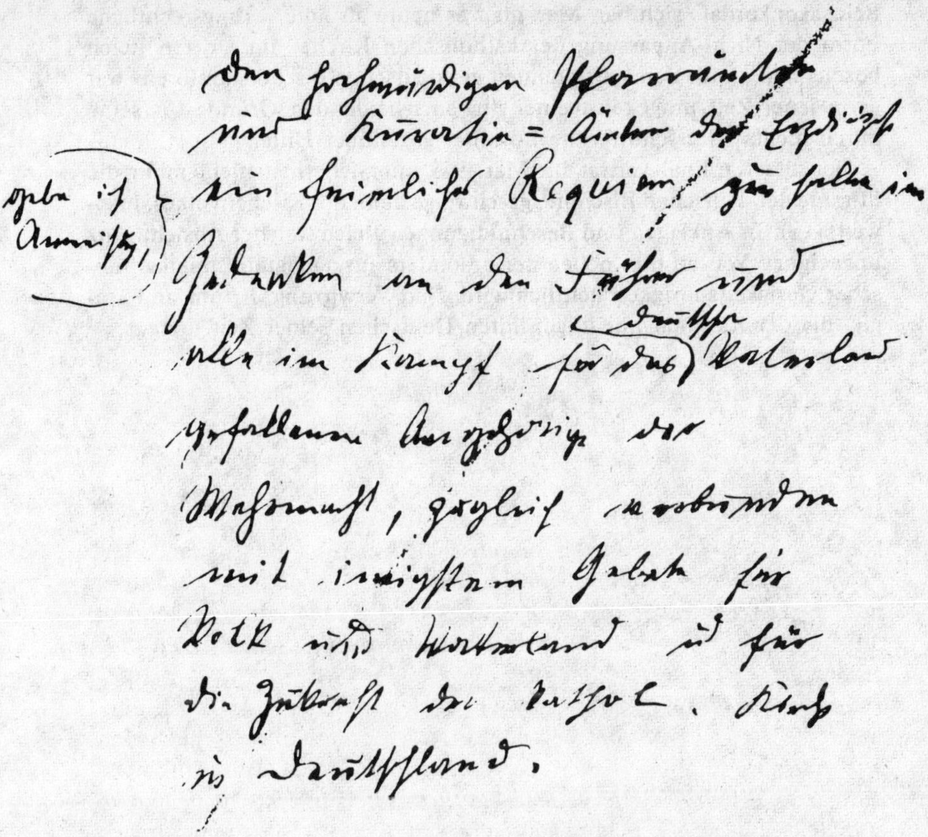
Den hochwürdigen Pfarrämtern und Kuratie=Ämtern der Erzdiözese [gebe ich Anweisung,] ein feierliches Requiem zu halten im Gedenken an den Führer und alle im Kampf für das deutsche Vaterland gefallenen Angehörige der Wehrmacht, zugleich verbunden mit innigstem Gebete für Volk und Vaterland und für die Zukunft der kathol. Kirche in Deutschland.

Rückblick

Der Vorsitzende der deutschen Bischofskonferenz hat in der ganzen Zeit des Dritten Reiches in zahlreichen Briefen, Eingaben, Vorstellungen und Memoranden unermüdlich und zäh die Rechte der katholischen Kirche gegen alle Zugriffe von Staat und Partei verteidigt. Im Blick auf die nationalsozialistische Weltanschauung gab es für ihn keine Konzessionen. Zugleich jedoch hat Bertram seinen ganzen Einfluß geltend gemacht, um jede direkte und öffentliche Kritik der katholischen Kirche an Hitler und dem Dritten Reich zu verhindern. Er war in dieser Hinsicht nicht weniger nationalbewußt und obrigkeitsgläubig wie nur irgendein deutscher Lutheraner. Dazu trug sein Amtsverständnis ebenso bei wie seine geschichtliche Erfahrung, die noch tief im Kaiserreich wurzelte, und die Grenzlage seiner Diözese. Zugleich aber wird in seiner Haltung die nachhaltige Wirkung des

Reichskonkordats sichtbar. Mag man es heute als »die vertragsrechtliche Form der Nicht-Anpassung der katholischen Kirche« im Dritten Reich bezeichnen[48] – für den Vorsitzenden der deutschen Bischofskonferenz war es in jener Zeit umgekehrt einer der entscheidenden Gründe für seine durch nichts zu erschütternde Loyalität gegenüber Hitler.

Der alte Kardinal vertrat im Mai 1945 mit Sicherheit nicht mehr die Stimme der deutschen Bischöfe, geschweige denn des Kirchenvolkes. Insoweit ist er für Anklagen und Beschuldigungen gleich welcher Absicht ganz ungeeignet. Was an ihm neben der besonders ausgeprägten Linie katholischer Obrigkeitshörigkeit deutlich wird, sind Verwirrung, Irrtum und Tragik, die der Kardinal mit ungezählten Deutschen seiner Zeit teilte.

»Die Demokratie fragt jetzt um Bewaffnung«

Karl Barth und der Verein »Kirche und Frieden«. Ein Briefwechsel aus dem Jahre 1938 und eine Ergänzung aus dem Jahre 1950.

Das Thema »Kirche und Frieden« scheint in den letzten Wochen wie vom Himmel gefallen. In Wahrheit hat es die christliche Kirche fast von Anbeginn an begleitet und ist in seiner gegenwärtigen Form seit dem Ende des Ersten Weltkriegs in den christlichen Kirchen Europas und Amerikas immer wieder und nahezu unablässig diskutiert worden. Manche Resolutionen aus den 30er Jahren lesen sich, als seien sie heute geschrieben. So verabschiedete beispielsweise die Weltkonferenz für Praktisches Christentum 1937 in Oxford eine Erklärung, die bereits alle jene Möglichkeiten aufzählte, um die auch heute wieder gestritten wird. »Einige meinen«, so hieß es in dieser Erklärung, »daß der Krieg, vor allem in seiner modernen Form, in jedem Fall Sünde ist. Er steht im Widerspruch mit dem Wesen Gottes, das Liebe ist, mit dem durch das Kreuz bezeichneten Weg der Erlösung und mit der Gemeinschaft des Heiligen Geistes ...«. Andere wieder, fuhr die Resolution fort, »würden nur an einem ›gerechten‹ Krieg teilnehmen«, wobei für einige der »gerechte« Krieg ein Krieg gegen »internationale Vertrags- und Friedensbrecher« sei, für andere dagegen ein Krieg, »um den Opfern eines unprovozierten Angriffs zu Hilfe zu kommen oder Unterdrückten Freiheit zu verschaffen«. Eine weitere Gruppe schließlich betone, daß der Christ zwar »für den Frieden und das gegenseitige Verstehen der Völker« zu wirken habe, daß der Krieg damit aber nicht aus der Welt zu schaffen sei und der Staat deshalb die Pflicht habe, seine Bürger zu schützen. Das bedeute, »daß normalerweise der Christ für sein Land die Waffen tragen« müsse.

Allein diese Aufzählung der heute noch immer unverändert umstrittenen Möglichkeiten zeigt, wie wenig sich zu dieser Frage – abgesehen von dem für alle Christen geltenden Gebot, den Frieden zu schaffen und zu erhalten – Grundsätzliches und Allgemeingültiges sagen läßt.

In Wahrheit können verschiedene Situationen völlig verschiedene Antworten fordern. Wie dramatisch und unkonventionell eine solche Antwort aussehen kann, mag ein Briefwechsel deutlich machen, der im Herbst 1938 zwischen einer holländischen Pfarrfrau und dem seit seiner Zwangspensionierung 1935 in Basel lehrenden Theologen Karl Barth stattfand.

Vorausgegangen war der Anfrage aus Holland die sogenannte Tschechenkrise im August und September 1938, in der Hitlers Gewaltpolitik mit dem Münchener Abkommen ihren bisher größten Triumph gefeiert hatte. Auf dem Höhepunkt dieser Krise, am 19. September, als ganz Europa um den Frieden bangte und auf einen Kompromiß hoffte, hatte Karl Barth an seinen tschechischen Kollegen Josef Hromadka, Professor an der Hus-Fakultät in Prag, einen Brief geschrieben, der zum Entsetzen vieler seiner Freunde das genaue Gegenteil jener allgemeinen Stimmung vertrat. »Mit der Freiheit Ihres Volkes«, so schrieb Karl Barth, »steht und fällt heute nach menschlichem Ermessen die von Europa und vielleicht nicht nur von Europa. Ist denn die ganze Welt unter den Bann des bösen Blickes der Riesenschlange geraten? Und muß sich der Pazifismus der Nachkriegszeit ... nun wirklich in einer so schrecklichen Lähmung aller und jeder Entschlußkraft auswirken?« Noch scheine das Schlimmste, die Zustimmung der Westmächte zu den unsinnigen Forderungen Deutschlands, nicht ausgesprochen zu sein. Aber wenn diese Zustimmung nun doch ausgesprochen werde, fragte Barth, werde dann die Tschechoslowakei »dennoch und erst recht fest bleiben?« Der Basler Theologe forderte also nicht weniger als den unbedingten militärischen Widerstand der Tschechen gegen jeden deutschen Zugriff auch um den Preis eines europäischen Krieges. »Es steht mir vor Augen«, fuhr Barth fort, »was für eine unendliche Last und Not Sie damit auf sich ziehen würden. Dennoch wage ich es zu hoffen, daß die Söhne der alten Hussiten dem überweich gewordenen Europa dann zeigen werden, daß es auch heute noch Männer gibt.« Und in einem schnell berühmt gewordenen und heftig umstrittenen Satz hieß es weiter: »Jeder tschechische Soldat, der dann streitet und leidet, wird es auch für uns – und, ich sage es heute ohne Vorbehalt: er wird es auch für die Kirche Jesu Christi tun, die in dem Dunstkreis der Hitler und Mussolini nur entweder der Lächerlichkeit oder der Ausrottung verfallen kann.«

Der Brief, am 24. September in Prag veröffentlicht, machte schnell die Runde in der europäischen Presse. Alle deutschen Blätter mußten die Nachricht als Auflagemeldung bringen unter Überschriften wie »Theologieprofessor als Kriegshetzer« oder »Karl Barths wahres Gesicht«. Die Bekennende Kirche, ihrem theologischen Lehrer unverändert verbunden, geriet dadurch in schwere Bedrängnis und sah keine andere Möglichkeit, als sich offiziell zu distanzieren, zumal man in Deutschland schon aus Informations-Gründen weder die politische noch erst recht nicht die – in der Tat schwierige – theologische Argumentation des Briefes begreifen konnte.

Aber nicht nur in Deutschland war die Bestürzung groß. Aus London etwa schrieb Franz Hildebrandt, einer der engsten Freunde Bonhoeffers und seit 1937 nach England emigriert, einen kritischen Brief nach Basel. Darin formulierte er jene Fragen, die gerade Karl Barths Freunde und Schüler bewegten: »Wie gerne mein alter Adam mitmachen und gegen die Verbrecher ins Feld ziehen würde, die soviel Unglück über uns gebracht haben,« erklärte Hildebrandt, »brauche ich Ihnen nicht zu sagen ... Aber wen trifft denn der neue Krieg? Und wer darf denn mit dieser Alternative auch nur spielen?« Und nicht weniger dringend waren die theologischen Anfragen: »Haben Sie uns nicht gelehrt, den politischen Protest und die Predigt des Evangeliums auseinanderzuhalten? Haben Sie uns nicht gelehrt, daß die Kirche jederzeit und ausschließlich mit den Waffen der geistlichen Ritterschaft zu kämpfen habe?«

Auch in Holland, in dem die Friedensbewegung nach dem Ersten Weltkrieg besonders Fuß gefaßt hatte, erregte Karl Barths Stellungnahme begreiflicherweise erhebliches Aufsehen. In diesen Zusammenhang gehört der nachfolgende Brief aus dem Karl Barth-Archiv in Basel.

Eine Anfrage zum Thema »Kirche und Frieden«

A. Tromp-de Jong 21. Oktober 1938
Pastorie
Zandvoort

Sehr geehrter Herr Professor,
Wenn es eine persönliche Angelegenheit wäre, so würde ich nicht den Mut haben Ihnen zu schreiben. Wo aber die Problematik, worüber ich schreibe, einer großen »christlichen« Verein in Holland betrifft, wage ich es jedoch.

In 1920 haben wir mit sehr vielen jungen Pfarrern, Theolog. Studenten, und Mitgliedern der Kirchen, eine Verein gegründet: »Kirche und Frieden«, gegen Krieg und Militarismus. Der Verein hat seitdem Krieg u. Kriegsrüstung prinzipiell verurteilt. Es war eine *Verein* (also nicht: Kirche), aber sehr viele gläubige Kirchenglieder waren darin, nebst auch Liberalen und Humanisten. Es galt das Gebot: »Ihr sollt nicht töten.«

In der heutigen Lage sind aber viele von uns unsicher geworden, ob, was wir immer als das Gebot Gottes verstanden haben, auch in der heutigen Situation so unbeschränkt gilt. Wir meinen zu wissen, daß es auch Gottes Gebot ist zu sorgen für den Frieden, d. h. für Gerechtigkeit und Freiheit in dieser Welt, damit diese nicht unterm Fuß gelaufen werden. Wir schwankten im September bei diesem Wahl (auch früher schon, aber jetzt war es sehr deutlich): Krieg ist die Hölle, aber Diktatur ist nicht weniger die Hölle. Wir wollen Frieden, aber nicht jeden Frieden, nicht diesen der gekauft wird indem ein kleines Land für die Wölfe des Nazigewalts geworfen wird.

Was müssen wir jetzt? Unsere »Prinzipia« festhalten, oder: umlernen? Unsere Prinzipia werden uns durch die Dämonie von heute entnommen.

In dieser Fragestellung können wir nicht stecken bleiben, wir müssen uns entscheiden, ob wir in diese Verein Mitglied bleiben können.

Auch bilden diese »Prinzipia« jetzt ein Gefahr, weil wir durch sie der Diktatur Raum geben. Die Demokratie fragt jetzt um Bewaffnung, und wir sind auch Demokraten.

Wir wollen mit diesem Verein kein Abgötterei treiben, obwohl dieser uns sehr viel bedeutet hat. Wir sind bereit umzulernen, wenn es muß.

Nächster Woche haben wir in unserem Pfarrhaus in Zandvoort eine Versammlung von Pfarrern, die alle in »Kirche und Frieden« gehören, und auch mehr oder weniger Schüler von Ihnen sind, z. B. Buskes, mein Mann, u. A. (mein Mann ist schon lange sehr reserviert in dieser Angelegenheit). Wir wollen versuchen zusammen uns zu entscheiden.

Wenn diese Sache für uns alle nicht so urgent wäre, Herr Professor, ich würde Ihnen nicht geschrieben haben. Aber wo wir alle so unsicher sind, aber auch alle wissen, daß Sie immer die Sachen weit schärfer gesehen haben als wer sonst auch, habe ich den Mut Sie zu fragen um ein Wort für diese Konferenz über diese Angelegenheit.

Sie verstehen die Fragen: Kann man es jetzt noch verantworten wenn man im Nahmen Gottes Gewalt und Krieg prinzipiell ablehnt? ist man verantwortet der Freiheit und dem Recht gegenüber, wenn man nicht rüstet? Was müssen wir in der Kirche den Menschen sagen jetzt, wo die Freiheit, auch die Freiheit der Verkündigung, die Erziehung der Kinder, u.s.w. bedroht wird? darf man sich mit Waffen dagegen wehren?

Wenn wir von Ihnen Herr Professor, eine Antwort hätten, so könnte die uns ein Richtlinie bedeuten bei unseren Besprechungen.

Ich hoffe daß mein schlimmes Deutsch von Ihnen verstanden wird, und Sie mir nicht Übel nehmen, daß ich Zeit von Ihnen frage.

Einen herzlichen Gruß von meinem Mann,

hochachtungsvoll, Ihre ergebene
Frau Tromp-de Jong

Karl Barths Antwort

Basel, den 24. Oktober 1938

Sehr geehrte Frau Pfarrer!
Ihr Brief hat mich sehr bewegt und ich will Ihnen gerne sagen, was ich über die Sache denke. Im Entscheidenden, nämlich darin, daß der Augenblick gekommen sein dürfte, die Voraussetzungen Ihres Vereins einer gründlichen Überprüfung zu unterziehen, habe ich dem, was Sie selbst geschrieben haben, nichts hinzuzufügen.

Wenn das Programm von »Kirche und Frieden« im Sinn einer kirchlichen Bejahung eines unbedingten Pazifismus zu verstehen war, dann war es theologisch von Anfang an unmöglich. Die Kirche kann das Gebot Gottes mit keinem Prinzip, mit keinem »ismus« identifizieren, mit dem Pazifismus so wenig wie mit dem Militarismus. Die Kirche kann und muß wohl den Frieden verkündigen; sie muß aber in jeder neuen Situation neu offen sein dafür, aus Gottes Wort zu hören, was jeweilen unter Frieden zu verstehen ist. Sie kann sich also nicht darauf festlegen, daß dieser Friede durchaus und unter allen Umständen darin bestehen müsse, daß nicht geschossen wird.

Die Kirche muß darum beten und darum muß sie auch dafür arbeiten, daß der Staat nach innen und außen ein rechter Staat sei. Zum rechten Staat gehört auch das, daß er den Frieden schützt: aber eben schützt und zwar den Frieden, der der Gerechtigkeit und der Freiheit dient und in Gerechtigkeit und Freiheit zustande kommt. Nur in diesem Frieden kann ja auch das Evangelium verkündigt werden. In jedem anderen Frieden wird das Evangelium der Unterdrückung oder dem Gespött verfallen. Die Kirche kann das dulden, wenn es so kommt; sie kann es aber nicht wollen, daß es so kommt. Sie muß um des Evangeliums willen den rechten Staat und also den rechten Frieden wollen.

Um des rechten Friedens willen darf die Kirche dem Staat nicht wehren, das Schwert zu führen. Und wieder um des rechten Friedens willen darf sie nicht von ihm verlangen, daß er das Schwert »umsonst führe« (Röm. 13,4). Wenn der Staat den Frieden nicht mehr anders schützen kann, dann muß er ihn mit dem Schwert schützen. Die Kirche wird darum beten und dafür arbeiten, daß das nicht nötig werde. Sie wird sich aber die Augen nicht verschließen vor der eintretenden Notwendigkeit - es kann sogar sein, daß sie diese früher sehen muß als der Staat selber!! - und sie wird dann ihren Gliedern sagen, daß sie »dem Kaiser geben sollen, was des Kaisers ist.«

Die Diktatur ist das ausgesprochene Regiment der bewußten und planvollen Ungerechtigkeit und Unfreiheit. Die Diktatur ist als solche die Bedrohung des rechten Friedens. Im Zeitalter der Diktaturen muß die Kirche in allen noch nicht von ihnen beherrschten Ländern mit dem Willen zum rechten Frieden auch die Bereitschaft zu dessen Verteidigung gutheißen und fordern. Sie hat um des Evangeliums willen und durch die Verkündigung des Evangeliums den demokratischen Staat aufzurufen, um jeden Preis, auch um den von Not und Untergang, starker Staat zu sein, das heißt: den Diktaturen an seinen Grenzen mit allen Mitteln Halt zu gebieten. Und sie hat ihren Gliedern um des Evangeliums willen und durch die Verkündigung des Evangeliums zu sagen, daß es etwas gibt, das schlimmer ist als Sterben und als Töten: das freiwillige Jasagen zu der Schande der Herrschaft des Antichrist.

Was Ihren Verein betrifft, so scheint es mir zwei Möglichkeiten zu geben:

entweder Sie verwandeln ihn ausdrücklich in einen Verein »Kirche und

Staat«, der sich die Besinnung auf die politische Aufgabe der Kirche und ihre Verkündigung zum Ziele machen würde.

oder Sie lassen ihm seinen Namen »Kirche und Frieden«, interpretieren diesen aber nach seinem grundsätzlich und praktisch allein möglichen Sinn: »Kirche und rechter Friede«, was dann ebenfalls auf die angegebene neue Zielbestimmung hinweisen würde.

Ich nehme an, daß meine letzten Schriften: »Rechtfertigung und Recht« und »Gotteserkenntnis und Gottesdienst« dort auch bekannt sind, darf mich aber jedenfalls auf das dort weiter Ausgeführte vorläufig beziehen.

Mit freundlichem Gruß an Sie, Ihren Mann und an alle Ihre und meine Freunde

Ihr sehr ergebener
Karl Barth.

Die Wendung zwölf Jahre später

Vor allzu schnellen und einfachen Schlußfolgerungen aus diesem erstaunlichen Briefwechsel ist freilich zu warnen. So wenig sich Karl Barth als Schutzpatron für einen christlichen Pazifismus eignet, so wenig läßt er sich für eine Politik der Stärke in Anspruch nehmen.

Dies zeigte sich zwölf Jahre nach jenem Briefwechsel, im Herbst 1950, als Karl Barths Entscheidung aus dem Jahre 1938 erneut eine Rolle spielte.

Trotz grundstürzender Veränderungen schien damals vielen die Lage in Europa mit der des Jahres 1938 durchaus vergleichbar. Das Bündnis der Siegermächte war längst zerbrochen; mit dem gewaltsamen Umsturz in Prag und der Berliner Blockade hatte 1948 der Kalte Krieg begonnen. Wieder sah sich das freie Europa von einer Diktatur bedroht, die sich gerade auch in ihrem grundsätzlich antichristlichen Charakter von der Hitlers kaum zu unterscheiden schien. Der Ausbruch des Korea-Krieges im Sommer 1950 ließ auch in der Bundesrepublik das Gefühl einer unmittelbaren militärischen Bedrohung durch die Sowjetunion wachsen. So begann in dieser Zeit eine leidenschaftliche Debatte um die Möglichkeit und Notwendigkeit eines deutschen Beitrags zur militärischen Verteidigung des Westens.

Dabei wurde die Front der prinzipiellen Gegner eines deutschen Wehrbeitrags von prominenten Vertretern der evangelischen Kirche angeführt, vor allem von Martin Niemöller und Gustav Heinemann, die sich eben jenem Flügel der Kirche zurechneten, der sich in besonderem Maße der Theologie Karl Barths verpflichtet wußte. Deshalb lag es für die kirchlichen Befürworter eines deutschen Wehrbeitrags nahe, die Gegner an jenen Hromadka-Brief zu erinnern, mit dem Karl Barth 1938 so entschlossen zum militärischen Widerstand aufgerufen hatte. Am 12. Oktober 1950 hieß es in der Wochenzeitung »Christ und Welt«, man werde bei der Entscheidung über den deutschen Wehrbeitrag »ein wenig von der Hochstimmung brauchen«, die Barth seinerzeit bei dem Hromadka-Brief beflügelt habe. Es sei sonderbar, so stellte das Blatt fest, »daß derselbe Professor Barth heute, da Deutschland in der gleichen Lage gegenüber Stalin ist wie vor 12 Jahren die Tschechoslowakei gegenüber Hitler, sich nicht im gleichen Sinne an seine deutschen Freunde wendet, die jetzt das Gegenteil von dem betreiben, was Barth s. Zt. den Tschechen anriet.«

In dieser Lage von seinen Freunden um eine Stellungnahme gebeten antwortete Barth Ende Oktober mit einem langen Brief. Im Unterschied zur Klarheit und Entschlossenheit vom Herbst 1938 bestimmte diesen Brief freilich eher ein vorsichtiges Abwägen und Argumentieren. Tatsächlich war es wohl mehr ein anderes politisches Einschätzen der Lage als ein theologisches Urteil, das ihn jetzt zu ganz anderen Schlußfolgerungen kommen ließ.

»Heute geht die christliche Aufgabe in andere Richtung«

Grundsätzlich erklärte sich Karl Barth auch in diesem Brief – und insoweit blieb er auf seiner Linie – ausdrücklich gegen einen prinzipiellen Pazifismus und für die Erhaltung der Abwehrkraft des Westens. Das heutige Rußland sei keineswegs die Friedensmacht, als die es sich ausgebe, schrieb er, und wenn er verantwortlicher Staatsmann in Amerika oder in England wäre, so würde er durchaus auch »auf eine möglicherweise notwendig werdende militärische Defensive« bedacht sein. Aber da dies heute im Westen ohnehin geschehe und »wahrlich ohne daß eine besondere christliche Ermahnung dazu auch nur von ferne nötig wäre«, gehe die christliche Aufgabe heute in eine andere Richtung.

Der folgende Auszug aus jenem Brief macht deutlich, worauf Karl Barth jetzt das Gewicht legte und was er in dieser Situation für den christlichen Auftrag hielt.

»Heute aber«, so schrieb er, »geht die christliche Aufgabe bestimmt in andere Richtung. Heute haben wir vor allem unermüdlich darauf hinzuweisen, daß der Krieg – er hat das mit dem Tod gemeinsam – erst unvermeidlich ist, wenn er da ist. In dem Ereignis von 1938 war er faktisch schon da und hätte damals durch kriegerische Entschlossenheit im Keim erstickt werden können und müssen. Ein solches Ereignis hat Rußland bis heute nicht herbeigeführt. Es hat bis jetzt niemandem ein Ultimatum gestellt oder sich – ich halte Korea nicht dafür – einer entsprechenden Aggression schuldig gemacht. Es gibt keinen Beweis dafür, sondern es spricht manches ernstlich dagegen, daß es den Krieg überhaupt will. Noch sind andere Mittel vorhanden, den bestehenden Konflikt auszutragen. Bevor sie erschöpft sind, wie sie im Herbst 1938 faktisch schon erschöpft waren, hat niemand im Westen das Recht, den Krieg zu erwarten oder gar an ihn zu glauben und also Rußland so zu begegnen, wie man Hitler damals hätte begegnen müssen. Wir haben darum nicht nur aller da und dort auch im Westen schon wieder aufbrechenden natürlichen Kriegslust, Kriegsfreudigkeit und kriegerischen Herausforderungen als solchen entgegenzuwirken, sondern wir haben energisch daran zu erinnern, daß die westliche Abwehrentschlossenheit gegen den östlichen Kommunismus auf gar keinen Fall den Charakter von Angst und also von Haß tragen, daß sie sich vorläufig auf gar keinen Fall in einem kriegerischen Reden, Denken und Verhalten ausleben darf.

Krieg, der kein aufgezwungener Krieg, der etwas anderes ist als die ›ultima ratio‹ (der letzte Ausweg) der Staatsordnung, Krieg an sich ist Mord und Totschlag und also auch alles, was zum Ausbruch des Krieges treibt, statt ihm entgegenzuwirken. Alle voreilige Bejahung des Krieges, alle Gedanken, Worte und Maßnahmen, die im Grunde damit rechnen, daß der Krieg schon da sei, treiben aber zum Kriege. Aus diesem Grund ist es nötig, daß es jetzt in allen Ländern Menschen gibt, die sich an dem im Schwung befindlichen – ja doch nur oratorischen – Kreuzzug gegen Rußland und den Kommunismus, wie sehr man sie deswegen von allen Seiten anbrülle, in aller Ruhe nicht beteiligen.

Und endlich: wir werden nicht dringlich genug darauf aufmerksam machen können, daß es dem Kommunismus gegenüber letztlich und im Grunde nur die positive Abwehr gibt, die in der Schaffung gerechter, für alle Schichten der Bevölkerung tragbarer sozialer Verhältnisse besteht.«

Der Brief stieß in einer Zeit, in der der Kalte Krieg seinem Höhepunkt zustrebte, auf eine ähnlich erbitterte Ablehnung, wie sie seinerzeit das Votum für den Krieg gegen Hitler erfahren hatte. Und gewiß war die eine wie die andere Stellungnahme theologisch und politisch nicht unproblematisch. Gleichwohl wird man im Rückblick feststellen können, daß Karl Barth doch wohl im einen wie im anderen Fall Recht hatte. Das bedeutet unter anderem, daß nach seiner Überzeugung der einfache Rekurs auf die Bergpredigt für Entscheidungen dieser Art offensichtlich nicht ausreicht. Der politische Frieden mußte politisch gesichert werden – und dazu konnte in einem extremen Fall die Bereitschaft zum Kriegsrisiko ebenso gehören wie in einem anderen Fall die nachdrückliche Warnung vor allem Denken in Kategorien des Krieges.

Historische Beispiele sind immer mehrdeutig und niemals ohne weiteres auf die Gegenwart übertragbar. Gleichwohl wäre zu wünschen, daß in manche der oft stark vereinfachten Diskussionen in der Kirche auch diese historischen Erfahrungen, vor allem aber der Geist des Abwägens nach hier wie dort, von dem diese Dokumente zeugen, Eingang fänden.

Judentum und Christentum in der Ideologie und Politik des Nationalsozialismus 1919–1945

1. Grundsätzliche Vorbemerkungen

Die folgende Darstellung geht von zwei Voraussetzungen aus:
1. Die entscheidende Grundlage für Hitlers Weltanschauung war die Rassenfrage;
2. die Umbildung der Rassenfrage zu einer politischen Weltanschauung war im Wesentlichen Hitlers Werk.

Mit diesen Thesen ist die, schon zu Lebzeiten Hitlers sowohl von konservativer (Hermann Rauschning) wie von marxistischer (Franz Neumann) Seite vorgetragene These abgelehnt, daß der Antisemitismus Hitlers lediglich instrumentalen Charakter besessen habe, und daß die nationalsozialistische Weltanschauung vor allem eine propagandistische Veranstaltung gewesen sei. Nach dieser These wären Hitler und seine engsten Anhänger Zyniker der Macht gewesen, die – selbst erhaben über den Antisemitismus – die traditionelle Judenfeindschaft dazu benutzt hätten, um ihre machtpolitischen Ziele durchzusetzen. Insbesondere die marxistische Deutung, die im Nationalsozialismus eine Spielart des europäischen Faschismus sieht und ihn als zwangsläufige Spätform des Monopolkapitalismus zu deuten gezwungen ist, vermag dem Antisemitismus des Regimes nur eine funktionale und instrumentale Bedeutung zuzumessen.

Demgegenüber zeigen alle Quellen, daß Hitler selbst und seine wichtigsten Anhänger: Goebbels, Bormann und Himmler *von der zentralen Bedeutung der Rassenfrage vollkommen überzeugt waren* und sie demgemäß zur Grundlage und Richtschnur aller wichtigen politischen Entscheidungen gemacht haben. (Lediglich Göring bildete in dieser Hinsicht eine Ausnahme. Dies könnte seinen allmählich abnehmenden Einfluß auf Hitler und die Führung des Reiches erklären.)

Wenn man also von einem funktionalen Verhältnis von Rassenfrage und Herrschaft in der Zeit des Nationalsozialismus sprechen will, dann nur im umgekehrten Sinne: die Politik war in ihrer grundsätzlichen Ausrichtung wie in einer Fülle konkreter Einzelentscheidungen Vollzug der Weltanschauung.

»Die im Überfluß zur Verfügung stehenden Quellen enthalten nichts, was darauf hindeuten könnte, daß Hitler die ›Endlösung der Judenfrage‹ als instrumental im Dienste anderer Zwecke ansah. Sie führen vielmehr unausweichlich zu dem Schluß, daß Hitler bei der Endlösung nicht zweckrational, *sondern wertrational handelte,* nämlich nach seiner Überzeugung, die Juden seien Deutschlands Todfeinde und Deutschland werde erst dann sicher sein, wenn das Judentum vom Erdboden vertilgt sei.«[1]

2. Grundzüge von Hitlers Weltanschauung

Die Grundlage von Hitlers Weltbild stellte ein radikaler *rassisch-ethischer Dualismus* dar; gleichsam ein moderner Rassenmanichäismus. Nach seiner Überzeugung war der *Kampf zwischen einer guten und einer bösen Rasse,* zwischen Ariern und Juden, das geheime Prinzip der Weltgeschichte, und mit dem Ausgang dieses Kampfes wurde auch der Ausgang der Weltgeschichte entschieden. Wir finden diese Vorstellung bereits in dem ersten uns von Hitler bekannten politischen Dokument zu dieser Frage, dem Schreiben an Adolf Gemlich vom 16. September 1919. Die gleiche Sichtweise beherrscht in dieser oder einer ähnlichen Form nahezu alle Reden und Artikel Hitlers in den nächsten Jahren, die durch Eberhard Jäckels Ausgabe jetzt zum ersten Mal zugänglich geworden sind.

Das Schreiben beginnt mit der bemerkenswerten Unterscheidung zwischen dem Antisemitismus als »einer bloßen Gefühlserscheinung« und dem echten politischen Antisemitismus, der auf einer »klaren Erkenntnis«, der »Erkenntnis von Tatsachen«, beruhe. Unter die Tatsachen rechnete der damals Dreißigjährige den Rassencharakter der jüdischen Frage – das Judentum sei »unbedingt Rasse und nicht Religionsgemeinschaft« – und die unaufhebbare verschiedene *Wertigkeit der Rassen.* Es entsprach Hitlers Grundüberzeugung, die wir hier bereits vollkommen ausgeprägt vorfinden, wenn er schrieb: »Und damit ergibt sich die Tatsache, daß zwischen uns eine nichtdeutsche, fremde Rasse lebt, nicht gewillt und auch nicht imstande, ihre Rasseneigenarten zu opfern, ihr eigenes Fühlen, Denken und Streben zu verleugnen, und die dennoch politisch alle Rechte besitzt wie wir selber. Bewegt sich schon das Gefühl des Juden im rein Materiellen, so noch mehr sein Denken und Streben. Der Tanz ums goldene Kalb wird zum erbarmungslosen Kampf um alle jene Güter, die nach unserm inneren Gefühl nicht die höchsten und einzig erstrebenswerten auf dieser Erde sein sollen.« Das Wirken der Juden zerstörte nach Hitlers Überzeugung alle höheren geistigen und sittlichen Werte der Völker und bereitete schließlich ihren Untergang vor. Daraus ergab sich für ihn die folgende Schlußfolgerung: »Der Antisemitismus aus rein gefühlmäßigen Gründen wird seinen letzten Ausdruck finden *in der Form von Progromen* (!). Der Antisemitismus der Vernunft jedoch muß führen zur planmäßigen gesetzlichen Bekämpfung und Beseitigung der Vorrechte des Juden ... Sein letztes Ziel aber muß unverrückbar die *Entfernung der Juden* überhaupt sein.«

Zugleich wird hier das funktionale Verhältnis von Weltanschauung und Politik – die Politik als Mittel zur Durchsetzung weltanschaulicher Ziele –

deutlich, wenn Hitler diesen Abschnitt mit der Feststellung schließt: »Zu beidem« – planmäßige gesetzliche Bekämpfung und schließlich vollständige Entfernung der Juden – »ist nur fähig eine Regierung nationaler Kraft und niemals eine Regierung nationaler Ohnmacht.«[2]

Zur Herkunft dieser Überzeugungen liegen inzwischen eine ganze Reihe von Untersuchungen vor. Sie weisen im allgemeinen auf die geistesgeschichtliche Linie hin, die mit den Namen Gobineau und Chamberlain gekennzeichnet ist. Möglicherweise ist dabei insgesamt der Anteil der naturwissenschaftlichen Rassenforschung zu gering veranschlagt worden. Eine Arbeit wie etwa die 1913 erschienene Untersuchung des bekannten *Anthropologen Eugen Fischer* über die »Rehobother Bastards« war durchaus geeignet, der Rassenlehre den Anschein von Objektivität zu verleihen.[3]

Hitler selbst hat seine Ideen zweifellos aus der völkischen Bewegung bezogen, die zu jener Zeit unter dem Eindruck des verlorenen Krieges gerade in München eine lebhafte, freilich noch immer eher sektiererische Agitation und Tätigkeit entfaltete. Natürlich gab es schon im 19. Jahrhundert eine antisemitische Strömung in Deutschland. Aber erst eine als säkular empfundene und zugleich unverstandene politische Katastrophe wie der Verlust des Ersten Weltkrieges gab den Nährboden ab, auf dem sich der *völkische Antisemitismus* in die Breite entwickeln konnte.

In Hitlers frühen Äußerungen findet sich kein Gedanke, kein Bild, keine Argumentation von einiger Bedeutung, die nicht im völkischen Schrifttum der Zeit vielfach wiederkehrten. Es hat deshalb auch wenig Sinn, nach einzelnen geistigen Ahnen Hitlers zu suchen. Seine Ahnen sind dieselben, auf die sich die völkische Bewegung insgesamt berief. Gleichwohl wäre es falsch, in Hitler einfach einen völkischen Ideologen zu sehen. Er kam zwar aus dieser Bewegung, aber er wuchs sehr schnell über sie hinaus und zwar in zweierlei Hinsicht. Mit der außerordentlichen Energie seines Willens und *mit seinem ausgeprägten Sinn für das politisch Wirksame* formte er aus den verschiedenen Elementen der Rassenfrage eine geschlossene politische Weltanschauung von unerhörter Durchschlagskraft. Und zugleich begriff er, daß die Voraussetzung für den Sieg dieser Weltanschauung in der politischen Organisation lag. Beides entwickelte er 1924 in der Zeit seiner Festungshaft in Landsberg. Wichtigste Quelle dafür ist »Mein Kampf«.

Die beiden zentralen Kapitel dieses Buches sind die beiden letzten Kapitel des ersten Bandes: Kapitel 11 *»Volk und Rasse«* und Kapitel 12 *»Die erste Entwicklung der nationalsozialistischen Arbeiterpartei«*. Im 11. Kapitel trägt Hitler die Rassenlehre als Naturgesetz vor und wendet ihre Lehren auf den Kampf gegen das Judentum an. Dabei macht er die universelle Bedeutung dieser Frage für die gesamte Politik deutlich: »Mag es sich um Fragen des allgemeinen Rechts handeln oder um Auswüchse des wirtschaftlichen Lebens, um kulturelle Niedergangserscheinungen oder politische Entartungsvorgänge, um Fragen einer verfehlten Schulerziehung oder einer schlechten Beeinflussung der Erwachsenen durch die Presse usw., immer und überall ist es im tiefsten Grunde die Nichtbeachtung rassischer Belange des eigenen Volkes oder das *Nichtsehen einer fremden, rassischen Gefahr.*«[4]

Mit der Einsicht in die vermeintlichen Zusammenhänge freilich war es nach Hitler nicht getan. Über solche Einsicht verfügten auch andere. *Entscheidend vielmehr war die Verbindung dieser Einsichten mit einer organisatorischen Form.* Erst in dieser Verbindung entstand die nationalsozialistische Weltanschauung; und sie war Hitlers eigenes Werk. Im Druck hervorgehoben heißt es deshalb im Kapitel 12: »Jede Weltanschauung, sie mag tausendmal richtig und von höchstem Nutzen für die Menschheit sein, wird so lange für die praktische Ausgestaltung eines Völkerlebens ohne Bedeutung bleiben, als ihre Grundsätze nicht zum Panier einer Kampfbewegung geworden sind, die ihrerseits wieder so lange Partei sein wird, als sich ihr Wirken nicht im Siege ihrer Ideen vollendet hat und ihre Parteidogmen die neuen Staatsgrundsätze der Gemeinschaft eines Volkes bilden.«[5]

An dieser Stelle erhebt sich die Frage, welche Rolle dem Christentum in dieser weltanschaulichen Konzeption zugedacht war.

3. Antisemitismus und Christentum in Hitlers Konzeption

Es kann kaum einem Zweifel unterliegen, daß Hitler in der ersten Hälfte der zwanziger Jahre, als er diese Konzeption entwickelte, das Christentum als Bundesgenossen ansah. Und bei oberflächlicher Betrachtung konnte ihn die breite antijüdische Tradition, die die christlichen Kirchen seit dem Mittelalter überlieferten, durchaus dazu ermutigen.

Das Parteiprogramm von 1920 – zwar nicht Hitlers Werk aber von ihm vorgetragen – macht dies deutlich in dem viel umstrittenen Artikel 24. Es wird hier, wenn auch in etwas verklausulierter Form, im Grunde eine Art arisches Christentum postuliert. Wenn im ersten Absatz des Artikels 24 »die Freiheit aller religiösen Bekenntnisse im Staat« gefordert wird, mit der Einschränkung, »soweit sie nicht dessen Bestand gefährden oder gegen das Sittlichkeits- und Moralgefühl der germanischen Rasse verstoßen«, so ist damit allein die jüdische Religion gemeint und von der Freiheitsforderung ausgeschlossen. Und auch der zweite Absatz des Artikels, das Bekenntnis zu einem sogenannten *»positiven Christentum«* in Verbindung mit dem Kampf gegen »den jüdisch-materialistischen Geist in und außer uns« zeigt, daß die junge Partei für die Durchsetzung ihres Rassenantisemitischen Programms auf die Unterstützung des Christentums zählte – freilich nicht des Christentums schlechthin, sondern eines bestimmten, mit dem »Sittlichkeits- und Moralgefühl der germanischen Rasse« übereinstimmenden, den »jüdisch-materialistischen Geist« bekämpfenden Christentums.[6]

Wie dies inhaltlich aussah, machte Hitler in einer Grundsatzrede im April 1922 deutlich. Er begann den betreffenden Abschnitt mit der für diese ganze Konzeption entscheidenden Frage, ob man als Christ Antisemit sein könne. Bemerkenswerterweise beantwortete er diese Frage nicht wie der gewöhnliche Antisemitismus der Zeit, daß man, obwohl Christ, auch - aus welchen moralischen oder wirtschaftlichen Gründen immer - Antisemit sein dürfe, sondern daß man gerade *als Christ Antisemit sein müsse.* Für Hitler ist hier wie immer Antisemitismus kein Grund zur Entschuldigung, sondern im Gegenteil eine politische und moralische Forderung, die er hier unmittelbar aus Gestalt und Schicksal Jesu ableitete. »Ich sage:«, so erklärte Hitler, »Mein christliches Gefühl weist mich hin ... auf den Mann, der einst einsam, nur von wenigen Anhängern umgeben, diese Juden erkannte und zum Kampf gegen sie aufrief ... « »Seinen ungeheueren Kampf aber für diese Welt«, so fuhr Hitler fort, »gegen das jüdische Gift, den erkenne ich heute, nach zweitausend Jahren, in tiefster Ergriffenheit am gewaltigsten an der Tatsache, daß er dafür am Kreuze verbluten mußte.«[7]

Es ist das alte *Motiv der »Christusmörder«,* zweifellos jedem der überwiegend katholischen Zuhörer dieser Rede vertraut, das Hitler hier seiner Konzeption dienstbar macht.

In welchem Umfang in Hitlers Namen von seiner nächsten Umgebung auch die ganze Kirchengeschichte in diesem Sinne interpretiert wurde, zeigt die 1924 erschienene Schrift seines Freundes und Mentors Dietrich Eckart: *»Der Bolschewismus von Moses bis Lenin.* Zwiegespräch zwischen Adolf Hitler und mir.« Obwohl als tatsächliches Gespräch schwerlich authentisch, verdeutlicht es den Horizont von Hitlers Denken in diesen Jahren. In dieser Schrift wird das Bild eines arischen Christentums entwickelt, wie es seit *Paul de Lagarde* und *Houston Stewart Chamberlain* in den Grundzügen bekannt und geläufig war. Die Gesprächspartner Eckart und Hitler sammeln alles, was an antisemitischen Traditionen in der christlichen Geschichte überliefert ist, um damit zu beweisen, daß die Front gegen die Juden seit alters die wahre christliche Front gewesen sei und erst das neuzeitliche Christentum dies zu seinem Schaden vergessen habe.[8]

Diese ganzen Überzeugungen finden sich noch einmal zusammengefaßt in den berühmten - auch im Dritten Reich als Kernspruch viel zitierten - Sätzen aus »Mein Kampf«, in denen Hitler Gott *als den Schöpfer selbst für seine Konzeption beanspruchte:* »Siegt der Jude mit Hilfe seines marxistischen Glaubensbekenntnisses über die Völker dieser Welt, dann wird seine Krone der Totentanz der Menschheit sein, dann wird dieser Planet wieder wie einst vor Jahrmillionen menschenleer durch den Äther ziehen. Die ewige Natur rächt unerbittlich die Übertretung ihrer Gebote. So glaube ich heute im Sinne des allmächtigen Schöpfers zu handeln: Indem ich mich des Juden erwehre, *kämpfe ich für das Werk des Herrn.*«[9]

Mit »Mein Kampf« freilich setzt zugleich eine entscheidende politische

Wendung Hitlers ein. Der Parteiführer Hitler trifft eine kirchenpolitische Grundentscheidung von außerordentlicher Tragweite. Obwohl von seiner Konzeption unverändert überzeugt, *verbietet er der Partei beim Neuanfang nach seiner Entlassung aus der Haft kategorisch, sich mit den christlichen Kirchen auf grundsätzliche Auseinandersetzungen einzulassen.* Es ist dies die logische Folge seiner in dieser Zeit in Landsberg gewonnenen Einsicht von der schlechthin entscheidenden Bedeutung einer geschlossenen Organisation. Nichts, so fürchtete er nicht zu Unrecht, würde dieser Geschlossenheit mehr schaden als kirchlich-konfessionelle Streitigkeiten. Das Vertreten der These von Jesus als dem größten Antisemiten und dem Antisemitismus überhaupt als Inbegriff des Christentums mußte innerhalb und außerhalb der Partei zwangsläufig zu heftigen Auseinandersetzungen führen, die weder zu kontrollieren noch durch den Führer der Partei autoritär politisch zu entscheiden waren. Deshalb trennte sich Hitler in den nächsten Jahren von Ludendorff und dessen Frau Mathilde von Kemnitz, die die Partei auf eine religiös-antisemitische Linie festzulegen suchte, ebenso wie von seinem Thüringer Gauleiter Arthur Dinter, den er zwar als antisemitischen Schriftsteller (»Die Sünde wider das Blut«) unverändert verehrte, dessen Versuch einer religiösen »Reformation« mit Hilfe der Partei er jedoch strikt ablehnte.[10]

Diese kirchenpolitische Grundentscheidung, nämlich die Partei aus allen kirchlichen und religiösen Auseinandersetzungen nach Möglichkeit herauszuhalten, änderte nichts an Hitlers Überzeugung, daß die christlichen Kirchen dazu berufen seien, Seite an Seite mit dem Nationalsozialismus gegen die Juden zu kämpfen. Er verzichtete lediglich darauf, dies unmittelbar zu fordern und daran öffentlich sein Verhältnis zu den Kirchen zu messen.

Aber man darf davon ausgehen, daß er – jenseits aller kirchenpolitischen Taktik, die ihm die Tagespolitik gebot – die grundsätzliche Lösung der Kirchenfrage im Dritten Reich davon abhängig zu machen entschlossen war, ob die Kirchen in der Frage des Antisemitismus an seine Seite zu treten bereit waren.

In Hitlers Sicht war dies die einzige Chance, die die Kirchen noch besaßen, nämlich sich mit der modernen Weltanschauung des Rassenantisemitismus zu verbinden. In seinem ersten Gespräch als Reichskanzler mit einem katholischen Bischof – es war *Bischof Berning von Osnabrück* – im April 1933 ließ er seine Erwartungen in dieser Hinsicht deutlich erkennen. Nachdem er dem Bischof erklärt hatte, daß das Christentum nach seiner – Hitlers – Überzeugung »in den letzten Jahrhunderten nicht mehr die Kraft und Entschlossenheit aufgebracht« hätte, »die feindlichen Mächte gegen Staat und Christentum von sich aus zu überwinden«, kam er auf die Judenfrage zu sprechen und berief sich dabei für seine Judenpolitik auf die katholische Kirche, die die Juden 1500 Jahre lang »als die Schädlinge angesehen« hätte. Erst »in der Zeit des Liberalismus« habe man diese Gefahr

»nicht mehr gesehen.«[11] Offensichtlich erwartete Hitler also zu dieser Zeit noch von der katholischen Kirche eine Unterstützung seiner antisemitischen Gesetzgebungs- und Verwaltungsmaßnahmen.

Weit kritischer äußerte er sich bereits ein Jahr später in einem Gespräch mit den evangelischen Bischöfen Wurm und Meiser. »Die Kirche müsse sich an die Lehre von Blut und Rasse gewöhnen; so wenig die katholische Kirche es habe ändern können, daß sich die Erde um die Sonne drehe, *so wenig könnte die Kirche die unwiderleglichen Tatsachen, die mit Blut und Rasse gegeben sind,* aus der Welt schaffen. Wenn sie das nicht anerkenne, gehe eine Entwicklung einfach über sie hinweg.«[12]

In die gleiche Richtung zielte Hitlers Erklärung gegenüber Kardinal Faulhaber in der dreistündigen Unterredung im November 1936. Auch hier forderte Hitler die Kirche auf, *den Kampf gegen die Rassengesetzgebung aufzugeben,* »›die auf absoluten wissenschaftlichen Forschungen beruhe‹«. Und da für Hitler wie für den Kardinal Bolschewismus und Judentum weithin identische Begriffe waren, war auch die Warnung eindeutig: *»Werde der Nationalsozialismus nicht Herr über den Bolschewismus, dann sei es auch mit dem Christentum und mit der Kirche in Europa vorbei.«*[13]

Bis etwa 1937/38 dürfte Hitler noch mit der Chance gerechnet haben, daß die christlichen Kirchen in Deutschland doch noch in seinem Sinne Einsicht zeigen und sich zum Rassenantisemitismus bekennen würden. Solange war auch seine *Kirchenpolitik noch nicht auf eine Vernichtung von Christentum und Kirchen ausgerichtet,* sondern auf eine Beschränkung ihres Einflusses.

4. Die Reaktionen der Kirchen

Die christlichen Kirchen in Deutschland gerieten durch diese Zumutungen in eine schwierige Lage. Sie vertraten seit Jahrhunderten eine antisemitische Tradition, die allerdings religiös, nicht rassisch begründet war. Die traditionelle christliche Judenfeindschaft wurzelte, wie jüngst *H. A. Oberman* wieder gezeigt hat,[14] in der Konkurrenzsituation zweier monotheistischer Religionen, die sich von Anfang an im Gegensatz zueinander befunden hatten. Eine zentrale Rolle spielte in diesem Zusammenhang der Begriff der »Verstockung«: Gott selbst – so die christliche Lehre – hatte die Juden mit Blindheit geschlagen, daß sie den Messias nicht erkannten, sondern auf seinen Tod drängten, und solche Verstockung und Feindschaft sollte sich im jüdischen Volk fortsetzen und wiederholen bis ans Ende der Tage. Diese Auffassung bedeutete zugleich, *daß jeder Jude, der von da aus gesehen »umkehrte«, also sich taufen ließ, vom Bann der Verstockung befreit war und ohne Einschränkung in die Gemeinschaft der Christen aufgenommen wurde.* Demgegenüber war es Merkmal und Kennzeichen des von Hitler vertretenen Rassenantisemitismus, daß das Judentum gerade nicht Religions- sondern eben Rassengemeinschaft sei, keine religiöse, sondern eine *biologische Größe,* die durch nichts, auch durch die Taufe nicht, aufhebbar war.

Über die Entwicklung des Verhältnisses von religiösem und rassischem Antisemitismus im 19. Jahrhundert besteht, soweit ich sehe, noch keine vollständige Klarheit. Daß trotz der verschiedenen Herkunft von einem engen Zusammenhang auszugehen ist, liegt auf der Hand. Möglicherweise bildet das verbindende Dritte die soziale und wirtschaftliche Problematik des 19. Jahrhunderts und in Deutschland insbesondere des Kaiserreiches. Jedenfalls gilt dies für einen Mann wie *Adolf Stöcker,* der 1881 in einem Vortrag über »Die Bedeutung der christlichen Weltanschauung für die brennenden Fragen der Gegenwart« in einer ungemein charakteristischen Weise die rassischen, die religiösen und die wirtschaftlichen Argumente verband: *»Wir wollen, wir müssen Deutsche, Christen bleiben ... Das Judentum ist doch ein fremder Tropfen in unserem Blute!...* Lassen Sie uns das heilige Gelübde ablegen, in den israelischen Mitbürgern eben Mitbürger zu sehen, Trümmer eines alten, herrlichen Volkes, das freilich den Messias verworfen und den Mammon ergriffen hat ...«[15]

Leider gibt es meines Wissens bisher keine Untersuchungen darüber, ob der *christliche Antisemitismus* konfessionsspezifische Unterschiede aufwies; ob er in den beiden großen Konfessionen gleichmäßig verbreitet war oder ob er – wie Hitler vermutete und Friedrich Heer nahezulegen scheint[16] – im *Katholizismus breiter und tiefer* verwurzelt war.

Angesichts dieser Tradition konnten Hitlers Zumutungen (!) im christlichen Deutschland durchaus ein Echo wecken. In der Tat ist, von Ausnahmen abgesehen, in der Zeit des Dritten Reiches von den Kirchen fast *nirgends* aktiv und unmittelbar *gegen* die Judenpolitik der Machthaber Stellung bezogen worden.

Andererseits – und das ist nun nicht weniger wichtig – haben die beiden christlichen Kirchen als Ganze zu keiner Zeit ihren engen und unauflöslichen Zusammenhang mit Israel verleugnet. Exemplarisch dafür stand das Festhalten am Alten Testament als Offenbarungsquelle. Hitlers Hoffnung, die Kirchen würden sich auf die Konzeption eines arischen Christentums einlassen und sich damit zugleich nicht nur praktisch sondern grundsätzlich mit der nationalsozialistischen Ideologie identifizieren, ging nicht in Erfüllung. Diese Weigerung führte dazu, daß das Christentum aus der Sicht Hitlers und seines engsten Führungskreises mit fortschreitender Zeit immer näher an die Seite des Judentums geriet. *Da das Christentum,* wenn auch vielfach gebrochen, an seiner jüdischen Wurzel festhielt, *entlarvte es sich unter dem Blickpunkt der universalen Rassenlehre selbst als eine jüdische Erfindung:* dies war die Konsequenz, die sich Hitler seit 1937 immer stärker aufzudrängen begann.

Die Diskussion um die Möglichkeit eines arischen Christentums ist, entsprechend seiner größeren Offenheit, nur im Protestantismus öffentlich und ausdrücklich geführt worden. Sie war Ende 1933 bereits entschieden.

Das Programm einer rassisch verstandenen Religion zog 1932 mit den Richtlinien der Deutschen Christen zum ersten Mal offiziell in die evangelische Kirche ein. Die entsprechenden Stichworte lauteten: »artgemäßer Christusglaube«; Rasse, Volkstum und Nation als von Gott geschenkte Lebensordnungen; daher Ablehnung der »Rassenvermischung«; »Schutz des Volkes vor Untüchtigen und Minderwertigen«; Ablehnung der Judenmission wegen der damit verbundenen Gefahr der »Rassenverschleierung und Bastardierung.«[17] Herkunft und Horizont dieser Begriffe sind eindeutig und bedürfen keiner Interpretation. *Es ist bemerkenswert, daß den Deutschen Christen mit diesen Richtlinien immerhin ein beträchtlicher Einbruch in die evangelische Kirche gelingen konnte.*

Die alsbald einsetzende, sehr lebhaft geführte theologische und kirchliche Diskussion ist keineswegs immer mit so klaren Argumenten geführt worden, wie sie in den Äußerungen Dietrich Bonhoeffers (Die Kirche vor der Judenfrage, April 1933; Das Betheler Bekenntnis, August 1933, Abschnitt 6) vorliegen.[18] Tatsächlich bedurfte es erst der *Einführung des Arierparagraphen durch die preußische Generalsynode am 5. September 1933* und damit *der förmlichen kirchenrechtlichen Legalisierung eines rassisch verstandenen Christentums, um wirklich eine breite und umfassende Opposition auf den Plan zu rufen.* Aber am Ende war dann doch in der Verpflichtungserklärung des Pfarrernotbundes im Punkt 5 das Entscheidende klar und eindeutig ausgesprochen: *»In solcher Verpflichtung bezeuge ich, daß eine Verletzung des Bekenntnisstandes mit der Anwendung des Arierparagraphen im Raum der Kirche Christi geschaffen ist.«*[19]

Die Sportpalastkundgebung der Deutschen Christen am 13. November mit der Rede von *Reinhold Krause* stellte den letzten Versuch dar, gegen alle Widerstände das arische Christentum gleichsam auf revolutionärem Wege in der Kirche durchzusetzen und heimisch zu machen. Denn Krauses Forderung nach grundsätzlicher Trennung vom Alten Testament und nach Reinigung des Neuen Testaments von allen jüdisch-paulinischen Spuren bedeutete nichts anderes als eben diese Konzeption.[20]

Die alsbald in der ganzen Kirche einsetzende Reaktion machte deutlich, daß diese Forderungen nicht einmal von den Deutschen Christen aufgenommen wurden. *Tatsächlich markierte der viel umstrittene Sportpalastskandal den Anfang vom Ende der deutschchristlichen Bewegung – auch wenn bis 1945 Bestrebungen lebendig blieben,* das Verhältnis von Christentum und Judentum unter rassischem Aspekt zu verstehen.[21]

Eine ähnliche Bedeutung wie die breite kirchliche Reaktion auf die Rede von Krause für die evangelische Kirche besaßen auf katholischer Seite die fünf Predigten, die der Münchner *Kardinal Faulhaber* unter außerordentlicher Anteilnahme der Gläubigen vom 1. Advent bis Silvester 1933 hielt, und die unter dem Titel *»Judentum, Christentum, Germanentum«* Anfang 1934 erschienen. Angesichts der gespannten konfessionellen Lage in Deutschland war es ganz ungewöhnlich, daß ein deutscher Kardinal über den Zaun der Konfessionen hinwegsah und erklärte: *»Wir reichen den getrennten Brüdern die Hand, um gemeinsam mit ihnen die Heiligen Bücher des Alten Testamentes zu verteidigen.«* Faulhabers Predigten richteten sich nicht gegen den praktischen politischen Antisemitismus der Zeit, wohl aber dessen grundsätzliche Voraussetzungen, den Rassenantisemitismus, und sein Eindringen in die Kirche. Immer unter dem Aspekt, daß Hitler gerade von der katholischen Kirche eine Unterstützung seiner weltanschaulichen Konzeption erwartete, gerieten die Predigten des Kardinals in diesem Punkt zu einer klaren Ablehnung. Es sei offenkundig, so erklärte Faulhaber, daß Christus die »Blutsbeziehungen« ablehne und »Glaubensbeziehungen« fordere. Die Frage laute also nicht: *»Wurde Christus als Jude oder als Arier geboren?«* Die Frage laute vielmehr: *»Sind wir durch Taufe und Glauben in Christus eingegliedert?* ›In Christus Jesus hat weder das Judesein einen Wert, noch das Nichtjudesein, sondern nur die neue Schöpfung.‹«[22]

So wenig sich die christlichen Kirchen in Deutschland in den folgenden Jahren im Widerstand gegen den praktischen Antisemitismus engagierten: diesen Punkt, das *Alte Testament und den aus jüdischem Geschlecht geborenen Christus, gaben sie nicht auf.* Und dieser Punkt war es, der sie trotz aller nationalen Begeisterung, trotz allem Opportunismus, trotz aller Blindheit und Schwäche, schließlich vom Dritten Reich trennen mußte.

Den Kirchen ist dies allerdings sehr viel weniger klar gewesen als Hitler selbst und seiner Führungsgruppe: Bormann, Himmler und Goebbels.

5. Veränderungen in Hitlers Einstellung zum Christentum

Vermutlich kam Hitler im Lauf des Jahres *1937* zu der Überzeugung, *daß mit einer Unterstützung seiner Weltanschauung durch die Kirchen nicht zu rechnen sei.* Dies war sicher keine jähe Einsicht, sondern eine allmählich wachsende Erkenntnis. Sein langes und intensives Gespräch mit dem Münchner Kardinal Faulhaber im November 1936 war der letzte Versuch, die katholische Kirche im Kampf gegen den Bolschewismus auf seine Seite zu ziehen, wobei im Blick zu halten ist, daß Hitler Bolschewismus und Judentum *als Synonyme* benutzte. War die Antwort der deutschen Bischöfe am Jahresende 1936 schon enttäuschend, so mußte Hitler *die Enzyklika »Mit brennender Sorge«* vom April 1937 geradezu als Brüskierung auffassen. Tatsächlich wird sie ihm als endgültige Absage des Katholizismus an seine Weltanschauung erschienen sein.

Zur gleichen Zeit, *im Februar 1937,* scheiterte auch der Versuch des *Reichskirchenministers,* zwischen der Evangelischen Kirche und dem Dritten Reich zu vermitteln.

Beide Ereignisse, verbunden mit wachsender Selbstsicherheit, werden Hitler dazu gebracht haben, keinerlei Erwartungen auf eine Einsicht der Kirchen in seinem Sinne mehr zu hegen. Die eher beiläufige Bemerkung vom Oktober 1937 in einer Ansprache vor Propagandaleitern bekommt in diesem Zusammenhang ihr eigenes Gewicht: *»Er habe sich«, so erklärte Hitler, »nach schweren inneren Kämpfen von noch vorhandenen religiösen Kindheitsvorstellung freigemacht.* ›Ich fühle mich jetzt frisch wie ein Füllen auf der Weide.‹«[23]

Die Weigerung der Kirchen, vorbehaltlos in die Front des nationalsozialistischen Kampfes gegen Weltjudentum und Bolschewismus einzutreten, war für den erfolggewohnten Hitler in dieser Zeit *eine schwere Enttäuschung.* Es war eine eher passive Weigerung, nur ein Festhalten am überlieferten Credo, aber sie genügte, *um den Totalitätsanspruch der nationalsozialistischen Weltanschauung in Frage zu stellen.* Da diese Weltanschauung nach Hitlers Überzeugung klar, eindeutig und wissenschaftlich bewiesen war, mußte es für die Weigerung der Kirchen eine Erklärung geben. Die Erklärung, die er fand, war naheliegend und entsprach seinem Denken, das am Ende alle Probleme auf das eine zurückführte: die Judenfrage. *Wer den nationalsozialistischen Kampf gegen das Judentum nicht unterstützte, mußte selbst jüdisch verseucht sein.* Das galt für den Bolschewismus, für den Kapitalismus und nun auch für das Christentum.

Noch war aus vielerlei Gründen an eine offene Auseinandersetzung mit den Kirchen in Deutschland nicht zu denken. Aber die kirchenpolitischen Entscheidungen des Jahres 1938 ließen deutlich eine härtere Gangart erkennen. In wachsendem Maße ließ Hitler jetzt Martin Bormann, der auf diesem Felde sein treuester Erfüllungsgehilfe war, freie Hand. So kam es auf Betreiben Bormanns in den neuangegliederten Gebieten, in Österreich und im Sudetenland, *zu jener Gesetzgebung, die die Kirchen ihres öffentlich-rechtlichen Status beraubte und dem Vereinsrecht unterstellte* – Vorspiel der Behandlung der Kirchenfrage im sogenannten *Warthegau,* die auf eine vollständige Unterdrückung und Überwachung der Kirchen hinauslief.

Daß für das Altreich ähnliche Entwicklungen bevorstanden, zeigte Hitlers berühmte Rede vom 30. Januar 1939. Nachdem er für einen kommenden Krieg »die Vernichtung der jüdischen Rasse in Europa« angekündigt hatte, wandte er sich im gleichen Zusammenhang mit einer Warnung an die Kirchen, der nationalsozialistische Staat sei jederzeit bereit, *»eine klare Trennung von Kirche und Staat«* vorzunehmen, mit anderen Worten, die Kirchen dem Vereinsrecht zu unterwerfen und *sie aller staatlichen Unterstützung zu berauben.*[24]

Vor allem die Situation des Krieges nötigte Hitler dazu, es bei dieser

Drohung zu belassen. Aber im Grunde war er entschlossen, nach der Vernichtung des Judentums und nach gewonnenem Krieg *auch das Christentum zu vernichten,* gleichsam als die letzte Bastion jüdischen Geistes. Seine *Monologe im Führerhauptquartier* 1941/42 sind dafür ein einzigartiger und in seiner Eindeutigkeit nicht zu übertreffender Beleg.

Ein Christentum, das die nationalsozialistische Weltanschauung ablehnte, konnte nur eine jüdische Erfindung sein.

Am 11./12. Juli 1941 erklärte Hitler deshalb lapidar: *»Der schwerste Schlag, der die Menschheit getroffen hat, ist das Christentum;* der Bolschewismus ist der uneheliche Sohn des Christentums: *beide sind eine Ausgeburt des Juden.«* Nur Jesus blieb unverändert der Arier, der gegen das Judentum kämpfte, wie Hitler ihn schon 1922 sah. »Das Christentum war alles zerstörender Bolschewismus. Dabei hat der Galiläer, den man später Christus benannte, etwas ganz anderes gewollt. Er war *ein Volksführer, der gegen das Judentum Stellung nahm.«* Der Jude Paulus war es dann, der »raffiniert die Lehre des Galiläers für seine Zwecke umgefälscht und ausgewertet« hat.[26] So wird das Christentum wie das Judentum zu einem Instrument der Weltzerstörung: »Dadurch, daß Paulus aus der arischen Protestbewegung gegen das Judentum in Palästina eine überstaatliche christliche Religion machte, hat der Jude das römische Reich zertrümmert.«

Die Hoffnung, das Christentum könnte sich in irgendeiner Form im arischen Sinne erneuern, ist inzwischen längst aufgegeben. »Minister Kerrl«, erklärte Hitler dazu im Dezember 1941, »wollte im edelsten Sinne eine Synthese herstellen zwischen Nationalsozialismus und Christentum. Ich glaube nicht, daß das möglich ist; der Grund liegt im Christentum selbst ... Das reine Christentum, das sogenannte Urchristentum, geht auf die Wahrmachung der christlichen Theorie aus: Es führt zur Vernichtung des Menschentums, ist nackter Bolschewismus in metaphysischer Verbrämung.«[27]

Und so kam es denn konsequenterweise zu der Aussage, daß die Lösung der Kirchenfrage sein letztes großes Problem darstelle. *»Der Krieg wird sein Ende nehmen, und ich werde meine letzte Lebensaufgabe darin sehen, das Kirchenproblem noch zu klären. Erst dann wird die deutsche Nation ganz gesichert sein.* ... In meiner Jugend stand ich auf dem Standpunkt: Dynamit! Heute sehe ich ein, man kann das nicht über das Knie brechen. Es muß abfaulen wie ein brandiges Glied.«[28]

Die Wurzel allen Unheils war und blieb für Hitler das Judentum. Deshalb trafen sein Haß und sein rasender Vernichtungswille zuerst die Juden. Aber je länger umso mehr trat dahinter das Christentum auf als eine durch und durch jüdische Erfindung.

So hingen die jüdische und die christliche Frage im Dritten Reich sehr viel enger zusammen, als den christlichen Kirchen je bewußt gewesen ist. Nur der Untergang Hitlers hat verhindert, daß den Christen dafür gewaltsam die Augen geöffnet wurden.

Nachwort

von Karl Otmar von Aretin

Der Tod von Klaus Scholder am 10. April 1985 traf alle, die ihn kannten, wie ein Blitz aus heiterem Himmel. Seine mit mutiger Gelassenheit getragene Krankheit hatte er auch seinen engsten Vertrauten verschwiegen. Die große Trauergemeinde, die an diesem regnerischen 16. April von der Stiftskirche durch Tübingen zum Friedhof zog, war von Ratlosigkeit geprägt. In den Schaufenstern der Tübinger Buchhandlungen lagen seine Bücher und niemand wollte so recht glauben, daß dieser fröhliche, Lebenslust ausstrahlende Mann nicht mehr war. Das ist bis heute so geblieben.

Der Versuch, einen Teil seiner weit verstreuten Aufsätze in einem Sammelband einer breiteren Öffentlichkeit zugängig zu machen, ist daher auch von der Absicht getragen, nicht nur die Erinnerung an den Menschen Klaus Scholder zu bewahren, sondern auch noch einmal auf ihn und sein Werk hinzuweisen. Dabei gilt es gleich an dieser Stelle Wolf Jobst Siedler zu danken, in dem Klaus Scholder einen über alles Verlegerische hinweg kongenialen Freund gefunden hatte.

Die hier vorgelegten Aufsätze gelten alle der kirchlichen Zeitgeschichte. Kaum ein anderes Thema rief nach 1945 eine derartige Flut von Veröffentlichungen hervor, wie die Geschichte des Kampfes der evangelischen beziehungsweise der katholischen Kirche gegen das Dritte Reich, wobei Kampf insofern ein unklarer Begriff ist, als es dabei niemals um den Sturz des Regimes ging. Kampf – das hieß die Auseinandersetzung mit einem widerchristlichen, rassistischen System, das in beiden Kirchen Relikte früherer Zeiten sah, die möglichst rasch überwunden werden müßten. Schonung oder gar Verständigung war daher nur auf Zeit möglich; nur zur Konsolidierung der eigenen Herrschaft war dieses Regime anfangs um ein positives Verhältnis zu den Kirchen bemüht. Auch besaß es ja eine, wenn auch pervertierte, demokratische Basis und suchte geradezu ängstlich alles zu vermeiden, was den Konsens mit der Mehrheit der Bevölkerung in Frage stellen konnte. Hier war für die Kirchen eine, wenn auch nur von wenigen erkannte, Möglichkeit, sich den neuen Machthabern zu widersetzen.

Beide Kirchen gingen nicht unbeschädigt aus den zwölf Jahren der Hitlerdiktatur hervor. Das macht die vielen Veröffentlichungen über dieses Thema erklärbar. Während die evangelische Kirche am 19. Oktober 1945 in ihrer Stuttgarter Erklärung ihr Versagen eingestand, tat sich die katholische Kirche mit der Vergangenheit erheblich schwerer. Ein verfehlter Abglanz päpstlicher Unfehlbarkeit stand einer solchen Erklärung im Wege. So tat man auf katholischer Seite lange so, als wären im Kirchenkampf keine gravierenden Fehler gemacht worden.

Es war die Diskussion um Hochhuts Drama »Der Stellvertreter«, die 1962/63 hier eine Wende brachte. Von katholischer Seite wurde, ausgelöst durch Aktenpublikationen des Vatikans und durch die wissensschaftlich vorzüglich gestaltete Veröffentlichungsreihe der Kommission für Zeitgeschichte eine um Klärung aller Fragen bemühte Forschungsarbeit in Gang gesetzt. Ihr stand auf evangelischer Seite zwar eine kaum noch übersehbare Zahl von Veröffentlichungen gegenüber, die aber mit diesen Arbeiten wissenschaftlich nicht immer standhalten konnten. Den meisten Veröffentlichungen zum Kirchenkampf ging es nicht um ein Aufzeigen des eigenen Versagens, sondern um dessen Rechtfertigung, um die Schilderung der erlittenen Verfolgung und das Anklagen eines Regimes, das aus seiner widerchristlichen Anschauung heraus zu den monströsesten Verbrechen fähig gewesen war.

Das war sozusagen die Ausgangssituation, in der Scholder mit seinen Forschungen begann. Dabei wurde ihm sehr bald klar, daß die bis dahin nach Konfessionen getrennte Forschung überwunden werden müsse, um zu dem Gemeinsamen des Geschehens vorzudringen. Nur so konnten seiner Meinung nach die gegen das Christentum an sich gerichtete Politik der Nationalsozialisten dargestellt und Bezüge hergestellt werden, die anders nicht zu erhellen waren. Diese Position blieb nicht unumstritten, weil Scholder manche »gesicherte Erkenntnis« als Legende entlarvte.

Aus dieser gemeinsamen Sicht ging zum Beispiel seine Darstellung der Vorgeschichte des Reichskonkordats hervor, die den leidenschaftlichen Widerspruch Konrad Repgens hervorrief. In dieser Diskussion, die Scholder mit einer Mischung von Amüsement und Erstaunen verfolgte, da sie für ihn und andere allzu deutlich Züge von Wilhelm Buschs bekanntem Diktum trug, daß nicht sein kann, was nicht sein darf, wurden von beiden Seiten neue Erkenntnisse vorgelegt, die allerdings weder den aktenmäßigen Nachweis erbringen konnten, daß Hitler die Zusage für den Abschluß eines Reichskonkordates gegen das Versprechen Roms, die Zentrumspartei preiszugeben, gegeben hatte (Scholder), noch daß die Preisgabe des Zentrums mit dem Abschluß des Reichskonkordats überhaupt nichts zu tun hatte (K. Repgen). Auf diese Diskussion ist in meiner Einleitung zu Scholders Aufsatz »Zur Vorgeschichte des Reichskonkordats« eingegangen worden.

Scholder wurde bei der Behandlung seines Themas noch etwas anderes klar: Das große Thema, *die Kirchen im Dritten Reich,* ließ sich nicht darstellen, wenn man nicht bereit war, größere Zeiträume zu überschauen. So war das Verhältnis der Kirchen zum Staat während der Weimarer Republik für die Jahre 1933–1945 ebenso wichtig wie ein Überblick über das gesamte Geschehen. Sein Werk mußte also zwar chronologisch angelegt werden, weil sich die aktuellen Ereignisse nur aus der Situation erklären lassen; das Problem, was die NS-Diktatur aber mit den Kirchen und dem Christentum letztlich vorhatte, war nur zu lösen, wenn man den ganzen Zeitraum ins Auge faßte. Das bedeutete, daß Scholder seine Materialsammlung nicht auf die Zeit beschränkte, an deren Darstellung er arbeitete. Auf diese Weise entstand eine umfangreiche Dokumentensammlung für kirchliche Zeitgeschichte, die sich jetzt bei Gerhard Besier in Berlin befindet; er und Jörg Thierfelder, die das von Scholder begonnene Werk fortsetzen wollen, werden es dankbar heranziehen.

Dieses Verfahren erklärt auch das langsame Fortschreiten der Arbeit. Das Manuskript des zweiten Bandes war zu zwei Dritteln fertig, als Scholder 1983 Kenntnis von seiner schweren Erkrankung erhielt. Er wollte diese heimtückische Krankheit überwinden, ehe er weiter arbeitete. Erst als ihm klar wurde, daß dies nicht möglich war, nahm er im Dezember 1984 die Arbeit wieder auf, ohne den Band zu Ende führen zu können. Der zweite Band erschien im Herbst 1985 – ohne das geplante abschließende Kapitel über die Entwicklung im katholischen Bereich im Jahre 1934.

Das langsame Fortschreiten des Werkes war freilich nicht nur durch die breite Materialsammlung bedingt. Scholders Interessen waren von Anfang an breit gestreut. Als Sohn des Professors für anorganische Chemie Dr. Rudolf Scholder wuchs der am 12. Januar 1930 in Erlangen Geborene in einem Klima auf, dem alles Spezialistentum fremd war. Nach dem Abitur 1948 stand für ihn fest, Theologe werden zu wollen. So legte er schon 1948 die Konkursprüfung zur Aufnahme ins Tübinger Evangelische Stift in Blaubeuren ab und absolvierte 1948/49 sein kirchliches Dienstjahr in Schwäbisch Hall, Aalen und Laufenmühle. 1949 begann er in Tübingen sein Studium der Theologie und Germanistik; im Sommersemester 1951 wechselte er an die Universität Göttingen, wo er neben Theologie und Germanistik auch historische Vorlesungen besuchte. 1954 kehrte er nach Tübingen zurück und promovierte bei Klaus Ziegler mit einer Arbeit »Die Verwirklichung des Imaginativen in den Romanen Jean Pauls. Ein Beitrag zum Problem der poetischen Existenz in der deutschen Romantik« zum Dr. phil. Im selben Jahr erfolgte seine Ordination zum evangelischen Theologen in der Stiftskirche in Tübingen. Aber Scholders Interessen führten ihn zunächst vom Kirchendienst fort. Von den Göttinger Historikern angeregt, wurde er 1956 Stipendiat am Institut für Europäische Geschichte in Mainz mit der Absicht, sich mit einer Arbeit über König Friedrich Wilhelm IV. von Preußen in Geschichte zu habilitieren.

In dieser Zeit, in der er als ordinierter Theologe und promovierter Germanist daran ging, sich in neuerer Geschichte zu habilitieren, erwachten auch seine politischen Interessen. Schon 1954 war der junge Theologe dem FDP-Politiker Karl Georg Pfleiderer aufgefallen; als die FDP-Fraktion in Bonn 1956 einen Kulturreferenten suchte, erinnerte sich Pfleiderer an Scholder, der dieses Amt dann auch übernahm und fortan der FDP verbunden blieb. Als Pfarrverweser im schwäbischen Bad Überkingen nahm Scholder aber wieder seine Arbeit als evangelischer Theologe auf; 1959 wurde er Repetent am Evangelischen Stift in Tübingen. Es war eine ihm adäquate Stellung, die er mit vollen Zügen genoß; bis zuletzt blieb Tübingen seine geistige Heimat.

Die Absicht, sich in neuerer Geschichte zu habilitieren, hatte er inzwischen aufgegeben. Als er 1963 von der Deutschen Forschungsgemeinschaft ein Habilitandenstipendium erhielt, beschäftigte er sich mit einem theologiegeschichtlichen Thema des 17. Jahrhunderts. 1965 habilitierte er sich in Tübingen bei H. Rückert mit einer Arbeit über »Ursprünge und Probleme der Bibelkritik im 17. Jahrhundert. Ein Beitrag zur Entstehung der historisch-kritischen Theologie.« Der Titel sagt nicht alles über den Inhalt aus, denn eigentlich geht es um das Problem, wie zeitgebunden die nichttheologischen Aussagen der Bibel sind, ein Problem, das in beiden Kirchen angesichts der naturwissenschaftlichen Erkenntnisse des 16. und 17. Jahrhunderts drängend war. Die katholische Kirche suchte im Galileiprozeß die neuen Erkenntnisse abzuwehren; Scholder wies nun nach, daß auch die evangelische Theologie lange mit diesen Problemen rang. Sie vermied zwar so spektakuläre Maßnahmen wie die Verurteilung Galileis oder die Verbrennung Giordano Brunos, aber im Grunde war die protestantische Orthodoxie nicht toleranter als die katholische. Dieser langsame Prozeß der Versöhnung der Theologie mit den Erkenntnissen der Naturwissenschaften wurde, wie Scholder eindringlich belegte, in den Niederlanden mit ihrer großen toleranten Tradition entschieden. Das sollte eine der Voraussetzungen für das Wirken der evangelischen Kirche in der modernen Welt werden.

Diese Arbeit hatte eigentlich niemand von dem zeitgeschichtlich wie politisch interessierten Mann erwartet, dem noch vor seiner Habilitation Angebote, wie die Übernahme des »Freien Deutschen Hochstifts« in Frankfurt gemacht worden waren. Die theologische Fakultät machte es Scholder, der sich inzwischen auch als Publizist und Fernsehkommentator einen Namen gemacht hat, nicht leicht. Sie habilitierte ihn zwar, bat ihn aber doch, die einem Privatdozenten gegebenen Beschränkungen einzuhalten. Andere erkannten seine Qualitäten schneller. So wurde er zwischen 1966 und 1968 in den Herausgeberkreis der Zeitschriften »Verkündigung und Forschung«, »Evangelische Theologie« und der »Zeitschrift für Kirchengeschichte« berufen, deren Redaktion bis 1972 in seinen Händen lag. 1967 erwog die Technische Hochschule Darmstadt, Scholder auf den frei gewordenen Lehrstuhl für Neuere Geschichte zu berufen; auf der Berufungsliste stand er an zweiter Stelle. Im Jahr darauf erhielt er den Ruf an den Lehrstuhl für Kirchengeschichte an der Universität Bonn.

Jetzt erst besann sich auch Tübingen seines Privatdozenten, dessen Bekanntheitsgrad in der Öffentlichkeit inzwischen den vieler Professoren überragte und berief ihn auf den inzwischen frei gewordenen Lehrstuhl für Kirchenordnung. Sein eigentliches Gebiet aber wurde die kirchliche Zeitgeschichte. Seit 1971 Mitglied der Arbeitsgemeinschaft für kirchliche Zeitgeschichte, war er jahrelang deren stellvertretender Vorsitzender. Mit den Tübinger Historikern, in deren Fakultät er 1971 kooptiert wurde, hielt er engen Kontakt.

Sein Forschungsinteresse konzentrierte sich nun auf die Geschichte des Kampfes der beiden Kirchen gegen den Nationalsozialismus. Das Erscheinen des ersten Bandes seines großen Werkes »Die Kirchen und das Dritte Reich« 1977 brachte ihm einen Ruf an die Universität Hamburg ein, den er aber ablehnte. Scholder blieb, seiner württembergischen Abstammung gemäß, die er nie verleugnete und die ein Gutteil seines Wesens ausmachte, im »Ländle«, wie er selbstironisch gelegentlich sagte. Um sich scharte er einen Kreis von Studenten, die sich der kirchlichen Zeitgeschichte zuwandten. Seine theoretischen Überlegungen zu diesem Thema sowie einige Forschungsergebnisse seiner Arbeit sind Inhalt des vorliegenden Bandes.

Trotz dieses großen Erfolges als Lehrer und Forscher machte die Tätigkeit eines Universitätsprofessors nur einen Teil seines Wesens und seiner Tätigkeit aus. Zu sehr hatte er als Kulturreferent der FDP die Luft der Öffentlichkeit geatmet und als Fernsehkommentator eine weit über Tübingen hinausgehende Gemeinde gewonnen, als daß die Versuchungen des öffentlichen Lebens an ihm vorbeigegangen wären. Schon 1965 war er Mitherausgeber der Zeitschrift »liberal« und für kurze Zeit auch Vorsitzender des FDP-Kreisverbandes Tübingen. Politik und kirchliche Tätigkeit gingen in seiner Person und Arbeit eine enge Verbindung ein. Von 1969 bis 1971 Mitglied der 7. Synode der Evangelischen Landeskirche in Württemberg, wurde er 1970 in die Synode der Evangelischen Kirche in Deutschland (EKD) gewählt, die ihn auch in ihren Rechtsausschuß entsandte. Im selben Jahr wurde er Mitglied des wissenschaftlichen Beirates der Bundeszentrale für politische Bildung und 1975 Mitglied des Kuratoriums der Stiftung Bundeskanzler-Adenauer Haus. Seit 1982 war er stellvertretender Vorsitzender der Friedrich-Naumann-Stiftung. Die Befürchtung der Universität, ihn ganz an die Politik zu verlieren, nahm trotzdem nur einmal konkretere Formen an: Als 1981 Richard von Weizsäcker das Amt des Regierenden Bürgermeisters von Berlin übernahm, ließ er bei Scholder anfragen, ob er das Amt des Kultus- oder Wissenschaftssenators übernehmen wolle. Aber damals regierte noch die sozialliberale Koalition in Bonn und die Berufung eines FDP-Politikers in einen CDU-Senat schien der Parteispitze nicht in die politische Landschaft zu passen.

Neben diesen vielfältigen Verpflichtungen und Ämtern hatte ihn eine Berufung erreicht, für die ein Theologe eigentlich wenig geeignet erscheint: 1969 war Scholder Mitglied des Sachverständigen-Rates für

Umweltfragen geworden, was die Deutsche Forschungsgemeinschaft bewog, ihn 1972 zum Vorsitzenden ihres Senatsausschusses für Umweltforschung zu ernennen. Mit seinem scharfen, schnell erfassenden Verstand, seinem Humor und seiner Gabe zu vermitteln und auszugleichen, erwarb er sich in dieser Stellung hohes Ansehen. Der Verein Deutscher Ingenieure (VDI) berief ihn in seine Kommission für Luftreinhaltung und schließlich zum Mitglied des sogenannten Richtlinienverabschiedungsausschusses (RVA). Das alles war mit so viel Arbeit verbunden, daß es fast wie ein Wunder erscheint, daß ihm daneben noch Zeit für seine Forschungen blieb. 1982 gab er einen Band »Die Mittwochs-Gesellschaft. Protokolle aus dem geistigen Deutschland 1932-1944« heraus - ein Buch, das inzwischen seinen Platz in der Widerstandsliteratur gefunden hat.

Bei all seiner Tätigkeit und der Fülle seiner Ämter ist Klaus Scholder doch nie ein Politiker oder Publizist geworden, der darüber seine Wissenschaft vergaß. Die Forschung im allgemeinen und die Fortsetzung seines großen Werkes im besonderen hatten Vorrang. Wissenschaftlich ging er keine Kompromisse ein. Zwischen seiner Habilitationsschrift und seiner Arbeit über die Kirchen im Dritten Reich gab es eine Verbindung. Damals war ihm klar geworden: Die Zusammensicht der Entwicklung in beiden Kirchen, die von den konfessionell gebundenen Kirchenhistorikern bis dahin kaum als Forschungsaufgabe gesehen wurde, hatte sich als ein höchst fruchtbarer Ansatz erwiesen.

Trotz dieses eindeutigen Schwerpunktes mag die Frage erlaubt sein, wo der Punkt war, in dem die weit auseinanderklaffenden Interessen Scholders zusammenliefen. In der Wissenschaft war er als Theologe, als Germanist und auch als Historiker ausgewiesen, aber er blieb der Politik doch verbunden, nahm als Publizist und Kommentator zu aktuellen Problemen seiner Zeit Stellung und arbeitete sich in die äußerst komplizierten Zusammenhänge des Umweltschutzes zu einer Zeit ein, da dies noch keineswegs selbstverständlich war. Wo hätte sein Weg ihn am Ende hingeführt?

Klaus Scholder ist nicht ohne seine tiefe Verwurzelung im christlichen Glauben zu verstehen. Er war ein Theologe, der von seinem Glauben geprägt war und nicht jeder Modetorheit hinterherlief. Er war ein evangelischer Theologe, der davon durchdrungen war, daß sich die Kirche allen Problemen ihrer Zeit zu stellen habe, aber sich der Versuchung entziehen müsse, sich den Strömungen der Zeit anzupassen. Wenn ihn die Beschäftigung mit dem Nationalsozialismus irgendetwas gelehrt hat, dann war es die Erkenntnis, daß die Kirchen sich den Verlockungen der Gegenwart zu widersetzen haben, wenn sie zum Evangelium Jesu Christi in Widerspruch stehen. In seinem Urteil und auch in seiner Beurteilung der Haltung der Kirchen zum Dritten Reich wurde er immer vorsichtiger. Die Rekonstruktion der Vergangenheit hatte ihm die Verlockungen sehr deutlich gemacht, die vom Nationalsozialismus als dem Vollstrecker nationaler Sehnsüchte ausgegangen waren. Das hieß freilich nicht, daß er die faulen Kompromisse von einst gebilligt hätte; im Gegenteil, die Erkenntnisse, die ihm durch seine Forschungen zuwuchsen, wurden von ihm als warnendes Beispiel begriffen, wie sich die Kirchen durch zu große Anpassungen an gegebene Verhältnisse und Rücksichtnahmen auf Zeitströmungen in Situationen ziehen lassen können, denen sich zu widersetzen ihre Aufgabe gewesen wäre.

Aus diesem christlichen Selbstverständnis heraus gewannen seine Tätigkeiten einen inneren Zusammenhang. Auch als Kommentator politischer Probleme hörte er nie auf, als evangelischer Christ zu sprechen und der Schutz der Umwelt war ihm ein Dienst an der gefährdeten Schöpfung Gottes. Scholder war ein protestantischer Streiter Christi, und es müßte schon merkwürdig zugehen, wenn der Herr über diese Welt an ihm nicht seine Freude gehabt hätte.

Anmerkungen

Einleitung

1 Vgl. dazu J. Burckhardt, Weltgeschichtliche Betrachtungen, hg. v. R. Stadelmann, Tübingen 1949, 259ff., 279.

1a K. Scholder, Report, in: The Church in a Changing Society. Conflict – Reconciliation or Adjustment?, Uppsala 1978, S. 334.

2 Als Beispiel für die darauf bezogene, durchaus ambivalente Würdigung vgl. W.-D. Hauschild, in: Ev. Kommentare 19 (1986), S. 468f.; ders., Zur Erforschung der Barmer Theologischen Erklärung von 1934, in: Theol. Rundschau 51 (1986), S. 130–165, bes. S. 134; 140; 151; 159 oder E. Iserloh, in: Theol. Revue 82 (1986), S. 297f.

3 K. Scholder, Altes und Neues zur Vorgeschichte des Reichskonkordats. Erwiderung auf Konrad Repgen, in: VZG 26 (1978), S. 540.

4 K. Scholder, Die Kirchen und das Dritte Reich, Bd. 1, Vorgeschichte und Zeit der Illusionen 1918–1934, Frankfurt/M.–Berlin 1986 (Ullstein-Buch; Nr. 33073), S. IX.

5 Ev. Kirche im Rheinland. Landessynode 1984. Eröffnungspredigt – Bibelarbeiten – Vorträge zum Thema »Barmen 1934–1984«, Düsseldorf 1984, S. 61–118.

6 Beide Zitate bei K. Scholder, Die theologische Grundlage des Kirchenkampfes. Zur Entstehung und Bedeutung der Barmer Erklärung, in: EvTh 44 (1984), S. 523 u. 524. Siehe in diesem Zusammenhang auch Scholders Kontroverse mit Helmut Gollwitzer über den theologischen Standort der Zeitschrift »Evangelische Theologie«, in: EvTh 44 (1984), S. 193–205.

7 Vgl. Anm. 5.

8 K. Scholder, Verhängnis und Schuld in der Geschichte, in: Jahrbuch der Wittheit zu Bremen, Bd. XXVI, 1982, S. 120.

9 Ebd.

10 K. Scholder/D. Kleinmann, Protestantische Profile. Lebensbilder aus fünf Jahrhunderten, Königstein/Ts. 1983, S. 11.

11 K. Scholder, Über den Umgang mit unserer jüngsten Geschichte, in: Bayerische Landeszentrale f. politische Bildungsarbeit, München 1979, S. 17.

12 a.a.O., S. 24. Zur Frage einer Revision des herkömmlichen Geschichtsbildes vgl. auch K. Scholder, Neuere deutsche Geschichte und protestantische Theologie, in: EvTh 23 (1963), S. 532ff.

13 Siehe dazu auch J. Mehlhausen, Bekenntnis und Staat. Die historische und gegenwärtige Bedeutung der 5. Barmer These, in: T. Rendtorff (Hg.), Charisma und Institution, Gütersloh 1985, S. 211–220, bes. S. 215ff.

14 Vgl. dazu K. Scholder, Die Kirchen und das Dritte Reich, a.a.O. (Anm. 4), X; ders., Die Kirchen und das Dritte Reich, Bd. 2, Das Jahr der Ernüchterung 1934. Barmen und Rom, Berlin 1985, S. 337ff., 366ff. und demgegenüber Scholders frühere Einschätzung, in »Die Ergebnisse des Kirchenkampfes und die theologische Situation der Gegenwart«, in: Kirche und Nationalsozialismus. Zur Geschichte des Kirchenkampfes, hg. v. P. Rieger und J. Strauss, München 1969 (Tutzinger Texte, Sonderband 1), S. 259–282. Der von C. Nicolaisen besorgte Nachtrag zu Scholders Kirchenkampf-Artikel für die 3. Aufl. des Ev. Staatslexikons (Bd. 1, Stuttgart 1987, Sp. 1636–1640) enthält einige groteske Fehlurteile über die historiographische Leistung Scholders: Er habe neue Maßstäbe setzen wollen [sic!] »wenngleich er konzeptionell eher der älteren Forschung« gefolgt sei (Sp. 1636); im Anschluß an die Wiedergabe der Kritik Nowaks an Scholder resümiert Nicolaisen: »In der Tat muß gerade die ev. Zeitgeschichtsforschung stärker als bisher politikwissenschaftl. und so-

zialhist. Methoden einbeziehen, um ihre weitgehende Isolierung zu überwinden« (Sp. 1637). An die Stelle des theologisch geprägten historischen Urteils von Klaus Scholder, der doch wahrhaftig interdisziplinär und von der historischen Zunft wohl beachtet arbeitete, sollen die Normen einer in ihren Voraussetzungen nicht weiter hinterfragten historischen Schule treten, weil der Anschluß an sie das Ende einer angeblichen »Isolierung« der ev. Geschichtsschreibung verspricht. Vgl. dazu auch G. Ringshausen, Neue Romantik oder Neuzeit als Mittelalter?, in: KIRCHLICHE ZEITGESCHICHTE (KZG). Internationale Halbjahresschrift für Theologie und Geschichtswissenschaft, 1 (1988), S. 118–123.

15 Siehe auch Scholders Diskussionsbeiträge im Zusammenhang der kontroversen Deutung des Widerstandsverhaltens insbes. der kath. Kirche, in: J. Schmädeke/P. Steinbach (Hg.), Der Widerstand gegen den Nationalsozialismus. Die deutsche Gesellschaft und der Widerstand gegen Hitler, München–Zürich 1985, S. 1125–1127.

16 Vgl. dazu auch die Würdigungen Scholders durch H. A. Oberman, in: ZKG 96 (1985), S. 295–300; G. Sauter, in: EvTh 45 (1985), S. 193f.; J. Moltmann, G. Schulz, H. Hamm-Brücher und C. A. von Heyl in: EvTh 47 (1987), S. 475–504.

Anmerkungen zum Teil I
Geschichte und Hoffnung

1 H. Luppe, Mein Leben, Nürnberg 1977 (Quellen zur Geschichte und Kultur der Stadt Nürnberg, Bd. 10), S. 279.

2 Nürnberg 1933. Eine Sammlung der wichtigsten Reden auf dem Parteitag der NSDAP vom 30. August bis 3. September 1933, Berlin 1933, S. 8.

3 H. Beer, Widerstand gegen den Nationalsozialismus in Nürnberg 1933–1945, (Nürnberg Werkstücke zur Stadt- und Landesgeschichte 20) Nürnberg 1976, S. 33ff.

4 Ebd., Tab. S. 39. Zum Wahlverhalten in den überwiegend protestantischen Gebieten vgl. K. Scholder, Die Kirchen und das Dritte Reich, Bd. I, Frankfurt/Berlin/Wien 1977, S. 161ff.

5 J. W. Baird (Hg.), Das politische Testament Julius Streichers, Vierteljahrshefte für Zeitgeschichte 26, 1978, S. 670.

6 Zur Entwicklung des völkischen Antisemitismus im einzelnen vgl. Scholder, Kirchen (Anm. 4), S. 93ff.

7 A. Müller, Geschichte der Juden in Nürnberg 1146–1945, Nürnberg 1968, S. 184.

8 R. H. Phelps, »Before Hitler Came«: Thule Society and German Orden, in: The Journal of Modern History 53, 1963, S. 249.

9 H. Preiß, Die Anfänge der völkischen Bewegung in Franken, Diss. phil. Erlangen 1937, S. 69.

10 G. Pfeiffer (Hg.), Nürnberg, Geschichte einer europäischen Stadt, München 1971, S. 456; J. W. Baird, Das polit. Testament (Anm. 5), S. 680.

11 A. Müller, Geschichte der Juden (Anm. 7), S. 195ff.

12 Ebd., S. 201.

13 L. Riefenstahl, Hinter den Kulissen des Reichsparteitag-Films, München 1935, S. 11.

14 R. Karwehl, Politisches Messiastum. Zur Auseinandersetzung zwischen Kirche und Nationalsozialismus, in: Zwischen den Zeiten 9, 1931, S. 542f.

15 H. T. Burden, Die programmierte Nation. Die Nürnberger Reichsparteitage, Gütersloh 1967, S. 98f.; G. Pfeiffer, Nürnberg (Anm. 10), S. 456.

16 A. Speer, Erinnerungen, Berlin [9]1971, S. 80ff.
17 A. Speer, Spandauer Tagebücher, Berlin 1975, S. 636f.; H. T. Burden (Anm. 15), S. 223.
18 Speer, Erinnerungen, S. 82.
19 Nürnberg 1933 (Anm. 2), S. 13.
20 M. Domarus, Hitler. Reden und Proklamationen, Bd. I.2, München 1962, S. 715.
21 Speer, Spandauer Tagebücher, S. 403.
22 B. Blau, Das Ausnahmerecht für die Juden in den europäischen Ländern 1933–1945, I. Teil, New York 1952, S. 29ff.; B. Lösener, Als Rassenreferent im Reichsministerium des Innern, VZG 9, 1961, insbes. S. 272–287; U. A. Adam, Judenpolitik im Dritten Reich, Düsseldorf 1972, S. 125–153.
23 Das ist das Fazit der Arbeit von H. Beer, Widerstand gegen den Nationalsozialismus in Nürnberg 1933–1945 (Anm. 3).
24 H. Baier, Kirchenkampf in Nürnberg 1933–1945, Nürnberg 1945, S. 20ff.
25 Ebd., S. 32; A. Müller, Geschichte der Juden (Anm. 7), S. 245.
26 K. Scholder, Kirchen (Anm. 4), S. 354.
27 H. T. Burden, Programmierte Nation (Anm. 15), S. 238.
28 H. Rumpf, Das war der Bombenkrieg, Oldenburg 1961, S. 35.
29 M. Middlebrook, Die Nacht in der die Bomber starben. Der Angriff auf Nürnberg und seine Folgen für den Luftkrieg, Berlin 1975, S. 83.
30 G. Pfeiffer, Nürnberg (Anm. 5), S. 464; F. Nadler, »Ich sah, wie Nürnberg unterging...!«, Nürnberg 1955.
31 Vgl. dazu auch A. Verrier, Bombenoffensive gegen Deutschland 1939–1945, Frankfurt 1970, S. 200.
32 G. E. Gründler, A. v. Manikowsky, Das Gericht der Sieger, Oldenburg 1967, S. 70f.
33 Ebd., S. 42.
34 Ebd., S. 48f.

Über den Umgang mit unserer jüngsten Geschichte

1 G. Mann, Deutsche Geschichte des 19. und 20. Jahrhunderts, Frankfurt 1958, S. 960f.
2 S. Datner, Walka i zaglada bialostockiego Ghetto, Lodz 1946, S. 46. Zitiert nach: Als die Synagogen brannten. Kristallnacht und Kirche, Heft 1. Hg. im Auftrag der Evang. Kirche der Kirchenprovinz Sachsen, Magdeburg 1978.
3 E. Nolte, Über Frageverbote. FAZ v. 25. 11. 1978, Beilage.
4 J. W. v. Goethe, Sämtl. Werke, Artemis Verlag, Bd. 1, S. 628.
5 J. C. Fest, Hitler, Frankfurt, Berlin, Wien 1973, S. 25.
6 S. A. Kaehler, Vom dunklen Rätsel deutscher Geschichte, in: Studien zur deutschen Geschichte des 19. und 20. Jahrhunderts, Göttingen 1961, S. 367.
7 W. Churchill, Der Zweite Weltkrieg, Bd. I.1, Stuttgart 1948, S. 88f. Vgl. dazu auch H. Brüning, Memoiren 1918–1934, Stuttgart 1970, S. 556–564.
8 Zitiert nach D. Irving, Hitlers Weg zum Krieg, München und Berlin 1979, S. 326f.
9 P. Hoffmann, Widerstand, Staatsstreich, Attentat. Der Kampf der Opposition gegen Hitler, Ullstein Taschenbuch 1974, S. 305f.; 333; 339f.; 377 u. ö.
10 G. Mann, Deutsche Geschichte (Anm. 1), S. 962.
11 H. Wilhelmy, Aus meinem Leben, Ebernburg 1977 (vervielfältigtes Manuskript).

* Vortrag, gehalten auf der festlichen Jahressitzung der Wittheit zu Bremen am 20. Oktober 1981.

1 Der Vortrag greift ein Thema wieder auf, mit dem ich mich bereits am 17. Januar 1980 beim Jahresempfang der Evang. Akademie Tutzing beschäftigt habe. Vgl. K. Scholder, Über den Umgang mit unserer jüngsten Geschichte. Einführung Franz Josef Strauß (Bayer. Landeszentrale für politische Bildungsarbeit z 12), München 1979.

2 Eine gute Einführung in die wichtigste Literatur gibt P. Graf Kielmannsegg. Deutschland und der Erste Weltkrieg, Stuttgart [2]1980, S. 697–730. Dem Vortragscharakter entsprechend werden im Folgenden – von einigen Ausnahmen abgesehen – nur die wörtlichen Zitate nachgewiesen.

3 Zur Diskussion und den Thesen von F. Fischer vgl. zusammenfassend jetzt F. Fischer, Bündnis der Eliten. Zur Kontinuität der Machtstrukturen in Deutschland 1871–1945, Düsseldorf 1979.

4 So die überwiegende Meinung der neueren deutschen Forschung, z. B. P. Graf Kielmannsegg (Anm. 2), S. 7–22; A. Hillgruber, Deutschlands Rolle in der Vorgeschichte der beiden Weltkriege, Göttingen [2]1979, insbes. S. 54–58; Th. Schieder, Staatssystem als Vormacht der Welt 1848–1918 (Propyläen Geschichte Europas Bd. 5), Frankfurt/Berlin/Wien 1977, S. 328f.; K. D. Erdmann, Die Zeit der Weltkriege, in: Gebhardt/Grundmann, Handbuch der deutschen Geschichte Bd. 4.1, Stuttgart [9]1973, S. 52–57.

5 Zitat nach K. D. Erdmann (Anm. 4), S. 54.

6 Aischylos, Agamemnon, Orestie I, 1034–1330; Vergil, Aeneis, 2. Gesang, V. 245f.

7 Th. Schieder (Anm. 4), S. 330.

8 F. Berber, Das Diktat von Versailles, Entstehung–Inhalt–Zerfall. Eine Darstellung in Dokumenten, Essen 1939, Art. 231, S. 1224; Note der deutschen Friedensdelegation S. 1227; Alliierte Mantelnote S. 69ff.

9 Aus dem Vortrag von Lord Lothian (d. i. Philip Kerr) v. 29. 6. 1937, ebd., S. 1224f.

10 M. Weber, Zum Thema der »Kriegsschuld«, Frankfurter Zeitung vom 17. Januar 1919, in: Ges. Polit. Schriften, Tübingen [2]1958, S. 478.

11 A. François-Poncet, Als Botschafter in Berlin 1931–1938, Mainz 1947, S. 12. Zur englischen Politik in der Zwischenkriegszeit vgl. M. R. Gordon, Conflict and Consensus in Labour's Foreign Policy 1914–1965, Stanford 1969, S. 45–82.

12 K. Barth, Brief an Prof. Hromadka in Prag v. 19. 9. 1938, in: Eine Schweizer Stimme 1938–1945, Zürich 1945, S. 58f.; Fürchtet euch nicht! Ein Brief (1950), in: K. Kupisch (Hg.), Der Götze wackelt, Berlin [2]1964, S. 152.

13 K. D. Erdmann (Anm. 3), S. 303–307.

14 W. Churchill, Der Zweite Weltkrieg, Bd. I.1, Stuttgart 1948, S. 88f. Vgl. dazu auch H. Brüning, Memoiren 1918–1934, Stuttgart 1970, S. 556–564.

15 So nach W. Niesels Bericht in W.-D. Zimmermann (Hg.), Begegnungen mit Dietrich Bonhoeffer, München [4]1964, S. 138f. Anders dagegen E. Bethge, Dietrich Bonhoeffer. Theologe, Christ, Zeitgenosse, München 1967, S. 766ff.

16 D. Bonhoeffer, Ethik, München [7]1966, S. 80.

17 Zitiert nach D. Irving, Hitlers Weg zum Krieg, München und Berlin 1979, S. 326f.

18 F. P. Reck-Malleczewen, Tagebuch eines Verzweifelten, Lorch–Stuttgart 1947, S. 27f.

19 P. Hoffmann, Widerstand, Staatsstreich, Attentat. Der Kampf der Opposition gegen Hitler, Frankfurt/Berlin/Wien 1974 (Ullstein Buch Nr. 3077), S. 304ff.; 333f.; 340f.; 477 u. ö.

20 H. Wilhelmy, Aus meinem Leben, Ebernburg 1977 (vervielfältigtes Manuskript).
21 H. Asmussen an Visser't Hooft, 13.12.1942; K. Ludwig, Karl Barths Dienst der Versöhnung. Zur Geschichte des Stuttgarter Schuldbekenntnisses, in: Zur Geschichte des Kirchenkampfes, Ges. Aufsätze II, Göttingen 1971, S. 311f.
22 Zitiert nach B. Scheurig, Henning v. Tresckow, Eine Biographie, Oldenburg [3]1973, S. 191
23 Text bei G. Heidtmann (Hg.), Hat die Kirche geschwiegen? Das öffentliche Wort der evang. Kirche aus den Jahren 1954–1964, Berlin [3]1964, S. 19f.
24 O. v. Bismarck, Die gesammelten Werke, Bd. 14 II, Berlin 1933, S. 672.

Anmerkungen zum Teil II

Neuere deutsche Geschichte und protestantische Theologie

1 Anfänge der dialektischen Theologie, hg. von J. Moltmann, Teil 1: Karl Barth, Heinrich Barth, Emil Brunner, München 1962; Teil 2: Rudolf Bultmann, Friedrich Gogarten, Eduard Thurneysen, München 1963. Seitenangaben im Text beziehen sich im Folgenden auf das jeweils besprochene Buch.
2 Wenn Moltmann hier fortfährt: »Sie war vielmehr selber effektiv eine Kraft des Gerichts über eine tote Vergangenheit und der Eröffnung einer neuen Zukunft«, so scheint uns auch dieses Urteil einer historischen Begründung zu bedürfen.
3 K. D. Bracher, Die Auflösung der Weimarer Republik. Eine Studie zum Problem des Machtverfalls in der Demokratie, [3]1960. K. D. Bracher, W. Sauer und G. Schulz, Die nationalsozialistische Machtergreifung. Studien zur Errichtung des totalitären Herrschaftssystems in Deutschland 1933/34, Köln/Opladen [2]1962. Jeweils mit ausführlichem Literaturverzeichnis.
4 K. Sontheimer, Antidemokratisches Denken in der Weimarer Republik. Die politische Idee des deutschen Nationalsozialismus zwischen 1918 und 1933, München 1962.
5 »Von denen, die die ›konservative Revolution‹ bzw. einen neuen Nationalismus vertraten, ist ein repräsentativer Teil zwischen 1895 und 1905 geboren«, W. Bußmann, Politische Ideologien zwischen Monarchie und Weimarer Republik, Historische Zeitschrift 190 (1960), S. 64. Vgl. auch S. 61.
6 So meinte etwa H. Zehrer 1932 in der »TAT«: »Man suche sich die Formen und Gestaltungen heraus, die der Liberalismus hervorgebracht hat und die seine ureigensten Produkte sind. Man kann heute an jede von ihnen ein Kreuz malen, sie ist dem Untergang geweiht ... Der Bund gehört heute der Zukunft, die Partei der Vergangenheit an.« Zitiert nach Sontheimer, a.a.O. (Anm. 4), S. 209.
7 Sehr schön hierzu auch Bußmanns Schlußbemerkung: »Wenn man bedenkt, daß der Begriff der Tragik untrennbar mit dem der Schuld verbunden ist, so dürfen die Repräsentanten der ›konservativen Revolution‹ ›tragische‹, d.h. gleichzeitig zum Scheitern verurteilte Existenzen genannt werden. Bekenntnisse dieser Schuld sind vorhanden und bestätigen in solchen Fällen nur die Erfahrung, daß sich moralische Respektabilität und politisches Versagen nicht ausschließen«, a.a.O. (Anm. 5), S. 77.
8 Vgl. hierzu den Abschnitt »Das antidemokratische Denken im geistigen Horizont der Zeit« bei Sontheimer, a.a.O. (Anm. 4), S. 42ff. und die Hinweise bei Bußmann, a.a.O. (Anm. 5), S. 67 und S. 71. Auf den Zusammenhang dieser irrationalistischen Bewegung mit der deutschen Geschichte im 19. Jahrhundert gehen wir unten noch näher ein.

9 Ch. Graf Krockow, Die Entscheidung. Eine Untersuchung über Ernst Jünger, Carl Schmitt, Martin Heidegger (Göttinger Abhandlungen zur Soziologie, Bd. 3), Stuttgart 1958.

10 Ernst Troeltsch, Die Ideen von 1914 (1916), in: Deutscher Geist und Westeuropa, 1925, S. 37.

11 Beispielhaft hierfür etwa Ernst Troeltschs Spektator-Briefe. Aufsätze über die deutsche Revolution und die Weltpolitik 1918/22, Tübingen 1924, mit der Einleitung von Friedrich Meinecke, und sein Aufsatz »Naturrecht und Humanität in der Weltpolitik«, in: Deutscher Geist und Westeuropa, S. 3ff. Zum Ganzen auch Bußmann, a.a.O. (Anm. 5), S. 58ff.

12 F. G. Jünger in dem Aufsatz: Krieg und Krieger (1930). Zitiert nach Bußmann, a.a.O., S. 65.

13 Es sei uns hier erlaubt, gerade um der folgenden Kritik an Gogarten willen, an der nun freilich, wie wir meinen, kein Weg vorbeiführt, zugleich ein Wort der persönlichen Verehrung und Dankbarkeit auszusprechen. Der Verfasser bekennt gerne, daß er dem Lehrer seiner Göttinger Semester vieles verdankt – und gewiß nicht zuletzt die Freiheit der theologischen Kritik.

14 In der Einleitung zur »Politischen Ethik«, Jena 1932, S. 1. Vgl. hierzu das Zitat von E. Jünger, oben S. 80.

15 Wir verweisen etwa auf das kleine Büchlein »Religion weither« von 1918, wo das »Erlebnis« als die Weise, Wirklichkeit zu erfassen, dem »Intellekt« entgegengestellt wird, für den es »keine Wirklichkeit« gibt (S. 32 u. ö.). Die Beziehungen zur Lebensphilosophie sind hier mit Händen zu greifen.

16 Politische Ethik passim. Vgl. hierzu auch die Einleitung zu »Glaube und Wirklichkeit«, 1928, insbesondere S. 4ff. Sontheimer stellt neben Gogarten als Vertreter dieses Freiheitsbegriffes die Gebrüder Jünger, Hans Zehrer und Hans Freyer, vgl. a.a.O. (Anm. 4), S. 338ff.

17 Der Zerfall des Humanismus und die Gottesfrage, 1937, S. 13ff. Zitiert nach Moltmann, Anfänge 1, a.a.O. (Anm. 1), S. XIVf.

18 Gogarten selbst scheint später die Gefahr dieser Position bemerkt zu haben, wenn er in der Einleitung zu »Gericht oder Skepsis« (1937) schreibt: »Dieses radikale Denken brachte uns in gefährliche Nähe zu der allgemeinen Krise, die durch Kriegs- und Nachkriegszeit das menschliche Leben bis in den Grund erschütterte, und zur Stimmung der Auswegslosigkeit und des Am-Endeseins, die damals über viele Menschen gekommen war. Es ist kein Zweifel, daß diese allgemeine Krise nicht ohne Einfluß auf den Radikalismus unseres Denkens gewesen ist.« Zitiert nach Moltmann, Anfänge 2, a.a.O. (Anm. 1), S. 337.

19 Vgl. etwa E. Troeltsch, Spektator-Briefe, a.a.O. (Anm. 11), S. 298 u. ö.

20 Daß Karl Barth grundsätzlich für die andere Möglichkeit offen war, zeigt vielleicht der Umstand, daß er noch im September 1926 im Mitgliederverzeichnis der Freunde der Christlichen Welt aufgeführt ist (Joh. Rathje, Die Welt des freien Protestantismus. Ein Beitrag zur deutsch-evangelischen Geistesgeschichte. Dargestellt an Leben und Werk von Martin Rade, Stuttgart 1952, S. 376).

21 Karl Barth zum Kirchenkampf (Theol. Existenz heute, NF Nr. 49, 1956), S. 91.

22 Dasselbe Argument auch schon im »Abschied von ›Zwischen den Zeiten‹«, Moltmann, Anfänge 2, a.a.O. (Anm. 1), S. 313f.

23 Sozialismus und Christentum (1923), a.a.O., S. 245.

24 Vgl. hierzu die kritische Bemerkung P. Schempps in seinen »Randglossen zum Barthianismus«: »Barth macht Schule, wenn seine Theologie der heutigen Geisteslage mehr entspricht als andere Theologien, weil das sacrificium intellectus für solche, die hier wenig zu opfern haben, ein Vergnügen ist, weil die Paradoxie tiefsinnig erscheint, weil die Kritik am Morbiden für Schwächlinge schon eine Kraftleistung ist, weil durch ihn Theologie wieder interessant, pro-

blematisch, existenzberechtigt, ein Asyl für Zweifler und Gläubige und die ganze Schar der religiösen Zwischenstufen geworden ist.« a.a.O., S. 305.

25 Vgl. hierzu v. a. Naturrecht und Humanität in der Weltpolitik, a.a.O. (Anm. 11), S. 3ff.

26 A.a.O, S. 7f.

27 In »Abschied von ›Zwischen den Zeiten‹«, Moltmann, Anfänge 2, a.a.O., S. 320f.

28 G. Mehnert, Evangelische Kirche und Politik 1917–1919. Die politischen Strömungen im deutschen Protestantismus von der Julikrise 1917 bis zum Herbst 1919, Düsseldorf 1959 (Beiträge zur Geschichte des Parlamentarismus und der politischen Parteien, Bd. 16). Vgl. dazu meine ausführliche Rezension in ZKG 73 (1962), S. 408ff.

29 E. Peterson, Theologische Traktate, 1951, S. 301.

30 Aus »Meine Lebensgeschichte«, 1929, S. 404. Zitiert nach Mehnert (Anm. 28), S. 233.

31 Nachweise in »Die Christliche Welt« 14. Jg. (1900), Sp. 977ff.

32 G. Kaiser, Pietismus und Patriotismus im literarischen Deutschland. Ein Beitrag zum Problem der Säkularisation, Wiesbaden 1961 (Veröffentlichungen des Instituts für Europäische Geschichte Mainz, Abt. für abendländische Religionsgeschichte Bd. 24. VIII). Vgl. zu diesem Thema auch die ältere Arbeit von K. S. Pinson, Pietism as a Factor in the Rise of German Nationalism, New York 1934.

33 Vgl. hierzu die Hinweise in meinem Beitrag »Romantik«: »kirchengeschichtlich« in RGG[3], V, Sp. 1178f.

34 E. Weymar, Das Selbstverständnis der Deutschen. Ein Bericht über den Geist des Geschichtsunterrichts der höheren Schulen im 19. Jh., Stuttgart 1962.

35 Weymar weist darauf hin, daß Friedrich Neubauer, der Bearbeiter der 15. Auflage von Kohlrauschs »Kurzer Darstellung der deutschen Geschichte« (1822, [15]1894), dessen Tradition mit eigenen Lehrbüchern fortführte, »die bis etwa 1930 an den deutschen protestantischen Schulen weit verbreitet waren« (S. 23, Anm. 22).

36 Unter dieser Überschrift behandelt Weymar vor allem den kulturpolitischen Aspekt dieser Frage, d. h. die staatlichen Bemühungen, Religions- und Geschichtsunterricht den höheren Zielen des Staates dienstbar zu machen.

37 Karl Barth zum Kirchenkampf (Theol. Existenz heute, NF 49, 1956), S. 93.

38 Ebd.

39 Mit dieser Formulierung hat F. Meinecke 1945 zum ersten Mal die Forderung der Neubesinnung erhoben. (Die deutsche Katastrophe, Wiesbaden [2]1949, S. 156f.). Sie ist inzwischen vielfach aufgegriffen worden.

40 G. Schulz hat in diesem Zusammenhang die wichtige Frage aufgeworfen, ob »die Revision des deutschen ›Geschichtsbildes‹«, ohne eine Revision »der Historie in einem allgemeinen Sinne« denkbar und möglich sei. »Unmittelbar nach dem Zusammenbruch des Jahres 1945 war die Forderung, die Vorstellungsinhalte der Historie zu revidieren, die einzig mögliche und im Grunde eine fast impulsive, intuitiv-richtige Reaktion... Auf die Dauer wird die Geschichtsschreibung nicht umhin können, auch die Weise ihres Forschens kritischen Prüfungen zu unterwerfen...«. Der Stil der Historie und der Stand der Erfahrungen, in: Zur Geschichte und Problematik der Demokratie, Festgabe Hans Herzfeld, Berlin 1958, S. 160.

41 H. Kohn, Wege und Irrwege. Vom Geist des deutschen Bürgertums, Düsseldorf 1962. (Titel der Originalausgabe: The Mind of Germany. The Education of a Nation, New York 1959).

42 G. Lukaćs, Die Zerstörung der Vernunft (Werke, Bd. 9), Düsseldorf 1962. Vgl. hierzu auch die Rezension der Ausgabe von 1954, die K. Sontheimer unter dem Titel »Deutsche Geschichte und Nationalsozialismus«, in: ZRGG IX (1957), S. 287ff., veröffentlicht hat.

43 Wir müssen uns hier – wie auch bei Kohn – darauf beschränken, die Grundlinien nachzuziehen. Eine ins einzelne gehende Auseinandersetzung, die die Arbeit zweifellos verdiente, würde einen eigenen, umfangreichen Beitrag erfordern.
44 Vgl. hierzu v. a. das Kapitel über den Neuhegelianismus, wo Lukaćs Hegel leidenschaftlich gegen das »irrationalistische Mißverständnis« der Neuhegelianer verteidigt (S. 474ff.).
45 Ähnlich Sontheimer in seiner Rezension, a.a.O. (Anm. 42), S. 291.
46 Vgl. Anm. 10 und Anm. 25.
47 Carlo Antoni, Der Kampf wider die Vernunft. Zur Entstehungsgeschichte des deutschen Freiheitsgedankens, 1951, S. 5. Die italienische Ausgabe dieser geistvollen Untersuchung erschien schon 1942 unter dem Titel: La lotta contro la ragione. Eine Fortsetzung bildet die Arbeit desselben Verfassers: Vom Historismus zur Soziologie (Dilthey, Troeltsch, Meinecke, Max Weber, Huizinga, Wölfflin), 1950.
48 Zitiert nach Kohn, a.a.O. (Anm. 41), S. 354.
49 A.a.O., S. 299.

Eugenio Pacelli und Karl Barth

* Gastvorlesung in Wien vom 12. 6. 1980.
1 Katholische Kirche im Dritten Reich, Eine Aufsatzsammlung zum Verhältnis von Papsttum, Episkopat und deutschen Katholiken zum Nationalsozialismus 1933–45, hg. v. D. Albrecht, P. Leiber, Pius XII. Mainz, 1976, S. 120.
2 Hier ist Scholder ein Irrtum unterlaufen. Es geht nicht um die Bischofssitze (Rothenburg liegt in Württemberg, Mainz in Hessen-Kassel), sondern um die Kirchenprovinzen, Sitz eines Erzbischofs.
3 Benedikt XV. hat in seiner Allocation vom 21. November 1921 festgelegt, daß ein Konkordat oder Kirchenvertrag hinfällig wird, wenn sich infolge Staatsumwälzungen, Friedensschlüssen etc. so große Veränderungen eingestellt haben, daß der staatliche Vertragspartner nicht mehr als diese juristische Person anzuerkennen ist.
4 Von Pius XI. (1921–39) und Pius XII. (1939–1958) wurden über 40 Konkordate und Kirchenverträge abgeschlossen. Es handelte sich also nicht um ein deutsches Problem, sondern die katholische Kirche versuchte in Verträgen u. a., insbesondere mit demokratischen Staaten, ihre Rechte und die der Gläubigen gegenüber dem Staat festzulegen.
5 O. Braun, Von Weimar zu Hitler, Hamburg 1949, S. 157.
6 Die Schilderung in: H. Brüning, Memoiren 1918–1934, Stuttgart 1970, S. 338f. Die Darstellung dieses Gesprächs und Brünings Angaben über die Vorgeschichte des Reichskonkordats waren der Anlaß, um die Erinnerungen Brünings von katholischer Seite in merkwürdiger Einmütigkeit als unglaubwürdig hinzustellen. Auch wenn die Veröffentlichung der Brüningschen Memoiren in sehr unglücklicher und historischen Ansprüchen nicht entsprechender Form erfolgte, so ist es unangemessen, wie von interessierter katholischer Seite seine Erinnerungen insgesamt als unglaubwürdig hingestellt werden. Die von R. Mersag zu Recht geforderte historisch-kritische Ausgabe dieser Memoiren bleibt auch weiterhin ein Desiderat der Zeitgeschichtsforschung.
7 Vgl. den hier veröffentlichten Aufsatz, Altes und Neues zur Vorgeschichte des Reichskonkordats, S. 171.
8 Art. 32 Reichskonkordat war der sogenannte Entpolitisierungsartikel, nach dem Geistlichen und Ordensleute die Mitgliedschaft und Tätigkeit in Parteien verboten wurde; Art. 23 garantierte die Existenz von Konfessionsschulen. Der Stand der Diskussion mit Repgen ist in VZG 26, 1978, S. 499ff. und 535ff.

festgehalten. (Anm. der Hg.: Der Beitrag Scholder ist in diesem Aufsatzband, S. 173, aufgenommen. Vgl. auch K. Scholder, Die Kirchen und das Dritte Reich, Bd. 2, Berlin 1985, Kap. 4 u. 6, sowie die einleitenden Vorbemerkungen zur Kontroverse Scholder–Repgen von K. O. v. Aretin, oben S. 171).

9 Die deutschen Konkordate und Kirchenverträge der Gegenwart, Textausgabe mit den amtlichen Begründungen sowie auch Ergänzungsbestimmungen, vergleichenden Übersichten, Schrifttumshinweisen und einem Sachverzeichnis, hg. von W. Weber, Göttingen 1962, S. 38–66 (bayer. Konkordat); S. 152–167 (bayer. Kirchenvertrag); S. 67–91 (preuß. Konkordat); S. 168–183 (preuß. Kirchenvertrag); S. 100–111 (bad. Konkordat); S. 189–194 (bad. Kirchenvertrag).

10 Anfänge der dialektischen Theologie. Teil 1. Karl Barth, Heinrich Barth, Emil Brunner. Hg. v. J. Moltmann, München 1962 (Theologische Bücherei Bd. 17), S. 3f.

11 A.a.O., S. 6.

12 K. Barth, Biblische Fragen, Einsichten und Ausblicke, in: a.a.O., S. 59.

13 In: K. Barth, »Der Götze wackelt«. Zeitkritische Aufsätze und Briefe von 1930 bis 1960, hg. v. K. Kupisch, Berlin 1961, S. 27ff.

14 So im Vortrag »Der römische Katholizismus als Frage an die protestantische Kirche« (1928), in: ders., Die Theologie und die Kirche. Gesammelte Vorträge. 2. Bd, München 1928, S. 329ff.

15 A.a.O., S. 336.

16 A.a.O., S. 349.

17 A.a.O., S. 347.

18 A.a.O., S. 338f., Anm. 3.

19 A.a.O., S. 338.

20 Quousque Tandem...?, in: »Der Götze wackelt«, a.a.O., S. 27.

21 A.a.O., S. 28.

22 A.a.O., S. 30.

23 A. a. O., S. 31.

24 Siehe a. a. O., S. 33ff.

25 A.a.O., S. 54.

26 A.a.O., S. 62.

Anmerkungen zum Teil III

Die Krise der dreissiger Jahre als Fragen an Christentum und Kirchen

1 Für die Tübinger Ringvorlesung »Die Krise der dreißiger Jahre und die Folgen« umgearbeitete und mit Anmerkungen versehene Fassung eines Vortrags, den der Verfasser am 10. Januar 1984 unter dem Titel »Die historische Rückbesinnung auf die Theologische Erklärung von Barmen und ihre Wirkungsgeschichte bis heute« vor der Rheinischen Landessynode in Bad Neuenahr hielt.

2 Überraschenderweise hat auch das zurückliegende Gedenkjahr zur 50jährigen Wiederkehr der Barmer Erklärung, das wir inzwischen einigermaßen überblicken, zu dieser historischen Fragestellung nichts Neues beigetragen.

3 Ich folge hier in den Grundzügen meiner Darstellung: Die Kirchen und das Dritte Reich, Bd. 1: Vorgeschichte und Zeit der Illusionen 1918–1934, Frankfurt/Berlin/Wien 1977.

4 Statt umfangreicher Belege, die den Rahmen des Vortrags bei weitem gesprengt hätten, sei hier auf K. Scholder, Die Kirchen und das Dritte Reich,

Bd. 2: Das Jahr der Ernüchterung 1934. Barmen und Rom, Berlin 1985, bes. S. 19ff., verwiesen.

5 Karl Barth an Wilhelm Niesel, 21. Mai 1934, Karl Barth-Archiv Basel. Dem Leiter dieses Archivs, Herrn Dr. Heinrich Stoevesandt, bin ich für vielfältige Hilfe zu großem Dank verpflichtet. – Die historische Bearbeitung der Vorgeschichte der Barmer Erklärung befand sich bis 1984 in einem schlechthin desolaten Zustand. Die letzten umfassenden Arbeiten dazu stammten aus der Feder von Gerhard Niemöller aus den Jahren 1954 und 1959: G. Niemöller, Die erste Bekenntnissynode der Deutschen Evangelischen Kirche zu Barmen, Bd. 1: Geschichte, Kritik und Bedeutung der Synode und ihrer Theologischen Erklärung; Bd. 2: Text–Dokumente–Berichte, Göttingen 1954 und 1959. Ihre Unzulänglichkeit bedarf keines Belegs. Inzwischen haben sich durch den Anstoß des Jubiläums die Dinge tatsächlich verändert. Hinzuweisen ist hier vor allem auf den materialreichen Sammelband von W.-D. Hauschild/G. Kretschmar/C. Nicolaisen (Hg.), Die lutherischen Kirchen und die Bekenntnissynode von Barmen, Referate des Internationalen Symposiums auf der Reisenburg 1984, Göttingen 1984. Insbesondere in dem Beitrag von C. Nicolaisen, Der lutherische Beitrag zur Entstehung der Barmer Theologischen Erklärung, ebd., S. 13–38, wird zum ersten Mal die dramatische Vorgeschichte der Theologischen Erklärung im Vorfeld der Synode dargestellt. Vgl. jetzt auch C. Nicolaisen, Der Weg nach Barmen. Die Entstehungsgeschichte der Theologischen Erklärung von 1934, Neukirchen–Vluyn 1985.

6 Die Schrift liegt inzwischen in einer vorzüglich kommentierten Neuausgabe von Hinrich Stoevesandt vor: K. Barth, Theologische Existenz heute! [1933], neu hg. und eingeleitet von H. Stoevesandt, München 1984. Zur Bedeutung dieser Schrift im Sommer 1933 s. auch Scholder, Die Kirchen und das Dritte Reich, Bd. 1, a.a.O. (Anm. 3), S. 552–559.

7 Stoevesandt, Theologische Existenz heute! [1933], a.a.O. (Anm. 6), S. 27.

8 Ebd., S. 27, 29.

9 Ebd., S. 30.

10 Ebd., S. 31.

11 Ebd., S. 73.

12 Ebd., S. 81f.

13 Eine neuere Darstellung dieses unglücklichen Empfangs fehlt. Materialreich, aber etwas einseitig: W. Niemöller, Hitler und die evangelischen Kirchenführer (Zum 25. Januar 1934), Bielefeld 1959, und ders., Epilog zum Kanzlerempfang, in: W. Niemöller, Wort und Tat im Kirchenkampf. Beiträge zur neuesten Kirchengeschichte, München 1969, S. 80–99.

14 Als solche Zeichen empfanden sich durchweg die ersten Freien Synoden; vgl. etwa J. Beckmann, Rheinische Bekenntnissynoden im Kirchenkampf. Eine Dokumentation aus den Jahren 1933–1945, Neukirchen 1975, insbesondere S. 59–90 (Freie Evangelische Synode im Rheinland zu Barmen-Gemarke am 18. und 19. Februar 1934); S. 103–123 (Rhein.-Westf. Gemeindetag »Unter dem Wort« am 18. März 1934 Westfalenhalle-Dortmund); S. 124–150 (Tagung der Westfälischen Bekenntnissynode und der Freien Evangelischen Synode im Rheinland am Sonntag, dem 29. April 1934, in Dortmund).

15 Zitiert nach C. Nicolaisen, Zur Entstehungsgeschichte der Barmer Theologischen Erklärung, in: A. Burgsmüller/R. Weth (Hg.), Die Barmer Theologische Erklärung. Einführung und Dokumentation. Mit einem Geleitwort von Eduard Lohse, Neukirchen 1983, S. 24.

16 Vollständiger Text bei Beckmann, Rheinische Bekenntnissynoden im Kirchenkampf, a.a.O. (Anm. 14), S. 34–46.

17 So die erste These der Januar-Erklärung, ebd., S. 34; vgl. dazu Asmussens Kommentar zur ersten These der Theologischen Erklärung vom Mai bei Burgsmüller/Weth (Hg.), Barmer Theologische Erklärung, a.a.O. (Anm. 15), S. 48.

18 Zu These I.2.: Beckmann, Rheinische Bekenntnissynoden im Kirchenkampf, a.a.O. (Anm. 14), S. 36.
19 These I.3.: ebd., S. 36f.
20 These V. 4.: ebd., S. 45.
21 These III. 2.: Ebd., S. 41.
22 Zu diesen bisher nur in Bruchstücken bekannten Plänen und Vorstellungen sowie zu den folgenden Ausführungen siehe K. Scholder, a.a.O. (Anm. 4), bes. S. 18ff.; 27ff.
23 K. Meier, Der evangelische Kirchenkampf. Gesamtdarstellung in drei Bänden, Bd. 1: Der Kampf um die »Reichskirche«, Göttingen 1976, S. 154–165. Zum Kanzlerempfang am 25. Januar 1934 s. oben Anm. 13.
24 Auszüge aus dem Protokoll dieser Sitzung in: Dokumentation zum Kirchenkampf in Hessen und Nassau, Bd. 2, Darmstadt 1979, S. 231–234.
25 Zur Lage, Erwägung von Haehnelt und Wolter, Straßburg, EZA Berlin, KKA Nr. 14/13.
26 Beckmann, Rheinische Bekenntnissynoden im Kirchenkampf, a.a.O. (Anm. 14), S. 66f.
27 Vgl. ebd., S. 89.
28 Zu dieser Entwicklung, die am 19. März in Frankfurt begann und unmittelbar zur Barmer Synode führt, s. auch Nicolaisen, Der lutherische Beitrag zur Entstehung der Barmer Theologischen Erklärung, a.a.O. (Anm. 5), S. 17–21.
29 Text u. a. in: K. D. Schmidt, Die Bekenntnisse und grundsätzlichen Äußerungen zur Kirchenfrage, Bd. 2: Das Jahr 1934, Göttingen 1935, S. 62f.
30 Vgl. Niemöller, Die erste Bekenntnissynode, Bd. 1, a.a.O. (Anm. 5), S. 67.
31 Zu den Auseinandersetzungen im Vorfeld der Synode s. jetzt Nicolaisen, Der lutherische Beitrag zur Entstehung der Barmer Theologischen Erklärung, a.a.O. (Anm. 5), S. 27ff, und M. Wittenberg, Hermann Sasse und »Barmen«, in: Hauschild/Kretschmar/Nicolaisen (Hg.), Die lutherischen Kirchen und die Bekenntnissynode, a.a.O. (Anm. 5), S. 84–106.
32 Protokoll der 3. Sitzung des Nürnberger Ausschusses am 7. Mai 1934, LKA Bielefeld, 5,1, Nr. 704 Fasc. 2.
33 Text bei Burgsmüller/Weth (Hg.), Die Barmer Theologische Erklärung, a.a.O. (Anm. 15), S. 30–33.
34 So faßte der Bericht des württembergischen Synodalen Otto Seiz die Streitpunkte zusammen: O. Seiz, Bericht über die erste Bekenntnissynode der DEK, LKA Stuttgart, D 1, 49, S. 41.
35 Text bei Burgsmüller/Weth (Hg.), Die Barmer Theologische Erklärung, a.a.O., S. 34.
36 Siehe oben S. 116.
37 Burgsmüller/Weth (Hg.), Die Barmer Theologische Erklärung, a.a.O., S. 48.
38 Text der zweiten These: ebd., S. 35; Asmussens Referat: ebd., S. 50.
39 Text der fünften These: ebd., S. 38.
40 D. Bonhoeffer, Die Kirche vor der Jugendfrage. Vortrag April 1933, in: Gesammelte Schriften, Bd. 2, München 1959, S. 46.
41 Wie Anm. 39.
42 Burgsmüller/Weth (Hg.), Die Barmer Theologische Erklärung, a.a.O., S. 55.

Altes und Neues zur Vorgeschichte des Reichskonkordats

(zu den einleitenden Vorbemerkungen von K. O. v. Aretin)

1 K. D. Bracher, Nationalsozialistische Machtergreifung und Reichskonkordat. Ein Gutachten zur Frage des geschichtlichen Zusammenhangs und der politischen Verknüpfung von Reichskonkordat und nationalsozialistischer Revolution, in: Der Konkordatsprozeß. In Zusammenarbeit mit H. Müller hg. von F. Giese und F. A. von der Heydte, München 1957/1959, S. 947–1021 (Teilbd. III). Eine genaue Aufstellung der Bücher und Aufsätze zum Thema Reichskonkordat bringt K. Repgen in seiner Dokumentation, Zur vatikanischen Strategie beim Reichskonkordat, in: VZG 31, 1983, S. 506f., Anm.1.

2 L. Kaas, Der Konkordatstyp des faschistischen Italien, in: Zeitschrift für ausländisches und öffentliches Recht und Völkerrecht, 1983, Bd. III, Teil 1, S. 488–522.

3 L. Volk, Das Reichskonkordat vom 20. Juli 1933. Von den Ansätzen in der Weimarer Republik bis zur Ratifizierung am 10. September 1933, Mainz 1972.

4 K. Scholder, Die Kapitulation des politischen Katholizismus, in: FAZ v. 27.9.1977; K. Repgen, Konkordat für Ermächtigungsgesetz?, in: FAZ v. 24.10.1977; K. Scholder, Ein Paradigma von säkularer Bedeutung, in: FAZ v. 24.11.1977; Leserbrief Repgens zu Scholder, FAZ v. 7.12.1977.

5 K. Repgen, Über die Entstehung der Reichskonkordats-Offerte im Frühjahr 1933 und die Bedeutung des Reichskonkordats, in: VZG 26, 1978, S. 499–534.

6 Vgl. K. Repgen, Nachwort zu einer Kontroverse, in: VZG 27, 1979, S. 160.

7 Ebd., S. 161.

8 Auf S. 499, Anm. 4 nennt Repgen sogar Titel und Erscheinungsjahr. K. Repgen, Ermächtigungsgesetz, Zentrumsrede, Reichskonkordat, Mainz 1979.

9 K. Repgen, Zur Vatikanischen Strategie beim Reichskonkordat, VZG 31, 1983, S. 506–535.

1 R. Leiber SJ, Pius XII. †, in: Stimmen der Zeit 163 (1958/59), S. 95f.

2 R. Morsey, Die deutsche Zentrumspartei, in: E. Matthias und R. Morsey, Das Ende der Parteien 1933, Düsseldorf 1960, v. a. S. 357, Anm. 27 und 28 und S. 363, Anm. 59.

3 R. Leiber SJ, Reichskonkordat und Ende der Zentrumspartei, in: Stimmen der Zeit 167 (1960/61), S. 215.

4 Im folgenden zitiert nach: K. Repgen, Historische Klopfsignale für die Gegenwart, Münster 1974, S. 128–152. Der programmatische Aufsatz ist jetzt erneut abgedruckt bei: D. Albrecht (Hg.), Katholische Kirche im Dritten Reich, Mainz 1976, S. 1–34.

5 Vgl. dazu den ausdrücklichen Hinweis auf Leiber ebd., S. 146, Anm. 63.

6 R. Leiber, Reichskonkordat, a.a.O. (Anm. 3), S. 215.

7 Repgen, Klopfsignale, a.a.O. (Anm. 4), S. 146f. Die gleiche Kausalbestimmung findet sich bereits bei R. Leiber, Der Vatikan und das Dritte Reich, in: Politische Studien 14 (1963), S. 296. Dieser Beitrag ist im Mai/Juni-Heft 1963 der Polit. Studien erschienen; Repgens Vortrag über »Hitlers Machtergreifung und der deutsche Katholizismus« fand im November 1963 statt. Die These vom »umgekehrten Kausalzusammenhang« ist dann vielfach übernommen worden; so etwa wörtlich von E. Iserloh, Zum Abschluß und zur Wirkung des Reichskonkordats, in: R. Kottje und B. Moeller (Hg.), Ökumenische Kirchengeschichte, Bd. III, Mainz und München 1974, S. 285.

8 K. D. Bracher, Nationalsozialistische Machtergreifung und Reichskonkordat. Ein Gutachten zur Frage des geschichtlichen Zusammenhangs und der politischen Verknüpfung von Reichskonkordat und Nationalsozialistischer Revolution, in: F. Giese und F. A. v. d. Heydte, Der Konkordatsprozeß, München o. J. [1957ff.], S. 947–1021. Die – in vielem noch immer gültige – Arbeit ist die erste

auf den politischen Akten beruhende Darstellung des umstrittenen Zusammenhangs.

9 K. Repgen, Das Ende der Zentrumspartei und die Entstehung des Reichskonkordats, in: Klopfsignale, a.a.O., (Anm. 4), S. 102f.

10 A. Kupper, Staatliche Akten über die Reichskonkordatsverhandlungen 1933, Veröffentlichungen der Kommission für Zeitgeschichte bei der Katholischen Akademie in Bayern, in Verbindung mit D. Albrecht, A. Kraus, R. Morsey, hg. v. K. Repgen, Reihe A: Quellen, Bd. 2, Mainz 1969. L. Volk, Kirchliche Akten über die Reichskonkordatsverhandlungen 1933, in: Veröffentlichungen der Kommission für Zeitgeschichte, Reihe A, Bd. 11, Mainz 1969.

11 Kupper, Akten, a.a.O. (Anm. 10), S. XXXVI.

12 Die in der zeitlichen Abgrenzung liegende Problematik dieser Editionen hat schon G. Lewy in einer bemerkenswerten Rezension hervorgehoben und an einigen Beispielen verdeutlicht: Neues Material zur Vorgeschichte des Reichskonkordats, in: Der Staat 12 (1973), S. 542–551; hier v. a. S. 543f.

13 H. Brüning, Memoiren 1918–1934, Stuttgart 1970, S. 656. Zur Bewertung der Memoiren s. Anm. 54.

14 L. Volk, Das Reichskonkordat vom 20. Juli 1933. Von den Ansätzen in der Weimarer Republik bis zur Ratifizierung am 10. September 1933, Mainz 1972.

15 L. Volk, Zur Kundgebung des deutschen Episkopats vom 28. März 1933, in: Stimmen der Zeit 173 (1963/64), v. a. S. 441–444. Dagegen L. Volk, Reichskonkordat, a.a.O. (Anm. 14), S. 77. Zu diesem Komplex vgl. unten S. 192ff.

16 Volk, Reichskonkordat, a.a.O., S. 81, Anm. 115.

17 Ebd., S. 89.

18 R. Morsey, Der Untergang des politischen Katholizismus. Die Zentrumspartei zwischen christlichem Selbstverständnis und ›Nationaler Erhebung‹ 1932/33, Stuttgart u. Zürich 1977, S. 156f.

19 K. Scholder, Die Kirchen und das Dritte Reich, Bd. I, Vorgeschichte und Zeit der Illusionen 1918–1934, Frankfurt/Berlin/Wien 1977, S. VIII.

20 Es gehört für mich zu den entscheidenden Schwächen des Volkschen Buches über das Reichskonkordat, daß Volk nicht einmal ansatzweise den Versuch gemacht hat, Hitlers Absichten zu analysieren. Er folgt freilich auch darin Repgens Ansatz, der 1969 meinte, die Ziele der Hitlerschen Konkordatspolitik ließen sich »bestenfalls indirekt rekonstruieren«, weil jedes »intime Aktenstück« dazu fehle (Klopfsignale, S. 99f.). Aber so schlecht ist die Quellenlage in diesem Punkt keineswegs.

21 A. Hitler, Mein Kampf (1925/27), München [17]1943.

22 Vgl. dazu Scholder, Kirchen, a.a.O. (Anm. 19), S. 384, 389ff. u. ö.

23 So heißt es etwa im »Zentrum« in einem überaus polemischen Artikel zum Verhältnis von Nationalsozialismus und katholischer Kirche, daß »Adolf Hitler, als Sohn einer katholischen Familie, sehr wohl wissen muß, was er seinem Christentum (!) und der katholischen Kirche schuldig ist«. Auch sonst wird Hitler hier durchweg als Katholik angesehen und angesprochen (Das Zentrum 2 [1931], S. 234). Mit welcher Selbstverständlichkeit umgekehrt Hitler, wenn er von Kirche sprach, die römisch-katholische Kirche meinte, geht jetzt erneut aus den Aufzeichnungen von Otto Wagener hervor. Vgl. H. A. Turner Jr. (Hg.), Hitler aus nächster Nähe. Aufzeichnungen eines Vertrauten 1929–1932, Frankfurt, Berlin, Wien 1978, S. 295, 353ff., 420 u. ö.

24 Scholder, Kirchen, a.a.O., (Anm. 19), S. 482.

25 Hitler, Mein Kampf, a.a.O., (Anm. 21), S. 118–124; 292–295 u. ö.

26 Ich verzichte hier auf Belege im Einzelnen und verweise auf die Kap. 5 und 6 im ersten Teil meines Buches (S. 93–123), wo diese Entwicklung im Zusammenhang dargestellt ist.

27 Alle Nachweise, auch für das Folgende, bei Scholder, Kirchen, a.a.O. (Anm. 19), S. 207ff. Vgl. auch das Faksimile des Völkischen Beobachter (VB) v. 22. 2. 1929, ebd., Bild Nr. 10.

28 »Die italienischen Lateranverträge und das bayerische Konkordat. EIn zeitgemäßer Vergleich«, in: Nat. soz. Monatshefte 2, April 1931, S. 179–182; vgl. auch ebd., S. 150 und 158. »NSDAP und Katholische Kirche. Mißglückte Rechtfertigungsversuche. Unzulängliche Auslegungskünste«, in: Das Zentrum 2, Mai 1931, S. 145–156; insbes. S. 155f.

29 Text bei E. Deuerlein, Der deutsche Katholizismus 1933, Osnabrück 1963, S. 52–55.

30 Zur Rolle Görings vgl. H.-A. Jacobsen, Nationalsozialistische Außenpolitik 1933–1938, Frankfurt, Berlin 1968, S. 358f.; und v. a. J. Petersen, Hitler – Mussolini, Die Entstehung der Achse Berlin–Rom 1933–1936, Tübingen 1973, S. 42f. und S. 164ff. (Auch als erweiterte italien.-Ausgabe: Ders., Hitler e Mussolini. La difficile Alleanza, Rom 1975). Ich danke dem Verfasser, Mitarbeiter am Deutschen Historischen Institut in Rom, für seinen freundlichen und hilfreichen Beistand bei der Erschließung des italienischen Themas, das für die Konkordatsgeschichte bisher – soweit ich sehe – noch nirgends ausführlich ausgewertet worden ist.

31 Deuerlein, Katholizismus, a.a.O. (Anm. 29), S. 53.

32 Petersen, Hitler – Mussolini, a.a.O. (Anm. 30), S. 43. Die ganzen Umstände dieser Reise sprechen entschieden gegen Otto Wageners Meinung, daß Göring nicht im Auftrag Hitlers, sondern aus eigenem Entschluß in Rom gewesen sei. Turner, Hitler, a.a.O., (Anm. 23), S. 224ff. und S. 243ff.

33 E. Calic, Ohne Maske. Hitler – Breiting, Geheimgespräche 1931, Frankfurt 1968, S. 98. Rätselhaft ist mir einstweilen noch im anschließenden Satz der Name Papens: »Leute wie von Papen und sogar viele andere in München sind schon heute am Werk und knüpfen mit dem Vatikan gute Beziehungen.«

34 Brüning, Memoiren, a.a.O. (Anm. 13), S. 358f. Vgl dazu Scholder, Kirchen, a.a.O. (Anm. 19), S. 191–193.

35 Zitiert nach L. Volk, Kundgebung, a.a.O. (Anm. 15), S. 441f. Die Gültigkeit dieser Erklärung wurde im Januar 1933 von Hitler ausdrücklich anerkannt. In diesem Zusammenhang ist daran zu erinnern, daß der katholische Bischof Berning und der evangelische Landesbischof und spätere Reichsbischof Ludwig Müller im Sommer 1933 von Göring tatsächlich zu Mitgliedern des (freilich bedeutungslosen) Preußischen Staatsrats ernannt wurden.

36 HStA Düsseldorf, RWN 93/1. Zu dieser neu entdeckten, wichtigen Quelle vgl. K. Repgen in: VZG 26, 1978, S. 521 Anm. 83. Ich danke dem HStA Düsseldorf, das mir kurzfristig Einblick in die Aufzeichnungen gewährt hat.

37 Vgl. Lammers Aufzeichnungen, ebd. Zu seiner Ernennung zum Staatssekretär am 30.6.1925 vermerkte er, damit sei ein hohes Ziel erreicht: »Der erste katholische Staatssekretär seit Gründung des Ministeriums 1817!« Die engen Beziehungen zu Pacelli sind in den Aufzeichnungen vilefach bezeugt (vgl. v. a. die Berichte vom 27.3.1926 bis zu Unterzeichnung des Preußenkondordats am 14.6.1929. Anschließend wurde Lammers mit dem Großkreuz des Gregorius-Ordens ausgezeichnet). Die Aufzeichnungen belegen ferner für diese Zeit Verhandlungen mit Kaas, Bergen, Steinmann, Menshausen u. a. Bezeichnend für Lammers' Rolle ist auch, daß Papen ihn am 18. Mai 1933 in seine Privatwohnung bat, um mit ihm den Entwurf des Reichskonkordats (den sogenannten Entwurf Kaas II) zu besprechen.

38 Volk, Reichskonkordat, a.a.O. (Anm. 14), S. 163.

39 Aufzeichnungen Lammers, 7.2. und 28.2.1933

40 Zu Renzetti vgl. Petersen, Hitler – Mussolini, a.a.O. (Anm. 30), S. 17f. und s. v. Renzetti; ferner – im Zusammenhang mit Göring – jetzt Otto Wagener: Turner, Hitler, a.a.O. (Anm. 23) S. 245.

41 »Il centro ha perduto la battaglia. Per tale partito dovrebbe iniziarsi da oggi in poi il declino. Hitler e con lui il ministro dell'istruzione e dei culti Rust, sono decisi a togliere ai vari prelati e popolari la funzione di protettori dei

cattolici.« R. De Felice, Mussolini e Hitler. I rapporti segreti 1922–1933, con documenti inediti, Florenz 1975, S. 256.

42 »Io gli ho ricordato quelle che il Duce ha dovuto vincere non tanto nella lotta contro i ›popolari‹ quanto per addivenire alle conciliazione con il Vaticano: che i nazi avrebbero dovuto seguire, mutatis mutandis, la stessa via seguita dal nostro Capo.« Ebd., S. 257. Hier auch die Mitteilung über Rusts mehr als einjährigen Studienaufenthalt in Italien.

43 Scholder, Kirchen, a.a.O. (Anm. 19) S. 304–306.

44 BA Koblenz R 53/77. Ein Hinweis auf diesen Brief in anderem Zusammenhang bei Volk, Reichskonkordat, a.a.O. (Anm. 14), S. 77, Anm. 99. Die von Repgen zitierten Äußerungen Papens vom 22. Juli 1933 und vom 7. April 1934 (s. o. S. 513f.) stehen bereits unter dem Eindruck des Konkordatsabschlusses und verlieren von daher erheblich an Aussagekraft.

45 Zitiert nach »Ursachen und Folgen« IX, S. 130.

46 Ich danke dem Bundesarchiv für sein Entgegenkommen bei der kurzfristigen Überprüfung des Materials.

47 Praschma an Papen, z. Zt. Schloß Warmbrunn, 1. März 1933, BA Koblenz R 53/76.

48 Praschma an Papen, Tillowitz O/S, 13. 3. 1933, Ebd.

49 Telegramm von Dr. Piekorz an Regierungsrat Westerkamp bei Vizekanzler v. Papen v. 15. 3. 33, BA R 53/72 (sic!). Der Vortrag Papens fand am 17. März statt. Papen erklärte darin zum Einbau des Katholiszismus ins Dritte Reich: »Wir haben konservative Grundlagen in der katholischen Welt... die eine wertvolle Basis für das kommende Reich bilden, sobald der Katholizismus in seinen politischen Formationen entliberalisiert ist.« F. v. Papen, Appell an das deutsche Gewissen. Reden zur nationalen Revolution. Oldenburg 1933, S. 101.

50 Praschma an Papen. Schloß Repten Post Tarnowitz (Polnisch Oberschlesien) 25. 3. 33, BA R 53/76. Vgl. auch Scholder, Kirchen, a.a.O. (Anm. 19), S. 311. Ich habe diesen Brief auf einen Hinweis von Karl Otmar v. Aretin seinerzeit nur vorsichtig in meine Argumentation eingesetzt; halte ihn aber nach der Klärung der Vorgeschichte jetzt für einen wichtigen Beweis.

51 Gegen Repgen, Reichskonkordat, a.a.O. (Anm. 36), S. 528, Anm. 108.

52 Bertram an die Mitglieder der Fuldaer Bischofskonferenz, Breslau 19. März 1933. B. Stasiewski, Akten deutscher Bischöfe über die Lage der Kirche 1933–1945, I, Mainz 1968, S. 11–13.

53 Siehe Repgen, Reichskonkordat, a.a.O. (Anm. 36), S. 520ff. und Anm. 108. Ich kann mich in diesem Punkt Repgens Interpretation des Kapler-Briefes vom 23. März weithin anschließen.

54 Die Glaubwürdigkeit der Memoiren ist bekanntlich umstritten. Repgen hat in seinem Artikel in der Frankfurter Allgemeinen Zeitung (FAZ) v. 24. 10. 1977 gemeint, ich mache mir hier »die Argumentation zu leicht«. Es gehe nicht darum, über welche Informationen Brüning verfügte, »sondern was von diesen Informationen in seinen Memoiren greifbar ist, die in diesem Teil erst zwanzig Jahre später diktiert worden sind und erhebliche Erinnerungsfehler aufweisen«. Seit Morseys Akademievortrag von 1975 sei es »wissenschaftlich nicht mehr vertretbar, Brünings Memoiren unkritisch als eine Quelle zu benutzen, die nur wörtlich zitiert werden muß...« Ich fürchte, daß es Repgen ist, der sich hier die Sache zu leicht gemacht hat. Denn aus der sehr sorgfältigen Untersuchung von Morsey (Zur Entstehung, Authenzität und Kritik von Brünings ›Memoiren 1918–1934‹, Rhein.-Westf. Akademie der Wissenschaften, Vorträge G 202, Opladen 1975) geht eindeutig hervor, daß »der entscheidende Teil des Manuskripts über die Zeit von 1929/30–1934... im wesentlichen bereits 1935 fertiggestellt« war (S. 22). Dies betrifft auch die Abschnitte über Kaas, die nach Morseys Überzeugung ganz besonders »aus der Perspektive ihrer Niederschrift von 1934/35 bewertet« werden müßten (S. 49). Es sind

also nicht zwanzig, sondern nur zwei Jahre, die zwischen den Ereignissen und der Niederschrift liegen! Dieser Irrtum paßt zu der bei Volk und Repgen erkennbaren Tendenz, den unbequemen Zeugen Brüning seiner Glaubwürdigkeit zu berauben. Ich teile durchaus Morseys Kritik an manchen überzeichneten Tendenzen des Buches (ebd., S. 52–54). Aber ich halte es bis zum Beweis des Gegenteils für ausgeschlossen, daß ein Mann von der Integrität und dem Informationsstand Brünings, der in diesen Märzwochen in ständigem Kontakt mit Kaas stand, entweder bewußt gelogen oder aber sich im Abstand von nur zwei Jahren in einer so grundsätzlichen Frage vollkommen geirrt haben soll.

55 Brüning, Memoiren, a.a.O. (Anm. 13), S. 656.

56 So erneut L. Volk, Dokumente des Versagens?, in: Rheinischer Merkur v. 9.12.1977.

57 Scholder, Kirchen, a.a.O. (Anm. 19), S. 314f.

58 Kaas an Bödiker, Berlin, den 24. März 1933. Abschrift BA Koblenz R 53/71. Die Abschrift dieses Briefes wurde mit den Abschriften seiner eigenen Briefe von Bödiker am 25. März an Papen übersandt. Die Wendung, die »von mir herbeigeführte Entscheidung«, ist von Papens Hand (?) unterstrichen; das Schreiben Bödikers vom 25. März trägt von Papens Hand den Vermerk »Pers. danken«.

59 Als G. Lewy 1973 in seiner Rezension die These vom Konkordat ohne Vorgeschichte in Frage stellte (Anm. 12), da sprach er in diesem Zusammenhang mit der wörtlich gleichen Wendung von der Entscheidung des Zentrums am 23. März, »die Kaas geschickt herbeiführte«. (Der Staat 12 [1973], S. 545). Das kleine Beispiel zeigt, wie zuverlässig an der Sache orientierte »Konjekturen« sein können.

60 Kupper, Staatliche Akten, a.a.O., (Anm. 10), S. 496.

61 L. Kaas, Der Konkordatstyp des faschistischen Italien, in: Zeitschrift für ausländisches und öffentliches Recht und Völkerrecht, Bd. III, 1, 1933, S. 514.

62 Vgl. Scholder, Kirchen, a.a.O. (Anm. 19), S. 313f.

63 Kupper, Staatl. Akten, S. 496.

64 Scholder, Kirchen, S. 485f. Die ebd. auf S. 486 vorgetragenen Einwände behalten natürlich ihr Gewicht.

65 Siehe Repgen, Reichskonkordat, a.a.O. (Anm. 36), S. 502ff. Wenn Repgen in diesem Zusammenhang darauf hinweist, daß sowohl Deuerlein wie Morsey bereits kurze Hinweise auf diesen Aufsatz gegeben hätten, so macht das die Tatsache doch nur noch unbegreiflicher, daß weder bei ihm selbst, noch in den Editionen von Kupper und Volk, noch in Volks großer Monographie oder in Morseys Arbeit über den Untergang des politischen Katholizismus – von kleineren Arbeiten zu schweigen – der Aufsatz auch nur erwähnt wird. Es ist mir nach wie vor ein Rätsel, wie eine solche Quelle ungeachtet bleiben konnte, die wie keine andere Einblick in die Denk- und Vorstellungswelt des Prälaten in der entscheidenden Zeit eröffnet, obwohl sonst jedes Blatt und jede Zeile von Kaas aus dieser Zeit umgedreht und geprüft worden sind. – Was die Arbeit meiner Schülerin L. Siegele-Wenschkewitz betrifft, auf die ich mich sonst gerne bezogen habe, so bin ich in diesem Fall, wie ein einfacher Vergleich zeigt, ihrem Interpretationsrahmen gerade nicht gefolgt. L. Siegele-Wenschkewitz, der es vor allem um die Affinitätsproblematik geht, ordnet den Kaas-Artikel noch in die allgemeine Konkordatspolitik der Kurie seit 1919 ein (L. Siegele-Wenschkewitz, Nationalsozialismus und Kirchen. Religionspolitik von Partei und Staat bis 1935, Düsseldorf 1974, S. 100–106). Tatsächlich bedeutet er jedoch vor allem im Blick auf das Zentrum eine völlige Neuorientierung. Ich habe mich deshalb in diesem Punkt – im Unterschied zu anderen Punkten, wo ich die Ergebnisse dieser Arbeit dankbar aufgegriffen habe – auf einen einfachen Hinweis beschränkt (vgl. K. Scholder, Kirchen, a.a.O. [Anm. 19], S. 207, Anm. 79 mit S. 108, Anm. 82). – Ich benütze aber die Gelegenheit, um ein wirkliches Versäumnis gut zu machen. Es betrifft die Arbeit von D.

Junker, die Deutsche Zentrumspartei und Hitler 1932/33, Stuttgart 1969. Tatsächlich hat Junker den Kaas-Aufsatz als Erster in seiner Bedeutung erkannt und ausführlich zitiert als »eines der wenigen Zeugnisse aus der Hand des Prälaten«, das geeignet sei, »den Blick auf die eigentlichen Grundsätze seines Denkens freizugeben« (S. 196). Ich bedaure, daß mir dies trotz Kenntnis der Junkerschen Arbeit entgangen ist. Im übrigen verdient das geistvolle und materialreiche Buch eine bessere Bewertung als die kurze Abfertigung Repgens, daß sein Verfasser »sich leider zu wenig von Vorurteilen« gelöst habe (Klopfsignale, a.a.O. [Anm. 4], S. 100, Anm. 12).

66 Vgl. die zusammenfassende Würdigung des Laterankonkordates bei Kaas, Konkordatstyp, a.a.O. (Anm. 61), S. 514–519; insbes. die Ziffern 3 und 4, S. 516f. Eine wirklich »un-eindeutige«, nämlich von Sorgen, Zweifeln und Bedenken bestimmte Würdigung der Lateranverträge hat dagegen etwa zur gleichen Zeit der Historiker des Zentrums, K. Bachem, vorgelegt (Vorgeschichte, Geschichte und Politik der Deutschen Zentrumspartei Bd. IX, Köln 1932, S. 53–64). Ein Vergleich der beiden Darstellungen macht erst ganz deutlich, wieweit Kaas sich in seinem Beitrag bereits auf das autoritäre Regierungsmodell Mussolinis eingelassen hat. Ein Nachdruck des Aufsatzes von Kaas – vielleicht im Anhang zu Repgens angekündigtem Buch –, wäre dringend zu wünschen.

67 Vgl. dazu ausdrücklich Scholder, Kirchen, a.a.O. (Anm. 19), S. 210f.

68 Vgl. Repgen, Reichskonkordat, a.a.O. (Anm. 36), S. 505, Anm. 21.

69 Stasiewski, Akten, a.a.O. (Anm. 52), S. 11f.

70 Ebd., S. 12.

71 L. Volk, Kundgebung, a.a.O. (Anm. 15), S. 443.

72 Volk, Reichskonkordat, a.a.O., (Anm. 14), S. 93 und S. 77.

73 Repgen, Reichskonkordat, a.a.O. (Anm. 36), S. 528 Anm. 108 mit Bezug auf Volk, Reichskonkordat, S. 94 Anm. 19. Gemeint ist der in der folgenden Anm. genannte Brief Papens vom 2. April.

74 Papen an Raitz v. Frentz, 2.4.1933, BA R 53/72.

75 Überhaupt meine ich – und auch dies unterscheidet meine Position von der Repgens –, daß wir über die Vorgeschichte des Reichskonkordats im März auf deutscher wie auf vatikanischer Seite noch keineswegs vollständig unterrichtet sind. Dies gilt zum Beispiel für die Mission Görings, der bis zum Beginn der Verhandlungen im April an der Vorbereitung zweifellos mehr beteiligt war, als wir bisher angenommen haben. Ich deute die Linie hier nur an. Im Mai 1931 war Göring als Beauftragter Hitlers im Vatikan, um einen ersten Kontakt anzuknüpfen. Im April 1932 gab er, ebenfalls als Beauftragter Hitlers, eine Erklärung über das Verhältnis der Partei zur katholischen Kirche ab, die die Grundzüge von Hitlers Kirchenpolitik deutlich erkennen ließ (s. oben S. 183). Und als Erster teilte er schon am 23. März dem Berliner Nuntius mit, daß er damit rechne, »gegen den 10. April nach Rom zu kommen« und sich mit Pacelli besprechen zu können (Volk, Kirchliche Akten, a.a.O. [Anm. 10], S. 3f.) In der Osterwoche sprach er dann tatsächlich sowohl mit dem Papst wie mit Pacelli über das Reichskonkordat, wie wir von Pacelli selbst wissen, der am 22. Mai an Faulhaber schrieb, in den Verhandlungen mit Papen und Göring sei »wiederholt die Rede von einem Reichskonkordat« gewesen (Volk, ebd., S. 50). Der Papst, so berichtete Ritter, fühlte sich nach dem Besuch Görings »mancher Sorge enthoben« (Bericht Ritter v. 12.4.33. Bay HStA München, MA 107254. S. auch Volk, Reichskonkordat, a.a.O. [Anm. 14], S. 100). Zugleich war Göring offensichtlich beauftragt, mit Mussolini über das deutsch-italienische Verhältnis zu verhandeln. (Zum Komplex Deutschland–Italien–Vatikan s. S. 197ff.) Zur politischen Mission Görings vgl. Petersen, Hitler – Mussolini, a.a.O. (Anm. 30), S. 164–170. Ob auch Göring schon am 23. März Kontakt mit dem Vatikan hatte (was ich vermute), und ob es der gleich war, den Papen eingeleitet hatte, muß einstweilen noch offenbleiben. Aber es

spricht dafür, daß Göring neben Papen als Hitlers Vertrauensmann die Ernsthaftigkeit der Konkordatsabsichten bekräftigen sollte. (Ähnlich schon Lewy, Neues Material, a.a.O. [Anm. 12], S. 548, gegen Volk, Reichskonkordat, a.a.O. [Anm. 14], S. 93f.).

76 Repgen, Klopfsignale, a.a.O. (Anm. 4), S. 146.

77 Ich kann auf die Bedeutung dieser Politik und ihre vielfältigen kanonistischen, theologischen und staatskirchenrechtlichen Aspekte hier nicht im Einzelnen eingehen. Sie sind ausführlich dargestellt bei Scholder, Kirchen, a.a.O. (Anm. 19), S. 65–92 und S. 184–211.

78 Orsini-Baroni an das italien. Außenministerium, 4.1.1932. Archivio Storico Ministero Affari Esteri (ASMAE), Fondo Ambasciata presso la Santa Sede, busta 35. Die Meldung deckt sich weitgehend mit dem Bericht Ritters vom 20.12.1931. (Scholder, Kirchen, S. 193f.). Die freundliche Vermittlung dieser und der folgenden Aktenstücke verdanke ich der Hilfsbereitschaft von Professor Giampiero Carocci. Für die Übersetzung danke ich Frau Gariella Anders.

79 Charles-Roux an Paul-Boncour, Rom, 19.12.1932. Documents Diplomatiques Français (DDF) 1932–1939, Serie I, Bd. II, Paris 1966, S. 287f.

80 Nachlaß Raitz v. Frentz, Kommission für Zeitgeschichte, Bonn. Hervorhebung im Original. Das kurze Zitat bei Volk, Reichskonkordat, a.a.O. (Anm. 14), S. 126, Anm. 12 läßt die grundsätzliche Bedeutung dieser Information kaum erkennen.

81 Ebd. Diesem Bericht war schon früher eine Darstellung des gleichen Problemkreises vorausgegangen.

82 Ungezeichneter Durchschlag v. 8.2.33. Ebd. Der Adressat (Steinmann) ist von fremder Hand hinzugefügt. Daß mit dem »hohen Herrn« Pacelli und mit dem »höchsten Herrn« der Papst gemeint ist, steht außer Zweifel. Wer sich hinter dem »Großen und Guten« verbirgt, ist mir unbekannt. In anderem Sinne interpretiert das Schreiben Volk, Reichskonkordat, a.a.O. (Anm. 14), S. 63 Anm. 21. Zu Steinmann vgl. Repgen, Reichskonkordat, a.a.O. (Anm. 36), S. 524. Über ein jahrelanges enges Vertrauensverhältnis zu Steinmann berichtet Frentz in seinem schon erwähnten Schreiben an Papen vom 22. März 1933 (BA Koblenz R 53/72). Dieses Schreiben deutet im Übrigen darauf hin, daß Frentz von dem Steinmann-Bergenschen Memorandum (s. Repgen, a.a.O., S. 523ff.) Kenntnis hatte.

83 ASMAE (s. oben Anm. 78) Fondo Lancelotti, cassetta 45. Wortlaut: »Il von Papen ha proposto a Pacelli un concordato fra la Santa Sede e il Reich, purchè contenga l'articolo del Concordato italiano che vieta ai preti ogni attività politica. Avendogli domandato quql 'è la situazione del Centro, mi ha risposta, ›Vorbei‹ [liquidato].« Danach wird sich Repgens These, daß Kaas »gegen die Forderung nach Entpolitisierung des Klerus einen ungemein klugen und zäh anhaltenden Widerstand« aufgebaut habe (Klopfsignale, a.a.O. [Anm. 4], S. 107f.), nur noch schwer halten lassen. Tatsächlich handelte es sich nur um die Frage, ob die Entpolitisierung kanonistisch oder politisch formuliert werden sollte.

84 Vgl. dazu Petersen, Hitler – Mussolini, a.a.O. (Anm. 30), S. 155–162.

85 Ich kann den Einfluß, den Mussolini in der Konkordatsfrage sowohl auf Hitler wie auf den Vatikan ausgeübt hat, hier nur andeuten. Eine eigene Arbeit auf der Basis der italienischen Akten, die vermutlich eine Fülle neuer Aspekte erbrächte, und die auch für das deutsch-italienische Verhältnis 1932–34 von erheblicher Bedeutung wäre, ist dringend zu wünschen.

86 ASMAE (s. oben Anm. 78) Serie politica 1931–45, Santa Sede, pacco 18, Fascicolo »Rapporti con Sati Esteri«, Sottofascicolo »Governo nazionalsocialistica e confessioni cristiane in Germania.« Wortlaut: »Il Cardinale Pacelli ha sempre, è vero, manovrato col Centro fino a quando è rimasto in Germania. Assunto il suo alto ufficio in Santa Sede in un primo tempo ha creduto di continuare nel sistema; ma, a seguito delle mie conferenze col' Ambasciatore

Orsini Baroni, col Maggiore Renzetti, cogli stessi esponenti Nazional Socialisti prima della loro assunzione al potere, continuo esame dei rapporti inviatimi dal Ministero e delle esplicite continue direttive verbali avute a ›rapporto‹ da Vostra Eccellenza, ho avuto occasione di segnarli la vie nuova a nome del Governo Fascista, via nuova che Egli per conto suo e sopratutto per ordine del Papa, il quale è spregiudicatissimo nella politica sua come è ben noto, ha finito per seguire.«

87 »Vertrauliche Information« vom 4. Juli 1932. Nachlaß R. v. Frentz. Kommission für Zeitgeschichte, Bonn.

88 Siehe oben S. 548.

89 Junker, Zentrumspartei, a.a.O. (Anm. 65), S. 200. Auch hier hat Junker als erster auf die richtige Spur hingewiesen, die Volk dann aufgrund seiner falschen Datierung wieder verlor. Vgl. Volk, Reichskonkordat, a.a.O. (Anm. 14), S. 74, Anm. 68.

90 C. Ottenga, Il Concordato fra la Santa Sede e la Germania del 20 Luglio 1933, Mailand u. Rom 1960, S. 85. Ottenga zitiert hier aus dem in Anm. 83 genannten Dokument.

91 R. De Felice, Mussolini il duce I, Gli anni del Consenso 1929–1936, Turin 1974, S. 452, Anm. 4, mit einem interessanten innenpolitischen Aspekt der Konkordatsfrage. Siehe auch ebd. S. 443, Anm. 1. Renzetti befand sich in Görings Gefolge, als dieser am 10. April in Italien eintraf. Petersen, Hitler – Mussolini, a.a.O., (Anm. 30), S. 167, Anm. 131.

92 Junker, Zentrumspartei, a.a.O. (Anm. 65), S. 200; Kupper, Staatl. Akten, S. 138.

93 DDF I, Bd. 2, S. 752. Volk, Reichskonkordatsfrage, a.a.O. (Anm. 14), S. 65, Anm. 25.

94 L. Volk, Reichskonkordatsfrage, S. 65, Anm. 28.

95 Volk, ebd., Anm. 26. Vollständiger Abdruck der Aufzeichnung bei L. Volk, Akten Kardinal Michael Faulhabers Bd. I, 1917–1934, Mainz 1975, S. 714–716.

96 Text bei L. Volk, Kundgebung, a.a.O. (Anm. 15), S. 433f., Anm. 7.

97 Zur Entstehung dieses Berichtes siehe Repgen, Reichskonkordat, a.a.O. (Anm. 36), S. 525f., Anm. 98. Dr. A. John, dem wir die Aufzeichnung verdanken, hat mir nach der Lektüre meines Buches am 31. 3. 78 spontan telefonisch von diesem Bericht Kenntnis gegeben. Ich danke ihm für die freundliche Bereitschaft, die Aufzeichnung zur Verfügung zu stellen.

98 Dazu hat jetzt auch H. Stehle weitere interessante Einzelheiten beigesteuert. »Wer zahlte für das Reichskonkordat?« in: Die Zeit, Nr. 15 v. 7. 4. 1978.

99 So ausdrücklich etwa in meinem Abschnitt über »Abschluß und Bedeutung des Reichskonkordats« in: Ökumenische Kirchengeschichte Bd. III, a.a.O. (Anm. 7), S. 278f. Vgl. im Einzelnen auch K. Scholder, Österreichisches Konkordat und Nationalsozialistische Kirchenpolitik 1938/39, in: Zeitschrift für evang. Kirchenrecht 20, 1975, S. 230–242.

100 Scholder, Kirchen, a.a.O., (Anm. 19), S. 645f. Ein Wahlplakat zum 12. November mit dem Konkordat ebd, Bild 90.

101 Text bei L. Volk, Reichskonkordat, a.a.O. (Anm. 14), S. 250–252.

102 Vgl. dazu Scholder, Kirchen, S. 505f.

103 De Vecchi an Mussolini, 25. Juli 1933. ASMAE (s. oben Anm. 78) Fondo Ambasciata presso la Santa Sede, busta 35. Dieser Bericht ist wiederum als kritischer Kommentar zu dem Bericht des Berliner Botschafters Cerutti v. 15. Juli 1933 über eine Unterredung mit Papen abgefaßt. (Text des Cerutti-Berichtes bei L. Volk, Reichskonkordat, S. 232–234). Gegenüber Kirkpatricks Mitteilungen über die Einstellung des Heiligen Stuhls erhält dieser Bericht von De Vecchi ein besonderes Gewicht durch die größere zeitliche Nähe zu den Ereignissen und durch die jahrelange enge Vertrautheit des Italieners mit der vatikanischen Szene. Wortlaut: »Tanto il Pontefice quanto

il Cardinale di Stato erano felici del Concordato ottenuto con la Germania come dei ragazzi premiati a scuola ed avevano, come hanno, un'unica paura: che il Concordato non possa avere nei fatti la sua piena esecuzione. Quanto alle soppresione del Centro ed alle ›violenze‹ sul clero politicante, quelli sono da tempo abban donati al loro destino senza il minimo rimpianto: e ciò dal giorno dopo dell 'avvento al potere di Hitler.«

Politischer Widerstand oder Selbstbehauptung als Problem der Kirchenleitungen

1 Zu den Verhandlungen über das Reichskonkordat in Rom siehe L. Volk, Das Reichskonkordat vom 20. Juli 1933. Von den Ansätzen in der Weimarer Republik bis zur Ratifizierung am 10. September 1933 (= Veröffentlichungen der Kommission für Zeitgeschichte [im folgenden VKZ zitiert], Reihe B, Bd. 5), Mainz 1972, insbes. S. 90ff., und K. Scholder, Die Kirchen und das Dritte Reich, Bd. 1: Vorgeschichte und Zeit der Illusionen 1918–1934, Frankfurt a. M.–Berlin–Wien 1977, S. 487ff.

2 Zu den Bemühungen Pacellis siehe D. Albrecht, Der Hl. Stuhl und das Dritte Reich, in: K. Gotto/K. Repgen (Hg.), Kirche, Katholiken und Nationalsozialismus (= Topos Taschenbücher, Bd. 96), Mainz 1980, S. 391f.

3 Zur sogenannten »Eingabenpolitik« Kardinal Bertrams siehe L. Volk, Der deutsche Episkopat, in: A.a.O., S. 54ff.

4 Vgl. dazu auch H. Hürten, Selbstbehauptung und Widerstand der katholischen Kirche, in: J. Schmädeke/P. Steinbach (Hg.), Der Widerstand gegen den Nationalsozialismus. Die deutsche Gesellschaft und der Widerstand gegen Hitler, München–Zürich 1985, S. 240–253.

5 K. O. v. Aretin, Der deutsche Widerstand gegen Hitler, in: U. Cartarius, Opposition gegen Hitler (= Deutscher Widerstand 1933–1945), Berlin 1984, S. 9.

6 M. Höllen, Heinrich Wienken. Der »unpolitische« Kirchenpolitiker. Eine Biographie aus drei Epochen des deutschen Katholizismus (= VKZ, Reihe B, Bd. 33), Mainz 1981, S. 73ff.

7 Bistumsarchiv Osnabrück 04-62-33. Zu den Ereignissen siehe auch W. Adolph, Erich Klausener, Berlin 1955.

8 St. Kirchmann (d. i W. Gurian), St. Ambrosius und die deutschen Bischöfe, Luzern 1934, S. 20.

9 A.a.O., S. 6. Vgl. dazu auch H. Hürten, Waldemar Gurian. Ein Zeuge der Krise unserer Welt in der ersten Hälfte des 20. Jahrhunderts (= VKZ, Reihe B, Bd. 11), Mainz 1972, S. 92ff.

10 Text im Bericht des Berliner Ordinariats (wie Anm. 7).

11 Preysing an Bertram, 18. Oktober 1937. L. Volk (Hg.), Akten deutscher Bischöfe über die Lage der Kirche 1933–45, Bd. 4: 1936–1939 (= VKZ, Reihe A, Bd. 30), Mainz 1981, S. 365.

12 Memorandum von W. Adolph, in: W. Adolph, Geheime Aufzeichnungen aus dem nationalsozialistischen Kirchenkampf 1935–1943 (= VKZ, Reihe B, Band 33), Mainz 1979, S. 170f.

13 Bertram an Preysing, 21. Oktober 1937. L. Volk (Hg.), Akten deutscher Bischöfe, a.a.O., (Anm. 11), Nr. 413.

14 Zur Geschichte dieses Hirtenbriefes siehe L. Volk, Die Fuldaer Bischofskonferenz von der Enzyklika »Mit brennender Sorge« bis zum Ende der NS-Herrschaft, in: D. Albrecht (Hg.), Katholische Kirche im Dritten Reich. Eine Aufsatzsammlung zum Verhältnis von Papsttum, Episkopat und deutschen Katholiken zum Nationalsozialismus 1933–1945 (= Topos Taschenbücher, Bd. 45), Mainz 1976, insbes. S. 81ff.

15 Text des Entwurfs vom 15. November 1941 bei L. Volk (Hg.), Akten Kardinal

Michael v. Faulhabers 1917–1945, Bd. 2: 1935–1945 (= VKZ, Reihe A, Bd. 26), Mainz 1978, Nr. 845a.

16 A.a.O., S. 838.

17 So nach der Mitteilung Bernings an die Mitglieder der Kevelaerer Konverenz vom 12. März 1942, a.a.O., S. 877. Siehe auch den Bericht aus dem Ausschuß für Ordensangelegenheiten vom 14. Juni 1942, a.a.O., S. 936.

18 Bertram an Faulhaber, 3. Juli 1941, a.a.O., S. 759f. Zur Haltung Bertrams siehe auch K. Scholder, Ein Requiem für Hitler. Kardinal Bertram und der deutsche Episkopat im Dritten Reich, in: Frankfurter Allgemeine Zeitung, Nr. 249 v. 25. 10. 1980.

19 Die folgenden Vorgänge sind vielfach dargestellt worden. Einen kurzen Überblick über die Entwicklung vermittelt K. Scholder, Artikel: Kirchenkampf, in: Evangelisches Staatslexikon, 2. Aufl., Stuttgart–Berlin 1975, Sp. 1177–1200.

20 Text der Denkschrift vom Frühjahr 1936 u. a. in: J. Beckmann (Hg.), Kirchliches Jahrbuch für die Evangelische Kirche in Deutschland 1933–1944, 2. Aufl., Gütersloh 1976, S. 132–137.

21 Siehe dazu W. Niemöller, Die Bekennende Kirche sagt Hitler die Wahrheit. Die Geschichte der Denkschrift der vorläufigen Leitung von Mai 1936, Bielefeld 1954, S. 30f.; E. C. Helmreich, Die Veröffentlichung der »Denkschrift der vorläufigen Leitung der Deutschen Evangelischen Kirche an den Führer und Reichskanzler, 28. Mai 1936«, in: Zeitschrift für Kirchengeschichte, 87. Jg. (1976), S. 40–53.

22 W. Niemöller, Die Bekennende Kirche, a.a.O. (Anm. 21), S. 32.

23 A.a.O., S. 36.

24 A.a.O., S. 37.

25 Text der Gebetsliturgie in: J. Beckmann (Hg.), Kirchliches Jahrbuch, a.a.O. (Anm. 20), S. 256–258.

26 P. Hoffmann, Widerstand – Staatsstreich – Attentat. Der Kampf der Opposition gegen Hitler, 2. Aufl., Frankfurt a. M.–Berlin–Wien 1976 (= Ullstein Buch Nr. 3077), S. 74ff.

27 So nach einem Schreiben der »Vorläufigen Leitung« an die ihr angeschlossenen Landeskirchenregierungen und Landesbruderräte vom 28. Oktober 1938. J. Beckmann (Hg.), Kirchliches Jahrbuch, a.a.O. (Anm. 20), S. 258f.

28 H. Hermelink, Kirche im Kampf. Dokumente des Widerstands und des Aufbaus der Evangelischen Kirche in Deutschland von 1933–1945, Tübingen–Stuttgart 1950, S. 455.

29 A.a.O., S. 457.

30 Wurm an Frick, 19. Juli 1940. G. Schäfer, Landesbischof D. Wurm und der nationalsozialistische Staat 1940–1945, Stuttgart 1968, S. 119–124.

31 Bekannt ist auf evangelischer Seite das Beispiel D. Bonhoeffers, dem die Bekennende Kirche »den Platz auf der Fürbittenliste verweigerte« (E. Bethge, Dietrich Bonhoeffer, Theologe, Christ, Zeitgenosse, München 1967, S. 893). Auf katholischer Seite richteten 1946 11 der 16 überlebenden KZ-Priester der Erzdiözese Freiburg heftige Angriffe gegen die Freiburger Kirchenbehörde, der sie u. a. vorwarfen, daß »ein Priester der Kirchenbehörde um so lieber war, je weniger er mit der Geheimen Staatspolizei in Berührung kam«. H. Ott, Möglichkeiten und Formen kirchlichen Widerstands gegen das Dritte Reich von seiten der Kirchenbehörde und des Pfarrklerus, dargestellt am Beispiel der Erzdiözese Freiburg i. Brsg., in: Historisches Jahrbuch der Görres-Gesellschaft, 92. Jg. (1972), S. 312–333, das Zitat S. 328.

32 E. Klügel, Die lutherische Landeskirche Hannovers und ihr Bischof 1933–1945. Dokumente, Berlin–Hamburg 1965, S. 213.

33 Adenauer an Pastor Bernhard Custodis, 23. Februar 1946. Adenauer, Briefe 1945–1947 (= Rhöndorfer Ausgabe), Berlin 1983, S. 172f.

1 K. Scholder, Die evangelische Kirche in der Sicht der nationalsozialistischen Führung bis zum Kriegsausbruch, in: VZG 16, 1968, S. 15–35.
2 Akten zur deutschen auswärtigen Politik (ADAP), Serie D (1937–1945), Bd. III, Nr. 1.
3 Ich folge in der Darstellung der Vorgänge trotz mancher noch immer bestehenden Unklarheiten den Arbeiten von H.-H. Abendroth, Hitlers Entscheidung, in: W. Schieder und Ch. Dipper (Hg.), Der spanische Bürgerkrieg in der internationalen Politik (1936–1939), München 1976, S. 76–128, hier v. a. S. 90ff.; und ders., Deutschlands Rolle im spanischen Bürgerkrieg, in: M. Funke (Hg.), Hitler, Deutschland und die Mächte, Düsseldorf 1976, S. 471–488, hier v. a. S. 474.
4 H. Thomas, The Spanish Civil War, 3. Aufl. 1977, S. 370.
5 So mit ausführlicher Begründung H.-H. Abendroth, Hitlers Entscheidung, in: Schieder/Dipper, a.a.O. (Anm. 3), S. 92ff. Mit Einschränkungen auch R. Wohlfeil, Der spanische Bürgerkrieg, ebd., S. 18f. und W. Schieder, Spanischer Bürgerkrieg und Vierteljahresplan, ebd., S. 168. Zum Gesamtkomplex vgl.: H.-H. Abendroth, Hitler in der spanischen Arena. Die deutsch-spanischen Beziehungen im Spannungsfeld der europäischen Interessenpolitik 1936–1939, Paderborn 1973, S. 15ff.
6 ADAP D III Nr. 4 (Anm. 1).
7 Text der Rede: VZG 3, 1955, S. 204–210.
8 Dazu im einzelnen H. Thomas, a.a.O. (Anm. 4), S. 258-281.
9 H. Domarus, Hitler. Reden und Proklamationen 1932–1945, Bd. 1/2, München 1965, S. 646f.
10 Eine sorgfältige und eindrucksvolle Darstellung dieser Vorgänge findet sich bei H. G. Hockerts, Die Sittlichkeitsprozesse gegen katholische Ordensangehörige und Priester 1936. Eine Studie zur nationalsozialistischen Herrschaftstechnik und zum Kirchenkampf, Mainz 1971.
11 Die Zahlen im einzelnen bei H. Thomas, a.a.O. (Anm. 4), S. 270
12 Dazu vgl. H. Thomas a.a.O., S. 286f., 511ff.
13 Text: B. Stasiewski (Hg.), Akten deutscher Bischöfe über die Lage der Kirche 1933 bis 1945, Bd. III 1935–1936, Mainz 1979, S. 478-483.
14 Ebd.
15 L. Volk, Akten Kardinal Michael v. Faulhabers 1917–1945, Bd. II 1935–1945, Mainz 1978, S. 185.
16 Ebd., S. 193. Vgl. auch W. Adolph, Geheime Aufzeichnungen aus dem nationalsozialistischen Kirchenkampf 1935–1943, Mainz 1979, S. 120: »Hitler betrachtete das Angebot an Faulhaber als letzte Gelegenheit, mit der Kirche zum Frieden zu kommen.«
17 K. Deschner, Mit Gott und den Faschisten. Der Vatikan im Bunde mit Mussolini, Franco, Hitler und Pavelić, Stuttgart 1965, S. 11 und passim.
18 P. E. Schramm (Hg.), H. Picker, Hitlers Tischgespräche im Führerhauptquartier 1941–1942, Stuttgart ^{2}1965, S. 179f. Jetzt auch bei W. Jochmann (Hg.), Adolf Hitler. Monologe im Führerhauptquartier 1941–1944. Die Aufzeichnungen H. Heims, Hamburg 1980, S. 284.
19 P. E. Schramm (Hg.), Tischgespräche, a.a.O. (Anm. 18), S. 394.
20 Text: L. Volk, Faulhaber-Akten II, a.a.O. (Anm. 15), Nr. 592.
21 Ebd., Nr. 599.
22 H.-A. Raem, Pius XI. und der Nationalsozialismus. Die Enzyklika »Mit brennender Sorge« vom 14. März 1937, Paderborn u. a. 1979, S. 27f.
23 K. Scholder, Die Kirchen und das Dritte Reich, Bd. I, Frankfurt, Berlin, Wien 1977, S. 384f. und 389f.
24 Ein Bericht des behandelnden Arztes für Hitler vom 1. Okt. 1936, in: BA Koblenz NS 10/29. Schreiben vom 28. Sept. über die Wiederaufnahme der

Arbeit am 5. November 1936 ebd.
25 Text: J. Beckmann (Hg.), Kirchliches Jahrbuch 1933–1944, [2]1976, S. 146f.
26 Text des Verordnungsentwurfs v. 29.1.1937, in: BA Koblenz R 22/4008.
27 K. D. Schmidt, Dokumente des Kirchenkampfes II, Die Zeit des Reichskirchenausschusses 1935–1937, 2. Teil, Göttingen 1965, S. 1355.
28 Hitler's Daily activities from January 30., 1934 to June 30., 1943, Institut für Zeitgeschichte München F 19/13.
29 Eine Bestätigung dieser vor Jahren entwickelten Hypothese liefern jetzt die Tagebücher von Goebbels. Vgl. H. G. Hockerts, Die Goebbels-Tagebücher 1932–1941 in: Festschrift für Konrad Repgen, Berlin 1983, S. 372f.
30 Vgl. dazu K. Scholder, a.a.O. (Anm. 1), S. 30.
31 Text: J. Beckmann (Hg.), Kirchliches Jahrbuch, a.a.O. (Anm. 25), S. 160.
32 Ebd., S. 163f.
33 Zur Stimmung im Vatikan nach dem Abschluß des Reichskonkordats vgl. K. Scholder, Altes und Neues zur Vorgeschichte des Reichskonkordats. Erwiderung auf Konrad Repgen, in: Vierteljahrshefte für Zeitgeschichte 26, 1978, S. 569f.
34 Zitiert nach H. A. Raem, Pius XI., a.a.O. (Anm. 22), S. 32.
35 L. Volk, Faulhaber-Akten II, a.a.O. (Anm. 15), S. 284.
36 Text von Divini Redemptoris u. a. bei E. Marmy, Mensch und Gemeinschaft in christlicher Schau, Freiburg (Schweiz) 1945, S. 131–209.
37 L. Volk, Faulhaber-Akten II, a.a.O. (Anm. 15), S. 281.
38 Text: D. Albrecht, Der Notenwechsel zwischen dem Hl. Stuhl und der deutschen Reichsregierung, Bd. I, Mainz 1965, S. 409f.
39 Vgl. dazu im einzelnen H.-A. Raem, Pius XI., a.a.O. (Anm. 22), S. 62ff. und S. 106ff.
40 BA Koblenz R 43 II/153a.
41 M. Domarus, Hitler I/2, a.a.O. (Anm. 9), S. 748ff.
42 Ebd., S. 745.

Ein Requiem für Hitler

1 W. Adolph, Hirtenamt und Hitler-Diktatur, Berlin 1965.
2 L. Volk, Die Fuldaer Bischofskonferenz von Hitlers Machtergreifung bis zur Enzyklika »Mit brennender Sorge«, in: Stimmen der Zeit 183 (1969), S. 10 bis 31; ders., Die Fuldaer Bischofskonferenz von der Enzyklika »Mit brennender Sorge« bis zum Ende der NS-Herrschaft, ebd., 178 (1966), S. 241–267. Beide Aufsätze jetzt in D. Albrecht (Hg.), Katholische Kirche im Dritten Reich. Eine Aufsatzsammlung zum Verhältnis von Papsttum, Episkopat und deutschen Katholiken zum Nationalsozialismus 1933–1945, Mainz 1976, S. 35–102.
3 K. Gotto, Kath. Kirche und Nationalsozialismus, in: Staatslexikon der Görres-Gesellschaft, 6. Aufl., Erg.Bd. 2, 1970, Sp. 490.
4 L. Volk (Bearb.), Akten Kardinal Michael von Faulhabers 1917–1945, Bd. II, 1935–1945, Mainz 1978.
5 W. Adolph, Geheime Aufzeichnungen aus dem nationalsozialistischen Kirchenkampf 1935–1943, Mainz 1979.
6 K. Gotto, H. G. Hockerts, Konrad Repgen, Nationalsozialist. Herausforderung und kirchliche Antwort. Eine Bilanz, in: K. Gotto und K. Repgen, Kirche, Katholiken und Nationalsozialismus, Mainz 1980, S. 101–118.
7 Ebd., S. 110f.
8 K. Scholder, Die Kirchen und das Dritte Reich, Bd. 1: Vorgeschichte und Zeit der Illusionen 1918–1934, Frankfurt, Berlin, Wien, S. 498f.
9 Adolph, a.a.O. (Anm. 5), S. 51.
10 Ebd., S. 53.

11 Ebd., S. 165.
12 Ebd., S. 170f.
13 Archivum Archidiecejalne Wroclaw (= AAW) Registratur I A 25, Fürstbischof Adolf Kardinal Bertram.
14 Vgl. etwa Adolph, a.a.O. (Anm. 5), S. 51.
15 Ebd., S. 133. Vgl. auch S. 52.
16 Ebd., S. 218.
17 U. v. Hehl, Katholische Kirche und Nationalsozialismus im Erzbistum Köln 1933–1945, Mainz 1977, S. 168f.
18 Vgl. Faulhabers Memorandum v. 24. August 1937 in: L. Volk, a.a.O. (Anm. 4), S. 387ff. u. dazu Adolph, a.a.O. (Anm. 5), S. 143.
19 Ebd., S. 229.
20 Vgl. etwa ebd., S. 238 (Preysing) mit S. 279 (Bertram).
21 Vermerk Weizsäckers über eine Mitteilung Greisers v. 8. 4. 1938. Archiv des Ausw. Amtes Bonn, Pal III (Hl. Stuhl) PoZ Bd. 5. gegen K. Gotto u.a., a.a.O. (Anm. 6), S. 112.
22 B. Schneider (Hg.), Die Briefe Pius' XII. an die deutschen Bischöfe 1939–1944, Mainz 1966, S. 318. Vgl. auch S. 299.
23 Ebd., S. 340f. und S. 318.
24 D. Albrecht (Bearb.), Der Notenwechsel zwischen dem Hl. Stuhl und der deutschen Reichsregierung, Bd. III: Der Notenwechsel und die Demarchen des Nuntius Orsenigo 1933–1945, Mainz 1980, S. 305.
25 Vgl. die Denkschriften von Bertram und Faulhaber für Pius XII., in: B. Schneider, a.a.O. (Anm. 22), S. 300-314.
26 W. Adolph, a.a.O. (Anm. 1), S. 161f.
27 L. Volk bei Albrecht, a.a.O. (Anm. 2), S. 75.
28 W. Adolph, a.a.O. (Anm. 1), S. 164–168.
29 Pius XII. an Preysing, 12. Juni 1940. B. Schneider, a.a.O. (Anm. 22), S. 74f.
30 Ebd., und S. 88f.
31 W. Adolph, a.a.O. (Anm. 5), S. 274.
32 U. v. Hehl, a.a.O. (Anm. 17), S. 208.
33 L. Volk, a.a.O. (Anm. 4), S. 826f.
34 Ebd., S. 833f.
35 Ebd., S. 838.
36 Ebd., S. 850ff.
37 Ebd.
38 Ebd., S. 936.
39 Zur Verwirrung um den Hirtenbrief und seinen Rückruf vgl. ebd., S. 888ff.
40 Ebd., S. 759.
41 AAW I A 25 z 19.
42 W. Jochmann (Hg.), Adolf Hitler. Monologe im Führerhauptquartier 1941–1944, Hamburg 1980, S. 150ff. u. ö.
43 Mein Kampf, S. 4.
44 K. Engelbert (Hg.), Geschichte des Breslauer Domkapitels im Rahmen der Diözesangeschichte vom Beginn des 19. Jahrhunderts bis zum Ende des Zweiten Weltkriegs, Hildesheim 1964, S. 242.
45 M. Domarus, Hitler, Reden von 1932–1945, Bd. II 2, München 1965, S. 2250.
46 AAW I A 25 z 19.
47 L. Eisenhofer, Handbuch der Liturgik, Bd. II, Freiburg 1933, S. 14.
48 K. Repgen, Über die Entstehung der Reichskonkordats-Offerte im Frühjahr 1933 und die Bedeutung des Reichskonkordats, in: Vierteljahrshefte für Zeitgeschichte 26, 1978, S. 533.

Judentum und Christentum in der Ideologie und Politik des Nationalsozialismus 1919–1945

1 E. Goldhagen, Weltanschauung und Endlösung. Zum Antisemitismus der nationalsozialistischen Führungsschicht, in: VZG 24, 1976, S. 397.
2 E. Jäckel (Hg.), Hitler. Sämtliche Aufzeichnungen 1905–1924, Stuttgart 1980, S. 88–90.
3 E. Fischer, Die Rehobother Bastards und das Bastardierungsproblem bei Menschen. Anthropologische und ethnographische Studien am Rehobother Bastardvolk in Deutsch-Südwest-Afrika, Jena 1913.
4 A. Hitler, Mein Kampf, 17. Aufl., 1943, S. 360.
5 Ebd., S. 418.
6 W. Hofer, Der Nationalsozialismus, Dokumente 1933–1945, Frankfurt 1957, S. 28–31.
7 E. Jäckel (Hg.), Hitler, a.a.O. (Anm. 2), S. 623.
8 D. Eckart, Der Bolschewismus von Moses bis Lenin. Zwiegespräch zwishen Adolf Hitler und mir, München 1924.
9 A. Hitler, Mein Kampf, a.a.O. (Anm. 4), S. 70.
10 Zu Hitlers kirchenpolitischer Grundentscheidung siehe K. Scholder, Die Kirchen und das Dritte Reich, Bd. 1: Vorgeschichte und Zeit der Illusionen 1918–1934, Frankfurt, Berlin, Wien 1977, S. 116–123.
11 B. Stasiewski, Akten deutscher Bischöfe über die Lage der Kirche 1933–1945, Bd. 1, 1933–1934, Mainz 1968, S. 101 f.
12 G. Kretschmar/C. Nicolaisen (Hg.), Dokumente zur Kirchenpolitik des Dritten Reiches, Bd. 2, 1934/35, München 1975, S. 80.
13 L. Volk (Hg.), Akten Kardinal Michael von Faulhabers 1917–1945, II 1935–1945, S. 185, 187.
14 H. A. Oberman, Wurzeln des Antisemitismus, Berlin 1981.
15 A. Stöcker, Christlich-Sozial. Reden und Aufsätze, 2. Aufl., Berlin 1890, S. 272.
16 F. Heer, Der Glaube des Adolf Hitler. Anatomie einer politischen Religiosität, München und Esslingen 1969.
17 J. Gauger, Chronik der Kirchenwirren, 1. Teil, (Elberfeld 1934), S. 67.
18 D. Bonhoeffer, Gesammelte Schriften Bd. 2, Kirchenkampf und Finkenwalde, München 1959, S. 44–53 und S. 115–117.
19 K. Scholder, Die Kirchen und das Dritte Reich, a.a.O. (Anm. 10), S. 613.
20 Ebd., S. 703–705.
21 Vgl. dazu etwa Christentum und Judentum. Studien zur Erforschung ihres gegenseitigen Verhältnisses. Sitzungsberichte der ersten Arbeitstagung des Instituts zur Erforschung des jüdischen Einflusses auf das deutsche kirchliche Leben, hg. v. W. Grundmann, Leipzig 1940.
22 M. v. Faulhaber, Judentum, Christentum, Germanentum. Adventpredigten, gehalten in St. Michael zu München 1933, München (1934), S. 20 und 23.
23 M. Domarus, Hitler. Reden und Proklamationen 1932–1945, Bd. I 2, München 1965, S. 745.
24 Ebd., Bd. II 1, S. 1058–1060.
25 W. Jochmann (Hg.), Adolf Hitler. Monologe im Führerhauptquartier 1941 bis 1944, Hamburg 1980. S. 41.
26 Ebd., S. 96-98.
27 Ebd., S. 152.
28 Ebd., S. 150.

Bibliographie Klaus Scholder (1952–1987)

Bis 1980 zusammengestellt von Joachim Miltenberger. Vervollständigt und ergänzt bis 1987 von Ralf Tyra unter Mitarbeit von Kristina Kühnbaum.

Abkürzungen nach »Theologische Realenzyklopädie« (TRE): Abkürzungsverzeichnis. – Berlin, New York 1976

A. Selbständige Veröffentlichungen

1. Die Verwirklichung des Imaginativen in den Romanen Jean Pauls: ein Beitrag zum Problem der poetischen Existenz in der deutschen Romantik. – [1956]. – 174 Bl. [Mschr. vervielf.]
   Tübingen, Univ., Philos. Fak., Diss., 1956.
2. Kulturpolitik – warum und wie? / Hg.: Bundesparteileitung der FDP. – Bonn: Freie Demokratische Partei, [1957]. – 16 S.
   (Schriftenreihe der Freien Demokratischen Partei; H. 11).
3. Die Problematik der politischen Verantwortung in unserer jüngsten Geschichte: Vortrag, gehalten am 26. Juni 1959. – Wiesbaden: Steiner, 1959. – 42 S.
   (Institut für Europäische Geschichte: Vorträge; Nr. 27).
4. 30 Jahre Deutschland und die Kirche, zus. mit Marianne Regensburger. – München: Kaiser, 1964. – 90 S.: mit zahlr. Abb.
5. Ursprünge und Probleme der Bibelkritik im 17. Jahrhundert: ein Beitrag zur Entstehung der historisch-kritischen Theologie. – München: Kaiser, 1966. – 194 S.
   (Forschungen zur Geschichte und Lehre des Protestantismus [FGLP]: Reihe 10; Bd. 33).
   Zugl.: Tübingen, Univ., Evang.-theol. Fak., Habil-Schr., 1965. [Mschr. vervielf.].
6. Die Zukunft des Liberalismus: Vortrag vor der »Schwäbischen Gesellschaft« in Stuttgart / mit Diskussionsbeiträgen von Reinhold Mayer u. Barthold C. Witte. – Bonn: Liberal-Verl., 1970. – 23 S.
   (Aktuelle Beiträge zur politischen Bildung; H. 12).
   [Wieder abgedruckt in:] liberal, 12, 1970, S. 248-260.
7. Grenzen der Zukunft: Aporien von Planung und Prognose. – Stuttgart; Berlin; Köln; Mainz: Kohlhammer, 1973. – 136 S.
   (Urban-Taschenbücher [UB]; Bd. 851: Reihe 80). – (1973 auch in niederländischer Übersetzung in Kampen erschienen).
8. Die Kirchen und das Dritte Reich. – Frankfurt/M.; Berlin; Wien: Ullstein/Propyläen-Verl.
   Bd. 1: Vorgeschichte und Zeit der Illusionen: 1918–1934. – 1977. – IX, 897 S.: mit 94 Abb. auf Taf. u. 1 Kt. – [3. Aufl. 1979].
9. Über den Umgang mit unserer jüngsten Geschichte: Rede, gehalten am 17. Januar 1979 anläßlich des Jahresempfangs der Evangelischen Akademie in Tutzing / Einf.: Franz Josef Strauß. – München: Bayerische Landeszentrale für politische Bildungsarbeit, 1979. – 24 S.
   (Zeitfragen; 12).

[Teilw. wieder abgedruckt u. d. T.: »Die Vergangenheit holt uns immer wieder ein: über den Umgang mit unserer jüngsten Geschichte« in:] Süddeutsche Zeitung, 35, 1979, Nr. 22 v. 27./28. Januar, S. 163-164 / Wochenendbeilage.
10. Die Mittwochs-Gesellschaft. Protokolle aus dem geistigen Deutschland 1932 bis 1944. Hg. und eingeleitet von Klaus Scholder. – Berlin: Severin und Siedler, 1982. – 383 S. (2. Aufl. 1984).
11. Das Gustav-Adolf-Werk und die evangelische Kirche: Festvortrag zum 150jährigen Jubiläum des Gustav-Adolf-Werkes, gehalten am 16. Oktober 1982. – Kassel: Verlag des Gustav-Adolf-Werkes, 1983. – 48 S.
12. Protestantische Profile. Lebensbilder aus fünf Jahrhunderten, zus. mit Dieter Kleinmann. – Königstein: Athenäum, 1983. – 412 S.
13. Die Kirchen und das Dritte Reich. – Berlin: Siedler.
Bd. 2: Das Jahr der Ernüchterung. 1934. Barmen und Rom. – 1985. – 478 S. (posthum hg. von Gerhard Besier, Dieter Kleinmann und Jörg Thierfelder).
14. Die Kirchen und das Dritte Reich. – Frankfurt/M.; Berlin; Wien: Ullstein Taschenbuchausgabe (geringfügig ergänzt).
Bd. 1: Vorgeschichte und Zeit der Illusionen: 1918–1934. – 1986. – 899 S.
15. The Churches and the Third Reich. – London: SCM Press LTD, Vol. 1: Preliminary History and the Time of Illusions, 1918–1934. – 1987. – 715 S.

B. Beiträge in Zeitschriften und Sammelwerken

16. Christlich und deutsch (DUZ, 7, 1952, Nr. 21 v. 3. November, S. 3-4).
17. Colloquium historicum (DUZ, 7, 1952, Nr. 23/24 v. 22. Dezember, S. 28-29).
18. Über das Groteske (DUZ, 7, 1952, Nr. 14 v. 18. Juli, S. 12-14).
19. Die Jugend und das Vaterland (DUZ, 8, 1953, Nr. 23 v. 7. Dezember, S. 3-5).
[Wieder abgedruckt in:] Heilig Vaterland?: zur Vorbereitung des 3. Deutschen Evangelischen Studententages, Heidelberg 1954. – Stuttgart: Evangelische Studentengemeinde in Deutschland, [1954]. – S. 27-34.
20. Das Zeugnis der Schrift: die Offenbarung in ihrem Verhältnis zu Vernunft und Geschichte (DUZ, 8, 1953, Nr. 8 v. 20. April, S. 7-9).
21. Auch du gehörst zu einem Volk (Jugendruf, 1954, September[heft], S. 4-5).
22. Die große Debatte (DUZ, 9, 1954, Nr. 20 v. 25. Oktober, S. 15-17).
23. Offener Kontinent (DUZ, 10, 1955, Nr. 7/8 v. 18. April, S. 3-4).
24. Liberalismus und Nationalbewußtsein. – In: Hambacher Fest: 1832–1957; eine Schrift zur 125jährigen Wiederkehr »der ersten politischen Volksversammlung der neueren deutschen Geschichte«. / Hg.: Institut für staatsbürgerliche Bildung in Rheinland-Pfalz, [1957]. – S. 67-90.
25. Kirche, Staat, Gesellschaft: Vortrag, gehalten am 5. Oktober 1957 bei einem deutsch-französischen Gespräch über »Institution und Freiheit« auf Einladung der Evangelischen Akademie in Loccum (EvTh, 18, 1958, S. 241-255).
26. Trennung von Kirche und Staat (Der gemeinsame Weg: Informationen des Ringes politischer Jugend / Landesausschuß Baden-Württemberg, 9, 1959, H. 11, S. 7).
27. Albert Schweitzer im Tübinger Stift, 1959 (Univ., 15, 1960, S. 124-125).
[Wieder abgedruckt u. d. T.: »Im Tübinger Stift« in:] Albert Schweitzer / Hg.: Hans Walter Bähr. – Freiburg im Breisgau; Basel; Wien: Herder, 1966. – S. 152-154.
(Herder-Bücherei; Bd. 247).
[Und in:] Tübinger Blätter, 66, 1979, S. 40-41.
28. Christentum und Liberalismus (liberal, 2, 1960, Nr. 1, S. 12-18).
[Wieder abgedruckt in:] Das Gewissen entscheidet: liberale Stimmen zu

Kirche und Staat / Red.: Hans Haferland. - Bonn: Das Freie Wort, 1963. - S. 5-13.
(liberal: Sonderheft; 3).

29. Überfüllung der Hochschulen: eine Studie über Studentenzahlen und Fassungsvermögen der deutschen Hochschulen (DUZ, 15, 1960, Nr. 1 [Januar], S. 24-25 u. 27).
30. Ferdinand Christian Baur als Historiker: erweiterte Fassung eines Vortrags, der aus Anlaß des 100. Todestages von Ferdinand Christian Baur am 16. Dezember 1960 im Evangelischen Stift zu Tübingen gehalten wurde; Prof. D. Hanns Rückert zum 60. Geburtstag (EvTh, 21, 1961, S. 435-458).
31. Der Geist des Staates als Aufgabe der Kulturpolitik: Vortrag vor dem Kulturpolitischen Arbeitskreis des FDP-Parteitages 1961 in Frankfurt/M. (liberal, 3, 1961, Nr. 2, S. 7-16).
[Teilw. wieder abgedruckt in:] Informationsblatt für den Schulmann, 3, 1961, H. 8 (August), S. 1-6.
32. Was heißt: »Du sollst den Feiertag heiligen«?: Überlegungen zur gegenwärtigen Diskussion um den Sonntag (EvTh, 21, 1961, S. 284-289).
33. Albert Schweitzer und Ferdinand Christian Baur. - In: Albert Schweitzer: sein Denken und sein Weg / Hg.: Hans Walther Bähr. - Tübingen: Mohr, 1962. - S. 184-192.
34. Herder und die Anfänge der historischen Theologie (EvTh, 22, 1962, S. 425-440).
35. Ideologie und Politik. - In: Jahrbuch der Evangelischen Akademie Tutzing. - Tutzing: Evangelische Akademie.
[Bd.] 11. - 1961. - S. 116-134.
[Wieder abgedruckt in:] Politischer Club: Veröffentlichung der Evangelischen Akademie Tutzing. - Göttingen: Vandenhoeck & Ruprecht.
[Bd.] 8. - 1962. - S. 91-109.
[Und in:] Aus Politik und Zeitgeschichte: Beilage zur Wochenzeitung »Das Parlament«, B. 30/62 v. 25. Juli 1962, S. 377-382.
[Teilw. wieder abgedruckt u. d. T.: »Die neue Aufgabe der Politik« ‹mit engl. Übers. u. d. T.: »The new task of politics« und franz. Übers. u. d. T.: »Les nouvelles taches de la politique«› in:] Sonnenberg-Briefe zur Völkerverständigung, Nr. 27 v. Dezember 1962, S. 46-57.
[Überarb. wieder abgedruckt in:] Folge der Vortragsveranstaltungen des Bankhauses Lücke & Lemmermann, Niederlassung der Berliner Handels-Gesellschaft. - Hannover: Lücke & Lemmermann, 1970. - S. 7-19.
36. Neuere Deutsche Geschichte und protestantische Theologie: Aspekte und Fragen (EvTh, 23, 1963, S. 510-536).
37. Zwanzig Jahre danach (Notizen: Studentenzeitung für Stuttgart und Tübingen, 7, 1963, Nr. 46 [Februar], S. 48-50).
38. Gedanken zur deutschen Einheit: Vortrag, gehalten am 17. Juni 1964 in Trossingen/Württ. (liberal, 6, 1964, H. 4, S. 3-10).
39. Die Denkschrift (liberal, 7, 1965, S. 789-792).
40. Die evangelische Kirche und das Jahr 1933: Professor D. Hermann Diem zum 65. Geburtstag (GWU, 16, 1965, S. 700-714).
41. Die störende Partei (liberal, 7, 1965, S. 545-548).
42. Zu H. G. Göckeritz' »Kritischen Bemerkungen« (EvTh, 25, 1965, S. 169).
43. Grundzüge der theologischen Aufklärung in Deutschland: [erweiterte Fassung] der öffentlichen Antrittsvorlesung am 7. Februar 1966 an der Universität Tübingen.
- In: Geist und Geschichte der Reformation: Festgabe Hanns Rückert zum 65. Geburtstag; dargebracht von Freunden, Kollegen und Schülern / Hg.: Heinz Liebing und Klaus Scholder, in Verbindung mit Kurt Aland und Walther Eltester. - Berlin: de Gruyter, 1966. - S. 460-486.
(Arbeiten zur Kirchengeschichte [AKG]; 38).

[Teilw. wieder abgedruckt in:] Stuttgarter evangelisches Sonntagsblatt, 100, 1966, Nr. 25 v. 19. Juni, S. 3-4.
[Wieder abgedruckt in:] Evangelischer Glaube im Wandel der Zeit / mit Beitr. von Heinrich Fausel ... Vorw. von Theodor Braun. - Stuttgart: Steinkopf, 1967. - S. 68-100.
[Und in:] Aufklärung, Absolutismus und Bürgertum in Deutschland: zwölf Aufsätze / Hg.: Franklin Kopitzsch. - München: Nymphenburger Verlagshandlung, 1976. - S. 294-318.
(Nymphenburger Texte zur Wissenschaft; 24: Modelluniversität).

44. Karl von Hases Auffassung des Konfessionsproblems. - In: Das konfessionelle Problem in der evangelischen Theologie des 19. Jahrhunderts: drei Beiträge / von Hans-Joachim Birkner; Heinz Liebing; Klaus Scholder. - Tübingen: Mohr, 1966. - S. 36-54.
(Sammlung gemeinverständlicher Vorträge und Schriften aus dem Gebiet der Theologie und Religionsgeschichte [SGV]; 245/246).
45. Notstand und Legalität (liberal, 8, 1966, S. 401-404).
46. Die Bedeutung des Barmer Bekenntnisses für die Evangelische Theologie und Kirche: Ernst Wolf zum 65. Geburtstag (EvTh, 27, 1967, S. 435-461).
47. Kabinettsreform (liberal, 9, 1967, S. 672-675).
48. Ulbrichts zwei Zungen (liberal, 9, 1967, S. 361-364).
49. Die evangelische Kirche in der Sicht der nationalsozialistischen Führung bis zum Kriegsausbruch: [erweiterte Fassung] eines Vortrags vor der kirchengeschichtlichen Sektion des 27. Deutschen Historikertages am 12. Oktober 1967 in Freiburg (VZG, 16, 1969, S. 15-35).
50. Über die Bedeutung Hollands für die Kulturgeschichte des 17. Jahrhunderts. - In: Gedenkschrift Martin Göhring: Studien zur europäischen Geschichte / mit einem Geleitw. von Jacques Droz. Hg.: Ernst Schulin. - Wiesbaden: Steiner, 1968. - S. 60-66.
51. Zur gegenwärtigen Situation der Erforschung des Kirchenkampfes: [Literaturbericht] (VF, 13, 1968, H. 1, Zur Kirchengeschichte, S. 110-133).
52. Die Ergebnisse des Kirchenkampfes und die theologische Situation der Gegenwart. - In: Kirche und Nationalsozialismus: zur Geschichte des Kirchenkampfes / Beitr. von Helmut Baier ... Hg.: Paul Rieger und Johannes Strauss. - München: Claudius Verl., 1969. - S. 259-282.
(Tutzinger Texte [TutzT]: Sonderband; 1).
53. 100 Jahre Württembergische Evangelische Landessynode: Feierstunde vom 9. November 1969 im Hospitalhof in Stuttgart. - In: Verhandlungen der 7. Evangelischen Landessynode in den Jahren 1966 bis 1971 / Hg.: Württembergische Evangelische Landessynode. - Stuttgart: Württembergische Evangelische Landessynode 1966–1971. Protokollband 2. - [1968-1979]. - S. 849-856.
54. Liberalismus. - In: Politik für Nichtpolitiker: ein ABC zur aktuellen Diskussion / Hg.: Hans Jürgen Schultz. - Stuttgart; Berlin: Kreuz Verl. Bd. 1: A–M. - 1969. - S. 280-288.
[Wieder abgedruckt in:] Politik für Nichtpolitiker: ein ABC zur aktuellen Diskussion / Hg.: Hans Joachim Schultz. - München: Deutscher Taschenbuch Verl. Bd. 1: A–M. - 1972. - S. 305-314. (dtv; 867).
[Und in:] Das Wagnis der Gegenwart: Beiträge zum Selbstverständnis des Liberalismus; Festschrift für Paul Luchtenburg / Hg.: Lore Breuer-Reinmöller. - Neustadt/Aisch: Schmidt, 1970. - S. 1-8.
55. Die Gestalt der Kirche - ihre Institutionen im Wandel der Geschichte. - In: Herausgeforderte Kirche: drittes Reichenau-Gespräch / Hg.: Evangelische Landessynode in Württemberg. - Stuttgart: Calwer Verl., 1970. - S. 31-54.
[Teilw. wieder abgedruckt u. d. T.: »Gedanken zur Reform der Kirche aus 4 Jahrhunderten« in:] Stuttgarter evangelisches Sonntagsblatt, 105, 1971.
1. Die Ordnung des Glaubens: Martin Luthers Vorrede zur »Deutschen

Messe und Ordnung des Gottesdienstes« von 1526 (Nr. 7 v. 14. Februar, S. 5-6).
2. Anleitung zur Frömmigkeit: Philipp Jacob Speners »Pia desideria« von 1675 (Nr. 8 v. 21. Februar, S. 5-6).
3. Die Erneuerung des Volkes: Johann Hinrich Wicherns Erklärung auf dem Wittenberger Kirchentag vom 21. Sept. 1848 (Nr. 9 v. 28. Februar, S. 5-6).
4. Abschied von der Volkskirche: aus einer Denkschrift »Von rechter Kirchenordnung« des Bruderrates des Evangelischen Kirche der ApU vom Frühjahr 1945 (Nr. 10 v. 7. März, S. 5-6).
5. Um die Gemeinschaft der Evangelischen Kirche [hier zum ersten Mal veröffentlicht] (Nr. 11 v. 14. März, S. 5).

56. Die Kapitulation der evangelischen Kirche vor dem nationalsozialistischen Staat: zur kirchlichen und politischen Haltung des Deutschen Evangelischen Kirchenausschusses vom Herbst 1932 bis zum Rücktritt Bodelschwinghs am 24. Juni 1933 (ZKG, 81, 1970, S. 182-206).
57. Die Kirchen im Dritten Reich (Aus Politik und Zeitgeschichte: Beilage zur Wochenzeitung »Das Parlament«, B 15/71 v. 10. April 1971, S. 3-31).
[Wieder abgedruckt in:] Materialsammlung für die Männerarbeit der EKD (MS) = Beilage zu »Botschaft und Dienst« (BuD).
Teil 1. I. [Die Vorgeschichte]. - In: Lfg. 50 / 2. Quartal 1971 (Lfd. Nr. 196), S. 1-18.
Teil 2. II. [Die Kirchen im Zeichen der Machtergreifung Hitlers (1933-1934)]. - In: Lfg. 51 / 3. Quartal 1971 (Lfd. Nr. 199), S. 19-30.
Teil 3. III. [Der Kampf um die Kirchen (1935-1945)]. - In: Lfg. 51 / 3. Quartal 1971 (Lfd. Nr. 200), S. 31-42.
58. Nachruf auf Ernst Wolf (1902-1971) (ZKG, 82, 1971, S. 289-291).
59. Paulus und die Aufklärung. - In: De dertiende apostel en het elfde gebod: Paulus in de loop der eeuwen / onder redactie van G. C. Berkouwer; H. A. Oberman. - Kampen: Kok, 1971. - S. 124-134.
60. Umweltschutz als politisches Problem (liberal, 13, 1971, S. 81-84).
61. Drei Thesen zum Umweltschutz: ZDF-Kommentar am 12. März 1972 (Konsequenzen, 6, 1972, Nr. 2, S. 11-13).
62. Eine EKD mit drei Säulen?: über die Probleme einer konfessionellen Gliederung [zus. mit Martin Lindow] (LM, 11, 1972, S. 664-668).
63. Die Evangelische Kirche zwischen Revolution und Widerstand: Probleme des Kirchenkampfes 1933-1945. - In: Sindelfinger Jahrbuch / Hg.: Stadt Sindelfingen. - Sindelfingen.
Bd. 13. 1971. - 1972. - S. 178-192.
64. Kirchenkampf-Akten in polnischen Archiven. - In: Kirchenkampf und Ökumene: Bericht über das I. Internationale Colloquium Tübingen, 2. bis 4. Juni 1972 / bearb. von Leonore Wenschkewitz. - [Tübingen]: Arbeitsstelle für kirchliche Zeitgeschichte [im] Evang.-theol. Seminar der Universität Tübingen, 1972. - Bl. 13-16. [Mschr. vervielf.].
65. Kein Fach, sondern eine Feststellung [*richtig!:* Fragestellung]: zur Definition und Systematisierung der Umweltforschung (Umwelt, 1972, [H.] 6, S. 36-37).
66. Baden im Kirchenkampf des Dritten Reiches: Aspekte und Fragen. - In: Oberrheinische Studien. - Karlsruhe: Braun [in Komm.].
Bd. 2. Neue Forschungen zu Grundproblemen der badischen Geschichte im 19. und 20. Jahrhundert / Hg.: Alfons Schäfer, im Auftr. der Arbeitsgemeinschaft für geschichtliche Landeskunde am Oberrhein e.V. in Karlsruhe. - 1973. - S. 223-241.
67. Begrenzung des Wachstums oder Katastrophe: Probleme einer Studie über die Zukunft der Welt (liberal, 15, 1973, S. 332-347).
68. Das Dilemma des Fortschritts. - In: VGB-Konferenz »Bautechnik in Wärmekraftwerken 1973, VGB-Bautagung 1973«: Vorträge / Leitung der

Tagung: F. Börnke. – Essen: VGB [Technische Vereinigung der Großkraftwerksbetreiber], 1973. – S. 163-178.
[Wieder abgedruckt in:] VGB Kraftwerkstechnik, 54, 1974, S. 434-438.
69. Kapitalismus, Sozialismus und die Idee der Grenze: die Umweltkrise als Frage der Wertordnungen (Aus Politik und Zeitgeschichte: Beilage zur Wochenzeitung »Das Parlament«, B 44/73 v. 3. November 1973, S. 3-16).
70. Kritische Bedenken (liberal, 15, 1973, S. 773-778).
71. Was heißt eigentlich »Lebensqualität«? (liberal, 15, 1973, S. 91-93).
72. Die bedrohte Freiheit (liberal, 16, 1974, S. 916-920).
73. Die evangelische Theologie und Kirche nach dem Kriege. – In: ÖKG, Bd. 3, 1974, S. 303-310. – [2., durchges. u. verb. Aufl. 1979 u. d. T.: »Die evangelische Theologie und Kirche nach dem zweiten Weltkrieg«, S. 311-318].
74. Die evangelischen Kirchen und die ökumenische Bewegung. – In: ÖKG, Bd. 3, 1974, S. 335-342. – [2., durchges. u. verb. Aufl. 1979, S. 345-352].
75. Der Kampf um die Kirchen: (1935–1945). – In: ÖKG, Bd. 3, 1974, S. 288-302. – [2., durchges. u. verb. Aufl. 1979, S. 296-310].
76. Die Kirchen im Zeichen der Machtergreifung Hitlers: (1933–1934). – In: ÖKG, Bd. 3, 1974, S. 269-285. – [2., durchges. u. verb. Aufl. 1979, S. 272-291].
77. Kirchliche und theologische Erneuerungsbestrebungen im deutschen Protestantismus nach 1918. – In: ÖKG, Bd. 3, 1974, S. 258-268. – [2., durchges. u. verb. Aufl. 1979, S. 260-271].
78. Reformpolitik am Ende? (liberal, 16, 1974, S. 324-328).
79. Österreichisches Konkordat und nationalsozialistische Kirchenpolitik 1938/39 (ZEvKR, 20, 1975, S. 230-243).
80. Was ist Fortschritt?: Gedanken zu einem Thema von heute und morgen; vorgetragen in der Hauptversammlung des Gießereitages des Vereins Deutscher Gießereifachleute am 6. Juni 1975 in Böblingen (Gießerei, 62, 1975, S. 379-384).
81. Evangelische Theologie als Massenfach? (Radius, 21, 1976, H. 2, S. 2).
82. Die Dialektik des Fortschritts. – In: Verkehr und Umwelt: Jahrestagung 1976 in München (13. u. 14. Okt. 1976) / Veranstalter: Deutsche Verkehrswissenschaftliche Gesellschaft e.V. (DVWG), Köln, in Zsarb. mit der Bezirksvereinigung Oberbayern–Schwaben der DVWG, München. Wiss. Leitung: Rainer Willeke. Red.: Franz Heinrich Verbeek. – Köln: Deutsche Verkehrswissenschaftliche Gesellschaft; Düsseldorf: Verkehrs-Verl., J. Fischer, 1977. – S. 1-26.
(Schriftenreihe der Deutschen Verkehrswissenschaftlichen Gesellschaft e.V.: Reihe B; 35).
[Teilw. wieder abgedruckt u. d. T.: »Die Dialektik des Fortschritts oder der Übergang zur Stabilität« in:] FAZ, 1979, Nr. 161 v. 14. Juli / Beilage: Bilder und Zeiten.
83. Kirche und Staat in der 1. Hälfte des 20. Jahrhunderts. – In: Kirche und Staat auf Distanz: historische und aktuelle Perspektiven / Hg.: Georg Denzler. – München: Kösel-Verl., 1977. – S. 102-109.
84. Altes und Neues zur Vorgeschichte des Reichskonkordats: Erwiderung auf Konrad Repgen (VZG, 26, 1978, S. 535-570).
85. Bericht über die EKD-Synode in Bethel vom 5. bis 10. November 1978. – In: Verhandlungen der 9. Evangelischen Landessynode in den Jahren 1978 bis ... / Hg.: Württembergische Evangelische Landessynode. – Stuttgart: Württembergische Evangelische Landessynode.
[4. Sitzung v. 14. November 1978, S. 133-136].
86. Deutsche Geschichte als Verhängnis?: ein Briefwechsel [zus. mit Diether Koch] (JK, 40, 1979, S. 419-426).
87. Fragen an den Fortschritt (NTZ, 32, 1979, S. 789-790).
88. Karl Georg Pfleiderer als Politiker: Gedanken zur Herkunft und Zukunft

des südwestdeutschen Liberalismus; (Rede aus Anlaß des 80. Geburtstags von Karl Georg Pfleiderer am 10. Mai 1979 auf der Burg bei Beutelsbach im Remstal) (liberal, 21, 1979, S. 405-420).
89. Nürnberg und das 20. Jahrhundert. – In: Deutscher Evangelischer Kirchentag: Nürnberg 1979; Dokumente. / Hg.: Harald Uhl, im Auftrag des Präsidiums des Deutschen Evangelischen Kirchentages. – Stuttgart; Berlin: Kreuz Verl., 1979. – S. 286-301.
[Wieder abgedruckt in:] Der Nationalsozialismus in Franken: ein Land unter der Last seiner Geschichte / Hg.: Evangelische Akademie Tutzing. – Tutzing: Evangelische Akademie, 1979. – S. 63-77.
(Tutzinger Studien; 1979/2).
[Teilw. wieder abgedruckt u. d. T.: »Nürnberg und das 20. Jahrhundert: was Hitler der ›deutschesten Stadt‹ auflud« in:] Süddeutsche Zeitung, 35, 1979, Nr. 260 v. 10./11. November, S. 135 u. 136 / Wochenendbeilage.
90. Otto Dibelius (1880–1980) (ZThK, 78, 1981, H. 1, S. 90-104).
91. Selbstvertrauen zur Entspannung (liberal, 23, 1981, H. 1, S. 1-3).
92. Die theologischen und kirchlichen Bezüge im Wirken Ludwig Raisers. – In: Ludwig Raiser zum Gedächtnis. – Tübingen: Attempto Verl., 1982. – S. 23-29.
(Tübinger Universitätsreden Bd. 30).
93. Judentum und Christentum in der Ideologie und Politik des Nationalsozialismus 1919–1945. – In: Papers Presented to the International Symposium on Judaism and Christianity under the Impact of National-Socialism (1919–1945). / Prepared for publication by Yitzchak Mais. – Jerusalem: The Historical Society of Israel, 1982. – S. 183-200.
94. Lehrfreiheit und Bekenntnis. Gutachterliche Stellungnahme für die Bremische Evangelische Kirche (BEK), erstattet am 1. September 1980, zus. mit Dieter Kleinmann (EvTh, 42, 1982, S. 471-479).
95. Politik und Kirchenpolitik im Dritten Reich. Die kirchenpolitische Wende in Deutschland 1936/37. – In: Kirche und Demokratie. / Hg.: Dieter Oberndörfer und Karl Schmitt. – Paderborn: Schöningh, 1982. – S. 107-121.
(Sammlung Schöningh zur Geschichte und Gegenwart / Hg.: Kurt Kluxen).
96. Verhängnis und Schuld in der Geschichte. – In: Jahrbuch der Wittheit zu Bremen. / Hg.: Hanspeter Stabenau, bearb. von Rolf Kluth. Band XXVI. – Bremen: Heinrich-Döll-Verlag, 1982, S. 105-121.
97. Baden-Württemberg – Stammland der Liberalen. – In: Liberale Profile. Freiheit und Verantwortung. / Hg.: Jürgen Morlok. – Stuttgart: Seewald, 1983. – S. 86-91.
98. Christian Morgenstern: Die Schwestern. – In: Frankfurter Anthologie. Siebenter Band: Gedichte und Interpretationen. / Hg.: Marcel Reich-Reinicki. – Frankfurt/M.: Insel Verlag, 1983. – S. 111-114.
99. Erkenntnis und Betroffenheit. Zwischen Kreuz und Hakenkreuz. (Für Arbeit und Besinnung. Zeitschrift für die Evang. Landeskirche in Württemberg, 37, 1983, H. 6, S. 225-229).
100. Friedrich der Weise. – In: Luther Kontrovers /Hg.: Hans Jürgen Schultz. – Stuttgart; Berlin: Kreuz Verlag, 1983. – S. 238-249.
101. Der Geist unter der Gewaltherrschaft. Bemerkungen zur Berliner Mittwochsgesellschaft (Tübinger Blätter, 70, 1983, S. 57-59).
102. Die Parteien und der Staat. Zum Ende der Weimarer Republik am 30. Januar 1933 (liberal, 25, 1983, H. 2, S. 84-95).
103. Wo steht die Evangelische Theologie? Ein Briefwechsel zwischen Helmut Gollwitzer und Klaus Scholder (EvTh, 44, 1984, H. 2, S. 193-205).
104. Theodor Heuss und die deutsche Demokratie. Zum 100. Geburtstag des ersten Bundespräsidenten am 31. Januar 1984. – In: 1884–1984. Theodor Heuss. Vorbild und Verpflichtung. / Hg.: Reinhold-Maier-Stiftung Baden-Württemberg. – Baden-Württemberg: Verlag der Reinhold-Maier-Stiftung, 1984. – S. 63-71.

105. Das Selbstgefühl des freien Menschen. Theodor Heuss und die deutsche Demokratie (Evangelische Kommentare, 17, 1984, H. 3, S. 124-127).
106. Friedrich Naumann, Theodor Heuss und die deutsche Demokratie. Vortrag, gehalten zur Eröffnung des Margarethenhofes am 5. Mai 1984 (liberal, 26, 1984, H. 2, S. 79-85).
107. Die theologische Grundlage des Kirchenkampfes. Zur Entstehung der Barmer Erklärung (EvTh, 44, 1984, H. 6, S. 505-524).
108. Politischer Widerstand oder Selbstbehauptung als Problem der Kirchenleitungen. – In: Der Widerstand gegen den Nationalsozialismus. Die deutsche Gesellschaft und der Widerstand gegen Hitler. / Hg.: Jürgen Schmädeke, Peter Steinbach; mit einem Vorwort von Wolfgang Treue. Im Auftrag der Historischen Kommission zu Berlin in Zusammenarbeit mit der Gedenkstätte Deutscher Widerstand. (Internationale Konferenz zum 40. Jahrestag des 20. Juli 1944, 2.–6.7.1984, Berlin). – München; Zürich: Piper, 1985. – S. 254-264.
(Publikationen der Historischen Kommission zu Berlin, XXXVIII).
109. Die Krise der dreißiger Jahre als Fragen an Christentum und Kirche. – In: Die große Krise der Dreißiger Jahre. Vom Niedergang der Weltwirtschaft zum Zweiten Weltkrieg. / Hg.: Gerhard Schulz. – Göttingen: Vandenhoeck und Ruprecht, 1985. – S. 101-119.
110. Judaism and Christianity in the Ideology and Politics of National Socialism. – In: Judaism and Christianity under the Impact of National Socialism (Reprint). / Ed. by Otto Dov Kulka and Paul R. Mendes-Flohr. – Jerusalem: The Historical Society of Israel and The Zalman Shazar Center of Jewish History, 1987. – S. 183-195. (engl. Fassung des Beitrages vgl. Nr. 93).

C. Lexikonartikel

111. »Aufklärung« – In: EStL, 1966, Sp. 81-84. – [2., vollst. neu bearb. u. erw. Aufl. 1975, Sp. 84-89].
112. »Baur, Ferdinand Christian (1792–1860)« – In: TRE, Bd. 5, 1980, S. 352-359.
113. »Die Dialektik des Fortschritts. Positive und negative Folgen der Veränderung.« – In: Kindlers Enzyklopädie: Der Mensch. – Das zehnbändige Werk, Bd.V. – Zürich: Kindler Verlag, 1983. – S. 591-615.
114. »Kirchenkampf« – In: EStL, 2., vollst. neu bearb. u. erw. Aufl. 1975, Sp. 1177-1200.
115. »Neander, August« – In: RGG, 3., völlig neu bearb. Aufl., Bd. 4, 1960, Sp. 1388-1389.
116. »Nicolai, Christoph Friedrich« – In: RGG, 3., völlig neu bearb. Aufl., Bd. 4, 1960, Sp. 1455-1456.
117. »Nicolovius, Georg Heinrich Ludwig« – In: RGG, 3., völlig neu bearb. Aufl., Bd. 4, Sp. 1457.
118. »Niebuhr, Barthold Georg« – In: RGG, 3., völlig neu bearb. Aufl., Bd. 4, 1960, Sp. 1458.
119. »Nippold, Friedrich« – In: RGG, 3., völlig neu bearb. Aufl., Bd. 4, 1960, Sp. 1498.
120. »Nitzsch, Friedrich« – In: RGG, 3., völlig neu bearb. Aufl., Bd. 4, 1960, Sp. 1499-1500.
121. »Nitzsch, Karl Immanuel« – In: RGG, 3., völlig neu bearb. Aufl., Bd. 4, 1960, Sp. 1500.
122. »Romantik: III. Kirchengeschichtlich« – In: RGG, 3., völlig neu bearb. Aufl., Bd. 5, 1961, Sp. 1177-1181.
123. »Schneckenburger, Matthias« – In: RGG, 3., völlig neu bearb. Aufl., Bd. 5, 1961, Sp. 1464.
124. »Vilmar, August Friedrich Christian« – In: RGG, 3., völlig neu bearb. Aufl., Bd. 6, 1962, Sp. 1401-1403.

125. »Vilmar, Wilhelm« - In: RGG, 3., völlig neu bearb. Aufl., Bd. 6, 1962, Sp. 1403.

D. Predigten, Meditationen und Andachten

126. »Jes 7, 1-9« - In: Prophetische Predigt: Reich Gottes in dieser Welt; Jesaja 1-12; 13 Predigten in der Stiftskirche Tübingen / Hg.: Evangelische Studentengemeinde Tübingen. - Stuttgart: Steinkopf, 1974. - S. 76-84.
127. »Mt 5, 13-16« (Kirche im Rundfunk, 3, 1961, Nr. 29 v. 19. Juli, S. 3-5).
128. »Mt 5, 43-48« (Kirche im Rundfunk, 3, 1961, Nr. 28 v. 12. Juli, S. 7-9).
129. »Mt 6, 25-34« (Kirche im Rundfunk, 2, 1960, Nr. 39 v. 28. September, S. 6-9).
130. »Mt 21, 33-46« (FAB, 19, 1965, S. 345-348).
131. »Lk 11, 27-28« - In: Das Reich ist mitten unter euch: Andachten aus dem Tübinger Stift zum Sondergut des Lukas-Evangeliums. / Hg.: Hans Vorster, im Namen des Kollegiums der Repetenten. - Stuttgart: Calwer Verl., 1963. - S. 114-122.
132. »Lk 13, 1-9« - In: Das Reich ist mitten unter euch: Andachten aus dem Tübinger Stift zum Sondergut des Lukas-Evangeliums. / Hg.: Hans Vorster, im Namen des Kollegiums der Repetenten. - Stuttgart: Calwer Verl., 1963. - S. 41-49.
133. »Lk 17, 11-19« (Kirche im Rundfunk, 2, 1960, Nr. 38 v. 21. September, S. 6-9).
134. [»Röm 13, 8-10«]: des Gesetzes Erfüllung: zur Epistel des 4. Sonntags nach dem Erscheinungsfest: Römer 13, 8-10 (Evangelisches Gemeindeblatt für Württemberg, 57, 1962, Nr. 5 v. 28. Januar, S. 3).

E. Zeitungsartikel (Auswahl)

135. Reagieren ohne zu provozieren: Möglichkeiten zur Fortsetzung der deutschen Entspannungspolitik (NZ, 126, 1968, Nr. 441 v. 24. September, S. 1 u. 2).
136. Die deutschen Universitäten am Scheideweg (NZ, 126, 1968, Nr. 512 v. 5. November, S. 3).
137. Das deutsche Staatsoberhaupt: im Vorfeld der Nachfolge Lübkes (NZ, 126, 1968, Nr. 583 v. 16. Dezember, S. 1 u. 2).
138. Föderalismus und Finanzreform: alle Macht an Bonn? (NZ, 127, 1969, Nr. 57 v. 4. Februar, S. 1 u. 2).
139. Der Teufelskreis der Ideologien (NZ, 127, 1969, Nr. 111 v. 9. März).
140. Heinemann - ein Symptom: man darf wieder hoffen ... (NZ, 127, 1969, Nr. 143 v. 27. März, S. 1 u. 2).
141. Ein weiteres Band zerschnitten: die Spaltung der Evangelischen Kirche in Deutschland (NZ, 127, 1969, Nr. 184 v. 23. April).
142. Ein neuer de Gaulle?: von jenseits des Rheins betrachtet (NZ, 127, 1969, Nr. 290 v. 28./29. Juni, S. 1 u. 2).
143. Freiheit, Macht Gerechtigkeit: zum Problem des Liberalismus (NZ, 127, 1969, Nr. 326 v. 20. Juli / Sonntagsbeilage).
144. Prognosen zur Bundestagswahl: demoskopische Umfragen (NZ, 127, 1969, Nr. 357 v. 7. August, S. 1 u. 2).
145. Deutschland nach dem 28. September.
1. Neuorientierung der Außenpolitik (NZ, 127, 1969, Nr. 459 v. 7. Oktober, S. 1 u. 2).
2. Neue innenpolitische Aufgaben (NZ, 127, 1969, Nr. 475 v. 16. Oktober, S. 1 u. 2).
3. Vorschläge für eine neue Hochschulpolitik (NZ, 127, 1969, Nr. 495 v. 28. Oktober, S. 1 u. 2).
146. Die Chancen der FDP (NZ, 128, 1970, Nr. 31 v. 20. Januar, S. 2).
147. Erfurt und die Mächte (NZ, 128, 1970, Nr. 148 v. 2. April, S. 2).

148. Das Ende des SDS (NZ, 128, 1970, Nr. 156 v. 7. April, S. 2).
149. Die Schulreform in der Bundesrepublik: gleiche Chancen für alle – beste Förderung des einzelnen (NZ, 128, 1970, Nr. 218 v. 17. Mai).
150. Polarisierung und Resignation: die Situation an deutschen Universitäten (NZ, 128, 1970, Nr. 467 v. 11. Oktober, S. 9 u. 10).
151. Das Problem der Umweltbedrohung in der Bundesrepublik.
1. Eine erschreckende Bilanz (NZ, 129, 1971, Nr. 6 v. 6. Januar, S. 2).
2. Ursachen und Schwierigkeiten (NZ, 129, 1971, Nr. 10 v. 8. Januar, S. 2).
3. Was können wir tun? (NZ, 129, 1971, Nr. 14 v. 11. Januar, S. 2).
152. Kritik der Selbstkritik (Das Parlament, 21, 1971, Nr. 7 v. 13. Februar, S. 20).
154. Geist und Geschichte der Reformation: Erinnerung an Hanns Rückert (FAZ, 1974, Nr. 260 v. 8. November, S. 27).
[Wieder abgedruckt in:] Mitteilungen und Neuerwerbungen der Universitätsbibliothek Tübingen / Theologische Abteilung, 3, 1975, S. 10.
154. Als Hitler vom allmächtigen Gott sprach: evangelische Kirche bei der Machtübernahme 1933; [gekürztes Kapitel aus dem Buch »Die Kirchen und das Dritte Reich«] (Allgemeines evangelisches Sonntagsblatt, 30, 1977, Nr. 43 v. 23. Oktober, S. 9, 10 u. 11).
155. Bischof Sproll und die Diözese Rottenburg: kritische Anmerkungen zu einer Gedenkfeier (Stuttgarter Zeitung, 35, 1979, Nr. 70 v. 24. März, S. 6).
156. Das Recht der Kirche und die Pflicht des Staates: rechtliche Fragen im Fall Küng (FAZ, 1980, Nr. 4 v. 5. Januar, S. 19).
[Teilw. wieder abgedruckt in:] Südwest Presse, 36, 1980, Nr. 5 v. 7. Januar.

F. Rezensionen

1952

157. Spiegel des Geistes: zur Broschüre »Buch und Buchhandel in Zahlen« (DUZ, 7, 1952, Nr. 22 v. 17. November, S. 12-13).

1959

158. *Benz, Ernst:* Franz v. Baader und Kotzebue: das Rußlandbild der Restaurationszeit. – Mainz: Verl. der Akademie der Wissenschaften und der Literatur; Wiesbaden: Steiner [in Komm.], o. J. – 41 S.
(Abhandlungen der Geistes- und Sozialwissenschaftlichen Klasse der Akademie der Wissenschaften und der Literatur in Mainz; 1957, Nr. 2) (ZKG, 70, 1959, S. 359-360).
159. *Handschin, Paul:* Wilhelm Martin Leberecht de Wette als Prediger und Schriftsteller. – Basel: Helbing und Lichtenhahn, 1958. – 336 S.
und
Smend, Rudolf: Wilhelm Martin Leberecht de Wettes Arbeit am Alten und am Neuen Testament. – Basel: Helbing und Lichtenhahn, 1958. – 207 S. (ZKG, 70, 1959, S. 361-364).

1960

160. *Eichendorff, Joseph von:* Gesammelte Werke in zwei Bänden / eingel. von Bernt von Heiseler. Hg. von Hans Jürgen Meinerts. – Bd. 1.2. – Gütersloh: S. Mohn, 1959 (Germanistik, 1, 1960, S. 551-552).
161. Evangelisches Kirchenlexikon: kirchlich-theologisches Handwörterbuch / unter Mitarb. von Robert Frick ... Hg.: Heinz Brunotte und Otto Weber. – Göttingen: Vandenhoeck & Ruprecht. – Bd. 3, P-Z. – 1958–1959. – 2 Bl., 1954 Sp. (Germanistik, 1, 1960, S. 122).
162. Festgabe für Eduard Berend zum 75. Geburtstag am 5. Dezember 1958. / Hg./ Hans Werner Seiffert und Bernhard Zeller, im Auftrag der Deutschen Akademie der Wissenschaften zu Berlin und der Deutschen Schillergesellschaft Marbach a. N./Stuttgart. – Weimar: Böhlau, 1959. – XI, 479 S.: mit 1 Portr. (Germanistik, 1, 1960, S. 129-131).
163. *Grillparzer, Franz:* Werke / Hg.: Paul Stapf. – 2 Bände. – Berlin; Darmstadt; Wien: Deutsche Buch-Gemeinschaft, 1959 (Germanistik, 1, 1960, S. 553).

164. *Jean Paul [Richter]:* Sämtliche Werke: historisch-kritische Ausgabe / hg. von der Deutschen Akademie der Wissenschaften zu Berlin. - Berlin: Akademie-Verl. - Abt. 3, Bd. 3. Briefe 1797–1800 / Hg.: Eduard Berend. - 1959. - VI, 580 S.: mit 10 Taf.-Beil. (Germanistik, 1, 1960, S. 74).
165. *Jean Paul [Richter]:* Sämtliche Werke: historisch-kritische Ausgabe / hg. von der Deutschen Akademie der Wissenschaften zu Berlin. - Berlin: Akademie-Verl., - Abt. 3, Bd. 4. Briefe 1800–1804 / Hg.: Eduard Berend. - 1960. - VI, 475 S.: mit 7 Taf. u. 1 Stammtaf. (Germanistik, 1, 1960, S. 356).
166. *Kahn-Wallerstein, Carmen:* Schellings Frauen: Caroline und Pauline. - Bern: Francke, 1959. - 286 S.: mit 8 Taf. (Germanistik 1, 1960, S. 209-210).
167. *Luchtenberg, Paul:* Wolfgang Müller von Königswinter. - Bd. 1.2. - Köln: Verl. Der Löwe, 1959.
(Veröffentlichungen des Kölnischen Geschichtsvereins; 21) (Germanistik, 1, 1960, S. 376-378).
168. *Naumann, Walter:* Grillparzer: das dichterische Werk. - Stuttgart: Kohlhammer, 1959. - XIII, 182 S.
(Urban-Bücher; 17) (Germanistik, 1, 1960, S. 560).
169. *Schlawe, Fritz:* Friedrich Theodor Vischer. - Stuttgart: Metzler, 1959. - XII, 418 S. (Germanistik, 1, 1960, S. 233-234).

1961

170. *Hauff, Wilhelm:* Werke in zwei Bänden / ausgew. u. eingel. von Leopold Magon. - 3. Aufl. - Bd. 1.2. - Weimar: Volksverl. Weimar, 1960.
(Bibliothek deutscher Klassiker) (Germanistik, 2, 1961, S. 85-86).
171. Herder-Studien / Hg.: Walter Wiora unter Mitw. von Hans Dietrich Irmscher. - Würzburg: Holzner, 1960. - 4 Bl., 135 S.
(Marburger Ostforschungen; Bd. 10) (Germanistik, 2, 1961, S. 87).
172. *Keller, Gottfried:* Gesammelte Werke / Hg.: Hans Schumacher. - Bd. 1-3. - Zürich: Büchergilde Gutenberg, 1960 (Germanistik, 2, 1961, S. 422-423).
173. *Rehm, Walther:* Heinrich Wölfflin als Literarhistoriker: mit einem Anhang ungedruckter Briefe von Michael Bernays, Eduard und Heinrich Wölfflin. - München: Bayerische Akademie der Wissenschaften; Beck [in Komm.], (Bayerische Akademie der Wissenschaften / Phil.-hist. Kl.: Sitzungsberichte; Jg. 1960, H. 9) (Germanistik, 2, 1961, S. 485-486).
174. *Rehm, Walther:* Jacob Burckhardt und Eichendorff. - Freiburg i. Br.: Albert, 1960. - 84 S. (Germanistik, 2, 1961, S. 427-428).
1755 *Schelle, Hansjörg:* Der Biberacher Wieland. - Biberach an der Riß: Wieland-Museum, 1960. - 16 S. (Germanistik, 2, 1961, S. 389).

1962

176. Evangelisches Kirchenlexikon: kirchlich-theologisches Handwörterbuch / unter Mitarb. von Robert Frick ... Hg.: Heinz Brunotte und Otto Weber. - Göttingen: Vandenhoeck & Ruprecht. - [Bd. 4]. Register. - 1961. - 3 Bl., 924 Sp. (Germanistik, 3, 1962, S. 646).
177. *Jean Paul [Richter]:* Sämtliche Werke: historisch-kritische Ausgabe / Hg.: Deutsche Akademie der Wissenschaften zu Berlin. - Berlin: Akademie-Verl. - Abt. 3, Bd. 5. Briefe 1804–1808 / Hg.: Eduard Berend. - 1961. - VIII, 404 S.: mit 10 Taf. (Germanistik, 3, 1962, S. 261-262).
178. Karl Friedrich Reinhard: 1761–1837; ein Leben für Frankreich und Deutschland; Gedenkschrift zum 200. Geburtstag / Hg.: Else R. Groß. - Stuttgart: Wittwer, 1961. - 152 S.: mit 8 Taf. (Germanistik, 3, 1962, S. 591).
179. *Maier, Hans:* Revolution und Kirche: Studien zur Frühgeschichte der christlichen Demokratie (1789–1850). - Freiburg: Rombach, 1959. - 250 S. (Freiburger Studien zu Politik und Soziologie) (ZKG, 73, 1962, S. 198-200).
180. *Mehnert, Gottfried:* Evangelische Kirche und Politik 1917–1919: die politischen Strömungen im deutschen Protestantismus von der Julikrise 1917 bis zum Herbst 1919. - Düsseldorf: Droste Verl., 1959. - 254 S.
(Beiträge zur Geschichte des Parlamentarismus und der politischen Parteien; Bd. 16).
und

Arndt, Ino: Die Judenfrage im Licht der Evangelischen Sonntagsblätter von 1918 bis 1933. - [1960]. - V, 221 Bl. [Mschr. vervielf.]
Tübingen, Univ., Philos. Fak., Diss., 1960 (ZKG, 73, 1962, S. 408-412).

181. Porträts deutsch-jüdischer Geistesgeschichte / Hg.: Thilo Koch. - Köln: DuMont Schauberg, 1961. - 281 S.: mit 24 Taf.
(DuMont Dokumente: [Reihe III,] Kultur und Geschichte) (Germanistik, 3, 1962, S. 543-544).

182. *Rasch, Wolfdietrich:* Die Erzählweise Jean Pauls: Metaphernspiele und dissonante Strukturen. - München: Hanser, 1961. - 57 S. (Germanistik, 3, 1962, S. 265-266).

183. *Thurnher, Eugen:* Josef von Eichendorff und Friedrich von Schwarzenberg: zur Frage der kritischen Maßstäbe Eichendorffs. - Graz; Wien; Köln: Böhlau, 1960. - S. 88-109.
(Sep. aus: Anz. phil.-hist. Kl. der Österreichischen Akademie der Wissenschaften; 1960, 17) (Germanistik, 3, 1962, S. 143-144).

1963

184. *Rehm, Walther:* Jean Paul - Dostojewski: eine Studie zur dichterischen Gestaltung des Unglaubens. - Göttingen: Vandenhoeck & Ruprecht, 1962. - 108 S.
(Kleine Vandenhoeck-Reihe; 147/50) (Germanistik, 4, 1963, S. 413).

185. *Zinzendorf, Nikolaus Ludwig [Graf] von:* Hauptschriften in sechs Bänden / Hg.: Erich Beyreuther und Gerhard Meyer. - Hildesheim: Olms.
Bd. 1. Schriften des jüngeren Zinzendorf: Der Teutsche Sokrates. Berlinische Reden. Sonderbare Gespräche. - 1962. - XXXII S., 8 ungez. Bl., 296, 196 S., 4 Bl., 156 S.
(Germanistik, 4, 1963, S. 458-459).

1964

186. *Burkhardt, Joachim:* Die Krisis der Dichtung als theologisches Problem. - Zürich; Stuttgart: Zwingli-Verl., 1962. - 165 S. (Germanistik, 5, 1964, S. 227-228).

187. *Dahler, Hans:* Jean Pauls Siebenkäs: Struktur und Grundbild. - Bern: Francke, 1962. - 105 S.
(Basler Studien; H. 26) (Germanistik, 5, 1964, S. 294).

188. *Droste-Hülshoff, Annette von:* Sämtliche Werke / hg., in zeitlicher Folge geordnet u. mit Nachw. u. Erläuterungen vers. von Clemens Heselhaus. - 4., erw. Aufl. - München: Hanser, 1963. - 1180 S. (Germanistik, 5, 1964, S. 325).

189. *Flygt, Sten Gunnar:* The notorious Dr. Bahrdt. - Nashville: Vanderbilt University Press, 1963. - IX S., 1 Bl., 428 S.: mit 4 Abb. auf 2 Taf. (Germanistik, 5, 1964, S. 96-97).

190. *Nelle, Wilhelm:* Geschichte des deutschen evangelischen Kirchenliedes. - 4., unveränd. Aufl. [Photomechan. Nachdr. der 3. Aufl.] - Hildesheim: Olms, 1962. - 316 S.: mit 40 Abb. im Text u. 1 Taf. (Germanistik, 5, 1964, S. 255-256).

191. *Staiger, Emil:* Annette von Droste-Hülshoff. - 2. Aufl. - Frauenfeld: Huber, 1962. - 115 S. (Germanistik, 5, 1964, S. 344-345).

192. *Zinzendorf, Nikolaus Ludwig [Graf] von:* Hauptschriften in sechs Bänden / Hg.: Erich Beyreuther und Gerhard Meyer. - Hildesheim: Olms.
Bd. 2. Reden in und von Amerika. - 1963. - XXIII, 128, 191 S., 6 Bl., 238 S., 1 Bl., 324 S.
Bd. 3. Reden während der Sichtungszeit in der Wetterau und in Holland. - 1963. - XXXVII S., 8 Bl., 399, 454 S., 1 Bl.
Bd. 4. Gemeinreden. - 1963. - XV S., 8 Bl., 380, 52 S., 8 Bl., 365 S., 1 Bl.
Bd. 5. Londoner Predigten. - 1963. - XLV S., 3 Bl., 376 S., 9 Bl., 470 S., 35 Bl.
Bd. 6. Verschiedene Schriften. - 1963. - XXI S., 4 Bl., 184 S., 5 Bl., 366 S., 1 Bl., 76, 172, 48 S., 2 Bl., 79 S.: mit 1 ganzseit. Abb.
(Germanistik, 5, 1964, S. 474-475).

1965

193. Die französische Aufklärung im Spiegel der deutschen Literatur des 18. Jahrhunderts / hg. und eingeleitet von Werner Krauss. Mit einem bibliographischen Personenregister. - Berlin: Akademie-Verl., 1963. - CLXXXVII, 484 S.
(Deutsche Akademie der Wissenschaften zu Berlin: Schriftenreihe der Arbeitsgruppe zur Geschichte der deutschen und französischen Aufklärung; Bd. 10).
(Germanistik, 6, 1965, S. 50).

194. *Krauss, Werner:* Studien zur deutschen und französischen Aufklärung. - Berlin: Rütten & Loening, 1963. - 567 S., 1 Bl.
(Neue Beiträge zur Literaturwissenschaft; Bd. 16) (Germanistik, 6, 1965, S. 54).

1967

195. *Beyreuther, Erich:* Nikolaus Ludwig von Zinzendorf in Selbstzeugnissen und Bilddokumenten. - Reinbek [bei Hamburg]: Rowohlt, 1965. - 152 S., 1 Bl.: mit zahlr. Abb.
(Rowohlts Monographien; 105) (Germanistik, 8, 1967, S. 95).

196. *Göhring, Martin:* Alles oder Nichts: zwölf Jahre totalitärer Herrschaft in Deutschland. - Tübingen: Mohr.
Bd. 1. 1933 bis 1939. - 1966. - 354 S.
(liberal, 9, 1967, S. 718-720).

197. *Zinzendorf, Nikolaus Ludwig [Graf] von:* Ergänzungsbände zu den Hauptschriften / Hg.: Erich Beyreuther und Gerhard Meyer. - Hildesheim: Olms.
Bd. 1. Meyer, Gerhard: Nikolaus Ludwig Reichsgraf von Zinzendorf und Pottendorf: eine genealogische Studie mit Ahnen- und Nachfahrenliste. - 1966. - 277 S.: mit 59 Abb. auf 60 Taf.
Bd 2. Teutsche Gedichte. - XXI. Anhang und Zugaben I-IV zum Herrnhuter Gesangbuch. - 1964. - LXVII, 368 S., 139, 122 Bl.
Bd. 3. Spangenberg, August Gottlieb: Apologetische Schluß-Schrift, worinn über tausend Beschuldigungen gegen die Brüder-Gemeinen und ihren zeitherigen Ordinarium nach der Wahrheit beantwortet werden: nebst Register. - 1964. - XIII S., 4 Bl., 726 S., 26 Bl.
Bd. 4. Theologische und dahin einschlagende Bedenken. - Naturelle Reflexionen über allerhand Materien, nach der Art, wie er bei sich selbst zu denken gewohnt ist. - 1964. - XXII S., 40 Bl., 206 S., 9 Bl., 364, 152 S.
Bd. 5. Kreuzreich Jesu. - August Gottlieb Spangenbergs Deklaration. - August Gottlieb Spangenbergs Darlegung richtiger Antworten auf mehr als dreyhundert Beschuldigungen. - 1965. - XXX S., XVI Bl., 240 S., XVIII Bl., 117 S., VII Bl., 28 S., 2 Bl., 258 S., 20 Bl.
Bd. 6. Jeremias, ein Prediger der Gerechtigkeit. - Zeremonienbüchlein. - Reden an die Kinder. - 1965. - XXXIV S., VI, 8 Bl., 287, 64 S., 7 Bl., 430 S.: mit 18 z.T. gefalt. Abb.
(Germanistik, 8, 1967, S. 100-101).

1968

198. *Zinzendorf, Nikolaus Ludwig [Graf] von:* Ergänzungsbände zu den Hauptschriften / Hg.: Erich Beyreuther und Gerhard Meyer. - Hildesheim: Olms, 1965-1966.
Bd. 7. Büdingische Sammlung. Bd. 1. - XII S., 17 Bl., 820 S., 11 Bl.
Bd. 8. Büdingische Sammlung. Bd. 2. - 4 Bl., 940 S., 10 Bl.
Bd. 9. Büdingische Sammlung. Bd. 3. - 4 Bl., 1042 S., 10 Bl.
(Germanistik, 9, 1968, S. 119-120).

1971

199. *Hübner, Götz Eberhard:* Kirchenliedrezeption und Rezeptionswegforschung: zum überlieferungskritischen Verständnis einiger Gedichte von Bürger, Goethe, Claudius. - Tübingen: Niemeyer, 1969. - VII, 143 S.

(Studien zur deutschen Literatur; Bd. 17) (Germanistik, 12, 1971, S. 107).
1974
200. Die Größe des Bösen: zur Hitler-Biographie von Joachim C. Fest (EK, 7, 1974, S. 102-105).

G. Einführungen, Einleitungen und Vorworte

201. Vorwort - In: Baur, Ferdinand Christian: Ausgewählte Werke in Einzelausgaben / Hg.: Klaus Scholder. - Stuttgart-Bad Cannstatt: Frommann-(Holzboog).
Bd. 1. Historisch-kritische Untersuchungen zum Neuen Testament. - 1963. - S.VI-VII.
202. Einleitung (VF, 16, 1971, H. 1, Kirchengeschichte, S. 1-4).
203. Geleitwort - In: Cobb, John B.: Der Preis des Fortschritts; Umweltschutz als Problem der Sozialethik / aus dem Amerikan. von Christian G. Schnabel. - München: Claudius Verl., 1972. - S. 7-14.
204. Begrüßung - In: Kirchenkampf und Ökumene: Bericht über das I. Internationale Colloquium Tübingen, 2. bis 4. Juni 1972 / bearb. von Leonore Wenschkewitz. - [Tübingen]: Arbeitsstelle für kirchliche Zeitgeschichte [im] Evang.-theol. Seminar der Universität Tübingen, 1972. Bl. 1-4. [Mschr. vervielf.].
205. Einführung (DFG-Mitteilungen, 1973, [H.] 2, Umweltforschung, S. 3-5).
206. Einleitung - In: Beiträge zur Umweltforschung / Deutsche Forschungsgemeinschaft; Senatsausschuß für Umweltforschung. - Boppard: Boldt, 1976. - S. 9-15.
207. Begrüßungswort - In: Dem Wort vertrauen: Gedenkreden für Hermann Diem / Hg.: Klaus Scholder. - München: Kaiser, 1976. - S. 7-8.
(Theologische Existenz heute; Nr. 193).
208. Vorwort - In: Besier, Gerhard: Preußische Kirchenpolitik in der Bismarckära: die Diskussion in Staat und Evangelischer Kirche um eine Neuordnung der kirchlichen Verhältnisse Preußens zwischen 1866 und 1872. - Berlin; New York: de Gruyter, 1979. - S.V-VIII.
(Veröffentlichungen der Historischen Kommission zu Berlin; Bd. 49).
209. Einleitung - In: Bourke-White, Margaret: Deutschland April 1945 = Dear Fatherland, Rest Quietly / geschrieben und fotogr. von Margaret Bourke-White. Aus dem Amerikan. übertr. von Ulrike von Puttkamer. - München: Schirmer-Mosel, 1979. - S. 9-20. - (Sonderausgabe 1985).
210. Einführung - In: Evangelische Kirche zwischen Kreuz und Hakenkreuz. Bilder und Texte einer Ausstellung. Zusammengestellt und kommentiert von Eberhard Röhm und Jörg Thierfelder. Für die Evangelische Arbeitsgemeinschaft für kirchliche Zeitgeschichte im Auftrag des Rates der EKD: Über die Schwierigkeit, die Geschichte der Kirche im Dritten Reich zu verstehen. - Stuttgart: Calwer Verl., 1981. - S. 5-8.

H. Gespräche und Interviews

211. Friedensminister für Bonn: Interview mit Dr. Klaus Scholder von NRZ-Redakteur Heiko Wegener (Motive, 4, 1967, H. 5, S. 14).
212. Kaiser Konstantin und die Folgen: ein Gespräch zwischen Manfred Linz, Heiko [A.] Oberman und Klaus Scholder. - In: Die sogenannte Politisierung der Kirche: Beiträge zur Sache / von Hans-Eckehard Bahr ... - Hamburg: Furche-Verl., 1968. - S. 27-38.
(Stundenbücher; Bd. 82).
213. Geht die Christen der Dreck einen Dreck an?: Interview mit Prof. Dr. Klaus Scholder über Umweltschutz (Konsequenzen, 6, 1972, Nr. 2, S. 6-11).
214. Ist Humanität überholt?: Diskussion über die in dem Buch »Das globale Gleichgewicht« aufgestellte These: ›Du sollst nicht helfen‹ von J.W. For-

rester, hg. von Dennis Meadow mit Politikern, Theologen und Wissenschaftlern / Heinrich von Nussbaum, Ossip K. Flechtheim, Hans-Heinz Griesmeier, Helmut Jelden, Gert von Kortzfleisch, M. Usman Malik, Klaus Scholder, Hermann Schubnell, Eberhard Stammler, Hans Dieter Heck, Wolfram Huncke (Bild der Wissenschaft, 11, 1974, H. 6, S. 91-101).

215. Juden und Deutsche heute: ein Podiumsgespräch am 15. Juni in Halle B / Teilnehmer: Edna Brocke, Jürgen Engert, Pinchas (E.) Lapide, Paul Oestreicher, Rolf Pauls, Klaus Scholder. Leitung: Siegfried von Kortzfleisch. - In: Deutscher Evangelischer Kirchentag: Nürnberg 1979; Dokumente. / Hg.: Harald Uhl, im Auftrag des Präsidiums des Deutschen Evangelischen Kirchentages. - Stuttgart; Berlin: Kreuz Verl., 1979. - S. 302-319.

216. Läßt sich Schuld bewältigen?: Ein Gespräch mit Klaus Scholder zum bevorstehenden 8. Mai; Ulrich Ruh als Fragender im Auftrag der Herder Korrespondenz.
(Herder Korrespondenz, 39, 1985, S. 115-120).

I. Herausgebertätigkeit

217. *Baur, Ferdinand Christian:* Ausgewählte Werke in Einzelausgaben / Hg.: Klaus Scholder. - Stuttgart-Bad Cannstatt: Frommann-(Holzboog).
Bd. 1. Historisch-kritische Untersuchungen zum Neuen Testament / mit einer Einf. von Ernst Käsemann. - 1963. - XXV, 505 S.
Bd. 2. Die Epochen der kirchlichen Geschichtsschreibung (1852). Dogmengeschichtliche Vorreden aus den Jahren 1838–1858 / mit einer Einf. von Ernst Wolf. - 1963. - XXV, 310 S.
Bd. 3. Das Christentum und die christliche Kirche der drei ersten Jahrhunderte (2., neu durchgearb. Ausg.) ([Faks.-Neudr. der Ausg.] Tübingen, Fues, 1860) / mit einer Einf. von Ulrich Wickert. - 1966. - XLV, XXIV, 535 S.
Bd. 4. Kirchengeschichte des neunzehnten Jahrhunderts (Faks.-Neudr. [der Ausg.] Tübingen, Fues, 1862) / mit einer Einf. von Heinz Liebing. - 1970. - XXVII, XIV, 557 S.
Bd. 5. Für und wider die Tübinger Schule. - 1975. - 536 S.

218. Geist und Geschichte der Reformation: Festgabe Hanns Rückert zum 65. Geburtstag; dargebracht von Freunden, Kollegen und Schülern. / Hg.: Heinz Liebing und Klaus Scholder, in Verb. mit Kurt Aland und Walther Eltester. - Berlin: de Gruyter, 1966. - VIII, 486 S.: 1 Portr.
(Arbeiten zur Kirchengeschichte; 38).

219. Dem Wort vertrauen: Gedenkreden für Hermann Diem / Hg.: Klaus Scholder. - München: Kaiser, 1976. - 33 S.
(Theologische Existenz heute; Nr. 193).

Zeitschriften und Serien

220. Deutsche Universitätszeitung (DUZ) [Mithg. 8, 1953 - 9, 1954].
221. liberal [Mithg. ab 7, 1965].
222. Verkündigung und Forschung (VF) [Mithg. ab 11, 1966].
223. Evangelische Theologie (EvTh) [Mithg. ab 27, 1967].
224. Zeitschrift für Kirchengeschichte (ZKG) [Mithg. ab 79, 1968].
225. Arbeiten zur kirchlichen Zeitgeschichte: Reihe B, Darstellungen [Mithg. ab Bd. 1, 1975].

Bitte beachten Sie
die folgenden Seiten

Klaus Scholder

Die Kirchen und das Dritte Reich

Band 1: Vorgeschichte und Zeit der Illusionen 1918–1934

Ullstein Buch 33073

Zeitgeschichte

»... Das Werk von Scholder ist die respektable Leistung historischer Wissenschaft. Offenen Sinnes seinem Gegenstand zugewandt, verbindet der Verfasser geschichtliches Sehen mit besonnenem theologischen Urteil ... Der Leser erhält eine Zusammenfassung kirchlicher und politischer Geschichte im Jahre 1933, die auch die Stellung der katholischen Kirche eingehend berücksichtigt ...«
(Der Tagesspiegel)

»Die Lektüre dieses Buches vermittelt Historikern, Politikwissenschaftlern wie auch politisch interessierten Laien ein anschauliches Bild wesentlicher Aspekte kirchlicher Zeitgeschichte im Übergang von der Weimarer Republik zur faschistischen Herrschaftsordnung des Dritten Reiches ...«
(Stuttgarter Zeitung)

Helmut Schmidt

Die Deutschen und ihre Nachbarn

592 Seiten mit Abbildungen, Leinen

Der zweite Band des Lebensberichts von Helmut Schmidt, der ausschließlich den Deutschen und ihren Nachbarn gewidmet ist, hat auf eine frappierende Weise Aktualität gewonnen. Denn im Mittelpunkt dieses Bandes stehen jene europäischen Regionen, die heute fast täglich die Schlagzeilen füllen. Im Vordergrund natürlich das andere Deutschland, wo Helmut Schmidt in der Auseinandersetzung mit Erich Honecker das Beste für die Deutschen diesseits und jenseits der Grenze herauszuholen suchte. Dann die Ungarn und die Polen, zu denen Helmut Schmidt während seiner Kanzlerschaft besonders enge Beziehungen pflegte, weil er diesen Nachbarn die Sorge vor einem wiedererstarkten Deutschland nehmen wollte.

Im Westen legte Helmut Schmidt vor allem Wert auf ein enges und harmonisches Verhältnis zu Frankreich. Denn die Erfahrungen der politischen Wirklichkeit lehrten ihn, daß Paris der eigentliche Partner für Bonn sei, nicht zuletzt, weil England darauf beharrte, eine Sonderrolle in Europa zu spielen, und sich lange für die EG nicht gewinnen ließ.

Schmidt gibt in diesem zweiten Band seines Rückblicks wieder jene Mischung von persönlichen Erfahrungen und sachlichen Einsichten, die schon der Titel des ersten Bandes zum Ausdruck brachte – Menschen und Mächte. Man kann diesen Band mit Recht das »Dokument eines deutschen Europäers« nennen.

»Ein wichtiges Stück deutscher Geschichtsschreibung.«

Deutsches Allg. Sonntagsblatt